樊登读书
育儿指南

给孩子一个
幸福的家

樊登读书

编著

国文出版社

·北京·

图书在版编目（CIP）数据

樊登读书育儿指南．给孩子一个幸福的家／樊登读书
编著．――北京：国文出版社有限责任公司，2024.4
（2024.6重印）
ISBN 978-7-5125-1624-3

Ⅰ．①樊… Ⅱ．①樊… Ⅲ．①家庭教育 Ⅳ．①G78

中国国家版本馆CIP数据核字（2024）第074519号

樊登读书育儿指南

作　　者	樊登读书	
责任编辑	侯娟雅　张　茜　戴　婕	
责任校对	姜　山	
出版发行	国文出版社	
经　　销	国文润华文化传媒（北京）有限责任公司	
印　　刷	文畅阁印刷有限公司	
开　　本	880毫米×1230毫米	32开
	26印张	508千字
版　　次	2024年4月第1版	
	2024年6月第3次印刷	
书　　号	ISBN 978-7-5125-1624-3	
定　　价	177.00元（全三册）	

国文出版社
北京市朝阳区东土城路乙 9 号　　　　邮编：100013
总编室：（010）64270995　　　　　传真：（010）64270995
销售热线：（010）64271187
传真：（010）64271187-800
E-mail：icpc@95777.sina.net

推荐序

亲子教育的三根支柱

樊登

这个世界上有一种学问，叫作简单科学。在简单科学的范畴内，任何事都可以被分成多个步骤和多个部分，各个步骤和部分之间的因果关系清晰，比如造一辆汽车、造一艘火箭均是如此。虽然造火箭听起来已经非常复杂了，但它实际上仍然是个简单体系，它的每一个模块、每一个零件、每一个软件系统，都有章可循。

还有一种学问，叫作复杂科学。复杂科学范畴内的事很混沌，因果关系往往不明确，不能被切割成单个独立的部分，也不能通过把各个部分拼凑在一起去形成一个完美的结果。天气就是一种典型的复杂科学，市场中的经济情况、计算机网络，以及一个人的成长和生命，都属于复杂科学。

简单体系往往需要用复杂的手段来打造，参考造火箭有多少步骤就知道了；而复杂体系，恰恰只需要简单的规则去驱动，正如老子所说的"无为而治"。这是我认为最玄妙、最有趣的地方。

育儿是一种复杂科学

我读过许多亲子类图书，它们使我逐渐明白了一个道理，那就是：育儿的核心问题，在于我们如何看待孩子。

将孩子视为一个机械体还是一个生命体，是两个完全不同的出发点。换句话说，我们觉得孩子更像是一辆汽车，还是更像是一座花园？

打造一辆汽车所需要使用的手段，一定是非常明确、复杂、步骤清晰的，所以，如果我们把孩子视为像汽车一样的机械体，那么育儿的手段一定也极其复杂，就像汽车的生产模式一样，环环相扣，每一个步骤都不能松懈。

比如，孩子的学习有语文、数学、英语、跳绳等几个模块，那么语文不行就补语文，数学不行就补数学，英语不行就补英语，跳绳不行就每天晚上陪孩子下楼跳绳。这样做最后你可能会发现，孩子的语文还可以，数学也可以，英语也可以，跳绳也跳得不错，但是根本不爱学习，学习使他痛苦。等他完成了学习任务，大学毕业之后，可能只剩下颓废，完全没有自己的人生目标。

这就是用错了手段的结果。我们如果用对付简单体系的手段对待一个富有生命力的孩子，最终就可能会把孩子变成一个善于考试却丧失人格的机器。

那么反过来看，如何促成一座花园的发展呢？

你不需要像一个造汽车的工程师那么使劲，只需要给予它阳光、雨露，坐在那儿喝杯咖啡欣赏它就好。它会自己生长，可能最后会长成一片森林，虽然结果可能跟你想象的不一样，但是它会有自己的命运，有自己的生命力。这就是一个生生不息的复杂体系的特点。

所有的复杂体系都是靠简单的规则在驱动。著名计算机科学家史蒂芬·沃尔弗拉姆曾说过，整个宇宙就是一个复杂的程序，当人们问他初始的程序是什么时，他回答道，虽然不知道宇宙的初始程序到底是什么，但如果这个初始程序真的存在，它一定不超过三行代码。

育儿其实就是一种典型的复杂科学，正如许多复杂科学那样，养育好孩子的方法，也源自简单的规则。如果你在养育孩子的过程中用尽了全力还是没有收到好的效果，自己特别累，孩子也特别痛苦，那么一定是方法用错了。

育儿是不是也存在所谓的"三行代码"？是不是也有以不变应万变的简单规则？我在读完许多亲子类图书之后，找到了答案。

亲子教育的三根支柱

我认为亲子教育共有三根支柱，把握住这三根支柱，你就会发现，孩子内心存在的生命力才是他一生发展最重要的力量来源。教育不是把一个孩子拆分成很多不同的指标，生硬地拼凑在一起，而是把他视作一个有内在自我的人，帮助他产生内在动力，去爱自己、爱社会，让他充满好奇心，喜欢探索，遇到了挫折能够自己解决。作为父母，我们只需要调整好自己的内心，让自己变得更阳光、更健康，自然就能给孩子带来更良好的人格影响，让孩子更好地自发成长。

第一根支柱：无条件的爱

阿德勒在《自卑与超越》中说，一个人终其一生寻找的最重要的东西有两样，一样叫作归属感，另一样叫作价值感。

孩子内心的归属感，正是来自无条件的爱。无条件的爱能够给孩子带来信任感、尊重感、安全感，从而帮助我们建立起温柔但有边界的亲子关系。边界和温柔都代表着父母对孩子的爱，当我们把两者结合起来就会发现，即便父母和孩子还是会出现摩擦，也有着不同的意见，但彼此的心永远都是在一起的。

第二根支柱：价值感

价值感就是一个人内心对自我价值的认定，直接影响着一个人的自尊水平和自律水平。

孩子在这个世界上最信任的人就是父母，他们往往最相信父母说的话。有句话这样说：孩子会逐渐长成父母嘴里描述的样子。因此，父母应审视一下自己的教育思路。我们都有着为孩子担心焦虑的原始本能，但是请多关注孩子的价值，关注孩子的内心，让孩子知道自己是有能力的，帮助孩子建立起价值感，从而真正为自己负责。

第三根支柱：终身成长的心态

一个人就算拥有了无条件的爱和价值感，也很难不遇到挫折。把每一次挫折都当作学习的机会，就是终身成长的心态。

我把终身成长的心态叫作"美德背后的美德"。为什么这么说呢？因为很多美德的背后都是终身成长的心态在起作用。谦虚，是因为以后的日子还长，现在所取得的这点成就根本不算什么；诚信，是因为这一次交易之后，还想建立更好的合作关系；努力、尝试和勇于接受挑战，是因为它们能使人不断地改变和进步，从而更好地迎接未来。

养育孩子就是一件面向未来的事情。因此，我们不仅需要用动态的眼光看待孩子的表现，也要用开放的态度培养孩子终身成长的能力。

人的成长是一个复杂体系，真正能够让这个复杂体系发生作用的，只有其内在动力，而三根支柱正是孩子内在动力的源泉。有了内在动力，他便能够逢山开路，遇水架桥。我们要让孩子成为拥有"逢山开路，遇水架桥"能力的人，而不是只能依靠父母的日日辅导，一步一步被推着往前走。

本书源起

樊登读书

樊登读书自创办以来，对育儿问题的关注从未间断。我们不仅自己在不断挑选好书、挑选好的内容与大家分享，还邀请了许多经验丰富的教育学、心理学专家参与其中。越来越多的专家学者在我们的邀请下，或以专题课的形式探讨育儿话题，或选取他们所推崇的育儿图书，融合自己的思考解读与大家分享。

樊登读书还有一个专门为父母提供知识方法的栏目，叫作"新父母"。"新父母"这个栏目的创立，承载着我们对社会上父母这个角色的共情和期待。社会上每个身份都有与其相对应的责任，但是父母这个身份并不像职业身份那样，有着比较明确的要求、门槛及考核的标准，甚至做得不合格也不会有失去该身份的风险。因此，社会上始终存在着这么一种现象：许多人成了父母，却没有尽到父母的责任。当父母没有能力"尽职尽责"的时候，受到影响的不仅

是他们的孩子，还有整个社会。

在过去，很少有人会去专门学习怎么当好父母，而随着育儿知识的普及和公民素质的提升，越来越多的人开始注重这方面的学习，并已经开始从心态和观念上逐渐转变，更加能够接受科学的养育方法和知识，注重成长和反思。这些父母与那些固守错误认知的父母相比，何尝不是值得期待和鼓励的"新父母"呢？

"新父母"这个概念给了我们更加明确的方向，那就是为大家提供更多更优质的内容，帮助更多家长胜任父母的角色，出版图书的想法也就此产生。

育儿领域的图书种类非常多，很多父母都是遇到什么问题就买哪一方面的书，这就如同"语文不行就补语文，数学不行就补数学"，不能解决根本问题，反而容易在焦虑中自乱阵脚。但是父母如果能够掌握一幅知识的"地图"，就能让育儿这个复杂体系尽量变得有章可循。

那么，能不能出一幅"一站式解决育儿难题"的"知识地图"？这幅"地图"最好既脉络清晰，又话题全面，能够涵盖育儿过程中的大多数问题；既能指点迷津，让读者更便捷地去理解专业的育儿观点，又能够为读者指路，让大家在看书学习的时候不焦虑、不盲从，选书时有一个正确的方向。

于是，我们成立了项目组，启动了专业的编辑团队，开始对育儿领域普遍受认可的理论知识、专家思想、实践方法进行全盘梳

理，终于搭建出了思路清晰、话题全面的知识脉络。遵循这样的脉络，我们精选了国内多位教育专家的育儿专题课程及多位专家对经典育儿图书的解读内容，以及我们对一些优秀育儿图书的解读和思考，按照不同的话题进行了统合和精编，最终，形成了这套"樊登读书育儿指南"。

本系列图书共三册，分别为《给孩子一个幸福的家》《唤醒孩子的内在成长》《面向未来的养育》。推荐大家按照从第一册到第三册的顺序来看，因为它们的内在逻辑层层递进，同时对应樊登读书亲子教育的三个支柱理念：无条件的爱、价值感和终身成长的心态。

第一册：《给孩子一个幸福的家》

成长当中最重要的力量源自坚信自己被爱着，而这种信念是父母能给予孩子的最好的礼物。给予孩子无条件的爱，意味着采用一种更具有人文关怀、更受主流教育理念认可的亲子相处方式。这是由"新父母"所创造的"新亲子关系"，更是教育本质的回归。

很多写亲子关系的育儿图书往往只注重父母与孩子之间的关系，这虽然很重要，但并不算全面。亲子关系不只与亲子间如何相处有关，还和父母如何与自己相处，如何与彼此相处，甚至如何与原生家庭相处有关。无条件的爱，只有在这样广义的"亲子关系"概念下才能真正发挥作用。我们不仅要爱孩子，更要爱自己，爱自

己的伴侣，爱这个家，这样才能让孩子真正感受到爱的氛围。

　　本书从自我疗愈、和谐家庭、亲子沟通、高质量亲子陪伴等话题出发，希望可以帮助大家获得认知方面的提升，找到亲子关系的幸福密码，给孩子一个幸福的家。

第二册：《唤醒孩子的内在成长》

　　要想在一个新领域得心应手，底层认知非常重要，育儿的底层认知便是儿童发展心理学。什么是儿童发展关键期？父母的很多行为究竟是帮助了孩子还是影响了孩子的发展？作为"新父母"，如果不了解这些，何谈育儿？

　　很多父母无法帮孩子建立价值感，原因就在于他们依然遵循着所谓"多少代传下来"的育儿方式，沉迷于当一个"高高在上"的"绝对权威"，而忽视了孩子的发展规律。更重要的是，他们往往只看到了孩子的外在，却不重视孩子精神的存在。

　　本书从父母的认知觉醒、儿童发展规律、儿童内心发展、尊重孩子自主成长等话题出发，希望可以帮助大家成为拥有先进、科学观念的父母，培养出拥有健全心灵和完整人格的孩子。

第三册：《面向未来的养育》

　　教育孩子，一方面要注重培养孩子终身成长的心态；另一方面，我们也要用动态的眼光看待孩子，用开放的眼光看待社会的

发展。

随着科技的高速发展，未来社会的竞争环境注定更加复杂多变，自立能力、学习能力、社会能力和创造幸福的能力变得愈发重要。我们要给孩子怎样的教育，才能让他们有信心、有力量、有期待地面对未来的世界？

本书立足当下，放眼未来，呈现多位教育界学者的独到观点和理论实践精华，帮助孩子以积极的心态快乐而高效地学习和成长，以卓越的姿态面向未来。

以上就是"樊登读书育儿指南"三册图书的核心思想。

真心希望本系列图书——这幅为所有"新父母"设计的"知识地图"，能够成为您实用的索引工具和贴心的朋友，陪伴您开启一段珍贵而难忘的育儿旅程。

目 录

1

家是
亲子关系的土壤

每个孩子都是含苞待放的花朵，而家庭是花朵赖以生存的花园。生活的勇气，来自父母的温暖鼓励；良好的沟通能力，来自家庭成员的以身作则；积极的个性，来自充满安全感的家。父母的认知、能力和行为对孩子的身心发展影响深远。缺乏健全人格的父母，很难给孩子健康的爱；经历过情感创伤，缺乏价值感与情绪调节能力的父母，也多会在养育孩子时遇到困难。

　　本章将从每个人的自身经历出发，帮助读者疗愈内心，变得更加成熟和坚强，从而为养育下一代提供更多能量，成为孩子更好的陪伴者和引路人。

第 1 节　原生家庭如何影响人的一生

田宏杰解读《不成熟的父母》

稳定和健康的内心世界是保持正向人际关系和幸福生活的必要条件，但并不是每个人都可以很好地照顾自己的内心世界，哪怕他们已经为人父母。

有些父母能够给予孩子充分的欣赏和尊重，这些父母的内心世界往往是成熟而稳定的，能看到孩子的需求并合理地满足，让孩子更有安全感和信心；而有些父母则常常对孩子忽视、冷漠、苛责，不能给孩子足够的关怀和认可，甚至给孩子带来终生的负面影响，这样的父母，很多都有并不成熟的内心世界。

如何面对情感不成熟的父母，疗愈自己的内心创伤？如何避免自己成为情感不成熟的父母？美国资深临床心理学家琳赛·吉布森研究这个课题二十余年，将她的研究成果总结在了《不成熟的父母》这本书中。

当今社会，抑郁、焦虑的情绪成了很多成年人身上一种共同的秘密，其中许多原因都可以追溯到其童年时期恶劣的亲子关系。如果不知道痛苦究竟是如何产生的，就很容易陷入痛苦难以自拔。只有理解这段经历，理解父母情感的局限性，才能真正摆脱情感上的孤独，掌握新的与父母相处、与自己相处的方式，重新建构自我。

因此，《不成熟的父母》既可以说是写给父母的书，也可以说是一本自我成长之书。通过这本书，我们不仅能够了解不成熟的父母的特征及其对孩子人格和心理所造成的影响，也可以疗愈自身成长经历中的内心创伤，拥抱更好的自我，成为更好的父母。

什么是不成熟的父母

不成熟的父母的影响

《不成熟的父母》中所讨论的"不成熟"，指的就是情感不成熟。

情感成熟的父母一般善解人意，能够理解孩子，注意到孩子情绪的变化，关注孩子的情感和需求，尊重孩子的感受和孩子的本能，给予孩子应有的关注。他们会让孩子觉得："我很重要，我的父母喜欢和我在一起。"孩子也能因此产生价值感。

反过来，情感不成熟的父母是怎样的呢？他们以自我为中心，只关注自己的想法、情绪和观点，忽视孩子的情感和内心感受。他们说话常常以"我觉得……""我应该……"来开头，喜欢用自己的观点去要求孩子，却忽视孩子身上的独特性。

比如，如果这类父母认为孩子应该积极、应该上进、应该开心，那么当孩子沮丧的时候，他们不仅不会安慰孩子，反而可能惩罚孩子，因为"沮丧"不符合他们对孩子的期待。久而久之，孩子就会觉得："我只能呈现积极自信的一面，沮丧消沉的部分不能让父母看到，我无法在这种情况下依赖他们。"当有负面情绪时，孩子便不再愿意跟父母进行情感交流，因为觉得父母并不会真的看到自己、在意自己的感受，他们会不断暗示自己"我的感受不重要，我的观点不重要"，价值感也在这种暗示的影响下渐渐丧失。

随着时间的推移，这将造成两个典型的负面影响。

第一，孩子爱的能力有限。当这些孩子也为人父母的时候，他们很难发自内心地关爱自己的孩子，也会忽视孩子的需求，使孩子感到孤独、无助和空虚。也就是说，负面影响传递给了下一代。

第二，这些孩子虽然痛苦、孤独，没有体会过父母全然的爱，但是不知道问题的根源是父母爱的能力有限，只会在自己身上找原因。他们以为父母是全能的，以为只要父母愿意，就能够给他们全然的爱，所以他们就会用自己所理解的方式去争夺爱，甚至会想，是不是只要压抑了自己的需求和个性，表现出父母喜欢的样子，父

母就会爱自己。因此，很多人一生都在为取悦父母而扮演某种他们
以为父母喜欢的角色，而把真实的自我抛得远远的。

书里提到了这样一个例子：

杰克结婚了，妻子凯拉是一个很活泼的女人，和她在一起让他
觉得很幸福，结婚的时候杰克也很开心。但是现在杰克变了，他无
法摆脱一种莫名的失落感。他说："我曾是世界上最幸福的人，我
很努力去变成凯拉希望我成为的人，但现在我只是假装很开心，我
讨厌自己现在这个样子。"

咨询师问他："你认为你跟她在一起应该是什么样的呢？"

他说："我应该像她一样非常快乐。每天回家，如果我疲惫的
话，我不会让她看到我的疲惫。我试图表现得很开心，我觉得凯拉
是因为我快乐才爱我，我觉得凯拉只允许我快乐。"

为什么他会觉得凯拉只允许他快乐呢？咨询师后来得知，其实
就是因为他妈妈从小对他的负面情绪非常苛责，只允许他"快乐"。
他快乐的时候妈妈会很开心，而不快乐的时候妈妈就会骂他，所以
时间长了，他在家里表现出来的就都是积极的样子。这种情况非常
值得反思：如果一个人在家庭中只能表现出积极的部分，而把自己
不积极的部分都掩盖掉的话，那么其实他对这个家庭是有愤怒感
的，他的内心会因被控制而产生愤怒的情绪。如果一直抛弃另一部
分的自我，只呈现我们觉得社会期许的那部分自我、父母允许的那
部分自我、另一半允许的那部分自我，那么有一天另外一部分自我

想出来时怎么办？如果在生活中我们只接纳积极的部分，不接纳消极的部分，类似的冲突就一定会出现在生活中。

所以，不成熟的父母最大的问题就是：他们只想看到一个理想的孩子，而不愿意看到一个真实的孩子。正因为如此，他们无法与孩子建立稳定的情感联结。

与父母缺乏稳定情感联结的孩子，会认为没有人会因为自己真正的样子而想跟自己建立关系，要想让父母喜欢，就必须隐藏自己的感受，表现出父母期待的样子；在人际关系中，也必须隐藏一部分自我，表现出别人期待的样子，才能被人接受。忽视自己的感受会带来两个影响，一个是会降低自信——"那个样子的我才是好的，而这个部分的我，我不能接纳"，因此对自己没有信心；另一个是明明已经在他人面前表现出对方喜欢的样子、呈现出理想的部分了，但内心深处还是觉得不幸福。

不成熟的父母的特征

回到我们的主题，情感不成熟的父母到底是什么样的？作者总结了这类父母的一些典型特征，比如，他们心中有对事物执着的认知，不易被说服和改变；他们的抗压能力差，很难控制情绪和处理自己面对的压力；他们喜欢做阻力小、让自己感到快乐的事，不喜欢任何使自己痛苦或需要付出努力才能做成的事；他们看事情的视角很主观，忽视人与人之间的差异，以自我为中心，很少自我反省。和孩子在一起时，这类父母喜欢让自己成为焦点。

这里还涉及一个词，叫作"认知复杂性"。有的父母认知复杂性非常弱，因此他们面对孩子的时候，无法理解事件背景中的诸多因素和信息，也无法理解事情本身的复杂性、真实性、矛盾性。

之前我接触到的一个爸爸就是这样。他的孩子在学校被几个女生欺负了，被起了外号，孩子觉得很委屈。当时他的做法很简单，就是去找了老师，要求老师一定要批评那些女生，并且让那些女生在班里公开向他的孩子道歉。

这个做法的结果是什么？那些女生因为给同学起外号、孤立同学，的确被老师要求当场道了歉，但问题是，他的孩子后来在班里变得更胆小，那几个女生更加孤立她，使得她在班里变得更孤单。

那么，问题出在哪里？当孩子在班里被几个孩子排挤，一个道歉能够解决所有的问题吗？不可能的。这件事一定还涉及更多问题：为什么孩子在班里会出现这样的情况？当这样的情况出现时，孩子的情绪如何？孩子心中渴望交朋友，那么她在交朋友的过程中碰到了什么困难？当孩子觉得难过，比如被起了外号时，她自己可以使用哪种方式解决眼前的问题？

这件事涉及的问题不只是让对方道歉那么简单，更多的是帮助一个孩子在群体中获得支持，让她自信地交到真正适合自己的朋友。比起公开道歉，父母和老师更需要关注的是她的情感、她的感受、她当前的困境，以及她跟伙伴互动的时候到底存在哪些需要帮助的地方。

一个如此复杂、整体性塑造孩子的过程，如果只是用"公开道歉"去解决，只会让被欺负的孩子变得更加退缩。如果孩子在学校又受了委屈，回家后她绝对不会讲，因为她知道爸爸的做法只会让她在班里更孤立无援，自信心更加受到打击。

所以，所谓认知复杂性，就是当我们看到孩子时，能够真正理解孩子当下的困境。孩子在什么问题上被难住了？整个情境是什么？孩子的情绪如何？内心的渴望是什么？我们可以从哪一点上进行突破？孩子只有真正地被理解、被帮助，才能在未来对于解决问题越来越有信心。

相反，父母如果没有意识到孩子的真正需求，而以想当然的方式对待孩子，不仅会把错误的"爱"硬塞给孩子，还会无意中剥夺孩子的幸福，使孩子非常痛苦。书中埃莉的故事就是一个典型的例子。

埃莉的妈妈不太温柔，总对埃莉冷着脸，比较严苛。埃莉小的时候，每当受到伤害，她都会抱着一个毛绒玩具。当她受伤的时候，她抱着它；当她心情低落的时候，她也抱着它。在埃莉的整个童年，这个毛绒玩具总是能够让她感到安心，对她来讲，它就是一个陪自己长大的玩伴，直到青春期时，她还一直抱着它。

可是有一天，在埃莉不在家的时候，妈妈把这个毛绒玩具送人了。说是送人了，也可能是妈妈把它给扔了。埃莉发现之后非常难受，她问："你为什么要把这个毛绒玩具送人呢？"结果妈妈说："你这么大了，应该不需要它了。"

这就是一个典型的例子。父母如果认知复杂性太弱，太以自我为中心，就没有办法准确地理解孩子的需求、孩子的感受，无法对孩子的感受产生真正的同理心，孩子也没有办法被父母温柔以待。

埃莉的妈妈对孩子的需求视而不见，把孩子的需求踩在脚下。对于妈妈的这一行为，埃莉可能会想："从小你不爱我，是这个毛绒玩具陪伴了我，可是你今天却说我不需要它，你凭什么说我不需要它呢？"

与不成熟的父母相处的体验

以下是与情感不成熟的父母相处会有的 11 种体验。

1. 与他们沟通很难。他们从来无法好好倾听孩子、看到孩子的需求，只说自己的观点、自己的道理。

2. 和他们说话特别容易激起孩子的愤怒。有些孩子的愤怒直接指向父母，他们会跟父母对着干。但有些孩子的愤怒会指向自己，他们不想对父母发火，觉得父母也许是对的，父母是爱自己的，而且跟他们争论也没有用。这些孩子会对自己表达愤怒，还可能抑郁，甚至自我伤害，以此来被动地表达自己的不满。

3. 他们会通过情绪传染与人沟通。他们就像婴儿一样用哭引起其他人的紧张，表达沮丧和难受，直到孩子做出反应去帮他们调整情绪，从而得到关怀和需求的满足。

4. 他们从不做情感工作。所谓情感工作，就是付出时间和精力去理解孩子，关心孩子的想法和感受。不成熟的父母没有足够的同理心，很难看到孩子的痛苦，对于孩子的情感需求无法满足。当孩子哭泣或愤怒的时候，他们会说："那你怎么不早说？你不说我怎么知道？"

5. 他们很少给予关爱。不成熟的父母从不直接表达自己的需求。如果想让孩子帮忙，他们从不明说，只会让孩子猜，他们认为"如果你心里有我，你应该知道我想让你做什么"。他们不仅不主动给予关爱，还要求孩子对自己有全然的关注。

6. 如果与孩子发生冲突，他们会拒绝修复亲子关系。

7. 他们不能照顾孩子的情绪，却反过来需要子女对于自己的情绪给予理解和反应。比如，他们累了就会说："孩子，你难道不知道我很累吗？"他们很忙时就会说："孩子，你不懂我正在忙吗？"

8. 他们的自尊取决于孩子的顺从。只有孩子听从自己，对自己表示认同和肯定，他们才会开心；反过来，如果孩子沮丧、挑剔，他们就会忧虑。他们的自尊水平取决于孩子的反应。当孩子不顺从自己，令自己懊恼的时候，他们不是想办法解决问题，而是感到自己受到了伤害。

9. 他们认为自己的角色很神圣。他们会觉得"我是父母，你要全都听我的才好"。

10. 他们寻求纠葛，而不是情感亲密。他们和子女的友好相处依赖各自扮演好既定的角色。他们倾向于相互纠缠的关系，而不是在接纳对方的前提下去支持和陪伴。

11. 他们有反复无常的时间观。这是什么意思呢？有连续时间观的人，会把过去、现在和将来联系起来，比如今天陪伴孩子时，心里既装着孩子未来的成长目标，也装着孩子过去的成长经验。但是如果父母陪孩子学习时，有道很简单的题，讲了很多遍孩子还是不明白，就开始骂孩子笨，骂孩子能力不行，这样的父母就是心里只装着当前的状况，只想着让他觉得不舒服的事情，而没有参考过去，也没有面向未来。没有连续时间观的父母，无视孩子过去的发展水平，也不在乎会对孩子未来造成什么样的伤害，只要孩子当下没有达到他们的标准，就会加以斥责。

如果参考了过去，往往就会明白孩子的难点在哪儿，如何通过练习来提高；如果面向未来，就会想到未来的目标是让孩子学会学习，让孩子爱上学习，自然就不会这样发火了。心中有目标、眼中有孩子，这才是父母拥有连续时间观的体现。

不成熟的父母的四种类型

书中将不成熟的父母分成了四种类型。第一类叫情绪型父母，第二类叫驱动型父母，第三类叫消极型父母，第四类叫拒绝型父母。

第一类：情绪型父母

这类父母就像婴儿一样试图通过情绪去感染孩子，把自己和孩子纠缠在一起，让孩子有不得不服的感觉。这种情绪也会将孩子与父母紧密地绑定在一起，当父母有情绪反应的时候，孩子的内心会觉得矛盾、内疚、愤怒，各种感受交织在一起，非常痛苦。

如果看到妈妈难过了，孩子就会努力地改变自己，希望能让妈妈的心情好起来；如果妈妈跟爸爸吵架了，孩子就希望自己做得好一些，能让妈妈开心；甚至妈妈在事业上不顺心了，和邻居之间有了纠葛，孩子也希望自己表现得好一些，能让妈妈开心。

但实际上，妈妈是个成人，孩子控制不了妈妈的情绪，却总是希望从各种不稳定性中找出一些自己能控制的部分，孩子总是在想："我表现成什么样，妈妈会开心一点儿？"

第二类：驱动型父母

这类父母似乎有特别清晰的教育观，特别"知道"该怎么塑造一个孩子，说起道理来头头是道。

我之前做过一个关于父母的教育焦虑和孩子成长的课题，采访了很多父母，问他们都给孩子报了什么辅导班，有些父母给孩子报了十几个辅导班，孩子每天晚上都被安排得满满的，周末也不例外。

我问："孩子会不会太累？"

一个孩子的妈妈说："不会。我们家孩子就是'吃不饱'的类型。如果不给他报那么多辅导班，他就'吃不饱'。有时候他也会不想去辅导班，但只要他去了，他眼睛都是亮的。而且我们家孩子就是那种老师给他的题越难，他就越喜欢的类型。"

我问："他怎么表现出给他的题越难他越喜欢啊？"

她说："他就说'今天老师又给了我一道难题''今天老师又给了我两道难题'，老师一给他难题，他就觉得好开心。"

我说："这是你用心塑造出来的一种状态吧？"

她说："对，我从小就跟孩子讲，只要你学得好，就可以上更高一级的班，老师就会给你更难的题，你的能力就会提升。"

这个妈妈告诉孩子，得到最难的题的孩子才是最优秀的孩子。

孩子是真的"吃不饱"吗？其实孩子一直在反抗，但父母一直在引导，让孩子不知不觉间跟着父母的思路走：我觉得得到难题更重要，我觉得升到更高一级的班更重要，我觉得满足老师的期许更重要。但如果这些都更重要，那内心的"我"的需求往哪里放？

一年级的孩子还骗得了，二年级的孩子也许也骗得了，等到五六年级呢？孩子在学习上可能就会慢慢叛逆，那种想逃跑的感觉就会越来越强。孩子越大、自主动力越强的时候，事情就会越麻烦。

驱动型父母的特点就是过于坚信自己固有的观点和期望，他们采取的过于简单化和超重化的手段会干扰孩子自主能力的发展，让孩子觉得是在被父母控制，而不是被父母全然地接纳。

第三类：消极型父母

这类父母为人很柔和，对孩子很随和，也很爱陪孩子玩，但是这类父母情感不成熟，当被孩子需要的时候，没有办法守护孩子。

书里有这样一个故事：

茉莉的妈妈很容易发脾气，经常打她，而茉莉的爸爸很温柔，但是在家里没有什么话语权。

当茉莉在房间里被妈妈打时，爸爸不是过来阻止，告诉妈妈这样对孩子不好，或者商量一下用其他方式教育孩子，而是自己在厨房里故意把碗弄得咚咚响。茉莉觉得爸爸好像在用这种方法声援自己，她觉得爸爸其实也没办法。

这就是消极型父母，他们没有办法守护孩子的内心需求，这也会让孩子感到痛苦。

第四类：拒绝型父母

这类父母的特点就是冷漠，在自己和孩子之间竖起一道墙，让孩子感到受伤。书中以孩子的视角给了这样的描述——当我跑向另一个人的时候，那个人却当着我的面"砰"的一声把门给关上了。

这种被拒绝的感觉是非常痛苦的。拒绝孩子的人，如果是他的一个小伙伴，也许还好，但如果是对孩子最重要的父母，孩子被拒绝时真是心如刀绞。

我们渴望被联结的情感需求，跟人类远古的遗传记忆有关。人类是社会性、群体性动物，所以我们渴望被关注，渴望跟他人建立一种连接，这是我们的本能。

四类不成熟的父母的特点

这四类不成熟的父母都会给孩子带来孤独和痛苦，但他们带来的孤独和痛苦各有不同。

情绪型父母会让亲子之间产生情绪纠缠，他们的孩子非常容易察觉父母的情绪，总希望自己能做点什么让父母发生改变。这样的孩子心里总是装着别人——别人的情绪、别人的目光、别人的评价，内在情绪特别容易因此而困扰和动摇，别人一个轻蔑的眼神，可能就会让他内心波动，他内心的自我往往是不稳定的。

驱动型父母的特点是把自己的观点全部硬推给孩子，孩子往往会有被控制的痛苦。这些被控制的孩子可能在青春期之前都比较积极乐观，但是到了青春期，父母会觉得孩子突然间变了好多。这些父母过来咨询，说的都是"我孩子以前都挺好的，很乐观，到了青春期突然就变了"。实际上，孩子不是突然发生变化的，而是驱动型父母一直以来只看到了自己心中的孩子，只强化自己认可的这个部分，而看不到其他部分。孩子到了青春期，负面的自我力量变得越来越强，他的反叛和消极被动情绪就会变得越来越多。

消极型父母的孩子最大的特点就是没有安全感，认为自己没有人可以依靠，所有的苦都得自己承担，不得不快点长大。他们从小就开始承担太多，不仅要照顾自己，还得照顾像孩子一样的父母。在这种情境下，他们认为自己必须快快长大，必须忽视和否定内心那个弱小的自我，一定要强大起来。这种感觉自己未被守护的孩子，内心往往会觉得很空洞。

拒绝型父母在孩子面前立起一道墙，如果孩子小时候多次尝试接近父母都被拒绝，多次尝试建立联结都没能成功，他就会习得性地退缩，而当他想跟别人建立联结时，他就会害怕那道墙再次出现，害怕像父母那样冷漠的目光再次出现。如果他努力尝试，却发现对方没有热情回应，他就会退缩，甚至还没尝试建立联结就已经退缩了。拒绝型父母给孩子造成的影响，使孩子容易形成退缩的性格。

这四类不成熟的父母中无论哪种，都会让孩子陷入痛苦、孤单、没有力量的情感感受中。我们之所以要认识这些，不是为了指责，而是为了了解父母能力的局限性。很多父母不是不想爱，而是能力有限。当我们看到了不成熟的父母的这些特征，理解了他们给我们带来的影响，这本身就是疗愈的开始。

不成熟的父母对孩子的影响

治愈型幻想和角色型自我

什么是治愈型幻想？就是当孩子无法用自然的方式得到父母的关爱时，当父母看不到孩子真实的自我，使孩子感到孤单和痛苦时，孩子会幻想：如果自己表现出另一种样子，一种理想的样子，是否就能得到父母的爱，这种痛苦、孤单的状态是否就能被治愈呢？

因此，他们努力改变自己的样子，并期待父母也发生改变，能对他们展露爱意。他们常常表现出区别于真实自我的另一种样子，也就是"角色型自我"——为了符合父母的期望，得到父母的关爱，用一种虚假的自我代替真实的自我，在生活中表现出虚假的自我角色。

这种治愈型幻想还会反映到其他关系中。比如，有的人小时候渴望得到父母的爱却没得到，于是幻想长大以后碰到一个朋友或爱人，这个朋友或爱人将全然地看到自己、爱自己，治愈自己所有的痛苦。

我曾问过我的一个好朋友："你对爱人的期望是什么？"

她说，她希望有个男孩全然地爱她，做她的精神伴侣，两个人能够互相理解，从不吵架，两人之间全部都是爱。将她的观点概括成一句话就是："公主和王子从此过上了幸福的生活。"

可是在现实生活中，公主和王子那样的幸福生活是不太可能存在的，因为如果两人之间从未有过冲突，就意味着两人之间的边界从未被打破过；如果边界从未被打破，那么这两个人的相处其实就会特别客气，而客气久了就会产生逃离。

爱不仅是喜欢、愉悦，还是不同情感的融合。所谓理想的婚姻，不是简单的"王子和公主相遇，从此幸福快乐地在一起"，而是即使偶尔会和对方有冲突，事情过后还是会互相理解。但对于有治愈型幻想的人来说，他始终幻想将来有一个人能够治愈自己，让自己不再受到任何伤害，于是他进入亲密关系之后就会产生问题，也许刚开始时很好，可一旦发现和爱人在一起也会受伤，他就会特别决绝地与爱人分开，继续寻找那个所谓"对的人"。

其实关系面前，并没有百分之百的"对的人"，只有差不多"对"的人，两人在关系中不断磨合，一起成长，对自我和彼此差异的接纳程度越来越高，从而更好地一起走下去，这才是一个真实的成长过程。如果一直活在治愈型幻想中，不但会失去小时候的幸福，对长大后的幸福也是一种破坏。

外物掌控者和自我掌控者

有一种人在遇到问题时，总认为都是别人的错，寄希望于别人的改变，把问题外化，我们把这种人称为外物掌控者。

之前做咨询的时候，我碰到过一个初三的男孩，他的父母离婚了，他和妈妈生活在一起，才读到初三他就不想上学了。他有过度消费的习惯，手机换了又换，鞋子买了又买，游戏升级了又升级，即使妈妈的经济条件一般，他也毫不顾忌，认为都是父母离婚才让他变成这个样子的，一切都是父母的错。在人格逐渐稳定化、情绪逐渐复杂化的青春期，这个孩子只会用一种指责的方式去解决问题。这就是典型的外物掌控者。

另一种典型的情况叫作自我掌控者，就是认为一切都是自己的错。

自我掌控者会觉得父母离婚这件事都怪自己。在父母面临问题时，自我掌控者总想着自己做些什么去改变这个情况——"我如果更乖一些，你们的关系会不会更好一些？我如果更乖一些，你们会不会少吵些架？"实际上，成人的人格也是不稳定的，对于成人之间的矛盾，孩子是很难调和的，但这类孩子从小就很敏感，情感感知能力很强，他们渴望能够建立情感联结，哪怕牺牲自己的感受，也愿意为此努力，只为获得一丝丝的稳定感。

在家庭中，这类孩子很容易过度付出。小时候是为父母过度付出，父母骂他，他自己消化；父母之间发生冲突，父母情绪不好，他也自己消化；长大以后跟爱人在一起，也觉得如果自己能够表现得再好一些，再优秀一些，对爱人再理解一些，那爱人的情绪也许会更好一些……

自我掌控者总是幻想自己如果再多付出一些，事情就会有所改变，却没有照顾到自己内心的感受，忽视了自己的感觉。

以上的分类不是为了标签化，而是为了让我们辨别出自己的特征。很少有人是绝对的外物掌控者或自我掌控者，我们都有将问题外化的情况，也都有将问题内化的情况。我们应该看到自己的多个方面，然后去寻找一种平衡。

重构与不成熟父母的关系

如果我们的父母是不成熟的父母，我们应该怎样重构与父母的关系呢？这里为大家介绍两种模式："崩溃觉醒模式"和"成熟意识模式"。

崩溃觉醒模式

崩溃觉醒模式就是从原来的模式中先崩溃，再觉醒。行为主义的强化理论里有这样一个说法：每一种行为之所以被保留下来，一定是因为这种行为有好处。也就是说，旧有模式其实是有一定效果的，这里我举一个自己的例子。

我更偏向自我掌控者。和他人相处时，我更愿意为他人付出。当我为对方付出，看到对方很满意的样子时，我也会很开心。比如我和我先生刚结婚时，两人都不会做饭，但是我愿意尝试去做，如果他喜欢吃我做的饭，我就很开心。但随着这种模式的持续，我有时会在某一时刻觉得不对劲，忽然觉得痛苦。

发现这种模式不对劲的契机在哪儿呢？比如某一周，正好有两个晚上我都比较忙，所以家里连着两个晚上都点了外卖。第三天我不忙了，但正好我的好朋友从外地过来，我就和她一起出门玩了。

第四天下午五点左右，我一边往家走，一边给我先生发信息："我估计六点多到家，你把外卖点好，等我回来一起吃。"等我回到家，我说："今天吃什么呀？"我先生说："我没有点。"我说："六点多还没有点吗？"他说："天天吃外卖好腻，我不想再吃外卖了，你就不能做一顿吗？"

我的火一下子就上来了。我说："结婚这么多年你从来不做饭，我包容你。我忙的时候你不做饭，点了外卖我也觉得蛮开心的，我都包容你。头两天我忙所以没做饭，第三天我出去玩了所以没做饭，就今天一天没有理由，我就是不想做饭，你就要挑剔我，攻击我没做饭了吗？"

我当时特别愤怒，我先生听了我的话，也意识到了问题所在——这些年我从来没有因为他不做饭而埋怨过他，可是他却因此埋怨了我。从那天开始，如果我工作比较忙，我先生一定会五点多就发信息说："你今天什么时候回来？你想吃什么呀？我帮你点外卖。"

一直以来，当生活没有提出新的挑战，我们往往会觉得原来的模式就挺好的，但是当原来的模式已经不再平衡，只有打破旧的、固有的模式，建立一种新的模式时，才能促进关系真正成长。

我非常喜欢波兰精神病学家达柏斯基的一个观点，书里也提到了这个观点，那就是：情感创伤有时不一定是病，它可能是成长的一种标志。

如果我们从来都没有创伤，从来都积极乐观地接纳所有，其实也并不全是好事。当负面情绪出现的时候，我们看到它，体会它带来的痛苦，然后将它解决，才能迎来真正的成长。

关于崩溃觉醒模式的应用，我们要注意以下两点。

第一，当你生气、愤怒或沮丧时，当那种强烈的负面情绪袭来时，一定要把它视若珍宝，把它"捧起来看一看"，看看这个负面情绪的根源在哪儿，它到底意味着什么。比如上文中我自己的例子，我愤怒的原因是什么呢？是我总是包容对方，心里总是装着对方的需求，希望对方也能在意我的需求。可在这件事上，我却发现对方只在意自己的需求，忽略了我的需求。这种愤怒只有被提出来，我的深层需求才能被明确。只有你看到了自己的需求，对方才能看到你的需求，从而慢慢地学会照顾你。

第二，要多关心自己的感受、自己的状态。

书里有这样一个故事：莱娜去健身，发现有几个健身动作大家都那样做，她也努力跟着学。结果第二天早上起来，莱娜发现身体不对劲，有些地方拉伤了，可见是前一天用力过猛了。但当她跟大家一起运动时，她并没有关注自己用力过猛了，自己都已经拉伤了，当时却没注意到，第二天才发现。

其中的原因是什么呢？小的时候，妈妈总是指责莱娜懒，总是责骂她。所以只要一偷懒，莱娜就会对自己说"我不该懒，我应该勤快一点儿，我不应该太矫情，太娇柔，我应该坚强一些"，导致的结果就是她察觉不到自己已经累了、受伤了，没有办法更好地照顾自己。

有时，我们不需要做太多努力，只要有意识地看到自己、关心自己，这个模式就会发生变化。所谓心理疗愈、自我成长，并不一定非得做什么了不起的事，自我觉察就是改变的第一步。自我觉察后，才有改变的可能。

这就是第一种重构与不成熟的父母的关系的模式——崩溃觉醒模式。这种模式需要先看到旧模式的不妥之处。什么契机下才能看到呢？就是当你发现旧模式带来的好处已经被它带来的痛苦掩盖的时候。

或许旧模式在你小时候能帮到你，可在你长大后却限制了你，而且为你带来了痛苦。痛苦不是要去消融的，痛苦是要拿来做信号的。我们透过痛苦能够看到需求，知道哪里需要改变，所以痛苦的信号一来，其实就意味着旧模式不合适了，我们需要觉察，然后建立新的模式。

成熟意识模式

情感不成熟的父母，他们的孩子一般会有一个共同的幻想，就是父母终将改变他们的心，并对自己表达爱意。如果自己得不到父母的爱，就是因为自己不够好。

作为孩子，我们总误以为父母是全能的，父母做什么都是为我们好，他们如果想要爱我们，就能做到。实际上并非如此，父母情感不成熟、认知有局限时，确实给不了孩子想要的爱。

所谓成熟意识模式，就是意识到父母不是全能的，并用这种成熟的意识客观地从关系中跳出来，看到父母的不成熟，明白父母之所以给不了自己足够的爱，不是因为自己不好，而是他们自身做不到。

成熟意识模式的应用有三个步骤。

第一个步骤叫独立观察，就是用观察者的视角，从情绪纠缠中跳出来，有目的地观察眼前的一切，不被情绪所裹挟。

第二个步骤叫形成成熟的意识，就是在观察、了解父母的情感成熟度之后，意识到父母的很多做法源自他们的不成熟和局限性，而不是自己。

第三个步骤叫摆脱角色型自我，不再自动化地去顺从，不再自动化地调整自己成为父母期盼的样子，而是用成熟的态度做自己。

我们再用一个例子来说明。

弗吉尼亚患有恐慌症，特别害怕别人的批评、拒绝，怕看到别人的脸色，尤其害怕看到来自男性的不认可的表情。处在这样的恐慌中，她总希望自己能做得更好、把事情做对，不要让别人出现嗤之以鼻的表情。这种恐慌让她谨小慎微，战战兢兢，时刻保持警惕。

是什么让她突然意识到不对劲的呢？是有一次她哥哥批评她的时候，她太痛苦了，一下子就崩溃了。

在做心理咨询时，她突然就明白了自己恐慌的根源是童年时期父亲对自己的态度。她用了两个词：挑剔、轻蔑。她父亲总是用挑剔、轻蔑的样子看她，让她觉得自己什么都做得不对。她从小就幻想，是不是有一天自己终于能做对一件事，就会得到父亲的认可，就会得到父亲赞赏的目光，而不是挑剔、轻蔑的目光？

所以，只要周围的人一有拒绝，一有批评，一有不好的脸色，她就觉得都是自己的错，自己一定要改变。

生活中也有很多人和弗吉尼亚一样，他们可能也是小的时候怕父母、怕长辈，长大以后害怕所有权威的面孔，害怕来自权威的任何一个否定、任何一次挑剔，所以一直战战兢兢。

以弗吉尼亚为例，这个时候她就可以用成熟意识模式的三个步骤去解决问题。

第一步，独立观察。

不是哥哥一批评我，我就觉得自己真的差劲，而是先冷静下来做一个深呼吸，体会自己现在的感觉：哥哥说了什么？他说完之后我是怎么想的？让自己从情绪的裹挟中跳出来，用客观冷静的眼光去看这件事。

第二步，形成成熟的意识。

我的爸爸在人格上有什么样的不成熟和局限？在理解了爸爸的不成熟和局限后就能明白，爸爸可能在教育我时只会用那样的方法，很难突破，所以小时候我做什么事他都会那么对我。哥哥跟爸爸很相似，哥哥也喜欢挑剔、否定，语气也很轻蔑，所以我做什么哥哥也会那样。这不是我的问题，而是他们必然会用这样的模式对待我。一旦我觉察到这些，就能跳出原来的状态了。

第三步，摆脱角色型自我。

当我真正理解了爸爸和哥哥的局限性，就能明白他们几乎不可能会夸人，那么我自己夸自己就好。当我真正明白自己要什么、该如何去行动的时候，我的理智、我的成熟、我的自由也就来了。

做到这些确实有难度，如果操作时遇到困难，这里还有三个建议。

第一，如果你已经平复了情绪，表明了你的态度，对方还是持续挑剔、轻蔑，那么请不要把对方的态度和情绪再放在心上。

第二，专注结果，而非专注关系。可能双方一时没有办法建立所谓"母慈子孝""父慈子孝"的关系，但从结果上看，能够缓和气氛、心平气和地沟通，就已经达到目的了。

第三，和父母建立"成熟人之间的关系"，而不一定非要建立亲密关系，非要让对方去变成自己想要的样子，非要让对方去认可自己。两个成熟的人交往有什么特点？就是如果我提出了要求你不听，那也没关系，我知道自己要什么就好。

做自由的自己

在书中，作者描述了没有角色扮演和治愈型幻想的生活会是怎样的一种感受——我们会体会到许多种自由。以下是书中提到的五种自由，看看它们是否也是你渴望的。

第一种是拥有做人的自由、不完美的自由。我们有乐观的部分，也可以有悲观的部分；有大方的部分，也可以有自私的部分；有能够理解别人的部分，也可以有任性的部分。我们拥有不完美的自由。

第二种是拥有自己真实想法和感受的自由。我们不用再告诉自己"不应该难受"，难受的情绪是允许存在的；不用告诉自己"不该愤怒"，愤怒也是可以的；也不用告诉自己"应该幸福"，如果我们觉得生活得有些不幸福，那么就要问自己："我还渴望得到什么呢？再多一点儿什么，才能让我对生活更满意呢？"我们拥有真实地去感受的自由。

第三种是拥有暂停接触的自由。当一个人带给我们强力的情感纠缠，而我们想要摆脱的时候，可以选择暂时不改变对方，也不被对方改变，双方都冷静冷静。

第四种是拥有设限和给予的自由。面对不断向我索取的人，敢于说出"不行，我只能满足你到这里，再多的我满足不了，你也应该照顾我的感觉"。我们总是渴望对方了解自己，可是如果我们不先了解自己、表达自己，对方怎么能了解我们呢？

第五种是拥有自我同情的自由。当我们累了、沮丧了的时候，首先要关怀自己；在我们理解他人之前，首先要理解自己。只有理解了自己的需求、自己的情绪，知道如何爱自己、如何爱对方、如何让对方来爱我，并且自己内心充盈的时候，我们才能获得真正的爱。而掏空自己去爱对方，最后注定是一场空。

也许小时候父母没能好好关爱我们的内心，但如今我们已经长大，可以在内心做自己的"父母"，去关爱自己的需求和情绪，了解自己，爱自己。即使没有别人，我们也可以滋养自己的内心。

我们一方面要从不成熟的父母施加的影响中走出来，走向自我成长，另一方面也要努力成为成熟的父母。如果自己从小没有被成熟地对待过，内心无法对自己温柔，那么即使想全然、温柔地爱孩子，也有可能做不到。如果发现自己是这种情况，不妨尝试"从崩溃到觉醒"，改变自身行为固有的模式，学会自我觉察、自我关怀，对各个方面的自我都温柔以待，学会看到自己的需求，尽量停止伤害的代际传递。

　　只有关爱自己，才能真正关爱孩子；只有正视真实的自己，才能接纳真实的孩子。当我们能够对自己温柔，自然也会对孩子多一分温柔。当孩子感到沮丧或遇到困难时，我们就能发现并帮助他。这时，我们才能以一种成熟父母的状态去对待孩子，让孩子体会到全然的爱，让孩子形成完整的自我价值感。

　　从认识不成熟的父母，到了解他们所带来的影响，再到自我觉察，渐渐走出固有模式，走向心灵的自由，也许在这段旅程中，我们会体会到痛苦，但是痛苦过后，便是创造和新生。

　　愿大家都能成为更好的自己。

第 2 节　停止伤害的代际传递

樊登解读《被忽视的孩子》

　　生活中我们可能见过这样的例子：一个小女孩和她的爸爸在沙滩上正玩得高兴，她的妈妈突然说道："到点了，爸爸该工作了，来我这里吧，我给你读书。"然后爸爸也没说什么，就开始收拾玩具，把身上的沙子都拍掉。孩子只能非常失望地停下手里的游戏，去听妈妈读书。

　　可能很多人会觉得这对父母并没有什么错——他们先让孩子玩了一会儿沙子，再给她读书，似乎已经够负责的了。实际上他们忽略了重要的一点：愉快的玩耍突然结束，孩子被硬生生地拉过来听读书，内心其实非常失望。如果父母只是陪孩子玩，却没有对孩子的情感做出回应，孩子的内心其实是会受伤的。

　　什么叫作情感回应？当妈妈看到孩子玩得正开心时，可以先问孩子："玩得很高兴是吗？"表示理解后，再耐心解释一下："咱们应该换一种玩法了，因为爸爸还有工作要做，来，妈妈给你读书。"爸爸也可以说："哎呀，我们玩得真开心，我真的不想走，但是爸爸要开个会，所以你去跟妈妈玩吧。"表达一下自己的不舍，也是对孩子的情感回应。

对于孩子情绪的变化不被重视，得不到成人回应的现象，这里有一个专业的心理学名词，叫作"情感忽视"。

美国临床心理学博士乔尼丝·韦布是一名专门治疗个人、夫妻和家庭问题的心理医生，基于丰富的临床咨询经验，她开创了童年情感忽视这一研究领域，《被忽视的孩子》就是她基于这一领域的研究所写的著作。

养育孩子不仅在于物质，还在于心灵。情感忽视在无形中对孩子造成的伤害不可估量，更重要的是，在童年时期遭到情感忽视的人在成为父母后，很容易将这样的伤害传递给自己的孩子。下面我们将通过《被忽视的孩子》这本书认识情感忽视，走进或许也被忽视过的我们自己的情感世界。

你经历过情感忽视吗

情感忽视有时是微妙、不可见的，很多看起来把孩子照顾得很好的父母，也会出现情感忽视的情况。父母如果不了解什么是情感忽视，就可能自己都不知道是否忽视了孩子。

对于有过情感忽视经历的人来说，一旦形成了心理的创伤，他的痛苦常常是外人难以理解的。他会莫名其妙地觉得抑郁，莫名其妙地觉得生活无意义，跟周围的人格格不入。这些创伤可能会被伪装成抑郁、焦虑、愤怒，或者婚姻和人际关系问题。但是，这些都是表面现象，情感忽视或许才是其真正原因。

经历过情感忽视的人还会在沉默中不停地质疑自己，不停地挑自己的毛病，认为自己有不可饶恕的缺点和错误，活得非常痛苦。

如果你想知道自己是否经历过情感忽视，可以问问自己是否存在以下情况：

1. 有时会感觉与家人和朋友格格不入。
2. 对不依赖他人感到骄傲。
3. 不喜欢求助于他人。
4. 朋友或家人会抱怨你冷漠疏远。
5. 你感到还没有发现自己生命的潜能。
6. 经常希望自己独处。
7. 暗暗地觉得自己可能是个骗子。
8. 在社交场合中会感到不舒服。
9. 经常对自己失望或是生自己的气。
10. 对自己比对他人更严苛。

11. 拿自己与他人比较，并觉得自己不如别人。

12. 比起人，更喜欢动物。

13. 经常无缘由地觉得暴躁、不开心。

14. 不清楚自己的感受。

15. 分辨不出自己的长处和短处。

16. 有时感觉自己是旁观者。

17. 相信自己是那种很容易过隐士生活的人。

18. 很难让自己冷静。

19. 总觉得有什么拖你的后腿，让你无法活在当下。

20. 会感到内心空虚。

21. 隐隐地觉得自己有问题。

22. 很难自律。

如果你的情况与这 22 种情况当中的大部分描述相符，那么你很有可能经历过情感忽视。

另外，大家在对照各自情况时，有以下两点需要注意。

第一点要注意的是，不要轻易对号入座。不完美的父母不一定是情感忽视的父母。很多父母可能没有很好的教育方法，但他们未必会忽视孩子的情感。

情感忽视的父母一般有两个突出的特点。一是曾在重大危机时刻对孩子情感忽视。比如孩子在青春期时遇到了很大的危机、背负了很大压力，父母缺席或对这个危机事件完全没有反应。二是长期忽视孩子的某些重要的方面，比如孩子的道德品质、人际关系、学习能力、写作能力等。

情感忽视也可以分成急性共情失败和慢性共情失败两种情况。急性共情失败就是当有一件大事发生时，父母既没有与孩子共情，也没有帮助孩子缓解压力；慢性共情失败就是父母长期以来缺乏共情。

第二点要注意的就是，不必内疚。如果你发现自己曾经是被情感忽视的孩子，不必内疚，因为这不是你的错；如果你是一个忽视了孩子情感的父母，也不需要过度内疚，因为内疚于事无补，你之所以会对孩子情感忽视，也许是因为自己也被情感忽视过。我们要用开放、接纳的态度来面对这件事，而不是轻易对号入座、怨天尤人。抱怨不是解决问题的方法。

在了解情感忽视的特征后，我们来看看情感健康的父母都有什么特征。

第一个特征是和孩子有情感联结。这样的父母和孩子之间有良好的情感联结，孩子如果遇到了情感问题，或情绪上出现了变化，也不会故意不让父母知道，这就体现了情感联结的重要性。

第二个特征是视孩子为独立的个体。这样的父母明白孩子是一个跟自己不一样的、独立的人，有他自己的人生。他们不会让孩子来承担自己的意愿，不会让孩子成为自己生命延伸出的一部分。相比之下，很多情感不健康的父母却视孩子为物品，这在生活中非常常见。

第三个特征是会回应孩子的情感需求。当孩子发出了情感需求的信号时，他们会给出回应。相比之下，文章开头的那个例子，就是典型的当孩子需要情感回应时父母没有给出及时的回应。

十二种造成情感忽视的父母

什么样的父母会对孩子造成情感忽视呢？这本书为我们总结了十二种会造成情感忽视的父母的类型，让我们来逐个了解一下。

自恋型父母

这让我想到了之前讲过的一本书，叫作《母爱的羁绊》，专门讲自恋型父母，尤其是自恋型母亲对女儿的伤害和控制，这种影响是终身的。正在阅读的你如果是一位女士，可以去了解一下这本书。

自恋型父母总是认为自己高人一等。这类父母在家里与孩子的地位高低分明，他们甚至跟配偶都无法平等交流，因为他们认为自己高人一等。他们的典型特点是脆弱、易受伤、爱记仇和爱推卸责任。

你们有没有见过很爱记仇的父母？如果见过就会明白，当他们跟孩子说"我不跟你说话了"，就真的不再跟孩子说话，就算孩子百般讨好、求饶、道歉，他们都不为所动，他们在用这种方式惩罚孩子。他们常用的手段是发怒或冷落，这类父母的潜台词是：孩子是自己的延伸。

专制型父母

这类父母最典型的特征是"老派"，比如规定孩子"不许顶嘴"，要求孩子对自己绝对服从，有时候还会惩罚孩子。

专制型父母的教育方式，并不是完全不可能教育出好孩子来，但它完全忽略了孩子的情感。在专制型父母面前，孩子根本没有机会表达自己的情绪，父母会要求孩子把情绪和情感都忍着——"给我憋回去，不许哭！"这很容易造成孩子被情感忽视，长大以后有可能会出现很严重的叛逆状况。

放纵型父母

放纵型父母几乎不和孩子发生冲突，孩子做什么都行。书里有这样一个例子：孩子彻夜未归，第二天回到家，他妈妈就跟什么事也没发生一样，只说了句"你回来了"。可能别的孩子会很羡慕，说"你们家真好，干什么都没人管"，但实际上这个孩子得不到来自父母的任何反馈，他是被情感忽视的。

当一个完全被放纵、被溺爱的孩子，得不到来自父母的任何反馈的时候，就会在内心深处遭受情感忽视。

离异／丧偶型父母

并不是所有离异、丧偶的父母都会对孩子情感忽视，但很多这类父母经常用离异或丧偶做借口，他们表现得很不快乐，常把抱怨的话挂在嘴边，把所有不好的事情都归结在婚姻的失败或配偶的离开上。

这类父母自身也很痛苦，没有多余的能量去关心孩子的情感世界，因此孩子就会被情感忽视。他们的孩子长期生活在一个不快乐、充满抱怨的世界中，无论发生了什么事，孩子的第一反应都是"如果我爸（我妈）没有离开我们，我们就不至于这样"。

成瘾型父母

成瘾型父母的常见行为就是酗酒，或者做其他事情成瘾。成瘾型父母最大的问题是"过度补偿"，他们经常表现得像两个人。比如喝了酒以后行为特别恶劣，甚至会打人，但打完第二天就后悔不已，为了补偿孩子，他们会带孩子去玩，去买好吃的。

所以，这类父母的孩子往往生活在两个极端当中：父母一会儿对他特别好，一会儿对他特别坏。生活中经常能够见到这类父母，他们有一个共同点，就是具有不可预测的人格。孩子对他们的人格摸不准，比如，他们今天的心情好不好得看有没有喝酒，没喝酒的话就不错，喝了酒就完全是另一种样子了。这类父母的孩子会特别缺乏安全感，他的情感往往是被忽视的，因为他根本不知道父母会有什么样的反应。

抑郁型父母

抑郁型父母的特点就是父母本身缺乏能量和热情，孩子对于他们来说就像不存在一样，这使得他们的孩子完全缺乏抚慰。

比如当孩子回到家里，妈妈就一个人坐在角落，自顾自地做自己的事，也没什么动力做别的："你自己热点饭吃，咱们家就这样。"整个家庭处于一种沉重、抑郁的压力和情绪下。

这类父母的孩子，只能把所有情感都隐藏起来，因为父母没有能量去帮他、照顾他的情绪。这类父母连自己的情绪都管不好，怎么管孩子的呢？所以，抑郁型父母也会造成情感忽视。

工作狂父母

从小到大，这类父母对孩子的照顾几乎都是通过其他人来实现的。孩子所有情绪上的问题，或者孩子在学校发生了什么事，父母都会让秘书、保姆等人去解决，自己根本不参与。在孩子看来，工作狂父母的潜台词就是"你的情感和需要都不太重要"，这会让孩子觉得自己不重要、自己的生活没有价值，自我价值感偏低。

很多不珍惜生命去犯罪的人，都是自我价值感低的人，这一点非常值得重视。正是因为自我价值感低，他们才会去做很多害人害己的事。

照顾伤病家属的父母

我们见过有一些孩子，因为家里有病人，他们不仅需要帮父母照顾病人，还要自己照顾自己，所以这些孩子小小年纪就看起来非常成熟了。

心理学家认为，这些在小小年纪心理就变得成熟的孩子，在青春期特别容易崩溃，很容易走向另一个极端。人是不可能只付出而没有收获的，这些孩子从小内心得到的爱就不够，却还要不断向外付出，所以到了青春期就可能会追求一个过度的补偿，从此变得无比叛逆。

成就 / 完美导向型父母

这类父母的特点是永不满足，永远焦虑，永远烦躁，永远完美主义。

这种情况在现实生活中更常见。这类父母就算孩子再怎么好，也会不停地说孩子还不够好，还比不过谁家的小孩。其实，如果非要在一个孩子身上挑毛病，非要在世界上找一个比自己的孩子在某方面强的人，是一定找得到的。这类父母只会要求孩子继续努力，变得更好，却从未关注孩子的情感和情绪。

反社会型父母

　　反社会型人格障碍，即无良症，是一种无法矫正的性格缺陷。这类父母最典型的特点是没有内疚感，会用残忍、操纵的手段来控制孩子。他们欺负孩子，恐吓、威胁孩子，或者用使其内疚的方式来控制孩子。这些孩子会极度痛苦，而这些父母却毫无内疚感，凡事只要达到了他们的目的就行。

孩子即父母

　　这种情况和照顾伤病家属的情况有些类似。在这种家庭中，父母会让孩子负责买菜、做饭、做家务，这些孩子早早地就成熟了起来。很多父母以此为乐，觉得"这样挺好的，把孩子锻炼得不错"，但是到了青春期，这些孩子会更容易变得叛逆。

"都是为你好"型父母

　　"都是为你好"型父母，综合了以上类型父母的很多特征，这种情况在生活中最多。他们爱孩子，也希望能够给予孩子最好的一切，但孩子所需要的情感联结却被他们忽视了。

　　以上就是十二种可能会造成情感忽视的父母的类型。下面我们来看看，如果一个孩子被情感忽视了，成年后他会有哪些特征。

被情感忽视的孩子成年后的十个特征

具有空虚感

排在第一位的特征是具有空虚感，就是莫名其妙地觉得空虚。关于空虚感的描述是很困难的，所以我引用原文来解释一下。

空虚感本身不是一种病，不像焦虑症或抑郁症。大多数人也没有觉得这些不适是干扰他们生活的症状。它更像是一种一般的不适感觉，一种时有时无的、无法满足的缺失感。有些人能切身体验到。

肚子里或胸腔中感觉空落落的，其他人感觉它更像是一种麻木情绪。你可能有种泛泛的感觉：你缺失了些其他人都有的东西，或者你是站在世界的外面往里看着的感觉，就是有些不对劲，却难以名状。它让你感到与世隔绝，好像你本应该更加享受生活，却没有。

空虚感会让人无法投入地享受生活，无法像别人那样尽情地欢乐和放松，总是觉得有一种淡淡的无聊、空虚感——总想问这一切到底有什么意义。空虚感是非常莫名其妙的一种感觉，会使人非常不愉快。所以我们常说，幸福的反面并不是不幸，而是麻木，而空虚感就是一种麻木的感觉。

反依赖

反依赖的典型表现就是害怕依赖他人。这类人好像独自长大似的，遇事从不求人，有些问题明明找个朋友问问就解决了，也不会去问，做什么事都独来独往。反依赖的标志和信号如下：

1. 你有抑郁的感觉，但你不知道为什么。
2. 你长期有莫名的想逃跑或寻死的愿望。
3. 即使童年很快乐，你记忆中的童年也是孤独的。
4. 其他人说你冷漠。
5. 亲人抱怨说你情感上很疏远。
6. 你更喜欢自己做事情。
7. 很难开口请求帮助。
8. 你在亲密关系中不舒服。

这类人与他人进入亲密关系，或者别人对他表示亲近的时候，他会觉得怪怪的，这就是反依赖的特征。这类人不愿意跟别人交流，喜欢一个人待着。

不切实际的自我评价

很多人喜欢贬低自己，对自己的评价很低，明明自己各方面都挺好，但就是始终觉得自己不够好，拼命地改变自己。

不切实际的自我评价的标志和信号如下：

1. 很难确定你的才能。
2. 你感觉到你可能倾向于过度强调你的弱点。
3. 很难说你喜欢什么和不喜欢什么。
4. 你不确定你的兴趣是什么。
5. 当事情变得具有挑战性时，你很快放弃。
6. 你选择了错误的职业或换了好几次工作。
7. 你经常觉得自己像"一颗卡在圆孔中的方钉"，有一种格格不入感。
8. 你不确定你的父母对你的看法。

毫不同情自己，只同情他人

我就曾见过这样的人，他们说起别人的事情时，语气中充满同情，说"别人真不容易，真是可怜，我们都应该帮帮他们"，但是自己再怎么受苦受累，都觉得是应该的。这个特征的具体表现如下。

1. 其他人经常会请你出来聊聊他们的问题。

2. 其他人经常会告诉你，你是一个善于倾听的人。

3. 你无法容忍自己的错误。

4. 你的头脑中总有一个批评的声音，指出你的错误和缺陷。

5. 你对自己比对别人更加严格。

6. 你经常生自己的气。

这个特征在生活中很常见。很多人只要别人一有需要，他都愿意帮忙，但是自己遇到困难，哪怕是身体出现了问题，他都是能扛就扛，能不表现出来就不表现出来。这是典型的童年时期受到过情感忽视的表现，他们毫不同情自己，只同情他人。

具有负罪感和羞耻感

这个特征的标志和信号如下。

1. 你有时没有明显原因地感到沮丧、悲伤或愤怒。

2. 你有时候感到情绪麻木。

3. 你有一种感觉：你有什么地方不对劲。

4. 你觉得你和别人不一样。

5. 你倾向于压抑感情或避免动感情。

6. 你试图隐藏你的情绪，这样别人不会觉察到。

7. 你会觉得自己不如别人。

8. 你觉得你没有理由活得这么不开心。

对自己生气和自责

书里也有相关的具体表现，在这里就不为大家一一列举了。

很多人都有这种情况，其实如果能随缘一些，不那么苛求完美，用成长型心态允许自己慢慢进步，就比较容易原谅自己；但如果整天生自己的气，不原谅自己，只会让生活更不尽如人意，因为人越是不断责备自己，越是不会有动力去改正，如果能够对自己宽容一些，进步反倒会更快。

认为自己有致命的缺陷

有这种特征的人总觉得自己某些方面非常阴暗，不能让别人发现，因此他们不敢跟别人深交，不敢跟别人敞开心扉地聊自己的事。他们可以听别人的故事，但不愿意讲自己的事情。因为他们觉得，如果有人真的了解自己以后，一定不会爱自己。

难以关爱自己和他人

如果一个人小时候没有得到过足够的爱，情感被忽视，那么他很难在长大以后恰如其分地去爱别人。他会拿捏不好尺度，可能会像他的父母那样过度地补偿，或者过度地冷淡，他不知道关爱他人的那个合适的点到底在哪里。对他们来说，与人舒服地相处是最困难的事。

自我约束能力差

很多自我约束能力差的叛逆的孩子都曾被情感忽视，他们的父母要么是工作忙得不可开交，根本不管孩子，要么是溺爱孩子或有家庭暴力。我上小学的时候，班里有个很叛逆的"小霸王"，经常在学校打人。据说他的爸爸每天都会打他，这个"小霸王"的暴力症状正是源自家庭暴力和情感忽视。

具有述情障碍

什么是述情障碍？直白地说就是不会好好说话，情绪十分不稳定，经常毫无理由地发火。述情障碍发生的原因在于分辨不清自己的情绪，唯一能够识别的情绪就是愤怒，对于沮丧、担心、关怀等情绪无法正常表达。

你们有没有见过把关怀变成愤怒的人？我见过特别多。比如关系特别好的夫妻，妻子的手划破了，丈夫却上来就发飙："你怎么这么不小心！"妻子就会很委屈："我手都划破了，你怎么还这样说我？"这个丈夫实际上是出于关心，但他不会表达，遇到任何令他拿捏不准的情绪时，都把它变成愤怒表达出来，这就叫作述情障碍。

这个特征在生活中非常常见，往往也是来自小时候长期的情感忽视。如果父母没有跟孩子做过必要的情感交流，孩子就不会跟别人表达情感，也不会使用关心、担心或焦急的口吻，而是直接变成愤怒。

被情感忽视的孩子成年后最严重的后果，就是自杀。许多自杀的人，如果追溯他的过去，都有被情感忽视的经历。一个人放弃自己的生命，不是一件容易的事，他一定是累积了很多的情绪，才会做出这样的决定。

以上十个特征都是情感忽视所带来的。接下来我们要考虑的是，如何改变当下的状态，走出被情感忽视的阴影？

走出被情感忽视的阴影

了解阻碍成功改变的因素

在做出行动前，我们要知道改变的过程中都有什么阻力。

第一个阻力在于我们对于改变的错误期待。很多人以为看完这本书就能立刻起作用，明天就能改变现状，然而这是不可能的。在改变的过程中，如果我们耐心有限，很容易把挫折、障碍及中间的徘徊期当作失败，以为这些方法无效，因此轻易放弃。

对于改变错误的期待其实来自一种习惯，一种用了几十年的思维方式，即使想改，也很难在短时间内改好。

经常有父母问我："樊老师，听了你讲的亲子教育的内容，我觉得我以前全做错了，你现在能不能告诉我一个方法，让我改过来？"他们觉得育儿书里讲的内容学起来见效太慢，什么非暴力沟通，什么情感引导……太慢了，他们只想学一招，一用就灵的那种。

我只好这样回答："种一棵树最好的时间是十年前，其次是现在。十年前如果没能种下这棵树，那就今天种，只有从今天开始改变，一点儿一点儿用正确、有爱的方式，用非暴力沟通、情感引导等方法去跟孩子互动，你才能看到孩子一点儿一点儿地改变，而超高的期望反倒可能让人更快地放弃。"

第二个阻力就是逃避。很多人知道自己存在某些问题，但是假装不知道，甚至强迫自己不去想这件事。

你不去想这件事，这件事也存在，就像荣格说的那样："当你的潜意识没有进入你的意识时，那就是你的命运。"当你没有直面潜意识的勇气，没有了解你的潜意识在自己身上怎么产生作用时，潜意识就掌控了你的人生。你会不知不觉地做错很多事，不知不觉地跟着那个潜意识去伤害别人、伤害自己。你如果始终持回避的态度，那么就会永远被它所掌控。

第三个阻力就是不适感。试想一下，你习惯于用右手拿筷子吃饭，但今天突然让你换成用左手，会不会夹菜很费劲，饭都吃不香了？这就是不适感。你看，就算是学用左手吃饭这么简单的一件事，都需要经历一段不适的过程。如果你拒绝这个过程，觉得这个过程会让自己变得不像自己，或者你根本不想改变现状，那么你就永远无法改变。

正确对待情绪

我们往往对自己的情绪不了解。很多人误以为是情绪让我们变成了"魔鬼"，然而其实是压力让我们变成了"魔鬼"。在面对情绪的时候，我们总是错误地把情绪当作压力，因为有压力掺杂了进来，我们才会做出很多奇怪的反应。

如果能把这两件事剥离，准确地认识情绪，你就会发现情绪并不是负担，而是生活中的必需品。每一种情绪都承担了信使的作用，是来传递信息的。因此，情绪来的时候，你要先搞明白它背后传递的是什么。情绪背后往往有深层的需求，先了解清楚需求，再慢慢地放走这种情绪，这才是应对情绪的正确方法，而不是一味地压抑和控制情绪。

情绪也是人与人的联系中非常重要的信使，如果人忽视自己的情绪，不仅可能会生病，会抑郁，会消耗精力，会发脾气，会感到空虚，还可能会有糟糕的人际关系。当你一有情绪就说"不生气、不生气""这没什么没什么"，总是否定、压制、逃避，你会发现自己什么信息都没有得到，根本不会从情绪中学到任何东西。

那么，我们应该如何做出改变呢？这里有四个步骤。

第一步，我们要学会识别自己的感觉。几乎所有的心理学疗法的第一步都叫作觉知，也就是感受自己的感觉。很多人时刻都能感受别人的感觉，感受别人的情绪是生气或开心，但就是不会感受自己。多问问自己"你今天高不高兴"，这就是觉知。

这里介绍一种工具化的方法。画一个表格，在这个表格里填上你当下的感觉，每天填三次。比如早上起来时，写下当时的感觉；工作了一会儿，在休息的时间记录此刻的感觉；等等。然后问自己两个问题，第一个是：我有什么感觉？第二个是：我为什么有这种感觉？这就是关于觉知的修炼。认知自己的情绪是走出被情感忽视阴影的第一步。

第二步，接受并信任你的感觉。你要知道，没有所谓的坏情绪，不理性的表现是有原因、可掌控的，它往往发生在压力之下，而不是在情绪之下。当你能够好好观察自己的情绪时，你的压力反而会减小。当你内心产生了一种情绪，不要责备自己，不要总想逃避、压制，不要总想尽快摆脱，观察它才是很重要的。

第三步，学会有效地表达感觉。感觉是可以说出来的，只是很多人不会表达。比如夫妻俩吵架，双方都很生气，这时候很多人的表达方式是指责，比如"你是个浑蛋"。但是，这根本不是在表达情绪，指责别人看似让我们减压了，实际上只是因为我们小时候经常被人指责，所以我们通过不断地指责别人，来宽慰自己这不是自己的错。用指责的方式表达情绪根本无助于情绪的舒缓，反而会让情绪变得更加激烈，人际关系也会变得更加糟糕。

有效地表达情绪就是真实地描述它，比如：我真的觉得很生气，我此刻觉得很委屈，你的话让我觉得很孤独。不要用指责替代情绪表达，而要把你的感受表达出来。

第四步，认识、理解、重视人际关系中的情绪。这个步骤最好的练习场所，一个是友谊，一个是婚姻。你可以在和朋友、伴侣相处的过程中尝试识别情绪，然后谈论情绪、表达情绪。

在练习中，可以按照以上四个步骤：观察自己的情绪，不要排斥它、恐惧它，而要接受它、观察它，并通过有效的表达让对方感知你的情绪，让情绪给你带来信息、带来改变。

学会自我关怀

曾被父母情感忽视的我们，现在该如何补救？让父母来补偿是不切实际的，就算我们现在告诉父母要重视我们的情绪，也没有那么多时间和他们待在一起。真正能治愈我们的，是自我关怀。

关爱自己

自我关怀的第一个层面是关爱自己。

第一，要把自己的感受放在首位，学会说"不"。比如当你很忙，别人却一直找你倾诉的时候，你可以说"我没时间，现在不行，对不起。"我现在每天都会说很多次"不"。当我很难挤出时间参加一个论坛、做一个演讲、外出吃一次饭，我唯一的办法就是拒绝，我会说："抱歉，我实在没有时间参加，我还有我的生活。"

也许从前你没有勇气说这么多"不"，但当你说了这些"不"以后，你会发现别人会尊重你，尊重你的生活节奏。另外，当你扛不住的时候，不妨张口问问别人，寻找一下能够给你带来足够支撑的人，适时寻求帮助也是关爱自己的表现。

另外，要关心自己的好恶。我们要知道自己喜欢什么、不喜欢什么，明白哪些东西能够为自己带来快乐。

我在跟我父母沟通的时候，就发现不知道怎么让他们高兴。除了我的日子过得很好，他们看着会高兴一些之外，好像没有什么事是能让他们高兴的。我问他们想吃什么，他们会说吃什么都行；问他们想去哪儿玩，他们会说哪儿也不想去。他们好像总是很难有一个自己想要的东西，或者很难找到属于自己的乐趣。

如果我们到了晚年都是这种状态，那生活的乐趣何在？我们得去发现自己的好恶，学会给自己安排一些活动，让自己能够开心快乐。

第二，调节饮食。如果你读过一些关于健康、养生的书籍，你就会发现吃饭是非常讲究的一件事。比如常吃快餐对身体无益，如果总是拿高热量、低营养的食物当作正餐，身体会越来越糟糕。

第三，锻炼身体。养成规律地锻炼身体的习惯，找到一个锻炼身体的方向。

第四，学会休息和放松。最好不要放任自己休息太长时间，也不要缺乏休息，掌握一个合适的度。

提升自我约束力

自我关怀的第二个层面是提升自我约束力。

我相信这个话题很多人都很关心，很多人都希望提升自我约束能力，但就是做不到。这里介绍一种方法，叫作三件事计划。

每天都列出三件自己不想做但应该做的事。

拿我自己来举例子，我今天应该下楼跑三圈，但这是一件我不想做的事，因为我不爱跑步，这就是我列出的第一件事；我想摄入维生素 C，打算吃一个柠檬，但我不愿意做，这可以作为第二件事；孩子找我玩过家家，我不太想玩，但我决定今天陪孩子玩一次，这就可以作为第三件事。

列完三件事之后，再列出三件特别想做但应该忍住不做的事。比如特别想玩手机，但让自己两小时内坚持不玩，这就算一件；特别想吃肉，但决定今天不吃肉，这也是一件。通过这种方式来控制自己的行为。

用列清单的方法，将这三件应该做、三件不做的事记下，完成后逐个画钩。改变不是一件容易的事，而是一个长期的过程，我们可以尝试用这种方法来逐渐提升自我约束力。

其实，之所以这么强调自我约束能力，是因为被忽视的孩子长大后特别容易在这方面有所欠缺。提升自我约束能力背后的含义是什么？如果真的坚持了下来，它将改变人的自尊水平——比如我现在坚持跑步，能够每一次都达到教练的要求，我的自尊水平就得到了大幅度提高。

过去我的朋友建议我跑步，我说我就不是个跑步的人，我跑不了。那时我觉得在跑步这件事上，自己就是不如别人。因为我在这方面的自尊水平低，所以一直不跑步。但是慢慢地，在教练的帮助下，当我真的跑了几次步以后，我的自我评价改变了，我会告诉自己，别人能跑我也能跑，甚至可以比很多人跑得还好。在这样的正向反馈下，我就更有动力继续提升自己的自我约束力。

自我安慰

自我关怀的第三个层面是自我安慰。

我认识一个讲师，每天都有很多人听他讲课。当他压力很大的时候，他有一个放松的方法，那就是观看随身带着的他和他女儿的视频。那是他女儿小的时候跟他坐过山车时拍下来的视频。虽然他的女儿现在已经十八岁了，但每当心情不好时，他就会把那个视频拿出来看看，一看心情就变好了。

我们也可以找到一个属于自己的自我安慰的方法，让我们能在焦虑和不开心的时候，一下子开心起来。

我的自我安慰的方法是正念。当我压力大、感到烦躁的时候，只需要用手摸一下手边的杯子，感受它的质感，感受它的温度，就能一下子回归当下；再喝一口茶，体会一下茶的味道，压力就消散了。这个杯子的温度是怎样的都没关系，我只需要摸着它的时候去感知它。通过这种方法，我就能快速地回归到一个压力正常的状况。

很多孩子在焦虑时，会抱着一床小被子或小毯子，只要攥着这床小被子或小毯子，他们就感到很安全，这是他们自我安慰的一种方法。对于成人来说，很多时候我们也需要自我安慰，也需要一个适合自己的自我安慰方法。

同情自己

自我关怀的第四个层面是学会同情自己。

学会同情自己，就是别对自己有太严苛的要求，允许自己做个普通人。没有人是完美的，如果你的脑海中不断有个声音在强调"你还不够完美，不够努力，应该做得更好"，那么你可以回忆一下，在童年时期，你的父母或者其他人是否在不断向你施加你应该变得完美的压力。

现在你已经长大，你得学会允许自己做个普通人——我就是我，独一无二。我接受自己真实的样子，并不意味着我不改变，而意味着我不再批评自己，我不再觉得自己有什么地方是可耻的。我客观看待自己的优缺点，知道自己喜欢什么、不喜欢什么。这就是同情自己。

做好以上这四点——关爱自己、提升自我约束力、自我安慰、同情自己，就能帮助我们逐渐学会自我关怀，从而慢慢摆脱被情感忽视的阴影。

停止情感忽视的代际传递

最后，我们探讨一下如何让情感忽视的问题终结。

在世界范围内终结这件事当然很难，但如果你希望在家庭中、生活中让情感忽视变得越来越少，是可以做到的。我们需要注意以下两点。

第一，重视情感。情感忽视最本质的问题是什么呢？就拿本文开头的例子来说，其实父母不是不能拒绝孩子、对孩子提要求，而是在拒绝孩子、对孩子提要求的时候，要重视他的感觉和情感。对于孩子的情感需求，父母要表示理解，要告诉孩子，知道他很想玩，知道他玩得很开心，自己也觉得很开心。

只有父母跟孩子产生了共情，孩子往往才能获得跟别人产生共情的能力。相反，如果孩子从小到大的情感经常被忽视，父母只在乎成绩、排名、时间表，那么他往往无法获得共情的能力，从而很难跟别人建立情感联结。

父母可以在孩子很小的时候就开始跟他进行情感方面的沟通，让他识别各种各样情感类的词汇，这样他才能成为一个情商高、有能力对他人产生共情的人。

第二，视孩子为独立的个体。不要把孩子当作自己的延伸，或实现自己梦想的人。很多父母会对孩子说"我没有上过一个好大学，你一定要上一个"，把所有重担都压在孩子的身上，让孩子承担一个和自己无关的责任，去完成自己父母的梦想，这样的做法太不明智了。

把握好这两点，就能很好地避免情感忽视的代际传递。

对于曾经被父母情感忽视，如今已为人父母的我们来说，想给孩子更好的家庭环境、更多的爱，请先学会关爱自己，识别自己的情绪，表达自己的情绪，让自己成为一个有约束力、善于表达情感、善于沟通的人，如果能做到这一点，家庭氛围就会更加和谐。

相信很多人看了本文都会回忆起自己的童年，想起小时候被情感忽视的经历，但是希望大家不要过度地悲哀，更不要过度地抱

怨，因为所有发生的事，一定都有它的原因。我们的父母在他们所
受的教育和所处的成长环境下，能够做到那样已经很不容易了，我
们更应向他们表达感恩。当我们对父母表达感恩的时候，我们的内
心也会变得更加丰盈、有力量。

　　抱怨、批评、后悔都无助于修补内心的伤痛。只有感谢，只有
了解，只有获取知识，只有不断地践行，才能够让我们一步一步地
发生真实的改变。

第 3 节　学会自我关怀

Taco 解读《自我关怀的力量》

对于自我关怀这个话题，如果没有加以了解，人们很容易把它当成难过时的空洞口号。实际上，自我关怀是心理学的一个重要研究领域，它的应用远不止治愈情感忽视的创伤，而是适合每一个希望善待自己、获得幸福的人。作为父母，我们只有懂得自我关怀，才能有效化解不良情绪，真正与自己和解，给孩子营造更加快乐、健康的家庭氛围。

心理学-自我关怀领域的创始人名叫克里斯廷·内夫，她是美国得克萨斯大学人类发展学副教授，在 21 世纪初首次将自我关怀作为一个研究领域和终身研究方向，成为该领域的先驱。她的理论著作被翻译成十几种文字在世界范围内传播，其理论的奠基之作就是我解读的这本《自我关怀的力量》。

何为自我关怀

据说，世界上 78% 的人都是对别人比对自己更好。我们当中的很多人在要好的朋友或者爱人遭受困境或挫折的时候，都能理解、安慰、鼓励和支持他们，而当自己遭遇同样问题的时候，却会不停地批评、打击、苛责自己。

你是否也有过类似的情况呢？

做错一件事，就会烦恼好几天，即使偶尔春风得意，也会暗自觉得自己实际上一无是处，完全开心不起来。如果因为一件小事被老板或同事批评了，就会久久忘不掉，一直批评自己怎么又犯了这种低级错误，担心老板或同事因为这件事看不起自己。

平时跟人讲话都很顺畅，但有一次当众做工作总结，你讲得磕磕巴巴的，下台之后觉得自己表现得太差了，一直埋怨自己：别人都讲得那么好，怎么就自己讲得不好；一点儿自信都没有，真是糟透了。

在亲密关系里，你不知道如何恰当和自如地表现自己。对方讲了个笑话，你觉得挺有趣的，但不好意思大笑，就抿着嘴笑，然而对方以为你不喜欢这个笑话，就不讲了。于是你又在心里琢磨：我是不是打击他了？我是不是应该跟他道歉？他会不会觉得我笑得不走心，觉得和我没什么共同语言，会不会不喜欢我？

比起自我关怀，我们似乎更擅长自我批评，但自我批评并不会让事情变得更好。当我们一遍又一遍地对自己说"我很糟糕，我比不上别人"的时候，其实是在不停地给自己负面的心理暗示。慢慢地，我们就真的看不到自己的优点和亮点了，真的开始发自内心地认为自己很糟糕，怀疑自己的潜力，对未来也不抱希望。

而且越是习惯批评自己的人，越需要其他人来告诉他、安慰他：你真的不错，你没有自己想象的那么糟糕，你可以做好的。借助外界安慰是把自己从负面情绪里拉出来的有效方法，但是，因为他们太在意别人的安慰和鼓励，当他们没能得到别人的安慰和鼓励时，反而会陷入对抗、逃避或更痛苦的境地。

关怀自己，才能以正向的方式脱离负面情绪，让内心自然生出力量。学会自我关怀，便不再需要依靠太多外界的鼓励，靠自己也可能从困境和负面情绪里走出来。

关怀，是对痛苦遭遇的觉察和洞悉，是对苦难之人的善意，因此自我关怀就是指以宽容和慈悲的态度来对待自己。它主要分为以下三步：

首先，停止自我批评。

其次，看到痛苦是人类共通的情感。

最后，用积极的语言和行为安慰自己。

说到这里，似乎自我关怀是件很简单的事。它的确不复杂，但我们要懂得区分什么是真正的自我关怀：它是具有力量的，是能让我们真正感受到自我价值、爱自己并激励自己成长的，而不是形式主义的、虚假的、无效的东西。

真正自我关怀的力量会一层一层释放，共分为三层：

第一层，消解负面情绪，把我们从痛苦的泥淖中拉出来。

第二层，获得稳定的自我价值感，让自我价值有据可依，让我们有爱自己的底气。

第三层，在爱自己的前提下，用爱激发潜能，助力成长。

要实现这三层力量的释放，我们需要借助一些实用可行的方法，这些方法将在下文中逐一讲解。

自我关怀的三层力量

第一层力量：消解负面情绪

很多人在遭遇挫折或者身处困境的时候，会不停地反思自己没做好的事，但当我们的注意力全部被负面情绪占据的时候，是没办法感受到幸福的。即使朋友安慰我们"不要再想了，快从这件事里走出来"，情绪也很难得以缓解。

其实问题的关键在于，人类大脑里本身就存在一种消极偏向。当积极信息和消极信息同时摆在我们面前时，大部分人都会先注意到消极信息，而且在整合所有信息做判断的时候，消极信息也比积极信息占比更重。

比如，我好不容易进了一家梦寐以求的公司，接了一个很想做的项目，前期都进展得不错，领导也很认可，但在项目进行的过程中，突然出了比较严重的纰漏，领导找到我，说项目整体都做得挺好的，但是这个纰漏有点儿大，以后要注意。即使领导没有责怪我的意思，我也很难听进去他所说的项目整体还不错，我不会认为领导只是提点我一下，让我以后改进，而是彻底被那句"这个纰漏有点儿大"笼罩了。我会不停地责备自己：我当时怎么就没再多想一想？我是不是要被领导放弃了？他会不会觉得我担不起这样的责任？

重视消极信息是我们人类在进化中逐渐形成的。在原始社会，消极信息通常意味着危险，如果我们没注意到河边的鳄鱼，没把"出现鳄鱼"这个消极信息的优先级提上来，我们就不会在危机刺激下做出应激反应。反应慢了，我们可能就被鳄鱼吃掉了，这对我们的生存是不利的，所以必须重视它。

那么，当负面情绪来临时，我们应该如何消解呢？

所有情绪都会在身体上表现出来，比如：愤怒时太阳穴突突地跳，情不自禁地咬牙切齿；恐惧时喉咙发紧、心跳加速；悲伤时头昏脑涨、抬不起眼皮；等等。不同的人因情绪所产生的身体表现会有所不同，而且随着人的成长，其表现方式可能也会变化，但情绪和身体的反应总会有所关联。

这个时候，我们可以把注意力放到身体上，通过感受身体的反应来让自己快速从负面的情绪里抽离出来。

我们可以尝试在身体上定位负面情绪反应最激烈的区域，感觉一下，反应最激烈的区域是头、喉咙、心脏，还是胃？它们的反应是怎样的？是刺痛、灼痛，还是有压迫感、紧缩感、剧痛感？先感受到它们，用念头从头到脚给身体做个"扫描"，感受自己的身体和情绪。

有时太剧烈的负面情绪在身体上的反应并不激烈，我们只能捕捉到一种全身的麻木和钝感。不必着急，花一些时间调整一下呼吸，然后再一次尝试定位。

这时候，请关怀你的情绪。关怀情绪的办法有两个。

第一个办法，像抚摸哭泣的小孩一样，抚摸自己的情绪，对它说："我知道这很难、很痛苦，但没关系，你可以的，一切都会好起来的。"

当你支持自己的情绪时，就会产生安全感：虽然我做错了，没做好，但这没关系。

就像身边的朋友或孩子犯错时你去安慰他们一样。安慰、抚平伤痛时，人会释放一种激素——催产素，当催产素的水平增加之后，人的信任、镇静、安全感的水平也会增加。这些正面情绪增加了，恐惧和焦虑感就降下来了，负面情绪就能慢慢缓解。

第二个办法是使用一些关怀的意象。

　　首先，找一个安静的地方坐下来，在脑海中想象一个让你安心的情景，这个情景可以是真实的，也可以是虚构的。比如铺满白色沙子的海岸、有小鹿吃草的森林空地，或是小时候和家人在一起的画面，等等。感受那个情景，想象那个情景里的内容，想象它们的颜色，慢慢让自己的心安静下来。

　　然后，想象一个心目中理想的关怀形象，可以是家里的长辈，也可以是虚构出来的人物，重点是一位你觉得很关心自己的人。

　　想象一下，看着你正在经历痛苦，这个人会说什么？他的声音听起来怎么样？他的语气给你传达了什么感觉？当你对生活感到麻木或停滞时，就可以回到这个让你安心的情景中去，安静地待在这个情景里，深呼吸，享受身体和心灵的舒适感。慢慢地，当你的情绪回到了正常积极的状态时，你就可以离开"这里"了。

　　这两个办法都可以有效舒缓你的消极情绪，让情绪从负面回归正面。

　　在这个过程中要注意，不要抵抗情绪，因为越抵抗情绪越容易引起反效果；要去感受身体，感受情绪，关怀它们。等你从负面情绪里走出来，身体也更舒服时，就可以出去走一走，或者做个舒展运动，消解负面情绪，重新开始。

　　按照这样的办法，当负面情绪来临时，我们就不会再被它淹没，而是通过关怀自己的身体和情绪，让自己慢慢走出来，变得更加平和。

第二层力量：获得稳定的自我价值感

个体心理学里有两个很重要的概念——归属感和价值感，这是人类几乎所有行为的两个目的。一个人一旦有了归属感和价值感，就会感到满足。

归属感是指个人融入家庭、团体时所拥有的感觉，知道有人爱自己，知道自己不是一个人，从而感到安全。

价值感是指感到自己能创造价值，知道自己有能力去做事，而且能做好，从而不畏惧挑战，甚至享受挑战。

那么，这两种感觉怎么形成呢？归属感一般来自和抚养者（一般是父母）的依恋关系，而价值感是一种在重要领域的胜任能力，也就是如果个体能在自己所重视的领域取得一些成就，就能形成价值感。

但问题在于，很多人的价值感都依托在别人的评价和事情的结果上：被父母、领导、朋友称赞了就觉得很快乐，被他们忽视了就非常沮丧和难过；某件事做得很好，得了前几名，会很开心，但想到自己没得第一又有点儿难过；对自己价值的评价都依托于外界的评价和结果，拼命追求"赢""最好"与"完美"。

我周围不乏这样的例子。我上中学的时候，班上有个女生特别喜欢弹钢琴。她从四岁左右开始弹钢琴，十几岁就开始参加各种比赛，每次都能获得不错的成绩，为此她妈妈经常表扬她。从小到大赢得各种比赛，被妈妈表扬，给了她很强的价值感。

慢慢地，弹钢琴这件事本身不再让她感到快乐，只有"赢"才让她快乐。如果比赛没拿到好的名次，她就觉得自己特别没用。但比赛总归有输有赢，如果上一次比赛输了，下一次比赛时她的压力就很大，而顶着压力去比赛会影响发挥，再次落败让她压力就更大了，她因此陷入了一种恶性循环。她开始问自己：为什么我总是输？为什么我连原本擅长的事情都做不好？她虽然钢琴弹得很好，但目标设得太高，又没办法容忍自己失败。在一次大型比赛上失败之后，她的心态一下子就崩溃了，从那之后她再也不碰钢琴，整个人也颓废了好久。

当我们把自身的价值感建立在别人的正面评价上时，我们的价值感就会不稳定，这被称为"视情况而异的自我价值"。这一秒有人称赞了你，你的价值感就有所提升，下一秒有人指出你的一个问题，你的自我价值感马上又会下降；今天某件事做得还不错，就觉得自己很棒，但明天犯了错，就觉得自己简直一无是处。因为没有一个能持续确认自身价值感的事物存在，所以情绪就会随着不稳定的价值感像过山车一样急速提升、急速下降，让人感到非常痛苦。

那么，如何用自我关怀的方法让自己的价值感和情绪稳定下来？

这就要说到自我关怀的很重要的一点：不对自己进行评价或者

评判。人无完人，要能接受并尊重"自己的形象不是一直完美无缺"的事实，并且要有底气地认识到，所有人都是既有优点又有缺点的，偶尔一次做得不好，又怎么样呢？

这样，我们就不会一直在心里想"我是好的还是坏的""我是优秀的还是差劲的"。我们不必这样想，也不用去比较，每个人都既有优秀之处又有差劲的地方，别人的评价和事情的结果都会随着时间发生变化。

这里我想举"汉初三杰"之一韩信的例子。在韩信发迹前，他既没被推选成官吏，也没什么谋生之道，所有人都觉得他只是个混混。关于他，有个胯下之辱的典故，即有个看不起他的屠户逼他当众从自己胯下钻了过去。当时很多人围观，也有很多人嘲笑他。我们现在想想都觉得这太丢人了。

韩信当时没有工作，饥一顿饱一顿的，有一位漂丝绵的大娘同情他的遭遇，在漂丝绵的那段时间里天天给他准备饭。韩信很感动，说以后要报答她，但大娘不信，大娘说："你连自己都不能养活，我是看你太可怜了才给你吃的，难道还要你报答吗？"就连这么一位善心的大娘，也不相信韩信以后能出人头地，做出一番事业。

韩信根本不在意外人对自己的评价，他心里有自己的大目标，不因小失大。后来他在乱世中寻明主，先投项羽，又投刘邦，立下一番事业。我们能想象得到，在他功成名就之后，原来嘲笑他的人对他的评价就会发生变化，甚至连他忍受胯下之辱这件事，也有人觉得是"所求甚大，能忍辱负重"。

所以，不要过分在意别人的评价，不要执着于当前的结果。如果是自己想做的事，就持续去做，即使现在不成，只要一直积累，一直努力，总有机会成功。等事情的结果变了，其他人的评价自然也会变了。

我们要把关注点放在当下，把自己从痛苦的情绪里抽离出来。外界的事情随时都在变化，成功或失败来来去去，它们都不能片面地为我们的人生下定义，也不能决定我们的价值感。

你是一个什么样的人，你的价值在哪里，不是别人说了算。当价值感来自内心深处，我们就会感到有一种坚定的力量，更能积极地去面对挑战，也更觉得自己值得被爱，更有爱自己的底气。

这是克里斯廷·内夫经研究后证实的。通过较长时间的追踪，克里斯廷·内夫发现，把自我价值和自我关怀联系起来的人，价值感和积极情绪更稳定、更持久。他们不会把价值感建立在一件特定的事情上，比如社会赞许、竞争成功、别人认为他有魅力等。他们内心有很坚定的力量：作为一个人，我就是有价值的，我就是应该得到尊重，我就是值得被爱。

大家可以做一个小练习——寻找价值感的"骗子"。找出那些给你虚假价值感的东西，它有时让你觉得特别快乐，有时又会让你觉得特别难受，让你的价值感一直上下起伏，不能稳定和持续。这些"骗子"——工作、体重、自己内心那个扮演父母的角色，等等，你可以找出五六个或十个，重点是要找出这些"骗子"。

你可以问自己以下三个问题，看自己的答案会不会发生变化，以此辨别你的价值感是不是更多地依托在别人身上。

1. 我想要比别人更好吗？还是说只要和他人联系在一起就会快乐？

2. 我的价值感是源自自我认同，还是作为人类的身份？

3. 我想要完美还是健康？

心理学的练习题没有正确和错误之分，它只是为了让我们更好地了解自己。这是一种对比测试，通过对比反问让我们尽可能把重心放在自己身上，放平心态和自己对话，从而找到这些"骗子"。

我找出的一个"骗子"就是工作。在工作的时候，领导说我做得好我就开心，说我做得不好我就很沮丧。做这个测试时我刚好处于低谷期，获得了一份不合适的工作。当我问自己这些问题的时候，我才发现：我一直期待得到领导的认可，却没有想过自己的感受。当我开始更加关注自己时，才意识到自己根本不喜欢也不适合这份工作。我开始思考自己到底喜欢什么、适合什么，于是我决定去自己喜欢的行业和岗位做一些自己想做的事，而不是留在这里。想明白了这些，我跳槽去了更适合我的公司。

我们如果用"自我"去过滤"经验",就能把关注点更多地放在自己身上,"自我"就会提升。这并不意味着自私,而是我们终于能够关注自己的感受和需求,明白自己的感受和需求同他人的一样重要,能够拒绝那些我们实际上不想要的东西,不再委曲求全。当内在力量一点点增强时,我们就更敢于爱自己,也敢于被爱。

第三层力量:用爱激发潜能

在很多人的传统观念中,人们往往提倡严厉的教育,似乎只有这样孩子才不会懒惰,才能激发孩子学习的力量。其实这种观念并不可取。

批评是如何让人取得进步的呢?有一个重要的因素是恐惧。被批评本身不是一种好的体验,尤其是被当众批评。孩子的自尊心很强,被批评是孩子心中非常大的事,所以为了不被批评,他们会逼着自己去达到父母的目标。他们达到这个目标的核心动力是恐惧,当这种恐惧的力量太大,他们就会焦虑,生怕自己做得不好,但特别焦虑又会让他们不能专心做事或学习,进而可能导致更差的结果。

另外,这种批评教育还会造成前面所说的"自我批评"。孩子是会模仿父母的语言的,当父母一直说他不行时,他以后也会这样说自己,这对孩子的成长及其长大后的行为反应都会产生负面的影响。所以我们不管是对孩子还是对自己,都不要用这种批评的方式去激励，而要用关怀的方式。

"蓄杯理论"认为，孩子的情感需求就像一个杯子，需要父母往里面不停地注入爱意，这样孩子才会感到安全，才有勇气向外探索。经常被批评的孩子，往往是在父母的驱使下去探索，如果失败，他们心里会有很大的压力；而感受到父母爱意的孩子，即使探索失败，也能很好地走出来，他们知道父母的爱是不会改变的，就算失败也没关系，所以能以平常心去面对挫折。

这就是爱带来的力量，它会给我们带来安全感，而不是压力，爱不是推着我们往前走，而是激发我们想要向前走的自主性。当爱自己、关怀自己时，你就会自发地去做能让你学习和成长的事。你会把目光放得更长远，愿意为了长期的幸福而努力。

我有一个朋友，他从前日子过得浑浑噩噩的，对自己没有信心，总是觉得自己干什么都不行，随随便便找份工作做着就行了。后来他觉得自己不能再这样下去了，于是开始找一些书来看，想找一些喜欢的事情来做。那时候他对互联网很感兴趣，想进互联网行业试试。

他居住的城市没什么互联网公司，想从事互联网行业就意味着要换个城市、换份工作，这样做风险很大，父母肯定也有意见，他自己也犹豫了很久。最后，另一位朋友的话促使他做出了决定，那位朋友说："你好不容易有件自己喜欢又想做的事，就不要总想着父母或其他人的看法，你应该优先考虑自己的想法。"

这句话让他看到了自己的需求，他开始明白自己的需求和父母的一样重要，不能因为父母希望自己留在家乡，就完全不顾自己的想法。至于其他人的评价，他也看开了，真正的朋友其实都支持他的想法，不会随意评判。

于是他开始学习互联网行业的知识，看了很多书，学了一些课程，利用闲暇时间接了一些私活，没想到成绩还不错。跟父母沟通好之后，他带着有成绩的作品，快速入职了一家不错的互联网公司，投入了自己喜欢的事业。我再一次和他见面时，发现他不再像从前那样颓废闲散，他明白了自己的方向，愿意为了未来努力奋斗，精神状态也越来越好。

人的目标分为两种，一种是学习型目标，另一种是表现型目标。

学习型目标，就是我们真的对某件事感兴趣，渴望了解它，被内在的好奇心驱动，于是更有动力，失败了也不怕，因为我们会觉得失败也是一种宝贵体验。

表现型目标，就是我们致力于在别人面前表现得很好，以显示自己在这个领域很优秀。因此我们会一直反问自己：我到底有没有更胜一筹？我能不能得到别人的称赞？我们会害怕失败，因为失败往往意味着得不到别人的称赞，这件事就"白做了"。

有表现型目标的人，在设定目标去学习时，不会去看自己到底学了多少知识，他们只想表现；但有学习型目标的人就是想获取知识，他们不会太在意结果和评价方面的事。从长期来看，学习型目标比表现型目标对人的促进作用会更大。

关怀自我，找到自己内心深处真正想要的东西，用爱去驱动学习，抛开对结果和评价的在意，长此以往，我们就会在自己喜爱的领域越做越好，幸福感也会变得更强。

这就是自我关怀的作用：把我们从负面情绪里拉出来，让我们获得更稳定的价值感，把我们从"希望被爱"变成"爱自己"，让我们在爱自己的前提下，实现自我成长。

自我关怀的核心

如何正确地进行自我关怀呢？自我关怀有三个核心要点：善待自己、理解人类共性、静观当下。

第一个核心：善待自己

当我们受挫和沮丧的时候，我们经常会进行自我批评，甚至无情地摧残自己，但其实我们应该看到：虽然我们没有展示出自己最好的一面，但是我们努力了，这就是值得尊敬和自我欣赏的。不要求全责备，没有人能做到十全十美，偶尔在困难面前摔个跟头是不可避免的。

关怀能激活人体内的依恋和关爱系统。依恋有四种类型：安全型、回避型、矛盾型和紊乱型。这四种类型中，安全型依恋是较正向的依恋类型，代表着父母能察觉到孩子的需求、满足孩子的需求，孩子具有安全感，长大后在人际交往中也会展现出更有安全感的特质。但是，不是所有人都是安全型依恋的人，对于其他依恋类型的人来说，想增强自己的内在安全感，一般有哪些方法呢？

第一是通过他人的帮助增强内在安全感。比如寻求心理医生的专业治疗，或者和安全型依恋的人成为朋友或伴侣，从他们身上获得稳定的安全感，但这些都有一定的门槛。

第二是通过自我关怀建构自己内心的安全感，改变自己的依恋类型。当我们持续给自己关爱和理解，触发催产素分泌时，我们就会感受到安全和信任。这种安全和信任来自我们自己，会比来自外部的更稳固、更持久，这也意味着我们每个人都可以通过关爱和理解自己，让自己变成安全型依恋的人。

我认识一位从小学习舞蹈的姑娘，她的气质和身材都非常好，也有很多人追求她，但她的每段恋情都不太顺利，而且持续时间都很短，她总觉得每个男朋友都总是指责她。

原来在她小的时候，她的妈妈为了督促她把舞蹈练好，总是批评她，即使只是一个小动作出错，也会一直批评她，妈妈批评她时各种各样的场景和手势的记忆，都埋在了她的潜意识里。长大后，当她发现男朋友的某项行为和妈妈很相似时，就勾起了她潜意识里的童年回忆，她就会觉得对方在指责她、批评她，但其实对方可能根本不是那个意思。

后来，她发现这些想法产生的原因是自己内心的不安全感过重，于是开始训练自己在感到不安全的时候做出更友善和更包容的举动。

每当她开始批评自己，或者把别人的行为理解为批评时，她就会对自己说："我爱真实的自己，我接纳真实的自己。"当她这么说时，就会想起妈妈批评自己的场景，通过重复这句话与记忆中妈妈的批评对抗。

这时候她其实会有点儿悲伤，她能体会到自己童年时被妈妈批评时的悲伤情绪，但因为她在有意识地与妈妈的批评对抗，所以她不再有从前被批评时不敢说话的那种无力感了。她逐渐明白妈妈以前说的不全是对的，并开始相信自己。

等她从这种悲伤中走出来的时候，她的想法便不再被"妈妈的批评"牵着走了，而是更有自信，也更敢于相信别人。后来，她改变了自己的依恋类型，也找到了一个很合心意的男朋友，变得能够信任对方，也愿意为对方付出，同时也能更从容地接受这份爱了。这就是自我关怀所带来的改变。

另外，当我们能体验到温暖和亲切的感觉时，身体和心理状态也会随之改变。这里教大家一个安慰自己的方法：拥抱自己。

我们的身体其实是不知道到底是谁在拥抱我们的，它只会对温暖和关切的姿势做出反应，像小婴儿在妈妈臂弯里感到安全一样。

如果不方便拥抱，也可以柔和地抚摸自己的双臂和脸颊，或者轻轻晃动自己的身体，重点是让身体呈现出传递爱、关切和温柔的样子，或者想象自己抱住了自己，这样也能起到很好的安慰作用。

第二个核心：理解人类共性

人都是不完美的，都会经历失败和低谷。我们在陷入痛苦时，很容易把自己和其他的人隔绝开，拒绝敞开心扉，也很难关注别人，只困在自己的痛苦里。

但是越是在痛苦的时候，我们才越应该看到，世界上不仅是自己一个人在经历痛苦，而是所有人都会经历痛苦。看到这一层后，我们就能在痛苦时和其他人建立关联感，这种关联感也会激活依恋系统，让我们感受到和外界的联系。

当我们深知"我不是一个人，有很多人和我是一样的"时，我们就不会被困难吓倒，而能够从容应对。

在得克萨斯大学任教时，克里斯廷·内夫有了一个孩子，取名罗文。在罗文八个月大的时候，克里斯廷·内夫发现不对劲，这孩子不会像别的孩子一样指着一个东西咿咿呀呀，叫他的时候，他也不转头。

克里斯廷·内夫担心罗文有某种类型的发展障碍，于是带他去看了医生，又看了很多书自己研究，但是毫无作用。后来她才发现，罗文患有孤独症。

　　孤独症儿童会沉浸在自己的世界，和社会割裂，他们中的大部分都不能自己照顾自己，也很难在社会上取得成就。克里斯廷·内夫原本希望罗文以后能像自己一样，取得博士学位，或者成为一名成功的作家，但这些希望都破灭了。当她看到别的妈妈带着正常的孩子时，她会想："为什么他们的孩子都是正常的，只有我的孩子不正常？这对我太不公平了。"她觉得很孤独，没有人懂她的痛苦，所以每天都感到特别难过。

　　后来她发现自己的状态不对，不能一直这样下去，于是开始进行自我关怀。她对自己说：养孩子的苦都是共通的，即使孩子没有孤独症，也可能会有别的困难和痛苦，比如抑郁、饮食障碍、在学校被欺负、生重病之类的。她渐渐了解到，原来不是只有自己这么痛苦、可怜，当她打开了心扉，想法也发生了变化。

　　因为自我关怀，她的生活有了变化。

　　一是她开始体会到生命的不可预测性。每个人都无法预知未来到底会是什么样子的，当她想到自己不是一个人，所有孩子的父母都会经受养孩子的挑战时，她的内心就会变得柔软平和一些。

　　二是她发现自己能从更清晰的视角看到自己的处境。她不再抱怨其他人都过得比自己好，不再顾影自怜，明白了其他人也有需要面对的问题，有些问题可能比她遇到的还棘手，在这个世界上还有人比自己更值得被关怀。这样她的心里生出一种力量，她能更从容地去帮助罗文。

这件事也让她开始反思这个问题：是不是一定要让孩子符合大众对他的期待呢？不符合期待的孩子，就一定过不好吗？其实不是。每个人都值得被关怀，当然也包括患有孤独症的孩子，以及不符合社会对成功定义的人。

理解"我们只是人"，能让我们内心生出慈悲心，生出力量：我只是一个人，有弱点，会经历挑战、失利，这些都是正常的，同时我也有强项，有命运给予的馈赠。有了这样的想法，我们就能更从容地面对困难与困境。

第三个核心：静观当下

静观被看成"元觉察"的一种形式，就是当我们感到愤怒时，不是简单地感到愤怒，而是察觉到自己正在感到愤怒；当我们思考明天的工作安排时，不是简单地思考工作安排，而是我察觉到我正在思考我明天的工作安排；当我被水烫了手的时候，我也不是觉得手上火辣辣的疼，而是我察觉到我的手被烫得火辣辣的疼。

这不是一个文字游戏，不妨试试看，你现在在看书，沉浸在书的内容里，这是我们平时的感受。现在你用静观的方式，去察觉自己看书的状态，这样你不仅看进去了书里的内容，还有一点意识用来察觉自己的状态。我是如何阅读的？阅读是什么感觉？我是坐着的还是站着的？手里有没有握着一支笔？笔在手里是什么感觉？脚踩在地上是什么感觉？

就好像在电影院看电影，当我们被电影的情节深深吸引，心情随着主角的经历时而紧张时而开怀，完全沉浸在电影里时，突然有电话打来，当手感觉到了手机的震动，同时手机屏幕亮了，我们就反应过来：啊，原来我们在电影院看电影。察觉到自己在做什么和沉浸地去做什么，感受完全不一样。

我们平时几乎都是在感受情绪和想法。比如我们看书看到某个情节时，容易联想到自己的经历，联想到自己看过的其他书；或是在寒冷的冬天，发现水杯里的水是冷水，我们会加一些热水进去。这些感受、情绪和想法会一直变化。

而觉察是容纳这些变化的一个"筐"。我们可以觉察到我们喝了冷水，觉察到端起的杯子是凉的，觉察到暖呼呼的热水从喉咙咽下去，热气蔓延到四肢五脏……觉察的内容一直会变，但觉察本身不会变。

当我们用这种方式去觉察我们的经历时，我们就能感受到什么都在变化，喝水、吃东西、和人聊天、思考事情……什么都不是永恒的。那什么是永恒的呢？我们察觉这些变化的察觉本身。

这样一来，我们自己的察觉，就会变成我们感知所有事情的最重要的工具。世界上纷繁复杂的事情来来去去，我们的感受常常变化，它们就和掠过身前的风、阳光和细雨没什么不同，都是不断变化的，而这些不断变化的外物——成功失败、所思所想所感，其实都不能定义我们。真正能定义我们的，只有我们自己。

用这样的心态生活，我们的自我价值感会更稳定，我们不会被眼前的感受、情绪、想法淹没，从而能够更好地面对生活中发生的各种各样的事。

如果你很难进入觉察状态，可以试着想象一只鸟飞过天空，鸟上下翱翔，忽高忽低，但天空就只是静悄悄地在那儿看着鸟的变化。这时候，我们要把自己带入天空的视角，鸟是我们的感受、情绪、想法，它们都是会变的，而代表觉察的天空却不会变。我们很难进入觉察状态时就想想这个画面，想想天空，在自己内心深处塑造出一个稳定不变的环境，这样你就能越来越坚韧，越来越坚强。

平时，你也可以选择一项固定活动来静观当下，比如在刷牙、通勤、吃饭时进行。当你做这件事时，不要想我今天要做什么、昨天做了什么，而是把注意力放到当下，调动你的五感来感受你现在的状态。

如果你在走路，那么走起路来是什么感觉？鞋接触地面是什么感觉？双脚交替变化的时候，重心有没有变化？今天的天气怎么样，是温暖还是寒冷，空气湿度高不高？把你的察觉带到走路的方方面面，注意每次不同的感受。如果你迷失在想法和情绪中了也没关系，将自己抽离出来，继续把觉察带回到行走的体验就可以了。

当我们把注意力集中于当下正在做的事情上，而不是被杂事带着走时，我们静观的能力也就自然而然地提升了。平时我们可以去慢慢地散散步，或者冥想，或者慢慢地进行数次深呼吸，这些都可以提升自己的静观能力。

　　人生总会有不如意，如果我们只是纠结于不愉快，那么生命中的痛苦与缺憾都不会消散。反之，学会自我关怀，对自身的痛苦报以仁慈和怜悯，对生活中的缺憾报以宽容和抚慰，我们就能创造出积极的情绪体验。这样，在遭遇痛苦时我们不再只感到痛苦，而能感受到被安慰的安全感；面对缺憾，我们不仅体会缺憾，还能培养出更平和、释然的心态，从而激发我们面对现实的勇气。

　　希望我们都不再畏惧悲伤和痛苦，用自我关怀的力量，给自己持续和稳定的幸福感与满足感，并在此基础上，成为更好的父母，成为孩子更好的成长领航人。

第 4 节　好爸爸好妈妈，更是好伴侣

樊登解读《幸福的婚姻》

在帆书软件里，我讲过的书被分为三大板块，分别是事业、家庭和心灵。在家庭这个版块里，其实大多数都是关于亲子教育的内容。在为人父母之后，很多人对家庭的关注会更多地放在亲子关系上，开始学习如何教孩子，但实际上，夫妻关系比亲子关系更应该被好好经营。在学会当一个好母亲、好父亲之前，我们应该先学会如何做一个好妻子、好丈夫。当夫妻关系和亲子关系发生冲突的时候，我们也应该以夫妻关系为重。

我在一次线下活动中给读者们讲过一本书，叫作《幸福的婚姻》，因为听说要讲这本书，那天来的几乎都是一对一对的夫妻，讲着讲着，我就看到台下的夫妻们互相挽起了胳膊，越靠越近，那种感觉特别温馨。

这本书的第一作者叫约翰·戈特曼，在美国被称为"婚姻教

皇"。他有一个最出名的特长，就是通过观察一对夫妻互动五分钟，就能判断出这两个人将来会不会离婚，据说准确率高达91%。

　　吵架的夫妻不一定就会离婚，而那些客客气气的也未必就一定走得下去。约翰·戈特曼研究婚姻的方法很特殊，不是研究沟通技巧或者如何表达情感才能处理好关系，而是建了很多座房子，让志愿者夫妻在里面度过一个周末或一个长假，志愿者身上被装上了心跳、脉搏及声音的监测器。他用了十六年的时间跟踪研究了大量夫妻，通过分析这些数据，得出了一整套解决婚姻问题的方法。

　　书中主要提供了七个改善婚姻关系的方法，还提出我们只需在一周之中拿出五小时来做一些简单的实践，就能大大提升婚姻质量。

婚姻关系中的六个不良征兆

　　离婚会带来很多问题。据调查，其中最大的问题就是对寿命的影响，有研究称，离婚会使人的平均寿命比处于婚姻关系中的人短四年；另一个重要的问题就是会伤害到孩子，很多孩子的负面行为、心理创伤都是因为受到了父母破裂的婚姻的影响。所以作为父母，我们有必要学习一下如何更好地经营自己与伴侣之间的关系。

　　在婚姻关系中，尤其要重视以下六个不良征兆。

夫妻之间用苛刻的语言开启对话

有些夫妻间经常以苛刻的语言开启对话，张口就是负面语言，比如"这话我跟你说了多少遍了""你这人就这样"等，当夫妻间用苛刻、讽刺挖苦的口吻对话的时候，就是一个不良的征兆。

末日四骑士出现

西方文化里有一个概念叫作末日四骑士。那么什么是婚姻的末日四骑士呢？

第一个是批评。这里的批评不是指责对方某件事做得不对，而是上升到这个人的人格层面。作者给出了生动的例子：

"你昨晚没有打扫厨房地板，我真的很生气。我们说好了轮流做"，这是抱怨，而"为什么你总是这么不长记性？我讨厌轮到你打扫厨房地板的时候，还要我亲自动手。你就是不上心"，这是批评。

第二个是鄙视。鄙视意味着对另一方的贬损。比如一方觉得另一方彻底没救了，挖苦对方"你做什么都做不成""你这个人就是没毅力"等。

第三个是辩护。发生了批评和鄙视后，被鄙视的一方会开始辩护。

第四个是冷战。在冷战之后，婚姻就开始走向衰败了。

情绪淹没

情绪淹没，就是两个人已经完全情绪化，情绪爆发后控制不住自己，愤怒到大喊大叫、摔东西。

身体指标变化

在婚姻发生矛盾冲突的时候，双方的身体指标变化往往是血压升高，心跳极度加速。

据说在婚姻关系中，85%的男性在遇到矛盾时会选择冷战。这是为什么呢？这跟原始社会的分工有关。在原始社会中，男性承担着保护家庭成员安全的责任，所以他们看到危险的信号就会紧张起来，分泌相关激素的速度比女性快得多，因此男性更容易被激怒，而且情绪也更难平复，也更难承受吵架带来的压力。

而女性在原始社会承担着哺乳的责任，母乳的产出量与母亲的放松程度有关，这就要求女性拥有快速平复心情的能力，因此女性一般在情绪恢复能力方面比男性更占优势。冷战对于男性来说，更像是一种自我保护，因为他们一旦生气，情绪是很难平复的。当然冷战并不是一个好的处理方法。

情感修复失败

什么叫情感修复呢？举个例子，如果夫妻之间发生了争吵，这时丈夫对妻子说："你吃冰棍吗？我给你买一根冰棍吧。"丈夫这个时候正在做的事情，就叫作情感修复。

当丈夫提议"我们别吵架了，来吃冰棍吧"，而妻子如果愿意接招，回复说："吃什么口味的？"那么这两个人的关系就开始缓和了。但是，如果妻子并不领情，而是说："你还跟我谈冰棍？"那么这次情感修复就算失败了。

情感修复有多种方式，有的人会去扯一扯对方的衣角，有的人会开一个玩笑，有的人会去拍一下对方。如果两个人是良性的互动，当妻子生气时，丈夫轻轻拍妻子一下，妻子可能会平复下来，然后就没事了；但如果丈夫拍了妻子一下，妻子转手就是一个耳光，那么两个人可能会打起来。

双方对于婚姻只剩下糟糕的回忆

当一个人说起自己的配偶，就觉得和对方在一起的日子很糟糕，全部都是糟糕的回忆的时候，这两个人的婚姻就濒临破裂了。

婚姻中出现了以上不良征兆的夫妻，应该怎么做来挽回关系呢？没出现过以上不良征兆，希望好好经营婚姻的夫妻，又要怎么做才能预防这些问题呢？下面我们来讲一讲改善婚姻关系的七个方法。

改善婚姻关系的七个方法

第一个方法：完善你的爱情地图

研究发现，夫妻双方互相了解得越多，越不容易离婚。我们不妨问问自己，知道自己的另一半整天在忙些什么吗？有没有了解过他现在有什么烦恼，目前他在工作中遇到了什么挑战？是否知道他周末要参加什么活动，最近交了什么新朋友？

我们不妨把这些对于另一半的了解比作"地图"，这"地图"是会不断更新的。

我跟妻子是大学同学，我们对于彼此年轻时候的事非常了解，感情基础也非常牢固，但如果我们对于彼此的了解不保持更新的话，几年之内在她身上所发生的事，我就可能会不知道。

完善爱情地图，意味着你要经常跟配偶沟通，互相了解彼此工作的事、兴趣以及正在做的事情等。我每次出差的时候，走到哪里都会给妻子发一条信息，告诉她我现在到了什么地方，下一站是什么地方。我在通过这样的小事不断完善我们的爱情地图，增进双方对彼此的了解。

爱来自了解。当彼此在做什么都不知道，也不需要对方知道的时候，夫妻之间的关系就变得很冷淡了。因此，我们一定要多打听、多了解，当然这不意味着跟踪，而是要跟对方坦诚地互动，让对方告诉你自己的近况。

第二个方法：培养喜爱和赞美

《高效能人士的七个习惯》的作者史蒂芬·柯维有一天在上课的时候，有位学生过来对他说："老师，我想请教你一件事。"

"我现在不爱我的妻子了，我该怎么办？"学生说。

史蒂芬·柯维回答道："那你就去爱她。"

学生说："老师你可能没听清，我说的是我现在不爱她了。"

"那你就去爱她呀。"史蒂芬·柯维说。

学生说："我不爱她了，你怎么还让我爱她呢？真奇怪。"

这时候史蒂芬·柯维说："爱是一个动词。"

是的，爱是一个动词，爱不是简单的一个状态，而是一个动词，所以当你感觉到你不爱的时候，应该怎么办呢？你应该去爱。

夫妻之间如何保持对彼此喜爱呢？最简单的办法就是互相赞美。

这里有个简单的小游戏：拿出一张纸，写下自己配偶的三个优点，比如节俭、做事靠谱、对孩子很好等；在每个优点后面加上一个例证，比如因为某件事你觉得对方很节俭，等等。

写好之后，让配偶也写一份关于你的，然后你们交换看。不要小看这个小游戏，它会给你们带来很多乐趣，也许你们会多几句玩笑，也许你们会觉得很好玩，但最重要的是它会给你们带来内心的成就感，你们也会感到非常温暖。

这在领导力的课堂上叫作二级反馈，你要经常给配偶二级反馈，表扬对方，并且说出为什么，这样对方就会更愿意和你在一起，并且也能够做更多这样令你高兴的事。

第三个方法：彼此靠近

当两个人有更多身体接触的时候，两个人的情感也会更加亲密。

我们可以问一下自己，和配偶出门时还会牵对方的手吗？你们还会不会手挽着手一块儿走？等到了五六十岁、七八十岁，你们会不会依然挽着手一起走呢？

如何做到彼此靠近？这里有一个简单的建议：当你和配偶在家的时候，可以一起做一些事。现在很多家庭讲究分工合作，比如一个人去陪孩子玩，一个人去做饭，分工很明确，但这样就错过了一起做事的机会。而当你们一起做饭、一起陪孩子玩的时候，两人接触的机会更多，双方身体接触的机会也会变得更多。

你还可以邀请配偶一起做更多的事，比如一起去旅游，去看话剧、看电影，创造更多彼此靠近的机会。

还有一个很好的使彼此靠近的方法，叫作减压谈话：比如晚上回到家，彼此聊一聊今天过得怎么样、工作是否愉快等。

如果妻子说："今天我过得特别不愉快，气死我了，有件事让我特别生气。"这时候丈夫常常会告诉妻子："别生气，你想开一点，不要这么小心眼。"丈夫觉得自己是在帮助妻子，但妻子会觉得丈夫是在指导她。

之前我就很喜欢用这种方式和我的妻子说话，在她遇到问题的时候，我会说："那本书你看了没有？看完你就知道如何解决了。"结果很不理想。作为伴侣，我们应该做的不是告诉对方该怎么做，而是与对方进行减压谈话。

减压谈话能够帮助我们对对方感同身受，时刻与对方站在同一战线："真是气死我了，这事真的让我也很生气。"当然，也不必表现得太过夸张，但这种谈话方式一定意味着没有批评、没有说教，只是与对方分担感受。当感受有人分担的时候，人的压力其实就会越来越小，因此这种谈话方式叫作减压谈话。

第四个方法：让配偶来为你做决定

当你学会让配偶替你做决定的时候，你的家庭会变得更加幸福。

拿我自己举例，我妻子很在意房子的装修，而我是一个特别不喜欢操心装修的人，在我们家的装修过程中，我的参与度几乎是零。对于装修我没有做出任何决策，所有的决策都是我妻子做出的，因为她学过美术，我相信她的审美比我高，比我更有品位，比我更懂得搭配。

男女本身是存在差异的，夫妻双方也一定各有所长。比如在一般情况下，女性更加细腻，在人际关系层面做得更好，因此在这方面，丈夫就应该多听听妻子的意见。男女之间要相互尊重，要多说"这事我得回去问我妻子"或"这事我得去问一下我丈夫"，这也会让我们更多地关注另一半的想法和感受。

第五个方法：吵架以温和开场，以妥协收场

夫妻之间难以避免吵架，对于吵架请做到：以温和开场，以妥协收场。

如何以温和开场？比如，当你想指责对方不打扫卫生，正确的方式是直接告诉对方"帮我把那个垃圾倒掉吧"。提出一个具体的要求，其实就是一个温和的开场。如果这个时候你张口就说："你的眼里是不是一点儿活儿都没有？你看不到有垃圾？"这就不是一个温和的开场，而是用鄙视和批评的口吻来做的开场。

再如，"我今天想跟你讨论一下关于孩子教育的问题"，这就是温和的开场，而一上来就指责埋怨，就是一个错误的开场。

夫妻之间可以争论甚至可以发生争吵，但这时候一定要尽量做到温和、就事论事。

在任何一场对话当中都有这样一个原则，那就是如何开始就会如何结束。如果你不知道该怎样把控自己的情绪，可以先把开始做好，把开始做得温和一些，那么很有可能这场对话就会以一种温和的方式结束。

再来说一下"以妥协收场",如果双方都永远不妥协的话,任何谈话都不会有好的结果。婚姻当中要学会妥协,我们应该为了所爱的人做出一些让步。

我们要学会进行情感修复。在发生矛盾之后,可以邀请对方吃东西、逛街、拉拉对方的衣角、开个玩笑等,这些都是情感修复的方法。夫妻之间应该建立一些关于情感修复的默契。

我们还要学会接受情感修复。就算还在气头上,说不出有助于情感修复的话,最起码也要在对方做了情感修复之后能够接受它,这也算是一种贡献。

我们如果能做到以温和开场,以妥协收场,争吵后能够进行情感修复和接受情感修复,那么在争吵的时候,也可以吵得有质量、吵得有建设性、吵得增进情感。反过来,双方如果有矛盾却不吵架,而是冷战、不说话,这才是危险的。

另外,要做到以温和开场,以妥协收场,还要具备一个素质,那就是容忍对方的缺点。不要希望通过改变配偶来改变婚姻,改变婚姻最有效的方法是改变自己。自己有所改变,对方就会逐渐地改变。

第六个方法:与问题和谐相处

在一个家庭中,能够通过吵架、讨论而解决的问题,其实只是一部分,还有一部分是没办法通过吵架和讨论解决的固有问题,那该怎么办呢?

答案是，要学会跟这些难以解决的固有问题和谐相处。一个家庭不一定非要把所有的问题都讨论一遍，也不一定所有观念都要达成一致。

没有一个人、一个家庭能做到百分之百完美，我们只需要跟固有问题和谐相处就好了。这就像我们跟身体疾病的关系一样。我父亲得了糖尿病，这个病无法根治，但可以保养和保健，父亲需要学会一件事，那就是跟疾病和谐相处，不要因为得了糖尿病就觉得人生完了，一天到晚都只盯着这个疾病，而把生活中其他美好的事物都忽略掉。如果只盯着自己的疾病，人生就会变得很灰暗。

我们要学会在婚姻中多关注亮点，关注那些能让婚姻质量变得更高的方法，有问题就坦诚交流，问题解决不了就先放一放，学会跟它和谐相处。

第七个方法：创建共同的意义

夫妻之间相处的最高境界就是两个人能够创造一个共同的意义：这段婚姻是为了什么而存在？如何能够使这段婚姻变得更美好？再深入一些：我们的人生意义到底是什么？

很多夫妻过到最后觉得"没意思了"，原因是什么呢？很多夫妻的目标就是把孩子养大，让孩子上一所好小学、好中学、好大学……孩子一旦长大成人，夫妻二人的生活就失去了意义。如果这个状态持续下去，那么婚姻就开始走向危险。很多夫妻在孩子上了大学以后离婚，就是因为婚姻在他们眼中"没有意义了"。

在婚姻中如何找到除了孩子之外更大的意义呢？不妨和另一半坐下来认真讨论一下，彼此诉说自己在人生中最珍惜的东西是什么，聊一聊彼此的梦想。在对方开始讲他的梦想、他的价值观，讲他认为在人生中最珍惜的东西的时候，请安安静静地听，并点头表示理解。双方在进行了这样层面的沟通，谈过彼此对于生活的期望，了解对方的愿景和规划以后，就可以在某些方面达成一致，构建出关于未来家庭生活的共同愿景。有了这些共同愿景，夫妻双方就可以成为为了这些愿景一直并肩战斗的伙伴，而不是互相斗争。

这就是改善婚姻关系的七个方法，如果你能够一一尝试，相信你的家庭生活也会变得不一样。

典型婚姻问题的化解

学会了以上七种方法，也许还不能解决所有问题。关于婚姻中的一些典型问题，我们还需要单独拎出来探讨一下。

压力问题

有些家庭的不幸福其实来自压力。比如家庭经济压力大，两个人因为一点儿鸡毛蒜皮的事就会发脾气；有的人压力来自工作，在单位被领导批评之后，回到家里对家人发脾气，把坏情绪传递到家人身上，从而产生"踢猫效应"。

如果夫妻间的矛盾来源于压力，应该怎么办呢？这个时候我想推荐大家好好进行"减压谈话"，也就是允许对方在自己面前抱怨，允许对方说一些消极的话，允许对方表达自己的无助、无奈或者气愤。这时候你要表现出理解，因为在这个世界上，另一半最需要得到的理解就是来自你的理解，你能够给他的最好的东西，也是理解，而不是告诉他应该怎么办。

实际上，每个人内心都知道自己应该怎么办，但是当他情绪不佳、压力大的时候，我们要学会用减压谈话的方式来解决问题。

婆媳问题

夫妻之间另一个常见的矛盾，就是配偶和自己父母的关系问题，比如婆媳问题。

在婆媳问题中，如果丈夫被"卷"了进来，并且义无反顾地站在自己母亲这一边，家庭的关系就会变得更加混乱，并且会持续混乱下去。这不仅会伤害夫妻感情，还会让婆婆更无助：因为看着自己儿子的处境，她也会很难过。这是一个多输的局面。

根据戈特曼的研究，从家庭动力学的角度来看，当妻子和母亲发生矛盾时，丈夫应该义无反顾地站在妻子这一边。这不意味着对自己母亲的伤害，而意味着达成多赢。

丈夫应该明确告知自己的母亲："您和爸爸是一个家庭，而我和我妻子是一个更加紧密的新家庭。"很多婆婆没有想清楚这件事，总是介入儿子的生活，觉得自己是这个家庭的主人，这会让局面变得混乱。

当一个家庭有两个女主人的时候，这个家庭就会发生混乱。所以就需要丈夫出面划清界限，并站在妻子这一边。这样一来母亲反倒会觉得轻松。

很多丈夫难以迈过心里这道坎，觉得不站在母亲这一边就是不孝顺，但在婆媳问题中站在自己母亲这一边并不是孝顺。真正的孝顺是让母亲开心，而不是把她拉入斗争当中，让她变得更加不堪，每天生活在焦虑当中。

家务问题

很多家庭会在家务这个问题上争吵。这个问题如何解决呢？站在我个人的角度，不用多说，丈夫应该多干一些活，因为相对而言，丈夫常常做家务比妻子少，因此应该多拿出些时间来做家务。请好好洗碗、拖地、擦东西，如果你也读过一行禅师写的《正念的奇迹》，你将能感受到做这些事的乐趣。

更重要的是，对于丈夫来说，做家务能使你和妻子之间接触的机会变多。还记得第三个方法"彼此靠近"吗？当丈夫多做家务的时候，妻子也会变得更加开心。

孩子问题

当孩子来临之后，很多家庭会出现矛盾，夫妻二人除了照顾小孩会变得忙碌以外，也可能会因为花更多的时间去照顾孩子而忽略另一方的感受。对于整个家庭来说，从两个人变成三个人、四个人，是一个新奇的过程。夫妻二人应该努力适应这个新的格局，建立一个新的观念，把家的概念扩充一下，把孩子也包括在内。

对于有了孩子的夫妻来说，家庭的概念不再局限于两个人，彼此之间会产生更多的共同语言。在出去游玩的时候，未必要把孩子甩在一边，带着孩子也没关系，因为你们是一个新的组合。

五小时原则的日常应用

最后，我们来了解一下五小时原则。

戈特曼在书中写道，每周只需要拿出五小时就能够改善我们的家庭状况。那么这五小时该怎么分配呢？

早上道别

早上起来，两个人各自去上班之前挤出两分钟，了解一下彼此今天要做什么，这其实就是实践前文提到的第一个方法，完善你的爱情地图。每天两分钟，五个工作日算下来，每周只需十分钟。

下班重聚

下班之后，两个人就重聚了。重聚时可以拿出二十分钟做一次减压谈话，你们可以一边做饭一边聊，或者一边吃饭一边聊，任何形式都行。当你放下了教育和改变对方的执念，你会变得更轻松。你不需要改变对方，也不需要给对方支招，只需顺着对方说就行了。每天二十分钟，五个工作日算下来，每周需要一小时四十分钟。

接下来，可以每天拿出五分钟的时间来赞美对方，表扬对方，讲一个你认为对方做得很好的事。每周三十五分钟。

再每天拿五分钟向对方表达喜爱，比如拉拉手，挽着胳膊散散步，亲吻对方，靠近对方。每周三十五分钟。

约会

每周安排两小时和对方约会，可以看个电影，也可以出去吃顿饭，或是参加一次朋友聚会。

这些时间加在一起，正好是五小时，有了这五小时，我们就能很好地践行戈特曼所讲的改善婚姻关系的七个方法。

有一位帆书的书友曾问我："你说的这些案例，跟我们家的不太一样。"

　　我问为什么，他说："我们家是因为有第三者介入才出现问题的。"

　　在戈特曼看来，第三者的出现不一定是婚姻破裂的原因，而更可能是婚姻破裂的结果。在大量的数据统计案例中，第三者都出现在婚姻已经摇摇欲坠的时候。

　　因此我们在谈论改善婚姻关系的时候，核心是改善夫妻彼此的关系，这才是最重要的。

　　如果你们的婚姻有着坚实的感情基础，你们的婚姻生活有质量、有意义、有价值，那么也可以在一定程度上阻挡第三者问题的发生。希望这些内容能够对大家有所帮助。改善婚姻关系就是帮助孩子，希望我们都能成为配偶更好的伴侣，成为孩子更好的父母。

2

第二章

做和善而坚定的父母

从这章开始，我们将从育儿实践出发，了解科学有效的育儿观念和方法。作为父母，我们需要一套专属于父母的语言体系和科学的养育法则。什么是和善而坚定？育儿过程中存在哪些基本原则？这一章将为大家解答。

第 1 节　正面管教

美国教育学博士、杰出的心理学家简·尼尔森的一本著作，被很多人称作管教孩子的"黄金准则"。这本书被翻译成 16 种文字，畅销数百万册，在全世界范围内产生了极大的影响，帮助了许多孩子、父母和老师，它就是《正面管教》。

简·尼尔森不仅是名优秀的学者，也是位成功的家长，有非常丰富的育儿经验，她的孩子们在各自的领域也发展得很好。2016年，我在教育部组织的一场教育论坛上，遇到了从出生就浸润在正面管教的养育环境下、成年后也从事教育事业的简·尼尔森的女儿玛丽。玛丽作为论坛的发言嘉宾，讲的一句话让我特别认同。她说："如果你在管教孩子的过程当中，感觉到痛苦，那么你的方法一定是错的。"

这句话让我很有共鸣，因为我自己的育儿经验，以及很多育儿书的理论都指向这个方向。可能有人会说:"这样讲也太夸张了,管孩子哪有不生气的?"但是我们要注意,生气和痛苦是两回事。管教孩子时父母可能会有情绪上的波动,生气也是难免的,但那些感到痛苦的父母已经将孩子视为特别大的一块心病,孩子的很多问题都难以解决,父母不仅生气,还很无助。这个时候,就一定是管教的方法用错了。

什么是正面管教

通常,父母跟孩子的互动模式大致分三种。

严厉

有一次,我在一座寺庙里看到一对很可爱的兄妹,他们大概四五岁的样子。其中的男孩很调皮,他跟着妈妈一块去拜佛,却一直在佛堂里跑来跑去。他们的妈妈就非常严肃地把那个男孩叫到跟前说:"我跟你怎么说的?有记性没记性?出去。"

我不觉得这位妈妈没有修养,也丝毫不怀疑这位妈妈是爱孩子的,她的出发点是好的,是为了让孩子安静下来,不要打扰到别人,但是她在训斥孩子的时候,那样的态度就叫作严厉,而在这种严厉的态度下,那个男孩根本就没有改,只是嘻嘻一笑,然后又去别的佛堂闹去了。如果一个孩子一直被严厉的管教所控制，那么他其实只会短暂地在父母面前表现得很乖，事情过后依然会有很多叛逆的行为。

严厉的管教会造成孩子四种叛逆的表现。

第一种是愤恨，也就是孩子认为自己被欺负了，内心产生恨意，也许这份恨意只是埋藏于心中，在小时候没办法表现出来，但在长大后就会表现出来；第二种是报复，虽然当下父母制止了孩子，但孩子会想办法在别的情况下变本加厉；第三种是反叛，也就是不会停止不当行为，反而做得更凶；第四种是退缩，就是孩子不在父母面前做一些偏差行为，而是悄悄做，让父母发现不了。

各位父母不妨扪心自问，小时候被父母揍过很多次后，你是真的就此改正了，还是变得更加狡猾，做"坏事"时都尽量不被父母发现？严厉的管教会带来非常多负面的问题，这四种叛逆只是最显而易见的，随着时间的推移，还会衍生出责任感缺失、自律性差等问题。

严厉的管教会使孩子的自尊水平大幅下降，然而一个人的自律性正是来自他的自尊水平，人的自尊水平越低，往往就越没有自律性。

很多父母能为了玩手机这件事跟孩子"拼命"，从孩子手里抢手机，把手机锁进抽屉里，甚至有的父母会拿手机来做奖励——今天孩子做的这件事很好，奖励孩子玩十五分钟手机，然后孩子就非常高兴。但是，这样却会让孩子的自尊水平不断下降，让他们觉得自己是没有任何主宰能力的人，自己说什么都不算，而达成目的的唯一路径是得到父母的许可，要么取悦父母，要么跟父母闹。

我见过很多父母足够幸运，抱着"孩子上了大学，我的任务就完成了"的想法，一路连打带骂，用监督、惩罚、诱惑等手段把孩子"哄"上了大学。可是上了大学以后，父母还能盯着孩子吗？没有了严厉的父母在身边，那些孩子在大学里放纵地打游戏，甚至有的很快被大学退学，或者做出更加糟糕的事情来。

严厉的管教无论从短期还是长期来看，都可能产生很多负面影响。

放纵

很多父母的教育理念是"随他吧，这都是孩子的天性，没关系"。我见过很多父母以天性为理由放纵孩子、对孩子不加管教。如果他的孩子打了别人，他会以孩子的天性为由放任不管，而如果别的孩子打了他的孩子，那就不行。在博物馆参观时，有的孩子快把整个博物馆吵翻天了，甚至用脚去踢文物了，父母也不管，声称这是"天性教育"。

这种放纵的方式会使孩子没有自信，孩子即使看起来非常开心，觉得自己哪儿哪儿都行，实际上内心却很没有自信。在他们眼里，似乎他们的一切父母都能够包容，他们不知道自己的行为边界在哪儿。因为父母很少给予指导，被放纵的孩子会觉得自己缺少来自父母的关爱，长大后容易形成成瘾性人格。

这本书里有个观点令我印象深刻：孩子跟大人的最大的区别在哪儿？孩子的感知能力特别强，但是孩子的解读能力特别差。

举一个例子：男孩的妈妈又生了一个妹妹，他发现有了妹妹以后，父母就更多地去照顾妹妹了。男孩的感知能力很强，感知到了父母将给自己的爱分了一些给妹妹，但是他会怎么解读这件事呢？他解读之后得出的结论就是：我也得让他们照顾我。怎样才能让他们照顾自己呢？就得像小妹妹一样，尿床、把便便拉在裤子上、不好好吃饭、生病等。因此，男孩会用各种各样的方法来获取父母的注意力。

父母不是孩子的主人，更像是孩子的导游。孩子来到这个世界上，对这个世界是陌生的，根本不知道这是为什么、那是为什么，连为什么要道歉都不知道。父母要跟他解释这些概念，为他树立一个边界，这样才能避免孩子过分地错误解读。

正面管教

教育孩子既要有边界，又不能太过严厉，那么我们应该怎么做？

在严厉与放纵之间，有第三条路，那就是正面管教。正面管教的核心就是学会"和善而坚定"，也叫"温柔而坚定"，意为给孩子温柔但是有边界的管教。整本书当中，最重要的就是这个概念。

　　这里有一小段案例，能帮助我们理解什么叫作"和善而坚定"。如果孩子跟父母顶嘴，非常固执地坚持不要做一件事，情绪失去控制，这时候父母可以怎么做呢？有的父母会很生气地把孩子拉到一边训斥，这叫作严厉；有的父母会说："那就随他去吧。"这就变成了放纵。

　　和善而坚定的表现是什么呢？是父母转身先离开。为什么呢？因为父母这时的潜台词是："我现在感受不到孩子对我的尊重，所以需要冷静一下。"一个人在情绪激动的时候，处理问题是无法和善而坚定的，所以需要冷静一下。过了一会儿，父母调整完了心态以后可以跟孩子说："宝贝，很抱歉让你刚才生这么大的气，我尊重你的感受，但是我不能接受你刚才的做法。今后每当你不尊重我的时候，我都会暂时走开一下。"

　　这样会立一个规矩：今后每当孩子不尊重父母的时候，父母都会暂时走开一下。同时也告知了孩子：父母不是生气，而是不能够接受他的这种做法。

　　接下来，父母要对孩子表达："我爱你，我愿意和你在一起。因此，当你觉得你能够做到尊重我的时候，就来告诉我，我会很乐意和你一起找出消解你怒气的其他方法，然后我们可以集中精力，找出对你我都尊重的解决办法。"

　　这就是和善而坚定地处理矛盾的方法。父母就算生气了，也要告诉孩子："是你刚刚的那个做法让我生气，现在我已经调整好了，我希望咱们能够心平气和地解决这个问题。"

孩子是父母的"复印件"，始终在向父母学习，所以如果父母能够表现出平稳的情绪态度，能够用建设性的方法跟孩子一起解决问题，孩子也会很快学会；而在制定规矩的过程中，父母一定要邀请孩子加入进来。

《正面管教》的英文名是"Positive Discipline"（积极的纪律），我们如果能够给孩子创造一个和善且有纪律性的教养环境，在管教的同时让孩子清楚知道父母是爱他的，就能够达到"正面管教"的目的。

这套育儿方法有着扎实的心理学理论基础，这得益于两位著名的心理学家——阿尔弗雷德·阿德勒和鲁道夫·德雷克斯。简·尼尔森正是在这两位的心理学研究基础上，发展出了正面管教这套方法。

阿德勒和德雷克斯的理论认为，培养一个孩子最重要的目标是要培养孩子七项感知能力和技能。这七项感知能力和技能是人在这一生当中所必备的，具体如下：

1. 对个人能力的感知力——"我能行。"

2. 对自己在重要关系中的价值的感知力——"我的贡献有价值，大家确实需要我。"

3. 对自己在生活中的力量或影响的感知力——"我能够影响发生在自己身上的事情。"

4. 内省能力强：有能力理解个人的情绪，并能利用这种理解做到自律以及自我控制。

5. 人际沟通能力强：善于与他人合作，并在沟通、协作、协商、分享、共情和倾听的基础上建立友谊。

6. 整体把握能力强：以有责任感、适应力、灵活性和正直的态度来对待日常生活中的各种限制以及行为后果。

7. 判断能力强：运用智慧，根据适宜的价值观来评估局面。

这七项能力和技能将会为一个孩子一生的发展打下牢固的基础。父母应该以培养这些能力和技能为目标来教育孩子。那么，如何判断一种教养方法是否有效？简·尼尔森认为最重要的是以下四个问题。

1. 是否做到了和善而坚定，是否既让孩子感受到了无条件的爱，又有确定的边界，让孩子感受到了安全感？

2. 有没有让孩子感受到归属感和价值感？这两种感受是孩子成长过程中最重要的感受。很多父母问，孩子在很小的时候，一哭起来声音好大，要不要抱他？很多人支招说不要抱，越抱他哭得越厉害。但是，当孩子哭闹的时候，他是在寻求归属感，寻求有人爱他的那种感觉，如果这时候父母根本不管他，认为"等他哭够了就不哭了""小孩哭一哭对身体是有好处的"，他的内心就会觉得特别焦虑。这种焦虑会在什么时候释放出来呢？结婚以后。在上两章我们已经了解到，归属感和价值感在小时候没有被满足，在婚姻生活当中会变成争吵的原因。

3. 教养方法是否长期有效？我见过很多父母对孩子冷冷地说话，或者非常凶地大喊大叫，又或者散发某种气场，那种气场能够让整间屋子的人都害怕，他们觉得只有这么严厉，对孩子的管教才会有效。但这种所谓的有效其实是短期的，可能只会持续五分钟。教育孩子要考虑长期效应，要考虑这样的教养方法在十年或者十五年之后还会不会起作用，以及当孩子离开了父母独自生活、需要自律时，还会不会起作用。

4. 孩子是否掌握了有价值的社会和生活技能，以及具备了良好的品格？好的教养方法应该能够传递给孩子有价值的社会和生活技能，培养孩子形成良好的品格。

我们可以通过以上四个问题来衡量自己是否在应用有效的教养方法。

为什么要使用正面管教

孩子会有哪些偏差行为

前面提到，获得归属感和价值感，是孩子成长过程中很重要的事情，这也是推荐父母使用正面管教的重要原因，它可以很好地帮助孩子获得归属感和价值感，从而避免孩子产生一些偏差行为。

这里提到的"偏差行为"和孩子犯错是两回事。一个三岁的孩子打碎了一个东西，也许是犯错，但它是正常行为。我们所说的偏差行为包括以下四类。

第一类叫作寻求过度关注。

我有位朋友的孩子就是这样，需要他妈妈一直盯着他，只要不盯着他，他就哭。甚至到了晚上睡觉的时候也是，只要妈妈一离开，他就会哭。这个孩子总是在寻求过度关注，如果没有得到，就会出现哭闹、大喊大叫、分离焦虑的情况。

第二类叫作寻求权力。

寻求权力最典型的表现就是家庭中发生权力争夺，比如"你让我做这件事，我偏不做"。家庭中出现权力争夺是一件很糟糕的事情。

第三类叫作报复。

有的孩子会用很多方法来让父母不舒服，比如乱花钱、破坏家里的东西、捣乱、不睡觉等，在某些情况下，这些方法其实是报复行为。

第四类叫作自暴自弃。

这类行为很严重，而且一般出现在孩子十岁以后。有这类行为的孩子做任何事都觉得无能为力，认为自己一无所长，也不愿意努力，所以父母训斥他，他也不还嘴，只是消极抵抗。

大家对这四类行为应该都不陌生，因为在成年人身上也会出现。如果一个人童年时期没有纠正这四类行为，长大之后会把这些行为延续在与同事、亲人相处的过程中，甚至会伴随自己一辈子。

如何识别孩子的偏差行为

第一种方式是由内而外地去发现。如果孩子让你感到恼怒、着急、内疚或烦恼，那么孩子很可能在寻求过度关注；如果你感觉到了威胁，感到孩子想要占据主导，或者你想占据主导时被激怒或者被打败，那么孩子可能在寻求权力；如果孩子让你感到失望、难以置信、憎恶或者受到了伤害，那么孩子的目的很有可能是报复；如果你觉得无能为力、绝望、无助，那么孩子现在很有可能是在自暴自弃，而且如果你任由自己的感觉来支配自己，很有可能会和孩子一样自暴自弃。

第二种方式是观察孩子的行为，从孩子身上寻找线索。如果你要求孩子停止某种行为，孩子停下一会儿，但是过不了多久又重新开始，那他是为了吸引你的关注；如果你要求孩子停止某种行为，他却继续该行为，并且对你的要求消极抵抗，这通常意味着孩子在寻求权力斗争；如果孩子以一些破坏性的行为或伤害你的话来反击你，那么孩子很可能在报复；如果孩子很消极，希望你放弃努力，别再打扰他，比如成为一个很放任的人，经常在班里闹笑话、出洋相，这其实就是自暴自弃的一种表现。

如何应对偏差行为

每类偏差行为都有很多种特定的应对方法，这里先介绍几个适用于每类行为的、最基础的应对方法。

1. 与孩子建立感情，表达对孩子的欣赏。父母要更多地关注孩子的优点并且表扬他，让他知道父母对他有无条件的爱，这是最基本的一条。

2. 经常拥抱孩子。

3. 和孩子一起创造特别的亲子时光。例如，和孩子约定每周有一小时的亲子时光，在这一小时里，谁都不能打扰。有一次，在简·尼尔森与孩子的亲子时光里，简·尼尔森的电话铃响了，她很夸张地走过去，还没问对方是谁，就说道"现在是我和玛丽的欢乐时光，请你不要打扰我们"，然后就把电话挂掉了。

这样的独特时光，会让孩子感受到自己得到了充分的关注。和孩子建立每周一小时的亲子时光并不是一件奢侈的事，这是值得的，父母和孩子都会非常开心。

嘟嘟在上幼儿园的时候，有一天问我："爸爸，土桥在哪儿？"其实土桥是我家附近这条地铁线路的终点站。他走过各种各样的桥，但是不知道土桥，于是就很想知道土桥在哪儿。

后来在幼儿园的晚会结束之后，我去接他，带他去看土桥。我开车带着他，走了很远的路，一直到土桥地铁站，我带他站在桥上，告诉他："这就是土桥，地铁会从那个洞里面钻出来。"嘟嘟特别开心，提起这件事也特别骄傲："我爸爸带我去看土桥了！"

如果父母可以营造这样的亲子时光，孩子就不需要刻意引起父母的过度关注。如果我要出差，他不会有严重的分离焦虑；如果我去工作，他也不会来打扰。他很确定地知道爸爸是关注他的，有了这个确定的答案，也就不需要不断地证明了。

4. 父母和孩子之间可以约定一些暗号。比如，我和儿子就约定了一种暗号，如果我吹一个曲调的口哨，他就会跑过来找我。这种暗号会给孩子带来亲密感。有的父母会和孩子约定，如果做某个动作就代表"我爱你"，这也是一种暗号。

5. 避免特别的照顾。如果父母对孩子有特别的照顾，孩子的任何要求父母都要满足的话，孩子就容易过度索取。孩子的要求是永无止境的，所以给他正常情况下应该有的东西就够了，不要进行特别的照顾。

下面分别介绍一下应对四类偏差行为的特定方法。

1. 当孩子寻求过度关注时，请忽略他用于引起你过度关注的行为，然后带他进行下一步该做的事。比如现在要去洗脸刷牙了，如果他闹着不去，父母不用把这件事放大，也不用讲大道理，可以挠挠他的胳肢窝，在轻松的氛围里引导他，带他去洗脸刷牙。

2. 当孩子开始跟你进行权力争夺时，最有效的一招是退出跟孩子的权力争夺。因为权力的争夺就代表着父母权威感的丧失，代表着这个家里没有人说了算，只能靠争斗。等你情绪缓和了，孩子的情绪也缓和了，再一起来想办法解决这个问题。

3. 当孩子出现报复的偏差行为时，不要还击。

在我上中学的时候，有一次班里的同学把老师气坏了。那时候我们都踢毽子，于是拔了鸡毛掸子上的毛，拿去做毽子。我们的老师真的很生气，甚至可以说抓狂了，当着全班同学的面把那个鸡毛掸子撕碎了，整个教室里全是鸡毛。由此可见老师心里有多么痛苦，她是拿这帮孩子一点儿办法都没有了，撕碎鸡毛掸子就是她的还击。但是，班里的同学压根没有学会不要拔鸡毛掸子这件事，最后还把老师撕下来的鸡毛全拿回家做了毽子，反倒觉得很开心。

所以，父母对于孩子们的报复首先要做到不跟孩子计较，不要还击，始终保持友善的态度。父母可以撤出，但是态度要稳定且友善。

父母可以对孩子说：“你刚刚这样做代表你内心很痛苦，我知道你觉得自己受到了忽略，所以你才会做这样的事儿。”这叫作反映情感。当父母能够准确地反映情感的时候，孩子的报复行为就会减少，然后父母再邀请他来商量怎么解决这个问题。

4. 如果孩子产生了自暴自弃的行为，我们可以先给他一些简单的任务，在他完成后，给他充足的激励和肯定。父母不要在肯定了他以后再提出更高的要求，因为那样会让孩子产生挫败感；只肯定他现在所做的这件事就好了，让他拥有成就感，同时更多地去关注孩子的优点。

正面管教中的关键概念

为了帮助大家进一步了解正面管教及其方法，接下来介绍一些正面管教中的关键概念。

培养孩子自尊

对孩子给予肯定是培养孩子自尊非常重要的一个方法，但是，很多父母都是从长辈的角度去肯定孩子："宝贝做得很好，爸爸很高兴""这几件事做对了，还不错，小子"。这些话会让孩子觉得自己是依附于父母的，并不能帮孩子提高自尊水平。

真正能够提高孩子自尊水平的，是让孩子意识到自己的价值感，使孩子对自己所做的事产生价值感。父母可以对孩子说："今天你能帮我做这件事，我非常感激，因为你所做的事就叫作关心，我能够感受到你对爸爸的爱。"

自尊水平决定了自律水平。我儿子嘟嘟在小的时候，很喜欢玩一款手机游戏，他玩了大概两三年后，决定把这款手机游戏从手机上卸载。他对我说："爸爸，我觉得我应该跟这个游戏告别了。"我问他为什么，他说已经玩了这么多年了，想玩一款新游戏。我问："你玩一款新游戏，为什么就要把原来的游戏卸载呢？你在那款游戏里积攒了那么多的游戏积分、奖品呢。"他说没关系，可以卸载。

这件事当时让我非常欣慰。为什么呢？我见过很多孩子丢了游戏里的道具或者积分就特别地抓狂，因为那些都是他们费了很大工夫才积攒下来的，我甚至还听过一些极端的案例。为什么嘟嘟当时在卸载这款游戏时内心不会感到难过呢？是因为他心中有爱，他知道他的父母是爱他的，并且他很确信这一点，所以他不会在意那些外在的游戏道具。

后来他想玩一款新的游戏，于是我邀请他重新制定规则。他原来玩那款游戏是一周玩十局，他自己会数着，一局也就是两分钟左右，所以他玩一会儿就会将手机放下。不过新的游戏不是按局算的，所以我就建议他一天玩半小时。我觉得一个孩子一天玩半小时游戏不算过分。他说不行，时间太长了。然后他问我："之前一周十局，一周才玩不到半小时，那我现在一周玩半小时怎么样？"

　　因为他有他的自尊心，所以他的自律能力也会随之产生。作为父母，我始终让孩子确信他在被爱着，所以能够用一个平稳的态度邀请孩子加入制定规则的过程；而他在这个过程中会跟我商量，跟我提各种各样的解决问题的办法，然后真的能够说到做到。

赢得孩子，而不是赢了孩子

　　很多父母总是期望在各个角度赢了孩子。例如，有的父母为了让孩子能够按照他的要求和节奏来做事，就时刻盯着孩子，甚至孩子大学选什么专业、毕业要做什么工作、要嫁给谁也要他们说了算。实际上，父母如果要赢，孩子就很可能会输，如果父母习惯于做一个赢家，那么你的孩子就会习惯于当一个输家。

　　那么什么叫赢得孩子？就是要让孩子知道父母跟他之间是爱的关系，有任何事都可以问父母、跟父母商量，这才叫赢得孩子。赢得孩子最有效的方法是倾听和表达同理心。当孩子表现出错误习惯的时候，如果父母能够说出充满同理心的话，孩子就会感到特别暖心。

　　嘟嘟在家里玩球的时候，不小心打碎了一个他妈妈很喜欢的杯子，当时他都快哭了，觉得闯了大祸。当时我是如何回应的呢？首先我告诉他"这么好的一个杯子打碎了，我心里也很难过"，让他知道这件事的确有一个不好的自然后果。然后我说："不过没关系，没有伤到人是最重要的。我帮你收拾一下玻璃碴儿，你要小心。爸爸小时候也打碎过东西，打碎东西之后，也觉得特别害怕。"我表达了我的关心和同理心。

　　紧接着我问他："我们从这件事情中可以学会什么？"他说："我们要学会小心一些。"我说："那好，有哪些方法能够让我们小心呢？"他说："我们可以不在这儿玩，可以去没有杯子的地方玩。"我说："好的，这里是客厅，这里有很多容易打碎的东西，到外面玩就好了。还有什么办法？"他说："不要在屋子里玩球，屋子里玩球，球容易乱弹。"从那之后他就很少打碎东西了。

　　我们要把孩子的每一次犯错都变成一个让他学习的机会，而不是变成一个谴责他的机会。在很多家庭里，只要孩子一犯错，父母就会训斥孩子"说过多少次都没长记性"，但这样做的结果是什么呢？让孩子感到很孤独。很多父母急于批评孩子，核心原因是不想跟孩子共同承担后果。他们不断强调"我说过多少次了"，强调自己没错，自己已经教过孩子了，自己没有责任，只是孩子不听话。但事实上，父母应该和孩子共同来承担孩子的错误，因为父母是孩子的监护人。

　　急于划清界限是一种心理不成熟的表现。童年时期，我们或许常常被父母谴责，所以当那个杯子打碎了之后，内心当中的第一反应是有人要被骂了。那么这个人应该是谁？最好不是我。在那个场景下，我们或许又成了那个因为打碎一个杯子而害怕的小孩，把恐惧的心情变成了愤怒，而变成愤怒的好处就是可以把这个责任推卸给孩子。

在这种情况下，孩子会感到特别有负罪感，特别痛苦，而且并不会从这件事中学到任何有益的知识或生活技能，唯一学会的就是"别惹我爸，不然会挨骂"。

学会道歉

每个人都会犯错，在教育孩子的过程中，我们要学会道歉。

道歉分三个步骤：第一个步骤是承认自己犯了这个错误；第二个步骤是和好，表示希望得到对方的原谅；第三个步骤是解决，就是想办法弥补错误。

在女儿玛丽小时候，有一天简·尼尔森和女儿吵架了，当时她非常生气，她对女儿说："你就是一个被宠坏了的调皮捣蛋鬼。"玛丽知道妈妈的这套理论，于是对妈妈说："你可不要待会儿找我道歉。"

有的人懂得很多理论，甚至是理论的创始人，却也难免会犯错。当时玛丽也很生气，"砰"地摔门回到了屋子里。简·尼尔森冷静了以后，就去找女儿道歉。

推开门，简·尼尔森发现玛丽正拿着一本《正面管教》，在上面不停地写"骗子，骗子，骗子"。后来她按照道歉的三个步骤跟女儿道了歉，一开始玛丽还不接受，但是过了大概三五分钟也消了气，拥抱了她。因为玛丽是用《正面管教》中的方法带大的孩子，玛丽的修复能力和情商能力都比较强。

分享这个案例其实是想告诉大家，任何父母，哪怕已经掌握了正确的方法的父母，也难免会犯错，这时候父母就要学会向孩子道歉，同时也教会孩子道歉这件事，从而减少家庭互动的矛盾。

培养孩子的社会价值

为别人做一些事情，其实会给自己带来愉快的感受，这与我们的自我认同度有关。

就拿开车时礼让行人这件事来说，你在开车右转的时候，有一个人要过马路，这时候就要停下来等行人先过去。有的人会因为这样的等待而不耐烦，甚至按喇叭催促行人，但如果转换心态，善意地示意行人先过，并耐心等待，你的自我认同度就会因此而提高，或许你的心情会变得更好。

心理学家做过一个关于地铁上是否让座的测试，发现让座的人比不让座的人内心更轻松，因为让座给人带来了社会价值感。

从小培养孩子的社会价值，对他们的自我发展及幸福水平的提升都有很大的益处。

正面管教工具

《正面管教》这本书还介绍了一些独特且有意思的工具，我们着重介绍以下几个。

积极的暂停

这是正面管教中的经典工具，就是指当家庭成员间闹僵了，大家开始生气了，开始了权力争夺，或者出现了报复行为的时候，暂停一下。

积极的暂停有几个原则。

1. 告诉孩子积极的暂停是什么，并且花时间训练孩子掌握积极的暂停这个方法。积极的暂停是什么呢？积极的暂停不是为了惩罚谁，而是为了让我们快速恢复状态，让我们快速地从不良的状态当中恢复过来。这需要经过一定的训练。

2. 让孩子们自己布置自己的暂停区。比如有的孩子会设计一棵棕榈树，将它画在一个地方，在积极的暂停开始的时候就去棕榈树下待一会儿；有的孩子会用玩具布置暂停区，或者放一些书来布置。

我见过一个特别好的案例。一个青春期的孩子，在班上经常发火，控制不住自己的情绪。后来他的老师用了正面管教的方法，对这个孩子说："我理解你刚刚真的非常生气，能够感受到你的愤怒是发自内心的。那么咱们有没有什么办法能够解决这个问题？"

后来他们商量了一个方法，每次出现这样的情况时，这个孩子就主动到教室外面走一圈。一开始这个孩子往教室外面走的频率特别高，每次往外走的时候，老师都会对他微笑一下，然后等他回来时对他说"欢迎你回来"，也经常和他谈心。慢慢地，这个孩子往教室外面走的频率越来越低。

从教室往外面走的过程就是一个积极的暂停。积极的暂停是为了解决问题，而不是惩罚，是找到一个空间，让自己冷静下来。

启发式问题

积极的暂停之后，我们依然需要解决问题。一个有效的工具叫作启发式问题。比如问孩子："你刚刚做这件事的时候，心里是怎么想的？你觉得怎样才能使这件事得到更好的解决？要想照顾到大家的情绪，你有什么更好的想法和建议吗？"

使用启发式问题时尽量少用为什么，为什么这个词很容易让对方理解到谴责的意思，而启发式问题则会让人更平和，更贴近内心。启发式问题最核心的技巧，在于你发自内心地想要问这个问题，想要帮助孩子开阔视野，让孩子知道有更多的选择方案。

鼓励和赞扬

　　还有一种工具就是鼓励和赞扬。心理学家做过一个测试，有两组小孩，在他们完成拼图以后对他们进行表扬。对一组小孩说"你们真聪明"，而对另一组小孩说"你们真有探索精神，你们真棒"，那么哪种表扬效果更好呢？被表扬聪明的孩子在接下来的游戏当中，更多地选择了更简单的拼图，而被表扬有探索精神的孩子在接下来的游戏当中，更多地选择了更难的拼图。

　　一句话竟然能够让孩子产生完全相反的行为，可见语言有多么重要。

　　怎样才能塑造孩子的良好行为呢？答案是，我们要更多地肯定动机和过程，而不是简单地肯定结果。当你简单地肯定结果的时候，孩子其实不知道自己为什么做对了，也不知道哪里做对了，所以他不会继续维持这种行为；而如果你能够肯定过程和动机，他就知道自己下次如果继续保持探索精神的话，另外一件事也能够做得很好。

家庭会议

　　还有一个非常有意思的工具叫作家庭会议。

　　首先，家庭会议的频率不用太高，每周一次就够了。家庭会议的决定应该在全体一致同意的基础上做出，如果大家都同意，那么这个决定就得以形成；如果有人不同意，那么家庭成员可以开展讨论，但是如果讨论后还是有人不同意的话，这件事可以暂时搁置。

其次，召开家庭会议不仅为了严肃地解决那些难以解决的问题，还为了讨论下周的活动。家庭会议的最后一项可以用来计划下周的家庭娱乐活动，这样孩子会非常期待开家庭会议。

最后，家庭会议可以以一个全家人参与的活动来结束，比如一块儿玩个游戏、一块儿吃甜点。建议大家围在一张干净的桌子边，这样有助于专心地解决问题，结束后再把桌子收拾干净。开家庭会议的时候一定要正式，要有主持人，要有发言的顺序，要有一定的秩序，这种做法会帮助孩子认识讨论问题、开会的基本方法。

书中有一段话我觉得是值得提到的，简·尼尔森专门为单亲家庭写了一段话。她说，单亲家庭不是失败的家庭，如果我们仅仅因为一些孩子来自单亲家庭，就默认这些孩子会产生不良行为，这样会给单亲家庭的孩子和父母造成很大的压力。

事实上，单亲家庭只是父母有了不同的选择，孩子的发展是否会出现问题，取决于这个单亲家庭里的父母怎么看待这件事情，如果父母能够非常正常、开心、冷静地面对这件事情，认为这就是家庭的一种形态，这样的家庭照样有爱，照样会给孩子足够的关注，照样能有非常愉快的生活，这样孩子是不会受到太大影响的。所以父母不要对单亲家庭的孩子有过度的担忧，这种过度的担忧会使得事情变得更加糟糕。

简单总结一下，我认为这本书里最值得记住的是以下几点。

第一，一定要学会把错误当作学习的机会。孩子在从小到大的成长过程当中难免会犯错，犯错有两个好处，一个是加强父母和孩子的关系，另一个是让孩子积累经验，吃一堑长一智。

第二，无条件的爱是教育孩子最重要的基石。父母始终要和善而坚定，要对孩子付出无条件的爱，无论孩子出现了什么样的问题都要接纳他。如果你可以始终提醒自己这一点的话，你就能够很容易地做到和善而坚定。

第三，通过正面管教，打造孩子独立完整的自尊体系。孩子发展出独立完整的自尊体系，就可以自己选择如何去解决问题。

第四，最后一条，各位父母一定要记得选择在平静的时候而不是激动的时候处理问题。对孩子宽容一些，对自己也宽容一些，这个教育方法既可以用来教育孩子，又可以用来调整自己。

希望大家能够学会"正面管教"。

第 2 节　把话说进孩子心里

金韵蓉解读《把话说进孩子心里》

　　我的一位老师曾跟我讲过她的经历。在她四十岁时，先生因病去世，此后她一直未再婚，如今已经一百多岁了。老师曾告诉我一个影响了她一生、使她不能快乐享受两性关系的原因，这个原因影响了她青春期的恋爱，也影响了她婚后的夫妻生活。

　　在老师十一岁那年，她的妈妈带着阿姨、她和小她三岁的妹妹一起散步，她和妹妹原本高兴地走在前面，结果她清楚地听到后面的妈妈对阿姨说："可怜的琼（我的老师），遗传了爸爸的大象腿，不像玛丽（老师的妹妹）还有我们家其他女孩那样，腿又纤细又修长。"

　　老师后来告诉我，妈妈的话从此就像一条让她永远无法挣脱的锁链，紧紧地捆绑着她。从那以后，她不敢穿裙子，上游泳课也是痛苦万分。结婚后，她甚至无法在她先生面前宽衣，害怕先生看到她的"大象腿"。

也许你会说，父母无心的一句话，真会造成这么严重的后果吗？遗憾的是，是这样的。在某些情况下，父母有心或无心的话给孩子带来的影响和造成的心灵伤害往往都是深刻和严重的。当然，绝大多数父母不可能故意打击或羞辱自己的孩子，与孩子说话往往也是真的为孩子好，但是这种"我是为你好"的话不见得真能说进孩子心里，倒是那些"恨铁不成钢"的话会深深地刺伤孩子。

作为家长，我们如何成为让孩子愿意说真话并可以依靠的人？关于建立"真诚、平等、有爱"的沟通方式，实现高质量的亲子沟通，我写了一本书，叫作《把话说进孩子心里》。接下来，我将从五个方面为大家解读这本书中的核心概念，帮助大家把出于善意的、真正想表达的话说进孩子心里，并为孩子做好示范和榜样，帮助孩子处理自己的情绪，解决生活和学习中遇到的成长难题。

真心地与孩子对话

想必没有一个父母会故意敷衍或不真心地与孩子对话，但问题在于孩子能否感受到我们的真心。能否感受到彼此间对话的门是敞开的，才是沟通成功与否的具体标准。很多时候，我们自认为已经在尽力沟通了，但孩子所接收到的信息可能并不是我们真心想要表达的。在这种情况下，你的真心虽然可贵，但做法也许不恰当。

要实现真心地与孩子对话，我在书中分享了以下两种沟通方法。

沟通需要技巧，也需要意愿

我举了一个案例，主人公是我曾经辅导过的一个孩子。

这个女孩当时刚上初二，据她妈妈讲，她从小学六年级起就极度叛逆，稍有不顺心就疯狂地砸东西。我跟她接触几次后，她向我敞开了心扉。原来在她上小学二年级时，语文老师出了一道作文题，大意是让孩子们写自己长大后希望成为什么样的人。她认真地写了自己希望成为像妈妈那样的受人敬重的老师，可当她高兴地拿着作文给妈妈看时，妈妈却冷冷地说："当老师哪有那么容易？你不好好学习，将来怎么能当上老师？"

这句话深深地伤害了她，从此她变得异常敏感。妈妈说的一些无心之言，在她看来都是在故意针对自己。为此，她甚至故意挑衅妈妈，让妈妈愤怒。这种状态逐渐演变为母女之间完全无法长时间待在一个空间里。

显然，这位妈妈与女儿沟通时并未带有恶意，从某种角度来说，她的教诲也是善意的、正确的，但处理方式并不合适，因为她忘记了孩子当时需要的是被专注而安静地看见或听见。

在亲子沟通中，父母虽然有管教和规范的责任，但更需要让孩子知道，这个世界上，没有谁能比自己更爱他，更愿意贴近他的心。想要做到这一点，父母就要学会正确表达，学会用心聆听，在与孩子沟通时，至少要做到以下两点。

第一，沟通意愿的达成需要自我要求和付出努力。

首先，要与孩子之间实现良好沟通，需要孩子有意愿，而达成这个意愿的方法之一，就是在话语脱口而出之前，先让自己深呼吸三次，控制住自己脱口而出的那些可能给孩子造成伤害的话。

其次，反问一下自己："如果我是孩子，我希望父母怎样回应我？"想必你一定希望父母能温柔、耐心地回应你。那么现在，你的孩子也有同样的期望。

父母在做到上面两点后，再去回应孩子的话，矛盾就能减少很多。

此外，不管你平时多忙，建议每周设定一段不被打扰的亲子对谈时间。在对谈时，把握好下面的原则：

1. 只专注于对谈这件事，不要边做其他事边对谈。

2. 用心倾听，用心感受，让孩子做主角。你甚至可以不用盘算如何回应孩子的话，耐心地倾听就很好。

3. 无论如何别发火，也别用你的经验去指导孩子。

4. 告诉孩子，你特别开心从他的言谈中发现了他的成长，并且一定要说出具体的点。

5. 告诉孩子，你很享受与他对谈的时光，并表示这次对谈对自己很有帮助，很期待下一次的对谈。

这样的对谈，不但能增进你和孩子间的亲子关系，还能帮你更多地了解孩子的想法，时刻把握孩子的成长。

第二，沟通意愿源于尊重。

很多父母常常觉得孩子小，什么都不懂，而且跟自己的孩子说话也没必要小心翼翼，因此和孩子说话时不注意自己的态度，对孩子不够尊重。亲子间沟通的许多问题就出在这里。

孩子虽然年龄小，但仍然是独立的个体，也有自己的人格、思想和感受。父母要想与孩子之间的沟通变得顺畅，要先学会尊重孩子，而不是自以为是地把自己的想法强加在孩子身上，更不要动不动就贬低、指责孩子，不要使用如"你真没用！""这个倒霉孩子！"等话语。

同时，尊重孩子也是父母对孩子表现出教养和礼貌的示范。在与孩子沟通时，我们要看着他的眼睛，专心地倾听他讲话，这就在无形中向他示范了做人应有的教养和礼貌。

除了要让孩子有意愿与我们沟通外，我们还要真正走进孩子的内心，成为孩子的依靠，让孩子愿意跟我们说真话。

成为孩子愿意说真话的人

孩子遇到困难时，首先想到的就是寻求父母的帮助，如果父母忽略、拒绝或者处理不当，就可能伤到孩子的心，使孩子以后遇到困难也不愿和父母沟通了，或者迫使孩子去寻求其他不当的处理途径。久而久之，孩子对父母的信任就会崩塌，对自我价值的认知也会出现错位。

所以，父母要让孩子坚信，自己就是孩子的依靠，孩子遇到问题时可以随时向自己倾诉或寻求帮助。如果孩子之前向你倾诉或寻求帮助，你没有很好地处理，导致孩子不敢再和你倾诉，你就要通过恰当的方法去探寻孩子的变化，引导孩子积极表达。

书中分享了以下四种方法。

第一，积极觉察孩子想要表达的信号。

孩子的一些情绪变化往往暗含着想要表达的信号：

1. 孩子，尤其是年龄小的孩子出现退行性反应，如：突然又开始尿床；明明会穿鞋子，突然不会穿；本来已经分床睡，非要跟妈妈一起睡；等等。

2. 经常啃指甲或者撕甲皮的倒刺。

3. 刻意回避父母的眼神。

4. 有过食倾向，总是在吃东西。

5. 学业突然退步。

一旦孩子有这些信号，可以先由平时与孩子比较亲近、沟通没有压力的长辈来探寻，并且向孩子保证，不管遇到任何情况，他都能得到保护。当孩子吐露压力或真相后，我们再和他一起讨论，倾听孩子的意见和表达，这样我们就能更清楚如何帮助孩子了。

第二，接纳孩子当前的情绪。

孩子在遇到问题或面临压力时，难免会出现焦虑、紧张、愤怒、恐惧等情绪，这时，我们要压下急于"管教"的冲动，学会张开双臂，无条件地允许并接纳孩子的情绪。比如，让他在妈妈的怀里哭一会儿，允许他出去踢球发泄。等他的情绪平复之后，再好好听他想告诉我们什么。

第三，在孩子表达时，不要急于下结论或否定。

即使孩子因为紧张、害怕等原因表达得不顺畅，或者说不到重点，我们也要按捺住自己焦急的心情，专心、耐心地听他表达，给他充分的时间慢慢地表达完整。我们不应断章取义，否定孩子的想法和做法，这会让孩子关上想要表达的心门。

第四，控制情绪，表示对孩子的支持。

即使你感到生气，在孩子表达时也要控制好情绪，并向孩子传递出"别怕，爸爸妈妈在这里"的支持信号，这会让孩子获得足够的温暖和安全感。我们也可以用拥抱、拍拍他的肩膀或紧握他的手的方法，给予他面对困难的勇气和力量。

留意语言中的情绪

人类是以情绪的方式来储存记忆的，那些深刻到足以被铭刻下来的情绪，会被存储在边缘系统海马体末端一个叫杏仁核的地方。平时它们安静地待着那里，但却以细水长流的方式影响着我们的思想、行为、性格和每个艰难的选择，甚至会在我们遇到类似的情境诱因时突然爆发。这也是情绪需要"管理"的主要原因。

在与孩子沟通时，孩子不仅能听到我们语言中的内容，还会敏锐地捕捉到语言中的情绪，也会把当下感受到的情绪储存在自己的记忆深处，使其成为意识的一部分，所以我们在跟孩子说话时，不仅要留意用语，还要留意随着语言所流露出来的情绪。

注意语言中的弦外之音

有些时候，你可能并没有说孩子不好，或者责备孩子，但眼神中的失望或无奈足以传递出伤害孩子的信号。曾经有个马上要参加中考的男孩跟我说："我爸爸基本已经不管我的学习了，但我知道他对我很失望，现在甚至都不拿正眼看我。每次我经过他身边，都能感受到他在我背后摇头叹气，也能看到我妈妈制止他的眼神。我真的很痛苦、很自卑，也好害怕中考成绩出来后他对我更失望。"

这种状况在很多家庭中都存在，虽然你没有直接用语言表达出来，但你的情绪对孩子来说却是一种赤裸裸的情感虐待。根据联合国大会通过的《儿童权利宣言》，父母对孩子的情感虐待主要包含以下几种情况：

　　1. 轻蔑贬抑：父母经常在他人面前轻蔑地取笑孩子，或嘲笑孩子取得的成就、抱负或个性。比如，有的父母会当着别人的面说："只会画画有什么用？英语从来没考过 100 分！"

　　2. 尴尬羞耻：父母未经孩子同意就随意分享孩子的私人信息，或在别人面前说些令孩子觉得丢脸的事。比如，给别人说孩子"都这么大了还尿床""都那么胖了，还不停地吃"等等。

　　3. 压力焦虑：父母不断质疑孩子的行为、动机或能力。比如经常对孩子说："你行吗？别又像上次那样搞砸！""你这是又要干什么？就不能消停些？"

　　4. 过度内疚：父母让孩子认为是自己造成家庭不和谐或家庭困难，让孩子产生"都是我的错""都怪我"等罪恶感。比如，一生气就对孩子说："要不是因为你，我早跟你爸爸离婚了！"

　　5. 恐惧害怕：父母经常吵架或做出暴怒行为，让孩子感到极度不安和恐惧。

　　以上任何一种情感虐待对孩子都可能造成严重后果，甚至影响孩子成年后的生活，使他们认为自己不配获得幸福和成功。

　　因此，在与孩子沟通时，我们一定要注意自己的情绪，以及语言中隐藏的情绪，要以爱、理解和包容的态度面对孩子，让孩子知道他是被父母爱着和接纳的。我们如果确实有情绪，就要在处理好自己的情绪后，再去与孩子沟通，而不要把孩子当成出气筒。

不要把孩子当成出气筒

为了帮助父母在与孩子沟通时更好地管理自己的情绪，我在《把话说进孩子心里》这本书中特意加入了情绪管理的内容，主要包括下面三点。

第一，把负能量转化为正能量。

心理学上认为，疗愈心理创伤最好的方法就是转换和释放某个事件遗留下来的情绪。具体的方法就是借助某种催化剂，比如植物精油中的天然化学分子和香气，阳光射线中拥有强大疗愈力的色彩能量、频率，能触及灵魂深处的心灵音乐，具有安抚神经传导功能和提供饱食中枢满足感的"安慰食品"，以及亲人和爱人的温柔拥抱、好友的细心倾听等，这些都可以改变情绪原本的能量运作模式。

第二，把多余的负能量释放出来。

首先，我们要承认情绪的存在，拥有负面情绪时，不要刻意隐藏，故作坚强；面对家人、朋友时，勇敢地承认自己存在的不好的情绪。

其次，允许自己有沮丧和伤心的权利。因为压抑的情绪不会自己消失，只会以其他形式被发泄出来。与其如此，我们倒不如允许自己有发泄情绪的权利。

最后，找到能让自己释放情绪的有效方式。比如，向家人或朋友倾诉，痛快地运动，或者找个地方大喊几声。这些方式不仅能宣泄情绪，还能改变情绪的能量形式。

第三，给自己设定一段合理的宣泄时间。

这里说的是"宣泄"，不是疗愈，因为情绪伤口的愈合需要漫长的岁月，不是哭一次或喊几声就没事了。你可以先让那些有杀伤力的负面情绪通过合适的方式释放出来，然后在不被过分干扰的情况下慢慢愈合，最后释然；而宣泄时间，就是让你在这个时间段里毫无牵挂、毫无愧疚、毫无保留地释放痛苦情绪。等合理的宣泄时间用完后，你就得收拾心情，进行下一步了。

与孩子做对等沟通

一直以来，我们都习惯以大人的角度来思考孩子的问题，却很少会站在孩子的立场，想想孩子的感受，也很少想到孩子眼中的大人是什么样的，以及主动了解孩子对父母有哪些期望和意见。我们习惯了对孩子教训、命令、指责、否定，却无法接受孩子的回嘴、顶撞、叛逆。殊不知，孩子是个独立的个体，拥有表达自己想法、观点的权利，同样具有对父母说"不"的权利。如果我们希望孩子能用尊重的态度与我们好好说话、好好沟通，那么我们也要从内心尊重孩子，与孩子进行对等沟通。

允许孩子为自己说话

从社会心理发展进程来看，7~10岁正是孩子追求自我和独立需求的发展阶段。在这个阶段，表达自己的意见是孩子宣告独立的方式，也是他们必要的发展任务和社会化发展的正常工作之一。任何被孩子认为不公平的指责或要求，都会激起孩子出于自我保护目的的消极守势（不再与父母沟通）或积极攻势（一说话就大喊大叫）。

当然，很多父母可能无法容忍孩子回嘴，认为这是顶撞，是在蔑视和挑战父母的权威，其实这种想法是不对的。抛开情绪，从客观、理性的角度去想想，如果不允许孩子申辩，我们怎么能了解孩子的想法和事情的真相？又怎么能知道我们是不是用先入为主的"定罪"方法误解了他？

所以，不管在任何情况下，我们都要允许孩子为自己说话，给孩子辩解的机会，这样不仅能让我们看到事情的全貌，还能让孩子知道我们和他是平等的，他得到了我们的尊重，也得到了我们公正的对待。这对于孩子学会控制情绪地回应他人的质疑、处理人际关系等，都会有很大的帮助；而且我们允许孩子为自己申辩，也创造了一个公平教育的机会，让他从小学会与他人相处最重要的原则。

恰当地处理孩子的辩解

允许孩子申辩是尊重他的发言权，但并不等于我们允许他用没有礼貌的语气来表达。年龄较小的孩子还没有发展出很好的情绪管理能力，想要表达自己很在意的事情时，可能会情绪激动。绝大部分孩子都不会故意不尊重父母长辈，只是在表达意见时，还不知道如何合理和成熟地控制自己的情绪及说话的内容，这时我们要有智慧地、心平气和地引导孩子，而不是呵斥他，或不允许他继续表达，否则就会错失理解和帮助他的机会，也会让孩子错失练习如何控制情绪、正确表达的机会。

要想让孩子学会正确地表达意见，就要遵循以下两个原则。

第一，不要指望纠正孩子一次，他就能做好，你要温和冷静地指出孩子的问题，并要求孩子用更好的方式复述一遍问题。

第二，不要只教训孩子"跟大人说话要有礼貌"，而要让孩子先理解"为什么"，这样孩子才能逐渐养成和掌握尊重他人的态度和方法。

这里举个例子。

妈妈有点儿着急地对孩子说："宝贝，我们还有十五分钟就要出门了，你得把玩具收起来，去换衣服了。"这是在向孩子传递时间概念，帮孩子学会管理时间。

孩子还想再玩，妈妈有点儿生气了，说："不能再玩了，现在把玩具收起来，去换衣服！"

孩子仍然在玩，妈妈更加生气了，严厉地说："我数到三……"

孩子也生气了，把手里的玩具扔出老远并喊道："为什么要听你的？！"

很多父母对这样的状况都不陌生，那应该怎么处理呢？

首先，妈妈要立即做出判断，明确下面几件事的重要程度和时间节点：

1. 出门的急切程度：是必须马上出门，还是可以晚一些？

2. 管教孩子的最佳时机：此时此刻必须教育孩子吗？

3. 孩子的年龄：孩子是否能在外出回家后还记得自己犯的错？

4. 妈妈自己的情绪：是能心平气和地跟孩子说话，还是控制不住地想痛骂孩子一顿？

妈妈如果评估后的决定是当下就能处理，那就要来到孩子身边，温柔地问孩子以下几个问题。

1. "你知道我们要去哪里吗？"

在孩子回答后，妈妈要顺着孩子的话回应，说出不能晚到的原因，如"爷爷奶奶已经准备好了你爱吃的蛋糕，表哥已经在等你一起玩了"。这样做是为了让孩子明白，我们为什么必须准时离开家。

2."妈妈知道你还想给芭比娃娃梳头，你每次都梳得很漂亮，妈妈觉得你好棒！不过，你觉得芭比娃娃要是知道你因为给她梳头，而没有准时去陪爷爷奶奶吃饭，让爷爷奶奶失望，她会不会也希望等你回来后再给她梳头呢？"

这个问题是为了让孩子分辨出事情的轻重缓急，学会分析各个选项之间的利弊。

3."刚才你把玩具扔得好远，又跟妈妈大声说话，你觉得妈妈会是什么感觉呢？"

这时孩子可能会回答生气、难过、伤心等，那么你可以继续说："妈妈是有点儿伤心，因为妈妈认为宝贝不喜欢妈妈了，而且宝贝跟妈妈说话时没有礼貌。"这是帮孩子在"心同此理"之外，进一步懂得"人同此心"，让孩子明白在亲子沟通中，不仅他会不开心，会受到伤害，父母也和他一样会受到伤害，这样他就不会觉得被不公平地对待或产生强烈的不满情绪了，也会懂得关心别人的情绪。

4."如果我们重来一次，你会怎么跟妈妈说？还想留在家里给芭比娃娃梳头吗？"

当孩子重新说一遍后，我们一定要马上给予赞美，比如："妈妈听到宝贝这么说，真的很开心。"甚至可以多给孩子5分钟，满足孩子的小愿望。

当然，如果你当时必须马上出门，没有时间处理孩子的情绪，那么你可以先把这种不愉快的情绪从当前的事情隔离出来，不要对孩子冷冰冰的，让孩子在恐惧中度过，等回到家后，再慢慢跟孩子沟通之前的问题。

给孩子做个好的示范

如果孩子对着你大喊大叫，或者故意不理不睬，你可能会很愤怒，但如果你也用愤怒的情绪去反攻孩子，就不是恰当的做法。这时，你要利用成人管控情绪的能力优势，迅速离开冲突现场，不要继续激化矛盾，同时也给孩子做个好的示范。

在离开现场时，你可以告诉孩子："妈妈现在非常生气，感觉会说出并非我本意的话，所以我要离开这个房间，让自己安静下来，这样我才能更公平地听见你的想法。"

其实在此时，孩子的内心也会很惊恐，会被身体里突然大量释放的情绪冲昏头脑，所以他也希望能马上休兵，冷静下来，只是不知道该怎么做。所以，你要帮忙按下暂停键，这也是在教孩子遇到冲突时如何避免事态向更坏的方向发展。等你们都冷静下来后，你再回来告诉孩子，你愿意听听他的想法，想要跟他重新谈一次，这样孩子也更容易接受你的建议。

互动沟通解决问题

由于孩子的个性特点不同，遇到的问题不同，所以我们在面对孩子时，必须采用不同互动沟通的形式，比如运用行为疗法和认知行为疗法的技巧，达到手把手帮助孩子的目的。

一般来说，孩子身上出现的让父母备受困扰的问题最具代表性的有两类，一类是学习问题，另一类是人际交往问题。接下来，我们就从这两类问题入手，看看如何与孩子进行互动沟通，从而有效解决问题。

帮助孩子迈过学习不好的坎儿

学习是孩子和父母都无法忽略的一个问题，有些孩子学习成绩不好，并对此表现出毫不在乎的态度，但其实他内心是彷徨、害怕的，甚至是感到羞耻的。这时，他们内心会特别希望有人帮帮自己，告诉自己该怎么调整，怎样才能一点点追上同学。如果你不分青红皂白地训斥孩子，认为孩子不上进、不用功，就会给孩子造成更大的压力。

认知心理学的研究证实，并不是只要孩子努力学习，就能收到好的效果。尤其在进入青春期后，孩子处在各种生理和心理发展变化中，认知能力也会逐渐发生变化，开始具备抽象思考能力，但不是每个孩子进入青春期后，抽象思考能力都是以相同速度发展的，有的孩子发展得快，有的就要慢一些。这一差异表现在学习中，就是有的孩子对一些抽象知识接收得快，有的则接收得慢。

面对这个问题，责备、批评孩子是没用的，我们只能帮助孩子找到更高效的学习方法，和孩子一起渡过难关。

对此，父母有以下三种方法可以应用。

第一，和孩子一起规划学习进度。

在和孩子规划学习进度时，父母不要越俎代庖，应在一旁引导，陪伴他一起规划，最后做出决定的人是孩子，不是父母。

关于规划步骤，可以分为以下三步。

1.先打印几张有大空格的时间表，在表上标出重要考试的日期，如月考、期中考、期末考等。

2.把不同科目用不同颜色的笔写在上面，并根据孩子当前的学习情况，检视他每科实际需要加强复习的时间。比如，他的数学学得好，考试前只需3小时来复习；英语是弱项，就至少需要三十小时来复习。

3.在正常学习进度外，将实际需要加强复习的时间，从考试的前一天倒推，平均分配到每一天，并分别填在表格中。

将表格填好后贴在醒目的位置，孩子每完成当天的学习任务，就在当天的空格里做出标记。如果孩子期间遇到困难，父母要尽量帮助孩子，而不是让孩子觉得自己孤立无援。

第二，把大的学习目标分解成符合孩子实际能力的小目标。

学习成绩差的孩子最缺少的就是成功经验，如果屡次尝试又屡次失败，孩子就容易自暴自弃。如果我们给孩子订立的目标过大，孩子无法完成，同样会产生挫败感。

这时，我们要陪着孩子一起制订一个合理可行的计划，在通往目标的进程中，按照孩子的实际情况，规划出若干个小台阶，每个小台阶只要孩子经过努力就能踏上去。这样既能让孩子看到自己的进步，重建信心，又能帮助孩子夯实基础知识，奠定学习基础。

当然，就算是帮助孩子分解了小目标，如果时间紧迫，比如还有两个月就中考或高考了，孩子的成绩可能也很难在这么短的时间内获得质的飞跃。这时，我们就要帮孩子建立起对自己的信心和对人生的积极态度。

第三，帮孩子掌握更高"投资回报率"的学习方法。

商业上有个"二八定律"，就是把80%的资源用在可能只占整体项目20%但具有高产值的项目上，以提高投资回报率。

孩子的学习也适用"二八定律"。如果我们帮孩子把有限的时间分配到最有产值的学习上，就能在比较短的时间内看到成果。这里分为四步走。

1. 依照孩子最近六次考试成绩的平均值，把各科成绩进行排序。

2. 仔细研究每一科成绩的波动状况，找到由高至低的排序。比如孩子的物理分数一直稳定地停留在50分左右，而数学成绩在

55~85 分波动，那孩子数学的进步空间就比物理要大。

3. 依照孩子的主观感受和客观事实，和孩子探讨一下，确定各学科追赶的难易程度，并将各学科按从易到难的顺序列出来。

4. 结合上面三点进行比较，找出下列问题的答案：如果用同等时间或精力，"能抢分"的学科有哪些？"不失分"的学科有哪些？根据问题答案，让孩子合理分配不同学科的复习时间，以期将考试总分提高。

除了以上三种方法之外，我们平时还要多激励孩子，为孩子勾勒未来的美好前景。有一部分孩子成绩较差，最大的问题是他们对自己没信心，对未来没期望。如果我们让孩子产生梦想、产生信心，孩子就会产生学习的动力，学习成绩也很快就能提上去。

帮助孩子学会交朋友

有些孩子在学校没朋友，感觉很孤独，有的甚至常年独来独往，遭受校园霸凌。教育专家在分析孩子的这些表现和遭受校园霸凌的原因时，发现除了一些客观环境原因外，还有一个很大的原因就是这些孩子大多敏感害羞、安静内向或身体瘦弱。这就要求我们在孩子进入学校这个微型社会之初，帮助孩子学会适应社会，拥有处理人际关系的能力，从而降低孩子被校园霸凌的可能性，同时也为孩子将来步入社会、智慧地处理人际关系奠定基础。

下面以聚会为例，分享一下父母帮孩子交朋友的两个步骤。

第一步，让孩子作为小主人，为聚会做好计划。

要训练孩子的交友能力，首先要从计划活动开始。我们可以提前给孩子准备几张表格，让孩子来填写内容，其中包括聚会主题、时间、地点、要邀请的人，以及这些要邀请的人有哪些爱好、性格特点等。这些表格的填写也许比较烦琐，但对孩子来说却很重要，可以很好地培养他的计划能力、掌控感和成就感等，所以一定要由孩子自己来填写表格。即使孩子提出的想法很幼稚，我们也不要质疑他，而是给予他鼓励和支持；只要想法合理可行，就帮他去实现。

在邀请人时，对本来不会交友的孩子来说，可能是件比较难的事，这时我们要有心理预期，也可以陪同或协助孩子一起邀请。我们的温柔理解和坚定支持，是整个训练成功的关键。

第二步，聚会当天，让孩子学习掌控局势。

在聚会当天，孩子们也许会玩得很兴奋，把家里搞得一团乱，这时我们要说服自己，这是训练孩子学会独立和掌控局势的第一步，也是锻炼孩子自信心和交往能力最有必要的一步，所以不要去阻止他们，只要在安全的范围内，就让孩子们尽情玩耍。

在孩子们玩游戏的过程中，如果我们发现自己的孩子又习惯性地独自坐在一旁观看了，不要直接拉着他加入游戏，也不要拉着其他孩子，让他们与自己的孩子一起玩游戏，而是有技巧地用"大家来吃蛋糕啦""哇，看看这是什么"等来中断孩子总是独自坐在一旁的惯性行为，很自然地把他拉入人群中。几次后，孩子孤独的惯性行为就会慢慢减少。

这个训练看起来容易，实施起来可能会有难度，甚至要进行多次练习，但我们要相信，每次看似成效不大的练习，都是在帮助孩子在社交之路上铺设一块块地砖。不论在任何时候，我们都不要对孩子感到失望，而要让孩子充分感受到我们对他的信任、鼓励、欣赏、支持和无条件的爱，这才是帮助孩子交到朋友、进行愉快社交的最好的内在力量。

适当进行心灵教育

美国心理学家戴安娜·鲍姆林德就有关父母教养方式对孩子社会能力发展的影响程度，把父母对孩子的教养方式分为四种，并且以"养育孩子的程度"和"控制孩子的程度"之间的比例来区分不同类型。这四种类型分别如下：

忽视型：倾向于低养育、低控制。

放纵型：倾向于高养育、低控制。

专断型：倾向于低养育、高控制。

权威型：倾向于高养育、适当控制。

鲍姆林德发现，权威型的教养方式最能够帮助孩子早期社会能力的发展。这种养育方式表现为父母与孩子之间有亲密互动，会关心孩子的感觉和需求，尊重孩子的观点，对孩子的成就感到自豪，并在孩子有压力时给予支持和鼓励，所以孩子也能与父母建立比较正向的亲子关系，会回报爱给父母，享受和父母相处的时间。与此同时，父母也懂得融合适度地控制在教养中，为孩子设立行为标准，并让孩子明白遵守这些行为标准的必要性。这样的话，即使父母不在身边，孩子也会留意和检查自己的行为。当然，当孩子做得好时，父母也会鼓励、表扬和奖赏孩子。

很显然，这是教养孩子最好的境界，相信大部分父母也能做到，或正努力在做。在此，我们可以引申出三点父母能在孩子学龄前或学龄期时为孩子所做的心灵教育，从而寓教于乐，让彼此相处的时光更加有趣、丰富而富有价值。

打开孩子的想象之门

让孩子成为一个想象力丰富的人，不一定意味着孩子要成为艺术家，而是让孩子能够以不同的角度和视野来看待事物，找到其他人可能错过的解决问题的方法。而这种解决问题的能力和创新的思维，正是成为一个优秀的团队领导者最需要的素质之一。

在培养和激发孩子想象力方面，我们可以通过以下两种常见的方法进行。

第一，利用周末的亲子时光激发孩子的想象力。比如：给孩子讲故事；和孩子一起进行自由的艺术创作；让孩子接触大自然，从大自然中寻找各种各样的灵感；培养内在的空间感，鼓励孩子尽情地展开想象力。

第二，和孩子玩一些激发想象力的游戏，比如玩木偶、看好看的照片、接力造物、改造"太阳系"等。我们也可以鼓励孩子自己想出一些游戏，然后和孩子一起尽情玩耍，这样既能锻炼孩子的想象力，又能让孩子感受到家庭成员之间温暖的爱。

用正念养育滋养积极和愉悦的心灵

正念养育就是父母要以正念的态度观察自身，积极处理自己的负面情绪和想法，以平和的态度帮助孩子更好地控制情绪和行为。

正念养育的好处就是通过与孩子分享正念，能清晰地认识到自己对孩子的期望是否务实，能直觉地感受到什么目标是孩子真正能达成的，以及如何去实践和支持他，从而缓解自己的焦虑，用客观、积极的态度面对孩子的成长。

关于正念养育的具体方法，这里分享几个有趣的正念练习游戏。

第一，正念饮食游戏。

选一种孩子喜欢的食物，如一小块巧克力，然后请孩子用一分钟时间，发挥他所有感官去探索这块巧克力，包括：巧克力的颜色和形状；慢慢咬一小口，体会它在嘴里的感觉；慢慢将它移到胃里。之后再和孩子彼此分享刚才的体验。

第二，用心地散步。

带着孩子到附近的公园散步，在五分钟时间内完全不说话，和孩子一起去全身心地关注一些之前没注意过的东西，闻闻周围的气味，专注于听到的声音上。接着，找一处安静的地方，和孩子一起分享刚才的经历。

第三，心情天气。

可以让孩子把现在的感觉用播报天气的方式描述出来，问问孩子，他现在的心情是晴、小雨、暴雨，还是剧烈的台风。这个游戏能让孩子观察到自己当下的情绪状态，而不会压抑或过度释放情绪。

彩绘孩子的心灵世界

很多父母发现，让孩子"说出心里话"是一件非常困难的事。遇到这种情况时，专业的心理治疗师往往不会强迫孩子说话，而是让孩子自己坐在一个舒服的小凳子上，从至少四十八种颜色的彩笔中选出自己最喜欢的，画一幅指定主题的画，如我的家、大树、公园、学校等，再根据画分析判断孩子的情绪。

孩子的世界本来就充满了美好的色彩，他们既是纯净无邪的白纸，又是手握画笔的艺术家。孩子喜欢某种颜色，通常意味着他在这个发展阶段属于那个颜色的人格特质，或是生存本能在提醒他需要那个颜色的能量来平衡，所以我们只需要细心地观察孩子对颜色的喜好，从孩子常用的画笔颜色、最喜欢的物件颜色、最爱吃的食物颜色等，找出可能对应的、需要被强化或削弱的情绪和行为，再结合日常生活中的色彩应用去帮助他就可以了。

在《把话说进孩子心里》这本书中，我罗列了每种颜色所代表的孩子的性格特质。在运用色彩帮助孩子时，我们可以根据孩子的不同性格特质，有意识地削弱、强化或平衡孩子的某些特质。对此，我们可以从以下三个方面来考虑。

第一，削弱色。

想要弱化、减轻和消除孩子的身心和情绪问题，使用的色彩应为该性格色彩的对比色，如红色和绿色、橙色和蓝色、黄色和紫色，彼此就是对比色。对比色可以起到平衡、中和的作用，继而削弱孩子的负面能量。

第二，增强色。

增强色是强化、鼓励孩子某种积极情绪或行为所使用的相应情绪特征所代表的色彩，如红色对应意志力坚强，黄色对应聪明并勤奋学习，蓝色对应口齿清晰且表达力强等。

第三，平衡色。

平衡色是为了维持健康身心和情绪所运用的色彩。一旦孩子的某种负面情绪或消极行为得到改善和解决后，我们就可以停止集中使用某种单一的颜色，为孩子提供使用多种色彩能量的可能。

不论在任何情况下，与孩子进行高品质的沟通，愿意倾听孩子的感受，帮助孩子处理好情绪，都是了解孩子的内心世界、与孩子建立良好亲子关系的核心。在我小时候，有一天早晨，父亲穿衣服时发现口袋里的几枚硬币不见了，那几枚硬币对完全没有零花钱的孩子来说绝对不是个小数目。父亲很生气，就把我和哥哥姐姐都叫起来，询问谁偷了钱，在没有得到回答后，便让我们全都跪在地板上反省。但是，父亲很快发现钱落在了角落里，于是马上把我们都叫起来，然后很郑重地跟我们道歉，并且为了弥补这桩"冤案"，还带我们去看了电影，吃了大排骨面。这件事至今让我记忆犹新，因为父亲对我们的尊重，让我感到非常快乐、非常安全。

把话说进孩子的心里，并不需要太多高明的沟通技巧，所有高明的沟通技巧都不及发自内心的爱与尊重。为孩子营造一个安全有爱、愿意聆听与倾诉的家庭氛围，与孩子建立亲密、良好的亲子关系，保持平等、尊重的沟通方式，既是父母的责任，也是父母帮助孩子快乐、健康成长的基础。

第3节 多子女家庭的养育法则

李小萌解读《平和式教养法（多子女篇）》

一个新生命降临的同时，也给父母带来了更多的挑战和烦恼。

"老大养废了，再生一个好好教。"

"老二一出生，没时间管老大，学习成绩一路下滑。"

"老大、老二天天打架，真的烦透了。"

…………

这些抱怨最后都会落到一个问题上，那就是有没有解决的办法。这里推荐一本书，叫作《平和式教养法（多子女篇）》，书中提出了一整套多子女家庭的养育法则，可以让父母们对多子女的养育有更深刻的理解。

这本书的作者劳拉·马卡姆是哥伦比亚大学临床心理学博士，也是美国非常有影响力的育儿网站的创始人。在学术上硕果累累的同时，劳拉博士也是两个孩子的母亲和九个孩子的姑妈，同时也为很多家庭提供育儿指导。

正因为有这样丰富的实践经验和学术知识，她在这本书中用跟大部分育儿书不同的视角，把关于养育孩子的笔墨更多地放在了孩子之间的关系上。她从孩子的视角出发，帮你了解：多了一个弟弟或妹妹，对孩子来说究竟是值得高兴的事，还是人生的重大危机；孩子争吵背后的原因究竟是什么，你可以如何预防和解决。对于一些经典的棘手问题，比如孩子们不愿意分享妈妈的爱等，她甚至会逐字逐句地告诉你，应该对孩子怎么说，不应该怎么说。

为什么孩子之间会有纷争

为什么孩子之间会有纷争呢？

第二个孩子从父母的角度来看，是一个大大的礼物，是第一个孩子的同胞，是可以陪伴他终生的朋友；但对于第一个孩子来说，可能这不亚于是个灾难，因为爱和敌意伴随着这个小生命同时到来了。

对于第一个孩子而言，愿意和小婴儿亲近是一种爱的本能，但是家里凭空多了个孩子，就意味着父母如果要给小婴儿换尿布、喂奶，自己就必须在旁边等一等，忍耐自己强烈的需求。于是，在孩子眼里，小婴儿不是他的朋友，而是来取代他的。这种感受也许我们也曾感同身受。

生于 20 世纪七八十年代的人经常听到的，大人跟小孩常说的玩笑话："等有了弟弟妹妹，你妈就不喜欢你了。"即便是独生子女，也会被亲戚吓唬："你要是再哭，你爸妈就不要你了。"

我们小时候听到这样的话，是什么感觉呢？是一种很恐怖的感觉。这其实和现在的孩子有了弟弟妹妹之后的感觉非常类似。当父母忙着照顾小婴儿，而不得不让孩子等待一会儿的时候，他就会觉得自己不能再优先获得生存所需要的东西了，人类潜意识里的生存本能会让他感到害怕。

你可能会说，孩子样样都不缺，怎么会觉得弟弟妹妹是来取代他的呢？

事实上，你当然会觉得自己对第一个孩子没有任何变化，但这只是大人的解读。虽然我们觉得孩子需要的爱、食物、保护、陪伴等都是足够的，但孩子不可能这么理智地、宏观地看待这一切。孩子会觉得，不能优先获得就等于没有获得。因为弟弟妹妹的到来，他不再拥有父母的爱、保护、关注的视线等他在意的东西，他不再被重视了，也有可能会被抛弃，所以他的敌意会随之而来。

很多父母无法容忍"敌意"这两个字，他们觉得，怎么可以对自己的弟弟妹妹产生"敌意"呢？不过，我们不用被"敌意"这两个字吓坏，其实这种感受很常见，它不仅发生在亲生的兄弟姐妹之间，如果别人家的孩子来家里玩，自家孩子也可能产生这种敌意。

只要我们能够妥善、理智地对待，这种问题并不难解决。

举一个我女儿的例子。我们一起读过一本书，叫作《换弟弟》。这本书的主角是一个鳄鱼姐姐，因为妈妈生了弟弟之后，妈妈每天跟弟弟在一起并照顾他，鳄鱼姐姐就很不开心。有一天轮到她照看弟弟的时候，她就把弟弟送到一个弟弟商店，依次换成了大象弟弟、老虎弟弟、熊猫弟弟等，但是每个弟弟都有令她不适应的问题，最后鳄鱼姐姐还是把鳄鱼弟弟给换回来了。

听完这个故事，女儿就问："妈妈，鳄鱼姐姐为什么不开心？"

我说："因为她嫉妒弟弟得到了妈妈更多的关注。"

女儿马上就问："什么是嫉妒啊？"

我想了想，解释说："嫉妒就是一种感觉，比如妈妈本来是要抱鳄鱼姐姐的，可是却抱了弟弟，鳄鱼姐姐心里升起的那种不愉快的感受，就叫作嫉妒。"女儿听了似懂非懂。

刚好第二天家里来了一位客人，客人怀里抱着刚刚出生几个月的小孩，我看着特别喜欢，就把那个小孩抱在怀里玩，我女儿就不高兴了，使劲拽我衣服，不让我抱他。

于是我就跟她说："你先别着急，你想想咱们昨天一起读的那本书，你现在的感觉就跟鳄鱼姐姐的差不多，这就叫嫉妒。"

我女儿认真想了一会儿，凑在我耳边小声说："妈妈，我真的非常嫉妒。"

你看，一个没有血缘关系、临时来做客的小孩让妈妈抱一下，女儿都会觉得嫉妒，更何况天天在身边的第二个孩子呢？

纷争源于不愿意分享和互相竞争

那么，我们应如何跨越孩子的敌意，帮助他们培养同胞之间的爱呢？

孩子的纷争有两种，一种是不愿意分享引起的纷争，另一种是互相竞争产生的纷争。针对这两种不同的情况，有不同的处理思路。

不愿意分享引起的纷争

不愿意分享引起的纷争，应该是孩子们最常见的吵架原因。在家里，在幼儿园，几乎各种场合都可以看到孩子们为了争夺某样心爱的玩具而大打出手。

这个时候我们应该怎么办呢？

相信所有父母都希望孩子能够有分享的精神，因为有些玩具第一个孩子已经不喜欢玩了，留给第二个孩子玩，不仅可以减少开支，也会让家里不至于玩具泛滥。更重要的是，我们希望孩子通过分享玩具，在未来能够成为慷慨、大方、有同理心和协作意识的人。

在这一系列的动机之下，我们往往会跟第一个孩子说："你要让着弟弟妹妹，快把玩具给弟弟妹妹玩一会儿。"最后这场纷争就会以某个孩子大呼不公平而画上句号。作为父母，我们这样做真的是正确的吗？

让我们还原一个真实的孩子的视角来看待这件事。孩子把玩具视为珍贵的财产，它们是孩子自我的拓展，是孩子用来探索世界、与世界建立关系的工具。

所以我们经常会听到孩子大喊："这是我的！"其实，他并不明白这个"我的"到底是什么意思，只是单纯地想要控制如何使用这件东西。他的幸福感也一直取决于跟自己关系密切的这些东西。

虽然随着一天天长大，孩子会逐渐产生新的爱好，会放弃旧玩具，并且在分享这件事上会越做越好，但孩子依旧和旧玩具有着非常深的情感联结。有些时候，孩子即使长大了，也不愿意把旧玩具给别人玩。

这样看来，强迫孩子分享的行为似乎是不对的。就拿我来说，我虽然希望孩子在未来成长为一个慷慨大方、有同理心的人，能够看到他人的需求并做出反应，但也希望孩子可以为自己的需求发声，能够满足自己的需要，而不是觉得自己的需求应该被忽略，应该让着别人。这是孩子实现自我人格发展的关键。

这听起来很矛盾，也很难办，但也正说明一点：我们在孩子抢玩具的时候，冲上去"教育"孩子应该分享，甚至把孩子强行拉开是不恰当的，因为这会让孩子觉得你站在他的对立面，而且出卖了他。

孩子看着强大的"敌人"把自己的珍贵财产抢走了，而父母也成了他未来抢夺东西的"榜样"，因为孩子会觉得，既然父母能抢他的东西，那么他也可以抢别人的。当孩子知道父母会抢他玩具的时候，孩子不仅不会变得慷慨，而且会对玩具产生更强烈的占有欲。

一位母亲给她两岁的儿子买了一辆可以坐在上面的玩具车，孩子特别喜欢，恨不得天天都坐在上面。玩具车买回来一天后，这位母亲的侄子来家玩。两个孩子差不多大，侄子还要小一些，也想玩这个玩具车。

一场争执马上就要爆发，这位母亲这时候应该怎么办呢？

其实最好的办法是，在侄子到来之前预料到这件事，干脆把玩具车收起来，但很可惜她没有来得及这样做。于是她看到自己的儿子第一次拒绝与别人分享玩具。她的儿子坐在玩具车上面，她的侄子看到了，激动得想要去抢。

你可能会说，她应该让孩子把玩具让给弟弟玩，要让孩子学会分享，但她没有这样做。她说尽管她并不害怕强制行为会让儿子的情绪失控，可是从学术的角度来说，两岁的孩子根本没有做好分享的准备，而且以她对儿子的了解，如果她让儿子下车，他会觉得自己被妈妈出卖了，并且不会明白为什么他被要求将自己最宝贵的财产交给另外一个孩子。

强迫分享无法帮助孩子学会慷慨地分享。这里的强迫分享，包括用语言、行为让孩子把玩具让出来，比如对孩子凶道"快把玩具给弟弟"，或者直接把玩具从孩子手里抢过来；同时也包括按照大人的要求进行分享，比如大人会说："你们每人轮流玩五分钟。"

按照大人的要求进行分享，会中断游戏，削弱亲子信任，并教会孩子虚假的慷慨。因为你依然是在强迫孩子定时地轮流，他们的注意力很难集中在玩耍的乐趣上，而是在关注时间、关注占有。你可以想象一下有人催你做事的那种感受，那时我们的注意力根本没有办法完全集中在所做的事情上，而是在挂念着时间的流逝。

按照大人的要求进行分享时，孩子的感受是类似的。在没有玩够的情况下，看到别的孩子玩着自己心爱的玩具，孩子是不能感受到所谓慷慨的魅力的，也没有办法自发地分享。所以，强制共享只会破坏孩子玩耍的乐趣，大人的参与不仅不会让两个孩子学会礼让，还会破坏他们之间的关系。

那么，这位母亲应该怎么做呢？这个时候，要让孩子自由地使用玩具，让他自己决定玩多久，充分享受之后，再用开放的心态分享给别人，获得自我满足。

利用这一点来引导孩子学会分享的关键，是该什么时候分享要由玩具的拥有者来决定。不过平心而论，这个方法对我们来讲，执行起来是有挑战的，因为年龄小的孩子往往不愿意等待，比如这位母亲就必须面对侄子的尖声抗议和哭泣。

不知道你有没有这样的体验，就是孩子的撒泼耍赖很容易让大人丧失理智。可是我们要知道，这个时候一定要保持理智，不能和玩玩具的孩子说"你玩的时间够长了"，然后把玩具夺走，给那个正在哭的孩子。因为这样的做法会让孩子觉得，只要哭得够响亮就能得到自己想要的东西，只要抗议得足够厉害就可以改变大人的想法；也会让孩子觉得，他和兄弟姐妹是在不断地竞争当中获得想要的东西的，他们是对立的关系。

在这种时候，我们要面对另外一个孩子疯狂的抗议是很有技巧的。除了询问拥有玩具的孩子什么时候才能给对方玩，还要向另外一个孩子保证，我们一定会帮助他玩到这个玩具。

这里需要特别说明的是，不要畏惧孩子哭。对于成年人来讲，看着孩子哭实际上是很难受的，但是你要相信，让孩子哭出来并不是一件坏事。

当孩子因为想要别人的玩具哭出来的时候，很可能他就是需要机会哭，玩具只是最后一根稻草罢了，他觉得得到那个玩具事情可以变好。一旦他哭出来，其实他就并不怎么在意那个玩具了，他只是在尝试体会他的情绪或者管理他的情绪。他固执的表现更多是因为情绪的困扰，而不是玩具。他把自己的情绪宣泄完之后，就不会在意那个玩具了。

你可能还有疑问，如果侄子的母亲在场，觉得你这样做不合适，该怎么办呢？

大人经常会因为碍于情面中断孩子的游戏，给他贴标签，阻止他做一些事情。这时候我们确实要做一个轻重缓急的区分，是大人的面子更重要，还是孩子健康关系的建立过程更重要？我们应该选择站在保护孩子心理健康这一方面，至于大人之间的关系，是有办法进行有效沟通的。

你可能还会说，如果侄子一直哭闹着要这个玩具，他母亲也站出来，让孩子把玩具车让给她的孩子，该怎么办？如果我是那位母亲，我肯定会安抚侄子说："别着急，等他玩够了一定会给你的。"

如果你是这个想要玩具而哭闹的孩子的父母，你应该怎么跟孩子说呢？你肯定不能说："这个坏哥哥不跟我们分享，我们不要了。"你应该支持这样的养育方法，跟自己的孩子解释说："这个玩具是哥哥的，等他玩够了，我们就可以玩了。"

你可能会觉得，这样做让自己的孩子太委屈了，但其实这样做的益处远远大于坏处，因为你的孩子由此慢慢就能够理解：别人的东西别人有决定权，而我的东西我也有决定权；别人玩他们自己的玩具的时候，我应该等待，那么当我主张我的决定权的时候，别人也应该等待我。

互相竞争产生的纷争

除了分享带来的争执之外，还有一种纷争叫作互动竞争导致的纷争。

　　多子女家庭的父母可能会发现，"这不公平"成了孩子的高频用语。一点儿鸡毛蒜皮的小事，都值得两个孩子大吵一架。这其实是因为孩子之间天生就存在着互相竞争的关系，有时候不管我们怎么引导，他们之间还是会产生非常多的大大小小的矛盾。

　　面对这种情况，父母除了不要惩罚和纵容孩子，不要激化孩子之间的矛盾之外，还有两个方法值得去尝试。

　　第一，移情。

　　简单地说，移情就是转移孩子的注意力。

　　比如两个孩子吵架了，年龄小的孩子哭了起来，这时候你可以在设置限制的同时，承认孩子的感受和需求。不要对年龄大的孩子说："不要朝妹妹大喊，这会让她哭得更厉害。"而要说："我知道妹妹的哭声太大了，震得你耳朵难受，我也觉得难受，但你不能朝她大喊，这样会吓到她，让她哭得更厉害。"

　　再比如，大孩子欺负小孩子，你也可以用移情的方法去设置限制，重新调整孩子的冲动。不要对大孩子说："你欺负人，够了，我要惩罚你。"而要尝试说："我知道你很生气，但我不会让你打弟弟。你能告诉弟弟，你有多么生气和他需要做什么吗？"

　　又或者，你需要去照顾小孩子，可你一过去大孩子就哭。这时候你也可以用移情来设置限制，并让他说出他的想法。你不要对大孩子说："你不能这么自私，过一会儿再玩，小宝宝都饿了。"你可以尝试说："你希望我们继续玩过家家，但是小宝宝哭的时候我需要哄她，这样她就不害怕了，就像你哭的时候我也会照顾你一样。我猜有时候你希望只有我俩，就像以前那样，对吗？你好像很喜欢我们在这里玩一上午，而不愿意让我去管妹妹。"

第二，关注每个孩子的需求。

比如你在给孩子们盛面条的时候，一个孩子说："他的比我多，这不公平！"这时候你可能会下意识地解释："不是的，这很公平。"但是这场"战斗"你永远都赢不了，因为其实他这样的反应是在说："我觉得你不够爱我，你更向着另外一个孩子。"在这种情况下，你一定要避免陷入争论，不要说："我没有给他更多。你看，你跟他是一样多的。"你只需要引导孩子去表达自己，无须提及其他孩子，并让他确信你总是会给每个人足够的东西。你可以这么说："你好像想要更多的面条，告诉我你要多少？我来给你盛。"

我经常挂在嘴边的一句话是：家是讲情而不是讲理的地方。不要选边站，即便有一方是占理的，也不要站在他那一边，你如果一味主张正义，就会陷入讲理不讲情的怪圈。

作为多子女家庭的父母，你不是法官，也不是警察。你是孩子之间情绪的调和剂，或者叫作"翻译官"，你应该是他们沟通的桥梁。你的目的不是支持这个做对的、贬低那个做错的，而是让他们都能够充分表达自己的感受，充分说出自己当时对这件事情的想法和需求，让他们彼此去倾听，进行换位思考。你要相信，只要你的处理方式是平和、善意的，是尊重双方的，他们就能够达成彼此的谅解和理解。这时候你如果武断地主持正义，就走到了平和式教养的反方向。

吵架在任何人际关系当中都是再正常不过的事。即使你做了一系列的努力，吵不吵架这件事也不取决于你，两个孩子还是可能吵得不可开交。在情绪的控制之下，孩子们可能会做一些你不能接受的事，比如打架，或者说出我恨谁谁谁这样的话。

你一定不要因此而评判说"我有一个很恶的孩子"。在情绪的控制之下做一些不理智的事情，是连大人都经常会犯的错误，更何况一个还很难控制自己情绪的孩子。当孩子有这种表现的时候，他的内心只会比我们更痛苦。实际上，孩子的所有不当行为都是他们想与父母连接的呼救。

从心理学上看，吵架其实正是一段关系的关键时刻，它并不意味着一段关系的破裂，相反，如果处理得当，可以让一段关系变得更紧密。因此，吵架是我们回应孩子的呼救，不再让他苦苦挣扎的好机会。

当孩子们发生争吵并且停止的时候，我们可以找一件宽松的成人 T 恤，用黑色的马克笔写上"和睦相处"，然后让两个孩子都钻进去，强迫他们的身体互相接触。身体接触在心理治疗上是一个很常见的方法。当某个孩子觉得不公平，觉得自己被忽视的时候，我们完全可以用身体接触的方法弥补孩子。

比如你可以说："妈妈让你觉得不公平了是吗？都是妈妈不好。

让我补偿你一百个亲亲和抱抱吧。"身体的接触可以很好地打消孩子产生的爸爸妈妈不在意自己、偏向弟弟妹妹之类的想法。

接着，我们可以和孩子一起坐下来，让每个孩子都给另一个孩子讲讲自己不开心的事。这样不仅每个孩子都能感受到被倾听，还可以让他们进行换位思考，产生同理心，最终帮助他们共同找到一个解决方案。

对于年纪比较小的孩子，我们也要做好"翻译官"，帮孩子说出他想说的话。你可以对大孩子说："你把妹妹抱起来时她会大声哭叫，你听到了吗？听起来她好像希望你把她放下。"

我们的工作是在孩子之间搭建一条沟通的桥梁，帮助每个孩子表达自己的需求或感受。一旦我们帮他们搭建了这样的桥梁之后，他们就会共同努力解决掉那些不可避免的问题。

当然，还有几个需要注意的地方。

第一，一定要避免偏袒其中任何一方，哪怕明显是其中一方正确。我们只需要帮他们梳理这个冲突的过程就可以了，千万不要选边站。

第二，如果一个孩子攻击了对方，可以请他表达自己的感受，而不是发表对其他孩子的看法。你可以说："你这么去欺负别人，你怎么了？你有什么感觉？"而不是让他去评价和指责对方。

第三，要让双方都认同并且执行最终的解决方案，一旦其中一方出现不遵守的情况，就需要帮助他重新建立对这件事情的认知。

父母的惩罚和纵容会引起更多的纷争

你可能会发现，上面的讲述在告诉我们怎么说、怎么做的同时，还在告诉我们不要怎么说，不要怎么做。

为什么呢？

因为孩子之间的关系就是你和孩子之间的关系的复制。我们用惩罚和纵容去处理孩子之间的关系或冲突，会成为孩子之后处理人际关系的模板或者榜样。比如惩罚，当你惩罚孩子的时候，孩子从中学会的是以下几点。

第一，用暴力解决分歧和处理情绪。

第二，不再用同理心去包容别人。因为所有人都不喜欢被惩罚，孩子在面对惩罚的时候，更关心的是如何逃避，而不是如何改变或者关心他人。而这样的行为认知也会复制到他和兄弟姐妹的争执当中，他没办法理解兄弟姐妹的感受，因此会倾向于用暴力的方式解决问题。

在解决孩子之间的问题时，有四点需要尽量规避。

第一，选择支持一个，反对另一个。比如对孩子说："你别惹妹妹，不然就让你去罚站。"

第二，比较孩子。比如对孩子说："你能不能别问那么多问题？能不能像你哥哥那样专心一点儿？"

第三，给孩子贴标签。比如对孩子说："他是一个聪明宝宝，而你是个调皮鬼。"

第四，允许其中一个孩子和自己关系恶化。父母不能看着关系恶化下去，而要积极地想办法解决。

所以，父母的行为才是养育孩子最关键的因素，也是调和孩子之间矛盾的关键因素。

我们到底该做怎样的父母

从每一个育儿公众号、每一本育儿书上，我们都能够得到很多的育儿智慧，《平和式教养法（多子女篇）》也告诉了我们很多方法，比如前面提到的移情、建立同理心等。这些方法我们可以借鉴，但不要盲从。即使尝试过之后失败了，自家孩子完全不买账，也不要推翻某个教育理念，或者对自己、对孩子失去信心。

每个家庭都有自己的养育风格、养育方式，也有属于这个家庭的育儿智慧，这份智慧专家给不了你，它藏在你作为父母的本能当中。有时候你会发现，身边某个妈妈没有看过任何育儿书，但她不焦虑、不暴躁，也可以很好地处理与孩子的关系，孩子也长成了"别人家的孩子"。这很可能是因为，这位妈妈听从了自己的本能，平和地、充满善意地去解决孩子的问题，一次次地理解孩子的无理取闹。

当我们用这样的方式持之以恒地解决冲突，我们的孩子自然就会慢慢地学会表达自己的感情，学习我们的沟通方式。他会意识到，每段关系当中都可能会出现分歧，但只要学会用尊重的方式来解决问题，就更容易被他人理解和认同。

孩子总是从我们对待他的方式中获得力量的。父母暴躁的家庭，往往会养育出暴躁的孩子，平和的父母也更容易养育出平和的孩子。

首先，在一次次处理问题的过程当中，父母要教会孩子如何控制自己的情绪，以及用什么样的情绪去面对问题，这才是最正确也最关键的；其次，要有包容心、善良和耐心。你对待孩子的方式，就是孩子处理类似问题的模板。当你平和地面对他，积极地沟通、解决问题的时候，你的包容、善良、耐心就会刻在孩子的心里。如果你和孩子的深刻连接能给孩子力量，他就会活出自己的人生。

对孩子来说，父母就像是人生之路上的安全岛。安全岛本身是一个交通用语，是指马路中间的一个区域，你只要进到这个区域，过往的车辆就撞不到你了。而对于孩子来讲，这个安全岛的意思其实是说，孩子知道，他不管是往前走五步、十步、一百步，只要自己回头，安全岛就在那儿，父母就在那儿，自己就可以被保护、被接纳；不管自己是什么样子的，好的、坏的、丑的、美的，是顺应安全岛的还是逆反安全岛的，安全岛都会把自己抱在怀里，给自己温暖安全的支持。

　　只有当孩子明确认识到自己有安全岛的时候，他才能够更加勇敢地、笃定地往前走，没有后顾之忧地向外发展自己。而这种安全感和我们每一次平和地、充满善意地对待孩子是息息相关的。

　　请记住，孩子之间的关系，是你和孩子之间的关系的复制。坚持平和、善意地对待孩子，孩子也会平和、善意地对待你，对待兄弟姐妹，对待社会上所有跟他相关的人。

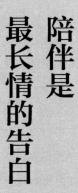

第三章

陪伴是
最长情的告白

孩子其实比我们想象的更爱父母，也比我们想象的更需要来自父母的爱。很多人很会"管"孩子，却不懂得或没有时间"陪"孩子，这不得不说是一种本末倒置。

　　孩子可以在和父母相处的过程中获得心灵的滋养并形成正确的认知。这一章将为大家介绍如何更好地陪伴孩子成长，并重点说明如何巧用游戏力，如何陪伴青春期的孩子成长，以及为何说最好的家教是父母联盟。

第 1 节　与孩子创造心与心的联结

田宏杰解读《由内而外的教养》

与孩子相处的时候，我们经常会遇到以下两个问题。

一是在与别人相处的时候，我们可以非常平和、理性、优雅；但当我们跟自己的孩子相处的时候，却更容易激起负面情绪，更容易烦躁甚至暴怒。

二是我们小时候痛恨的那些父母的教养方式会重现在自己的孩子身上，比如太多的唠叨、指责、批评，甚至打、骂、吼。父母总是忽视我们内在的感受，只是喋喋不休地讲他们自己的道理。我们从小讨厌这些行为，也下定决心不会用这样的方式对待自己的孩子，但是一旦我们处于相似的矛盾冲突情境中，却不由自主地说了跟父母同样的话、做了同样的事。

人际神经生物学研究发现，人际关系会直接影响大脑的发展。我们的经历，尤其是童年的经历会塑造我们的大脑。因此，我们只有深入理解自己的经历，理解自己整个童年当中那些没有经过妥善处理的精神创伤，才能够以一种健康的心理去创造健康、和谐的亲子关系。

反过来，如果我们缺少这样的反思，那些过去悬而未决的旧伤，那些没有经过妥善处理的精神伤害，就会在我们跟孩子发生矛盾的过程中自动发挥作用，比如我们可能会忍不住对孩子做出发火、唠叨、打、骂、吼等各种各样不恰当的教养行为，而这些行为则会影响到孩子的成长。

美国著名心理学家丹尼尔·西格尔和儿童发展专家玛丽·哈策尔结合人际神经生物学的研究，提出了由内而外的教养理念，这也是《由内而外的教养》这本书的主要内容。作者认为，我们不但要关注在外部对孩子做出什么样的教养行为，更重要的是从内在怎么去感受我们的情感，回应孩子的情感反应。每个人在童年时期都或多或少留下了一些伤痕，我们虽然改变不了童年的经历，却可以改变自己对这些经历的认识，从而避免对孩子产生不利影响，与孩子真正建立良好的联结。

外显记忆与内隐记忆

《由内而外的教养》中有这么一个故事，讲的是一位妈妈陪孩子买鞋时陷入的困境。

　　玛丽特别不愿意看到孩子们把鞋穿坏，因为只要鞋穿坏了，就得去买鞋。每次刚说去买鞋的时候，孩子们都兴高采烈，她也会很高兴地带着孩子们出门，但一旦开始挑选鞋子，就会发生不愉快。为什么呢？因为每次买鞋的时候，玛丽都告诉孩子，你们随便挑，挑自己喜欢的就行。结果孩子挑好后，她都会挑剔孩子们选的鞋不合适，不是鞋的颜色不行，就是价格不合适，又或者尺寸大小不合适。

　　刚开始的时候，孩子们会很兴奋地挑选，后来就疲惫不堪了，索性说"妈妈还是你来挑吧，你说哪个就哪个"。最后，玛丽也会跟孩子一样筋疲力尽，导致每次买鞋都不愉快。

　　因为总是这样，所以玛丽开始反思自己总在买鞋这件事上纠结的原因。她是在一次买鞋之后才开始觉察到这个问题的。那时大家心情都很不好，她六岁的儿子问她："妈妈，你小时候也很讨厌买新鞋吗？"

　　听到这个问题，玛丽突然反应过来："是的，我小时候的买鞋感受也很不好。"她想起自己童年的经历，因为家里的兄弟姐妹八个人，每次都要买八双鞋，所以妈妈总是在促销减价的时候带大家去买鞋。

　　玛丽的脚是大众尺码，挑来挑去，自己喜欢的都不打折，合适的又都被人挑走了。玛丽的姐姐是长脚，容易买到合适的鞋。她姐姐跟妈妈抱怨的时候，妈妈会说"你买到了合适的鞋，应该开心呀"。可是玛丽却买不到合适的鞋，所以她不开心。

给八个孩子买鞋，要每双鞋必须尺码、价格都合适，因此妈妈就会思考很多。玛丽觉得妈妈做决定的时候优柔寡断，花钱的时候不情不愿，而且很快就会变得很疲惫，最后情绪就会变成一座"活火山"。对此玛丽总是担惊受怕，陷入一种负面情绪中出不来，她觉得还是赶紧回去吧，再也不想买鞋了。

这件事过去了很多年，但每次进入同样的情境时，玛丽小时候对于买鞋疲惫、烦躁、无助的情绪就会再次冒出来。她说："当年妈妈忙着催促孩子们上车，忙着把满满当当的大包小包往车里塞的时候，根本没有注意到我从鞋店出来以后低落的心情。"

有了这样的经历，玛丽长大以后，即使忘了曾经买鞋的艰辛，但当她再次处于这种情境时，那些情绪就会被无意识地激发出来发挥作用——她会本能地挑剔孩子们选的鞋子，和她妈妈一样，对买鞋产生负面、沮丧、无力的情绪。

这些存在于孩子身上的早期的负面情绪，如果没有被父母看到，没有被处理，那么孩子长大以后碰到相似的情境，就会被激活。玛丽陪孩子买鞋时产生的负面情绪，不是因为孩子惹她烦恼，或者买鞋让她烦恼，而是因为这个情境折射了她童年的经历。

人的记忆分为两种：一种是外显记忆，就是我们记住了，也知道自己记住了，这种记忆容易提取出来，也容易进行加工；另一种是内隐记忆，就是我们记住了，但不知道自己记住了，它储存在意识层面之下。情绪常常以内隐的形式被存储，如果我们意识不到它的存在，就没办法把它提取出来，也就很难加工它。内隐记忆产生的情绪会在类似的情境中被激活，我们一旦进入这种情绪状态，就会以本能的情绪反应模式行事。

原生家庭的某些固有的、不恰当的互动模式，会通过内隐记忆存留下来，在类似的情境中，会自动发挥作用。所以我们要做的，就是觉察到这些情绪，然后把它从内隐记忆拉到外显记忆中，这样才有改变的可能。

基于这些，下面分享四个能够帮助我们教好孩子的便于实践的方法。

教好孩子的四个方法

通过讲故事帮助孩子感知事实

讲故事是孩子理解世界的重要方法，讲故事永远比说道理好。很多父母擅长说道理，能把道理说得很清楚明白，孩子也能听懂，但却不一定能做到。

父母经常会觉得，我们这么做都是为了孩子好，可是孩子却觉得委屈。为什么我们做了对的事，孩子却不觉得我们对呢？这其实与我们的大脑有关。

孩子用大脑加工道理和故事，使用的是大脑的不同区域。加工道理调用的是理智脑，孩子通过语言去行事；加工故事调动的是情绪脑，孩子会基于情绪行事。如果我们总是给孩子讲道理，孩子就会与情绪断开联结，就不会对这个道理心动，结果就是我们说再多的道理孩子也做不到。

有时候孩子看起来好像懂了道理，也能讲出道理，看起来也都是按道理在行事，但却会产生一种情况，就是孩子没办法停下来了解自己的心理活动。所以如果父母总是给孩子讲道理，道理反而会缺失；而如果我们用讲故事的方式，反而更容易与孩子建立情感的联结。

有一天，一个三岁的孩子安妮卡在幼儿园摔倒了。因为安妮卡一家是从芬兰移居到美国，所以她只会讲芬兰语，不太熟悉英语，这导致老师和她有语言障碍。但安妮卡很活泼，在幼儿园和大家相处得很好。

可是有一天发生了意外。安妮卡早上玩得特别高兴，结果不小心摔了一跤，把膝盖摔破了，哭喊着"妈妈，妈妈"。老师赶紧过来安慰她，但因为语言不通，老师的安慰不起作用，孩子的情绪一直平复不下来。老师一方面赶紧联系她妈妈，另一方面也试图安慰她。

当语言没办法安慰她的时候，该怎么做才能起作用呢？

老师找了几个洋娃娃和一个玩具电话，通过讲故事把这件事给安妮卡演示了一遍。老师用一个洋娃娃代表安妮卡，另一个代表妈妈，还有一个代表老师。先是代表安妮卡的洋娃娃摔倒了，她开始哇哇地哭。老师假装代表安妮卡的洋娃娃哇哇哭的时候，安妮卡就停下来不哭了，看着老师。这时候代表老师的娃娃就过来，用很温柔的话安慰安妮卡。安妮卡一听，又哭了起来。过了一会儿，"老师"娃娃打电话，"妈妈"娃娃就接电话。"老师"娃娃用很着急的语气说："安妮卡受伤了，你能来吗？""妈妈"娃娃说："好好好，我马上来。"然后"老师"娃娃再过来看"安妮卡"娃娃。

老师把这个故事演示了好几遍，安妮卡的妈妈终于赶到了。有趣的是，安妮卡的妈妈到来之前，安妮卡的情绪已经平复下来了。孩子很有意思，只要他的情绪能被看到，他就会平复下来。

妈妈来了之后，安妮卡做了一件很有趣的事，她主动把这几个洋娃娃和玩具电话推到老师手里，请老师再给妈妈讲一遍刚才的故事，她想让妈妈明白刚才到底发生了什么事。

一个与老师语言不通的孩子，在幼儿园发生了这样一件事，老师用几个洋娃娃和一个玩具电话就把这个情节演出来了。她看到腿受伤之后的自己在哭，看到老师安慰自己之后，她又哭了。她看到老师给妈妈打电话，感受到老师焦急的情绪、妈妈关切的情绪之后，内心反倒生出了力量。

在这个过程中，孩子眼里既看到了自己受伤后的痛苦，又看到了自己情绪缓解的过程，所以你会发现，讲这么一个故事，比老师讲一大堆道理，对孩子说"我们要勇敢，我们要坚强，我们是个勇敢的女孩子"，要好用得多。我们可以通过讲故事帮助孩子感知更多、更丰富的真实和现实。通过讲故事这件事，我们既可以用语言安慰孩子，又可以用这种对情感的关怀，让孩子看到整个过程中全面、真实的信息，然后在这样的情境中学会如何认识当前的情况，学会如何认识自己的情绪，学会怎么向他人表达。

通过讲故事帮助孩子感知事实的时候，父母要注意的是，我们要讲一个全面的故事，而不是只讲故事中积极的一面，因为如果只有积极的一面，故事就会片面。比如在这个故事中，孩子摔疼了腿，老师讲故事讲到妈妈来的时候，如果老师讲的是孩子虽然摔了腿但还是很开心、很淡然、很积极，孩子就会产生一种信念，那就是如果摔倒了，哭是不好的，有消极的情绪是不好的，这样一来，孩子就会跟另一半的自己失去联系。

所以，讲故事的过程中，既要展现积极情绪，也要展现消极情绪，还要展现由消极情绪向积极情绪转换的过程。这样才能把故事讲得全面。

帮助孩子体会情绪后的需求，给出全面一致的反应

当孩子有情绪的时候，我们不要做没有觉察的父母，不要以无

意识、自动化的方式应对孩子的情绪反应。当孩子有情绪的时候，我们的内心也会激起一些情绪，这时候我们要慢下来，观察孩子的内心发生了什么，我们的内心在发生什么，思考怎么对孩子做出连贯的回应。

有一个小女孩叫萨拉，是个四岁半的孩子。萨拉平常参加集体活动和社交时，会有些退缩和谨慎；面对新事物，她也没有太大的胆量去尝试。老师曾多次帮助她，但效果并不好。

等到了春季开学时，萨拉开始挑战自己。他们幼儿园的操场上有一棵美国梧桐树，倒下来形成了一道三米多长的"桥"，幼儿园的孩子特别喜欢从"桥"的一侧走到另一侧，摇摇晃晃，走完后觉得特别有成就感，可是萨拉以前却从来不敢尝试。直到五月中旬的一天，萨拉的自信突然间冒了出来，就像"丁香花长出了花蕾一样"。

萨拉跳上树干，从这一头走到那一头。在这个过程中，一位实习老师一直看着她，等萨拉从树的这一头走到那一头时就大声喝彩："哇，萨拉你做得太好了！非常好！你做得好极了，你是最棒的！"

老师激动地鼓励萨拉，结果萨拉却害羞地看着老师，很木讷地站着，脸上露出淡淡的笑容。接下来几周，萨拉再也没有去碰树干，她回避树干，好像从没在上面走过。

为什么呢？因为老师没有体会到萨拉走过那棵树组成的"桥"

时，她真实的情绪反应是什么。难道只有完成难事时的喜悦那么简单吗？

这个时候，孩子情绪中那种真实、矛盾的信息到底是什么呢？萨拉在走过"桥"之前，内心可能是：我好想去挑战，但我有点儿退缩，但我还是想去挑战。她走到"桥"上，内心可能会想：我好紧张，但我会坚持。最后她终于走过去了。

在这个过程中，孩子的内在是有矛盾信息的，又紧张又想挑战。孩子在紧张的情况下完成了挑战，但如果老师只是简单地给出了她想给的反应，只是看到了她想看到的萨拉的勇敢，问题是什么？萨拉心里会受打击，她会认为："老师以为我是勇敢地走过去的，但其实不是，我刚才吓坏了，我的腿都在抖，我觉得我其实不勇敢，我很恐惧。"那萨拉下次还敢挑战吗？当然不敢。

那我们怎么做才是正确的呢？

我们不能无意识地、自动化地把我们想给的鼓励、想给的信息给孩子。我们看着萨拉走过去的时候，首先要能够真正地看到孩子真实的、矛盾的、想走又不敢走的矛盾心理，然后跟孩子同频讲话。心理学里有个词叫作"同频共振"。只有同频了，对方才听得到。

所以其实我们可以这样讲："哇！萨拉，老师看到你之前一直都不敢挑战这座'桥'，但你今天却走过去了。刚才你走在上面紧张吗？"

萨拉就会说："嗯，紧张。"

老师说："哇！你虽然紧张，但还是坚持走过去，而且你成功了！"

萨拉说："对。"

你会发现这样才真实。"我紧张，我心怦怦跳，但我真的成功了"。下次萨拉站在"桥"头，她仍然会带着紧张、害怕和忐忑，但她会慢慢走过去。这样她就会越来越多地看到自己勇敢的力量，想要挑战的力量，哪怕害怕她也想去尝试。

所以，我们要去体会孩子的情绪需求，给出孩子全面连贯的回应。有时候我们不能太强调积极的一面，孩子明明害怕，我们偏偏不说，这时候就会很麻烦。

有一次我去一场演讲比赛做临场指导，也经历了一件类似的事。一个看起来很内向的孩子上台演讲，他演讲的时候特别紧张，额头上满是汗，拿着眼镜，手一直抖，但他还是坚持讲完了。等他下去的时候，我看到他垂着头往下走，就感受到他可能觉得自己刚才不够勇敢，有点儿丢脸。

当时他妈妈先过来跟他说："儿子，你挺棒的！不错，你挺厉害的！"他妈妈说话的时候，虽然语言信息是在表达孩子挺棒，但非语言信息其实是在表达："哎呀，你刚才不勇敢，手在发抖，很紧张。"果然，他妈妈说完那句话之后又加了一句："嗯，下次咱们再放松点儿就好了。"

如果放松是想做就能做得到的，那就没有人会紧张了，所以面对孩子的紧张，我们说"你挺棒的，下次放松点儿就好"，其实孩子听不懂。孩子在演讲的过程中，他是紧张、害怕的，但他努力让自己镇定地完成了演讲，这才是更加值得关注的事情。

所以这个时候，我就过去跟孩子讲："刚才我看到你演讲的时候有一点儿紧张哦？"

孩子说："对。"这样他的情绪就被看到了。

我说："可是老师特别欣赏你，虽然你演讲的时候紧张到发抖，会出汗，会脸红，但却特别镇定地把你的观点清晰地表达出来了。你讲得很清楚，老师全都听懂了。"

当我说完这句话，孩子的状态马上就不一样了，刚才是垂着头，现在他的胸脯都挺起来了。因为他的内心觉得自信了，他明白自己虽然紧张，但还是把观点讲清楚了。这样孩子就能同时看到两种力量紧张的状态和镇定完成的状态。

我说："好啊，那你今天回去再接着练习，想想如果下次再有演讲，你要怎么准备才能表达得更清楚、更明白。"

这孩子就特别开心地回去了。回去以后，他会琢磨自己下次要怎么讲，怎么开头，开头怎么跟大家呼应，讲一个什么样的故事，怎么引起大家的共鸣……等孩子下次再演讲的时候，可能还会脸红、出汗、手发抖，但因为他对内容做了特别好的整理，所以他下次讲的时候就能讲得更加清楚，逻辑也更加清晰，就会越讲越好。

在这种既有紧张又有镇定的过程中，孩子在演讲时镇定的力量就会越来越被看到，越来越被强化，他到讲台上就会慢慢呈现出放松、自然的状态。

父母在跟孩子交流的过程中，要体会其情绪背后的需求，要去看到这种矛盾的、真实的信息。所以，父母不能自动化地、无意识地对孩子的情绪做出纯粹的鼓励或安慰，或者做出一有情绪就恨不得直接骂他之类的直接反应。父母要停下来，在孩子有情绪时，感受自己内在的感受，要先跟孩子真实、全面的矛盾情绪共频，然后才能够引起孩子情感上的共鸣。

通过适时沟通建立联结

父母在与孩子交流的过程中，最怕的就是自己其实不太明白孩子到底在想什么，也不理解孩子发出了什么信号，上来就直接讲道理。

跟孩子沟通交流包括三个步骤：首先我们要接收孩子的信息，其次我们要内在处理这些信息，最后再给孩子回应。

那什么叫"适时沟通"呢？适时沟通就是跟当前情境匹配的沟通。在交流的每个瞬间，父母只有了解在当前的时刻和情境下，孩子发出了什么样的信号，孩子的情感需求是什么，才能够真正地"看"到孩子，"听"到孩子，而不是只关注自己想看到的事、只根据自己的观点和想法说自己想说的话。

一个孩子在商店里跟妈妈说："妈妈，我想要这个玩具。"

妈妈一看就说："不会吧？你不会想要这个吧？这个玩具没用！"

你有没有遇见过类似的情况？孩子想要某个玩具，我们说这个玩具没用，或者这个玩具家里已经有了，又或者这个玩具不值这个价钱……你会发现这个过程中缺少了些什么，其实缺少的就是孩子想要玩具和我们给出建议之间关注情绪的部分。

其实哪怕我们不能给孩子买这个玩具，也要先去问孩子的感受，感受孩子的情绪。如果缺了关注情绪的部分，孩子就会觉得，我不被妈妈信任，不为妈妈理解，妈妈会觉得我的需求都不重要。

前来咨询的很多人有这样的情况：都记得小时候自己特别渴望买个东西，可是妈妈就是不肯给买，怎么哭也没有用。父母会花几千块钱带他去旅行，可是他想花二十块钱买的玩具，父母却觉得是垃圾，但他内心真的很渴望得到这个玩具，因为他的小伙伴都有，只有他没有，他特别想要那个玩具，好去跟小伙伴一块儿玩。

经常有三四十岁的人来咨询，说还记得小时候自己那种求之不得的苦。求之不得本身就苦，但这里面还加了另一种苦，就是父母看不到我的苦、父母不理解我的苦。

那这时候怎么办呢？

比如孩子要买一个玩具，这个玩具跟家里已经有的玩具很相似。这时父母该怎么办？在给出建议之前，先去关注孩子的想法，先去问孩子的感受。

比如孩子说："妈妈，我就要这个变形金刚！"

这时我们可能会本能地说："家里已经有十个了，怎么还买呢？"

但我们不能这样说，我们可以说："这个变形金刚，跟家里的有点儿像。在你的眼里，你觉得这个变形金刚有什么不一样吗？"

孩子可能会跟你讲，它有这样或那样的特点。

你说："哦，你要是不给妈妈讲，妈妈还真的没有看出变形金刚之间会有这样的不同。"

也许孩子跟你讲的是"虽然家里有十个了，但我想要这第十一个，然后我就可以将他们组成一个足球队，就可以让他们练战术……"

你说："哦，原来在看踢球的过程中，战术你也看到了，你还想组建一个变形金刚足球队。"

孩子说："对。"

所以我们应该先了解孩子到底为什么要买，而最终买还是不买取决于每个家庭买玩具的规则。比如你们家定的是一个月买一个玩具，这个月的玩具已经买了，那现在就不能买了。

我们应先听孩子的需求，孩子讲完了以后，我们可以说："嗯嗯，妈妈刚才不理解你为什么要买这个玩具。你这么讲之后，妈妈确实理解了。但这个月咱们的玩具已经买了，这个月是买不到了。

你如果想买的话，今天妈妈可以陪着你多看一会儿，再观察观察，等到下个月能买玩具的时候，我们第一时间来买它。"

孩子的观点被看到了，所以这会儿孩子会认真地去琢磨这个玩具，琢磨完之后就会心满意足地跟着你回家了。也许他跟你回家之后一看，说："哎呀，其实我已经有十个了，也不差那一个。其实我下个月换一种玩具会更好。"等到下个月也许孩子就会做出理智的选择。

当然，有些孩子把想买的理由说完了，但当你说这个月不能再买玩具的时候，他可能会哇哇地哭。他哭的时候我们该怎么办？当孩子在商场里为了一个玩具哭的时候，我们其实要做的是停下来觉察。

当孩子在商场哭，那么多人都看着的时候，我们内心会激起什么样的情绪反应？我们会担心别人的看法吗？我们会担心别人质疑我们的教育方式吗？我们会担心孩子如果在商场这样哭，那么以后可能会变得越来越倔强，要东西的时候就不停地哭吗？我们要看到自己内在的担心、内在的想法，还要理解孩子求之不得的苦。

每个人都可能经历求之不得的苦。身为成年人的你可能不会因为一件玩具而痛苦，但你在工作的过程中，特别想得到一个项目，在得到这个项目之前，你有没有那种"忐忑不安、纠结，希望结果赶快出来"的感受？或者你想得到一个工作机会却得不到，那种痛苦大家应该都有所体会。

对孩子来讲，可能眼前这个得不到的玩具的重要性，跟我们大人的一个项目、一篇论文、一个工作机会的重要性是一样的，所以孩子如果真的是因为得不到才哭，那我们就要理解他的痛苦。把自己内在的情绪处理好之后，我们可以说："妈妈知道你真的想买这个玩具，但我们暂时不能买。妈妈理解你很难过，如果你要哭，那妈妈就陪你一会儿。等你安静下来，你愿意看，可以再看一会儿，然后我们下个月再来买它。"

孩子被我们允许哭时，他的哭就变得很单纯，就只是在释放那些求之不得的痛苦。释放完了，孩子再看看玩具，说："妈妈我饿了，我们去吃点儿东西。"这就像孩子因摔倒了哭是一样的，他哭一会儿之后就哭得不认真、不专注了，开始关注其他的信息了，这时候他"哭"的过程就完成了。

当他的"哭"的过程完成了，开始去做别的事的时候，你会发现孩子下个月选玩具时就会多一丝理性，知道自己每个月只能选一个玩具，一定要选出自己最喜欢的玩具。他会告诉自己：我对玩具有品位，我对玩具有分析，我特别会选玩具，而且我会遵守一个月买一个玩具的规则。

所以，当孩子说自己要买某个东西的时候，父母不要立刻说这个东西不重要。在说结果之前，父母先要去关注孩子的感受，真心地看到他的需求。

在沟通时还有一点很重要，就是要注意我们的言语信息和非言语信息。它们属于一个一致的系统，会共同起作用。有时候父母说："你哭吧，我也理解你。"可是内心却特别焦躁，眼睛不断看向别人，然后对孩子说："你哭好了吗？赶紧走吧！你看别人都在看着你呢！"你会发现，我们内心的焦躁还是会表现出来。

所以父母在思考如何对待孩子之前，要先停一会儿，看一下自己内心的认知和情绪反应，这样在对待孩子的时候就会又多一些觉察。这时候我们通过这种适时的沟通，这种符合情境的沟通，就能看到、听到、感受到孩子，眼里就有了真实的孩子，而不是只抱着自己的观念和要求不放。

建立安全型依恋，让孩子形成有信心的内在工作模式

什么叫依恋呢？依恋就是孩子和主要养育者之间重要、亲密的情感联结，比如孩子和母亲之间的情感联结。依恋会让孩子觉得："当我有需要的时候，妈妈会来满足我，妈妈会对我温柔以待，妈妈会看到我，我的需求都会被看到，都会被满足，我很重要，我很有价值感，我很安全。"

小时候孩子的尿布湿了，妈妈可能就会说："哇，尿布湿了。"然后赶快帮孩子换；孩子觉得渴了、饿了、不舒服了、无聊了，他一哭，妈妈就会立刻跑过来问："怎么了？"

妈妈看到孩子的需求，满足孩子的需求，孩子就会知道自己很重要，自己的需求很重要。如果孩子小时候知道自己一哭妈妈就会

对自己温柔以待，那么这个孩子小时候就会对妈妈有信心，等他长大以后，就会对这个世界有信心。

孩子知道自己的需求很重要，这个世界会对自己温柔以待，自己可以用不同的方式面对这个世界；能够向同学、老师、朋友、领导、同事、爱人表达自己的需求，和他们之间形成良性的互动。所以，我们要帮助孩子建立依恋，帮助孩子形成这种有信心的内在的工作模式。

前面的内容中也提到过，依恋共有四种类型，分别是安全型、回避型、矛盾型和紊乱型。在这四种类型的依恋关系中，父母会如何对待孩子的需求，孩子会有怎样的感受呢？

第一种类型是安全型依恋。

孩子饿了，开始哭，爸爸听到哭声后，放下手里的报纸，走到婴儿床旁边，试图弄明白孩子为什么哭。

他说："怎么啦？想和爸爸玩吗？哦，不是啊，是不是饿了？哦，饿了呀，好啊。"

然后爸爸去厨房拿来奶瓶，一边安慰孩子说马上就好了，一边把奶冲好，给孩子喂奶。孩子看着爸爸的脸，对温热的奶和爸爸温馨的照顾感到十分满意。

安全型依恋的父母会敏感地看到孩子的需求，满足孩子的需求。当父母看到并满足孩子的需求时，孩子就会明白：我很重要，我的需求很重要。爸爸妈妈和这个世界会看到我的需求，并且满足我的需求，他们会对我温柔以待。这个孩子由此形成的信念就是"我有信心"，而这种信念一旦形成，就会变成孩子内在的工作模式，孩子未来也会对这个社会有信心。

第二种类型是回避型依恋。

孩子饿了，躺在护栏里哭。开始的时候，爸爸并没有注意到，当他哭得越来越厉害，爸爸抬头看着他，可是爸爸因为手里的报纸还没看完，所以就接着看报纸。爸爸可能觉得有点儿恼火：为什么孩子总是哭？

这时，爸爸以为孩子需要换尿布，就过去帮孩子换了尿布，可是孩子还是哭，但爸爸却继续看报纸去了。爸爸后来想了一下，孩子是不是要午睡了？又把孩子放到了婴儿床上，但孩子还是哭。过了很久，爸爸突然明白了：他是不是饿了呀？然后开始给孩子喂奶。

从孩子最开始哭到喝上奶，已经过去了四十五分钟。孩子终于喝上了奶，安静了下来。这个过程中，孩子通过哭来表达自己的需求，希望自己的需求被看到，可是他哭了四十五分钟，爸爸才明白他的需求。

这时候孩子就会形成一种信念：我不重要，我没办法也没有能力让爸爸满足我的需求。如果这种交流模式经常出现，他可能就会认为：爸爸不会满足我，妈妈不会满足我，这个社会不会满足我。因此他就很难跟人建立联结。

第三种类型是矛盾型依恋。

孩子哭了，爸爸听到孩子的哭声，觉得自己应该做点什么，但又很犹豫，他对自己能不能抚慰到孩子没有信心，所以当他走过去抱起孩子的时候，表情很凝重、很担忧。

这种担忧情绪激发了爸爸回忆起上周的一些事。他想起上周老板对他有些不认可，又想起小时候，父亲也总是对他不认可，父亲当着妈妈和两个哥哥的面批评他，妈妈也不出言相劝。这种担忧感、紧张感和心烦意乱的感觉同时涌上心头，爸爸觉得自己好像更加没有信心了。这时候爸爸也许心里想的是"我以后可不能那样对我的孩子"，但他显然走神了。

这时候爸爸听到孩子在哭，重新回过神来，觉得孩子现在可能很伤心，他理解孩子的痛苦，但好像不知道该怎么给孩子安慰，他想孩子是不是饿了，于是给孩子准备了奶，孩子吃上了奶不哭了，他觉得很欣慰，但他还是担心下一次孩子又哭的话，自己能不能给孩子抚慰。

这个爸爸的整个感受就是：我有些担忧，有些不确定自己行还是不行。如果把这种信息传递给孩子，孩子形成的信念就是：我不确定——这次我通过"哭"把爸爸叫过来了，但我不确定下一次能不能及时叫来爸爸，让他来满足我的要求。这种类型的孩子不确定这个社会会不会满足自己的需求，不确定自己跟他人的联结可不可靠，不确定社会会不会对自己温柔。

第四种类型是紊乱型依恋。

紊乱型依恋常常是父母本身情绪不稳定给孩子带来的恐怖感觉。

孩子哭了，爸爸发现孩子哭，觉得很烦躁、很愤怒——为什么孩子会这样？爸爸愤怒、不高兴的情绪一股脑儿全来了。

爸爸可能慢慢意识到，孩子饿了，可能需要奶，但爸爸因为在冲奶的过程中不小心把奶瓶打碎了，所以产生了慌手慌脚、自己没能力的感觉，加上他之前本来就有的愤怒，他被激怒了。这个时候他觉得很挫败，他觉得自己没有办法安抚孩子，没有办法干好这些事。

爸爸的思绪飘到了从前，他的父母怎么对他不好，他的父母怎么让他受伤害，所以他慢慢有了被伤害的痛苦感受。他已经忘了怀里的孩子，等他回过头来再看孩子的时候，发现孩子已经不哭了，而在抽噎，这让他重新意识到孩子饿了，于是开始重新帮孩子冲奶。

但孩子哪怕喝着奶，好像也被爸爸传染了一种先愤怒后无助的开始跟外界断开联系的感受。这个时候即便他再去安慰孩子，孩子的目光也会躲闪，不愿再看他。

这个孩子获得的信念是"我害怕"，他担心自己的需求会激怒爸爸，担心自己的需求会给自己带来更大的无助感。未来他不仅会对社会没信心，而且会对自己提出需求这件事也觉得恐惧。

孩子的四种依恋类型决定着孩子的内在工作模式，也影响着他们未来对世界的态度和信心。那父母应该怎么做呢？其实要做的就是关注孩子的需求，温柔地满足孩子的需求，去理解自己、理解孩子，让自己的身心对孩子敞开，去接纳孩子的言语信息和非言语信息，根据当前的情境看到和满足孩子的需求，这样孩子就会有安全感，就会有稳定的自我价值感。

以上内容就是关于如何教好孩子，包括怎么通过故事帮助孩子感知全面的事实，帮助孩子体会情绪后的需求，通过适时沟通与孩子建立联结，以及如何温柔地对待孩子，帮助孩子建立安全型依恋。

父母如何做好自己

多一份觉察

父母要扮演好自己的角色，首先需要关注的是自己的依恋类型是什么。在我们成长的过程中，父母对待我们的方式会决定我们长大以后如何对待自己的孩子。如果我们小时候是安全型依恋的孩子，需求总会被父母看到，那么我们长大以后，就能看到自己的需求，了解自己的情绪，在面对孩子的时候，也更倾向于了解孩子的需求和处境，然后去满足孩子。

安全型依恋的父母会培养出安全型依恋的孩子，同样地，回避型依恋的父母大概率也会培养出回避型依恋的孩子。

有一位四十岁的父亲，他缺乏情绪处理的能力，面对女儿时觉得很无助。这位父亲一直被一个问题困扰，就是他觉得任何事都没有意义，比如他母亲生病了，危在旦夕，他同事被诊断出患了重病，但他好像都没有感觉。他觉得工作很忙，他有各种事情和责任，但也不觉得这样的生活有什么意义。他对别人的感受不关心，对做事也没感觉，也体会不到工作的意义。他觉得自己应该改变，于是就去咨询心理医生。

咨询的过程中，心理医生首先了解他过往的经历，比如他小时候跟父母的关系。结果发现他很难回忆起来自己小时候和父母之间发生了什么事情，能想起来的只是他的父母非常有知识，但从来不关注他的想法和感受，只关注工作上的成就和形式上的对与错。也就是说，他的父母对他的情绪是没有感觉的。甚至在他十几岁父亲去世的时候，他的母亲也没有跟他谈过父亲去世的事。

所以他好像只有理智，没有情绪；只会用是非判断对错，却没有对情绪的敏感，因此也就失去了对生命意义的感受。

那心理医生对此该怎么办呢？

心理医生就要帮助他找回情绪、找回感觉。心理医生让他谈谈自己对三个孩子的感受。他说起自己的第一个孩子出生时，眼眶一下就湿润了，他从来没有体会过这么强烈的感觉，他是如此深爱他的女儿，但也非常担心自己不能给女儿带来幸福。当回到那一刻时，他跟她的情感之间建立了联结。后来经过几个月的治疗，他和女儿之间的关系慢慢有了变化。

一个特别典型的变化就是，当他们在夏威夷游泳时，大家戴着氧气罩下水去珊瑚群里找鱼，他和女儿靠得很近，两人仅靠手势和身体语言沟通。那一次，他感受到了和女儿的亲近。

为什么那次他会觉得和女儿之间尤其亲近，联结尤其紧密呢？因为在水下，语言发挥不了作用，他只能全身心地去观察女儿的动作，通过观察女儿的动作感受女儿想要表达的意思。把语言能力去掉之后，他反而对非言语信息或情绪变得更加敏感。

他说平时可能总是语言占上风，总是想着怎么用语言给孩子反馈，怎么用语言指导孩子，这样反倒看不到孩子真实的情绪，看不到真实的孩子，所以平时跟孩子的联结会比较少，但当没办法用语言联结的时候，他的情绪打开了，反倒产生了更多的联结。

我们看到，这位爸爸从小在跟他父母相处的过程中偏向于回避型依恋，但在这次治疗中他看到了这一点，于是加强了对情绪和情感敏感性的捕捉，慢慢地就把这点补了起来。日后他与女儿的关系，以及他与自己的关系，可能都会得到改善。

所以，想要做好父母，我们首先得多一分觉察，能够停下来观察自己内心的情感。

控制好自己的情绪

当然，还有很重要的一点就是，当那些烦躁的、愤怒的、想要指责的行为反应冒出来的时候，我们该怎么办？也就是说，我们该怎么控制自己的情绪呢？

首先我们要了解两个词，一个叫作"高模式进程"，另一个叫作"低模式进程"。

高模式进程，就是以理智为主导的模式。高模式进程依赖于我们大脑的前额叶皮层，就是我们额头包裹的这部分大脑皮层，它的位置比较高，以理智为特征，所以又称为"高通道模式"。"低模式进程"也叫"低通道模式"，它依赖以杏仁核和丘脑为代表的情绪脑系统，因为位置比较低，所以叫"低模式进程"。

高模式进程常常是可控的模式，而以情绪为主导的低模式进程常常是自动化的、不受我们控制的模式。在跟孩子相处的过程中，当我们和孩子发生某种冲突，当我们体会到焦虑、紧张、愤怒等各种各样的情绪的时候，只要情绪被激活，我们就常常进入低模式进程，利用情绪脑系统去行动，这时我们更多的是用本能产生行为。

这时我们该怎么做呢？我们需要暂时停下来，先不做事，做一做深呼吸。在深呼吸的过程中，我们要关注自己，看到自己的想法，体会自己的情绪，然后在自己的内心深处把情绪安抚下来。这样我们的情绪就能慢慢稳定下来，我们就能重新回到高模式进程，回到理智脑的部分，看到在当前的情境下到底发生了什么；对孩子而言，我们才能看到当前事情的意义是什么，他的情绪是什么，他的需求是什么。这时候我们才能更多地看到自己，看到孩子，才能找到更合适的解决方式。

修复破裂的关系

生活中，我们总是希望亲子关系能够和谐美好，但我们也知道，冲突一定会有，矛盾一定会发生，关系的破裂常常会出现。这个时候，进行关系的建设性修复就变得特别重要。

这里介绍三种常见的关系破裂以及相应的修复方法。

第一种叫良性破裂。

良性破裂是指在照顾孩子的过程中，我们有自己的需求，因此暂时没办法满足孩子的需求。比如我们想自己待一会儿，可孩子偏偏黏着我们，这时候我们该怎么办？这时候我们选择忽略他，他来找我们时我们对他爱理不理，或者我们看似理他，其实心不在焉又或者我们选择责怪他，对他说"哎呀，你能不能别黏我了，妈妈都累死了，能不能让妈妈歇一会儿啊""哎呀，妈妈觉得浑身都疼，很难受，一点儿自己的时间都没有"。

其实不管是选择忽略还是责怪孩子都是不行的，因为这两种方式都会让孩子觉得不安、觉得被否定。孩子觉得不安和被否定的时候，可能会想紧紧地靠着我们，从我们这儿得到安慰，得到关怀，从而让自己感觉好起来。所以我们越忽略他，越对他发火，孩子就越会黏着我们。

这时候该怎么办？

特别简单的一个方法是，告诉孩子，这不是他的问题，而是爸爸（妈妈）有自己的需求。我们应该说：爸爸（妈妈）需要一些时间，想单独待一会儿，你现在可以去做点儿自己的事，玩积木、玩厨房玩具、玩拼图或者看绘本都可以。要让孩子明白，爸爸（妈妈）也需要被照顾。等他做完自己的事后发现，爸爸（妈妈）又想和他在一起了，他会觉得自己能照顾到爸爸（妈妈）的需求，就会感到自己有力量。

如果有时候孩子不愿意照办，怎么办呢？那我们就要问自己，你内心是不是真的觉得自己有资格安静地待一会儿，有资格照顾自己，且需要照顾自己？如果你觉得自己有这样的资格，那么当孩子在黏你的时候，你就可以坚定地、温柔地对他讲："宝贝，爸爸（妈妈）确实需要自己待一会儿，暂时没办法陪你，但过一会儿爸爸（妈妈）可以陪你。"

我们的态度不急不躁，也不觉得对孩子愧疚，在这种温柔的坚持里，孩子会体会到一种既被信任又很清晰的力量。孩子感到自己很好地照顾到了爸爸（妈妈）的需求，就会有力量感，与爸爸（妈妈）之间的联结也会变得更深。

第二种叫设限性破裂。

孩子有需求，但我们有要求，孩子说他想要，我们偏偏对他说不行，这就是设限性破裂。比如，孩子说"妈妈，我想再看一会儿电视""妈妈，我想吃冰激凌""妈妈，我想买那个玩具"，我们对他说"不行"。这时候你就会发现，孩子的痛苦感来了，他气急败坏地说："我就要，我就要，我就要。"这个时候怎么办？

针对这种情况，《由内而外的教养》的作者西格尔说："你并不需要满足孩子的所有需求，当然你也不要试图让他一直沉溺在这种难过的感觉中，让孩子拥有自己的情绪，并且让他知道你理解他得不到他想要的东西有多难过，这才是你能够为孩子做的最温柔最有意义的事。"

我们要去理解孩子求之不得的苦，孩子想要再看会儿电视，想要吃冰激凌，想要买玩具，这种渴望的强度，跟我们大人特别想得到一个项目、一个职位、一段关系是一样的。

那么，我们该怎么办呢？

第一步，我们要先接纳孩子的情绪，告诉孩子："妈妈知道你现在很想吃冰激凌，你的需求很重要。"

第二步，说出我们的限制。比如，我们可以对孩子说"马上要吃饭了，咱们说过吃饭前不能吃冰激凌，因为要给肚子留出更多的空间"，或者"你一会儿要好好吃饭，得到应有的营养，这样就可以长得更壮"。这就是我们给孩子设定的限制：吃饭前不可以吃冰激凌。但这个限制要提前设置，限制里要传达一些信息：不是妈妈不让你吃，而是吃饭前不可以吃，目的是把饭吃得更好，身体能够长得更好。这样孩子就会明白，吃饭重要，身体长得好也很重要。

第三步，重新回到他的需求上，因为他的需求也很重要。我们应该说："你想吃冰激凌也很重要，吃完饭妈妈会给你舀一勺，你想要杧果味的还是草莓味的呢？一会儿吃完饭你好好地选，好好地吃。"

这样的话，孩子就会觉得自己的需求很重要，长身体也很重要，他需要在这样的限制范围内，找到一个能够满足需求的办法。于是，孩子就会变得又自律又自由。

所以，解决设限性破裂要注意两个方面，一是感受到孩子的需求，二是让孩子理解限制。

第三种叫作恶性破裂。

这种情况就是父母和孩子都处在情绪中，父母对着孩子吼叫、打骂，在这种状况下，孩子会觉得很不安、很愤怒、很委屈，有时候还会有羞耻感。而打骂孩子，父母会感觉很好吗？不会，父母会有深深的无力感，也会觉得内疚，也会觉得羞耻。在这种情况下，父母和孩子都会体会到不好的感觉，那怎么办呢？

其实父母要做的就是在怒火上头的时候，主动让自己停下来。我们可以先觉察自己此刻愤怒的情绪，有哪些是当前的情境引起发的，有哪些是悬而未决的旧伤所激活的自动化的情绪反应。

如果上一次我们打骂了孩子，并且下定决心说下一次我一定不打骂他，那么在这次哪怕是最想发火的时候，我们也要停下来冷静处理。虽然愤怒的想法充斥了我们的脑袋，但不管接下来要做什么，都要停下来冷静一会儿再去做。

所以当你最生气的时候，请停下来对孩子说："我现在特别生气，快控制不住自己的情绪了，所以我现在出去冷静一会儿，你也在这儿冷静一会儿，等到半小时之后，我再回来和你谈。"然后我们就出去散步半小时，回来之后我们会发现，自己的情绪慢慢地消退了下去，理智重新回来了。当我们重新进入可控制的状态之后，再去处理这件事。

能够在怒火中停下来，这件事意义重大。一方面孩子会得到一种榜样的力量，他看到你在最生气且快要失控的时候主动做出改变，所以这种力量会让他在生气的时候，也能够主动做出改变。另一方面，孩子会觉得有力量，他知道父母哪怕在最生气的时候也不想伤害自己，父母把自己看得很重要，把彼此的关系也看得很重要。一个被父母重视的孩子，内心就会有力量，所以也更愿意去做出改变。

等我们重新冷静回来，他也冷静了，然后我们开始寻找解决办法。我们的大脑重新回到理智状态，可以灵活地找到好几种办法。当我们最终把问题解决掉的时候，孩子成长了，我们也成长了，彼此之间的联结就变得更稳定了。

所以不管是良性破裂、设限性破裂还是恶性破裂，要想修复，最重要的都是联结。父母看到自己的需求，看到孩子的需求，看到规则，父母知道在愤怒的时候怎么照顾到自己，同时照顾到孩子。

所以只要我们跟孩子之间能够在各种破裂的情况下重建联结，彼此之间就会建立起一种弹性的信任。也许这个过程会有些慢，一时之间很难改变，但只要我们看到了，去尝试了，变化就一定会发生。

看到自己，看到孩子

这里我们一起读一首波歇·尼尔森的诗《人生的五个短章》：

第一章

我走上街，

人行道上有一个深洞，

我掉了进去。

我迷失了……我很无助。

这不是我的错，

我费了好大的劲儿才爬出来。

第二章

我走上同一条街，

人行道上有一个深洞，

我假装没看到，

还是掉了进去。

我不能相信我居然掉在同样的地方。

但这不是我的错，

我还是花了很长的时间才爬了出来。

第三章

我走上同一条街，

人行道上有一个深洞。

我看到它在那儿，

但仍然掉了进去……这是一种习惯了。

我的眼睛睁开着，

我知道我在哪儿，

这是我的错。

我立刻爬了出来。

第四章

我走上同一条街，

人行道上有一个深洞，

我绕道而过。

第五章

我走上另一条街。

如果我们看不到，我们就改不了；只要我们看到，我们知道，我们能为这件事负责，我们就会找到那条新的路，走上那条新的路。亲子关系也是这样，在每一次关系的修复中，我们都能够去看到，去建立联结，亲子关系就会越来越稳定，越来越有力量。

所以，我们要做的其实是向内的觉察，通过内在的改变去改变外在。我们虽然改变不了自己的童年经历，但可以改变对这些经历的认知，然后改变我们的教养模式。

我们停止了本能的、自动化的模式，就能够停下来看到自己，看到孩子。我们看到了才有可能改变，看到了就走在了改变的路上。

在这个过程中，我们可以用讲故事、情绪同频、适时沟通等方式，更好地体会孩子的需求，看到他，听到他，感受到他，与他进行联结，让他建立安全感，然后在和孩子相处的过程中，用高模式进程，带着理智的觉醒去处理和孩子的冲突，从而建立和谐稳定的亲子关系。

第 2 节　游戏：与孩子亲密沟通的桥梁

Taco 解读《游戏力》

我们小区有个孩子叫月月，她是个有点儿内向、害羞的孩子。有一天，很多小朋友都在小区楼下玩，月月的妈妈也鼓励月月去玩，可是无论如何月月就是不肯。妈妈越往前推她，她就越紧张。

如果你遇到这样的情况会怎么做？

月月的妈妈是这么跟女儿说的："那算了，咱俩玩吧。"然后母女俩就开始玩她们自己发明的"大风吹"游戏。月月用力向妈妈吹一口气，模仿刮大风的样子，妈妈配合地大喊："啊呀呀！救命啊！风太大了，我站不稳了！"同时，还用夸张好玩的身体姿态，模仿被大风吹得摇摇晃晃的树木。

这个游戏的第一个回合就把月月逗得大笑，还吸引了旁边两个小朋友的目光。月月再次"刮风"，这回妈妈只晃了一下，得意地说："哈哈！这次我的根扎得更稳了！没人能吹倒我！"旁边围观的两个小朋友这个时候按捺不住跑过来，帮月月一起吹。

妈妈"慌张"地大喊："天啊！大风还有帮手呀！这回我可够呛了！"然后装作被"风"吹得连连后退。

小朋友们胜利了，开心得又蹦又跳。几个孩子就自然地结成联盟，和月月妈妈对抗，大家玩得很开心，走的时候还彼此约定——明天再来一起玩。

如果父母只是跟孩子说"和小伙伴一起玩才更开心""别怕，你也可以加入"之类的话，对内向、害羞的孩子，不仅可能没什么用，还可能让孩子变得更加抗拒，但如果父母能和孩子一起玩，不仅能让他放松下来，还能让他体验到"大家一起才更好玩"的感受，这比言语安慰或者讲道理都更有效。

更重要的是，在和孩子一起玩游戏的过程中，父母和孩子会产生互动，会有肢体接触，有欢声笑语。孩子通过这些能感受到父母的爱，父母也能感受到孩子情绪和感情的变化。

这就是"游戏力"的力量。

游戏力：在玩耍中进行亲子互动

很多人以为游戏力是"孩子玩游戏的能力"，其实不然，美国心理学家劳伦斯·科恩曾在《游戏力》一书中说，游戏力不单单是孩子玩游戏的能力，更是一种包含在玩耍中的亲子互动养育方式。这种养育方式最突出的特点就是，能让孩子感受到父母的爱。他称这种养育方式为"Playful Parenting"（玩耍式的养育）。

科恩博士在儿童游戏、游戏治疗和亲子教育领域进行了多年的研究，他把原本只在专业领域应用的游戏治疗，转化成各种互动游戏介绍给广大父母，结果这种养育方式收获了很好的效果，其中就包括他对自己女儿的养育实践。

我们平时所说的游戏，大多指孩子和玩具之间的互动，比如孩子自己玩电玩、玩积木、打扮娃娃，但这个过程是缺乏互动的，孩子在孩子的世界里，父母在父母的世界里，两个世界完全没有联结。

而《游戏力》中提到的游戏，强调的是亲子之间的互动，不是让孩子独自玩，而是父母也参与其中，并和孩子在游戏的互动中建立心理上的联结。

孩子往往还没发展出清晰的自我觉察，所以遇事无法精准表达自己的感受和情绪，更不会主动和父母说："爸爸妈妈，我今天不开心，我们可以聊一聊吗？"父母和孩子之间缺少互动和联结，彼此就仿佛隔着一堵墙，父母不知道孩子真正想要的是什么，孩子也无法真切体会到父母的爱。

而游戏恰好为亲子之间的互动和联结提供了机会。爱玩是人类的天性，每个孩子都爱玩，他们虽然不善于表达，但在玩的过程中，很可能会把发生的事情和心情表现出来。比如当孩子被其他孩子排斥时，他可能不会也不愿意跟父母说出实情，表达自己的难过，但是在玩游戏时，孩子很可能通过扮演那个孤立他的强势方，模仿那个人说话，来发泄自己的难过情绪。

父母只有跟孩子一起玩的时候，才能看到孩子的这种需求，才能陪孩子解决问题。孩子也能通过联结感受到父母的爱，在内心建立起安全感，从而培养出勇气，更好地处理自己遇到的问题，并在遇到无法解决的问题时向父母求助。

游戏力的三大作用

游戏力对孩子有三大作用，这三大作用是层层递进的。

第一，它可以培育亲密，让孩子远离孤独感。

孩子如果感到孤独，那么他一个人的时候就可能萎靡不振，喜欢躲在角落。这时候如果有人跟他交流，他又可能表现出蛮横、霸道的样子。很多父母看不出孩子那些胡搅蛮缠背后的痛苦，即使看出来了，也无能为力。而游戏力就是解决这个问题的钥匙。

有一位妈妈出差回家，发现儿子变得特别黏人，而且很容易烦躁，动不动就情绪崩溃，妈妈一出门他就死拽着不放，哭着不让妈妈走。这位妈妈实在没办法，找到科恩博士求助。科恩博士给她讲了游戏力的方法。

有一天，这位妈妈要出门打网球，儿子又哭着不让她走，这回她没有趁着孩子被奶奶拉回去时赶紧溜走，而是把儿子抱起来，和他一起坐在沙发上，开心地跟他说："好了，我不去打球了，我要跟你一起睡个午觉，好累呀。多舒服的枕头呀！"然后这位妈妈就假装打个哈欠，枕在儿子身上，很夸张地表演打呼噜。

儿子这个时候开始哈哈大笑，跟妈妈打闹起来，两人玩了一会儿后，儿子主动对妈妈说："妈妈，你快迟到了，快走吧。"

看，游戏就是如此神奇，能让孩子感受到亲密和安全。当然，这里有个前提，就是父母玩游戏的时候心态是真的放平了，真的投入游戏中，而不能勉强装作平静，然后一直想怎么赶紧摆脱孩子的纠缠。

第二，它能够培育自信，让孩子远离无力感。

经常受挫的孩子很容易陷入无力感的陷阱，他们心里害怕，可是嘴上会否定内心的感受，说着"我不想……""我不会……"，这其实是一种逃避。有的孩子还会因为无力感而把攻击行为当作自我防卫的手段，如骂人、咬人、推人，成了所谓的"熊孩子"。

想帮孩子解决无力感的问题，父母可以全身心投入地跟孩子一起玩游戏，在游戏里帮孩子建立自信。孩子跟人有了亲密感，能时时感受到父母的爱，内心也就有了自信，有了归属感。

第三，它可以培育情绪康复力，让孩子不再深陷悲伤。

比如，孩子们几乎都害怕打针，不要说针扎在身上的那会儿，大多数孩子是一进打针室就开始号啕大哭。作者建议，家长可以跟孩子玩"打针游戏"，让孩子扮成护士给父母打针，父母可以装作哭喊躲避的样子，让孩子在游戏中获得力量感，让孩子在大笑中释放自己对打针的恐惧和阴影。有了稳定的自信，孩子在经历悲伤和痛苦的时候，就可能会比较快地恢复过来。

下面，我们具体介绍一下游戏力如何应用。

培育亲密，远离孤独感

如何运用游戏力培养和孩子的亲密感？

亲密感的核心在于让孩子感受到父母的爱，父母与孩子彼此建立联结。联结是父母和孩子在心灵上相互贴近的状态，很多人误以为联结是一劳永逸的，建立了就一直存在，但事实上，这种状态是动态的。

当父母和孩子在心理上感觉很近时，孩子能感受到父母的爱，彼此之间有联结，交流很顺畅，孩子也愿意听父母的话。但是，一旦父母和孩子有了冲突，产生了距离感，这种联结就会断裂，这时的孩子感受不到父母的爱，无论父母说什么、做什么，孩子都只会感受到权威、命令，他会听不进去父母的话，也不愿意把自己的想法告诉父母，亲子关系就会出现问题。

父母和孩子永远不起冲突是不可能的，因此父母要做的，不是避免联结断裂，而是在联结断裂之后重新与孩子建立联结。

父母往往喜欢用语言沟通尝试重新与孩子建立联结，但孩子的理解能力有限，对于很多事只有真切感受到，才能理解其含义，就像是只有将巧克力和冰激凌吃到嘴里才能明白它们的甜味一样。因此，父母需要借助其他方式来向孩子传递情感，比如游戏。

作为亲子间的"翻译机"，游戏不仅涉及触摸和拥抱、不同的表情和肢体语言，还能创造欢乐的气氛……这些都是孩子更容易感受和理解的方式，能够帮助父母把"爸爸妈妈无条件地爱着你"这句重要的话翻译给孩子听。

培育亲密感的游戏

在实践中，有一个非常受父母欢迎的游戏叫"爱的香香"。在孩子睡觉之前，妈妈涂一些润肤露或按摩油在自己的手上，告诉孩子："来玩按摩游戏啦，今天我们按摩用的香香可不一般，是我特别准备的一瓶'爱的香香'。香香抹到哪里，妈妈的爱就会跟着到哪里。"然后，妈妈开始轻柔地给孩子按摩，配合一些温柔的语言，比如"帮宝宝捏捏小胳膊""帮宝宝揉揉后背，把妈妈的爱涂很多很多在宝宝的后背"等，按摩完一个部位，还可以亲孩子一下。

在这个游戏中，手势、方法都不重要，重要的是妈妈专注且充满爱意的眼神和温柔的触摸，以及这个游戏带给孩子的舒适亲密的感受。

这个游戏还可以发展出其他版本。比如洗澡的时候跟孩子玩"爱的泡泡"，或者跟更大一些的孩子玩"爱之枪"。

玩具枪是一种有攻击性的玩具，大人稍不注意，孩子玩的时候可能就会用它攻击人。科恩博士也遇到过类似的情况。

玩耍中的男孩拿玩具枪指着科恩博士，一脸得意。这个时候，科恩博士没有说"不准拿枪指着人"之类的说教的话，而是说："哎呀，你找到我的爱之枪了。假如我被这把枪打中，我就一定会爱上开枪的人。"男孩冲科恩博士打了一枪，就立刻尖叫着跑开了。

科恩博士追上他，反复跟他说自己多么爱他。孩子一边跑开一边喊："走开！好恶心，不要再说爱我了。"但又忍不住朝科恩博士开枪。

男孩拿玩具枪指着人，很可能做出攻击性的举动，但科恩博士把它变成了一个充满欢笑和乐趣的"爱之枪"游戏，大人和孩子的关系很快就变得融洽了。

重建联结

关于重建联结的理论，科恩博士做了一个很好的比喻，他说："孩子的内心就像一个杯子，需要不断地感受到关爱，就像一个杯子需要不断蓄水。"

孩子累了、伤心了，便需要有人照料、抚慰，使其重新感受到爱，就像杯子空了需要加水一样。大人除了提供食物和抚摸外，安慰难过的孩子，和孩子一起玩耍或者交流谈心，都能重新为孩子的内心蓄水。一旦加满水，孩子就能活力满满地继续去探索、去尝试。

作为父母，我们要经常关注孩子的状态，因为孩子不会在内心的杯子空了的时候，告诉父母"我需要续杯了"，他们的表达方式可能是捣乱、叛逆、排斥父母，或者干脆封闭内心，甚至表现出恶意。

如果这个时候父母和孩子能够大笑着玩一场游戏，和孩子重建联结，孩子就能重新得到心理满足，这时，他们就又是有安全感的小天使了。

有些孩子之所以黏人，或者胆小退缩，不敢去尝试新事物，是因为缺乏安全感。孩子和父母的联结断裂，杯子空了，孩子感受不到来自父母的爱与亲密，才会有这些表现。这时父母要做的，不是把孩子推出去，而是把他们揽进怀抱，帮他们把杯子蓄满，为爱蓄杯。

为爱蓄杯，是游戏力最基础的一层，却是极其重要的，就像盖高楼需要先打地基。亲密感和安全感，就是孩子成长的地基。

培育自信，远离无力感

一切进步都需要适当的冒险，而冒险探索，首先需要的就是自信。孩子从哪里才能得到初始的自信呢？

科恩博士总结了孩子成长中三波自信发展的重要阶段。

第一波自信来自孩子刚刚出生时，是获取基本生存需要的能力。如果婴儿发现：我一哭就能喝到奶，我一笑就有人跟着笑，那么，他就获得了对这个世界的最初的自信。

作为家长，要呵护孩子第一波自信的发展，对孩子的需求及时回应，保持和孩子的互动。这也是"游戏力"最根本的基础。

第二波自信来自蹒跚学步时，是对别人说"不"，并且坚持自己的意见的能力。这让孩子意识到自己是个独立的生命个体。

对于这一波自信的发展，父母很容易忽略。当孩子说"不"的时候，很少会有父母觉得"太好了，我的孩子开始不听话了"，相反，"不听话""淘气"是父母最多的抱怨。很多父母都害怕所谓的两岁叛逆期，很烦听孩子说"不"，但对孩子的发展来说，"不听话"这个行为的出现有着非常重要的意义。当孩子开始说"不"，就代表着孩子有了独立的自我意识，而且能清楚地表达出来。我们希望孩子拥有的"相信自己，坚持自己主张"的这种自信，最初就来源于此。父母要做的，就是保护他这种说"不"的能力，同时让他愿意和自己合作，遵守必要的规则。

比如，如何用"游戏力"让孩子不说脏话？父母要意识到孩子说脏话往往不是因为不懂礼貌，也不仅仅是为了寻求关注，更多时候是因为说脏话能让孩子感到很有"力量"：既有"力量"支配自己的言行，又有"力量"伤害别人的感情。因此，父母想要解决孩子说脏话的问题，不能只是简单制止说脏话这个行为，而要想办法满足孩子这种对力量感的需求。

父母可以告诉孩子："你可以随便说'臭屁'，但是你绝对不许说'豆沙包'。"绝大部分孩子一听这话，就会立刻开始改说"豆沙包"。因为他的需求不在于说什么词，而在于怎么说最能影响到周围的人。

当孩子开始说"豆沙包"，父母就要表现得大惊失色："喂，刚跟你说过不许说的！不许说！不许说！"最好再配合动作，比如跳起来去捂孩子的嘴，孩子多半会跑开，还一边跑一边喊"豆沙包"，父母可以假装使劲追但追不上他，最后只好捂住自己的耳朵……

孩子"捉弄"大人成功后，会开心又得意，他对力量感的需求已经在这个游戏中充分实现了，不需要再靠故意说脏话来满足了。

这类游戏不仅利用了逆反心理，也不只是为了把孩子的叛逆行为引向正途，还会让孩子体验到两种"力量"：一是话语权的力量，二是闯禁区的力量。这都是自信发展的重要因素。这类游戏以愉快好玩的方式让孩子得到了对这两种力量的满足。

第三波自信贯穿于孩子在这个世界中寻找自己位置的全过程，

尤其是在同龄人的世界里寻找自己的位置。

　　孩子在长大的过程中，交朋友、玩游戏、学习等形形色色的反馈会在他们内心引起不一样的反应，有些事会让他们感到自信，但也有些事会让他们感到挫败。这时孩子的自信不仅来自安全感，还来自竞争力。

　　有些父母奉行挫折教育，生怕孩子不知道世间险恶；还有些父母溺爱孩子，试图给孩子建造一个堡垒，将孩子彻底保护起来，让孩子想要什么都可以轻而易举地得到。其实这两种做法都是不对的。正确的做法是一边让孩子持续得到关爱和尊重，一边也让孩子不断经历挑战，使他们既明白付出努力的必要性，又不会因为挑战失败而陷入负面情绪，从而逐渐享受挑战，有能力面对这个世界。

　　科恩博士在书中提到了一个名叫凯文的孩子的例子，他是一个不太自信的孩子，特别害怕自己在竞技比赛中输掉。

　　大多数父母跟孩子玩足球时都会告诉他们，这是个比赛，要想办法赢，并且不会故意让着孩子，有些父母甚至会告诉孩子"这个世界是残酷的，每个人都要拼尽全力"，想借此培养他们坚强的性格。但其实这种做法会让孩子过于重视输赢，而忽略了内心的感受。科恩博士发现，越是把这些话听进心里的孩子，似乎越容易有暴力倾向。因此他跟凯文玩足球的时候，没有把它当成一次比赛，而是把关注点放在凯文情绪的处理上。

　　开始时，科恩博士一直让凯文赢，慢慢地，凯文有了一些自信，开始尝试加强防守，并且有些紧张，开始制定规则，让科恩博士停下。

科恩博士停住不动，凯文就从他旁边把球踢进去，得了一分。

科恩博士假装生气："我在停住的时候怎么防守呢？"

凯文说："这是规则，你得遵守。"并且他又制定了一个新规则，说如果反着踢进球，可以多得一分，但这个规则只适用于自己，其他人反着踢不算。

很多父母遇到这种情况，会觉得这孩子太多事了，但其实这就是孩子建立自信的一个过程。跟同龄的小伙伴踢球才是竞争，而跟爸爸妈妈或者其他长辈踢球，他们只有自己制定规则，安全感才会得到必要的补充，这样他们才可以出去跟同龄人进行真实的较量。

科恩博士顺着凯文的规则，希望借机让凯文理解情绪，所以他装作被欺负的样子说道："呜呜，这一点儿都不公平。"

凯文看到"无所不能"的大人也会呜呜地哭，马上就咯咯地笑了起来，他感到安全、好玩，他捧腹大笑，并且在笑的过程中，逐渐忘记了输赢导致的强烈感受。

就这样，凯文想要增加一些难度，但他没有直接讲出来，而是说："真没意思。"其实潜台词是"我想跟你公平地打一场"，这时候科恩博士说："对呀，我没有尽全力，你希望我尽全力么？"

孩子心里有了安全感，对胜负有了平常心，对挑战也就有了动力，就会慢慢开始享受胜利，也享受挑战了。

培育情绪康复力，不再深陷悲伤

游戏力对孩子的三大作用，就是在一层一层地搭建孩子的成长阶梯。这个阶梯的地基是亲密感和安全感，它能为爱蓄杯，让孩子远离孤独；其次是培养自信心，增加能力的培养，引导孩子远离无力感。

孩子有了亲密感、能力和自信心之后，还需要应对挫折和失败的情绪控制能力和恢复能力，也就是"情商"。

大脑中产生情绪的部分从孩子一出生就开始自动运转了，但理智思考的部分却要随着孩子的成长而发育，要经历漫长的时间，一点儿一点儿地成熟。无法调节情绪往往是孩子很多所谓"问题行为"的根源，比如：遇到一点儿小事就大发脾气，甚至摔东西打人；莫名地哭闹不止，怎么哄都哄不好。

如何用游戏力解决孩子闹情绪的问题呢？

其实，当孩子正在发脾气，尤其是正处在强烈的愤怒或难过中时，是不适合马上玩游戏的。很多人对游戏力有一个误解，认为游戏力就是教父母怎么用游戏搞定孩子，但事实上，父母对孩子内心需求的理解和接纳，才是游戏力的核心所在。

孩子闹情绪的时候，首要需求是能够畅快、自由地把情绪表达出来，但是很多父母习惯性地压抑自己的情绪，也常常用同样的方式对待孩子的情绪。比如对孩子说"别哭了，多大点儿事啊，不至于"，或者用转移注意力的方法，试图让孩子走出负面情绪："别哭了，妈妈带你去买冰激凌""你看，那个滑梯多好玩"。如果在这个时候玩游戏，也只是在用游戏转移孩子的注意力，并不会疗愈孩子的情绪。

疗愈孩子情绪的第一步，是让他自由地释放情绪。

孩子难过，就让他在父母的怀抱里哭泣；孩子发脾气，父母就充满同情地坐在他身旁陪伴他。情绪被自由地释放出来后，孩子才更能接纳这件事，不至于将这件事压在心里成为更大的问题。

在这个基础之上，父母就能运用游戏力，帮孩子找到更好的面对情绪的方式。游戏力在这里有两个很重要的作用。

第一，帮助孩子认识情绪。

什么是生气？我有多生气？什么事更容易让我生气？这些问题，光靠讲道理，大人说不清，孩子也很难明白。《游戏力》中介绍了一个工具，叫情绪测量仪，它可以根据父母想跟孩子讨论的不同情绪，相应地称作"愤怒测量仪""紧张测量仪"等。

这个工具市场上买不到，大家可以根据自己的情况自己制作。比如做一把尺子，上面写上 1~10 的刻度，1~20 也行，而且不必非得用数字，也可以用颜色，比如绿色代表最轻，黄色代表中等程度，红色代表最严重。再比如有些男孩喜欢恐龙，那么可以用温顺的恐龙表示程度最轻，用凶猛的恐龙表示程度最严重。这个测量仪的作用是帮孩子更准确、更直观地认识情绪的强度。

比如一个男孩学网球，有一段时间因为要去打比赛特别紧张，他的妈妈就会跟他一起对照紧张测量仪：在学校门口遇到老师，紧张程度为"小飞龙"；上台去讲数学题，紧张程度为"长颈龙"；打比赛，紧张程度为"大暴龙"。

第二，帮助孩子增加正面情绪。

孩子认识情绪之后，父母就可以通过游戏力帮助孩子增加正面情绪。父母可以和孩子沟通，看看哪些方式能帮助他放松，比如玩一个"吹紧张"的游戏来缓解紧张。

父母可以跟孩子说："让我们把身体里的紧张吹出来。深吸一口气，想象紧张的感觉都积累在胸口，然后用力吹出来。"

其实这就是一次深呼吸，深呼吸可以有效地缓解紧张。孩子通常不能理解深呼吸是什么概念，或者觉得没意思而不肯做，而把它变成游戏之后孩子将更愿意参与其中。

还可以再加一个环节，就是把紧张吹给别人。比如吹给爸爸，爸爸就立刻用滑稽的方式，做出很紧张、哆哆嗦嗦的样子。这样孩子会特别开心，就更容易放松了。

情绪就像一架天平，一端是正面情绪，另一端是负面情绪。所谓调节情绪，就是让天平两端的情绪平衡，这样人就不会被负面情绪压垮。想要达到这个目的有两个办法，一个是减少负面情绪，另一个是增加正面情绪。"把紧张吹给爸爸"这个环节让游戏变得更加好玩，能有效地为孩子增加正面情绪。

《游戏力》这本书，对什么样的游戏是好游戏有一条黄金标准：游戏能够产生笑声。在游戏力中，笑声是建立联结的信号，是成功完成挑战的象征，也是孩子不再觉得痛苦和受伤的标志。

不过，需要说明的是，一定不能强迫孩子笑，比如强制挠痒等。它带来的笑声不是我们想要的，不想笑却被迫笑，只会给人带来屈辱的感受。

用游戏力解决育儿难题

家长有时会遇到一些特别令人头疼的情况，即使努力了很久，孩子仍然不受控制，不肯合作。

比如，孩子早晨不肯起床，不肯穿衣服，不肯刷牙，不肯吃早餐，不肯上学，而早晨又往往是家长最忙碌、最容易焦虑的时候，家长很容易情绪失控，孩子的情绪也会因此爆发。这时候应该怎么办？科恩博士分享了一个穿衣服的游戏。

科恩博士的女儿艾玛有段时间早上不愿意自己换衣服。他一开始也很烦躁，因为觉得孩子明明做得到却不肯做，就是在故意跟自己作对。但讲道理和催促没什么效果，反而让大家都越来越不耐烦。

有一次，科恩博士情急之下，抓起了女儿的两个布娃娃，表演起了玩偶剧。

A 娃娃满怀挑衅地说："老天爷，她不会自己换衣服吧？她不知道怎么穿衣服啊！"

B 娃娃很有信心地说："她会的，她真的会自己换衣服。"

A 娃娃又说："不可能，她只有五岁啊，她不可能会自己换衣服。"

这时候，艾玛就开始自己换衣服了。而科恩博士让 A 娃娃正好"没看见"，于是 A 娃娃还在说："哼哼，她根本不是自己换的衣服。"

B 娃娃则高声反驳："是她自己换的！你根本没在看！"

这个时候，艾玛不仅自己换好了衣服，还笑得很开心。

玩了几次之后，艾玛就养成了自己换衣服的习惯，不用每个早晨都上演一出玩偶剧了。但有时候她会直接提要求："爸爸，来玩那个娃娃说我不会换衣服的游戏吧。"

原本爸爸和孩子因为换衣服的事，处于一种相互对抗的状态，但通过两个布娃娃的游戏，对抗消失了，还添了很多趣味和欢乐。

也许有人会说，早晨那么忙，哪有这么多时间跟孩子玩游戏呢？的确，觉得玩游戏浪费时间是父母的普遍认知。

实际上，如果用催促、命令的方式叫孩子起床，孩子不开心、抗拒、磨蹭，然后父母失去耐心，开始大吼大叫，搞不好孩子还会哭闹一场……这样消耗的时间可能会更多；相反，通过好玩的方式与孩子互动，看似耽误时间，但因为孩子会更配合，各项事情反而会进行得更顺利。

另外，用这样欢乐的小游戏进行互动，还能避免孩子产生被强迫的感觉，保护孩子的自主意识。能自己说了算，坚持自己的主张，是自信成长的重要基础，也是我们每个人的本能需求。

孩子在日常生活中越是被控制，越缺少独立自主的机会，就越会本能地想以其他方式获得掌控感。需求越是得不到回应，孩子就越迫切地想要确认：我能说了算吗？孩子日常生活中各种所谓的不听话，甚至是叛逆的行为，大多都源于这种需求。

所以，用游戏互动的方式来解决孩子早晨不起床、生病了不吃药、挑食不爱吃蔬菜这些问题，并不是耍花招骗孩子听话，而是在遵守必要的规则和保护孩子的自主意识之间，找到一种很好的平衡。

父母不妨想一想自己对孩子的要求，哪些是必须达到的，哪些可以适当放松，哪些完全可以把选择权交给孩子。孩子获得的自主权越多，就越愿意主动合作。

那么，在日常生活中，如何想出更多有创意的游戏呢？下面介绍一些设置创意游戏的基本方法、原则和常见问题。

打闹游戏

打闹游戏，就是和孩子一起打打闹闹的游戏，它的特点就是父母与孩子之间有很多身体接触，并且具有一定的攻击性，比如枕头大战、揪尾巴等。父母也可以在普通游戏中加入一些打闹的环节。单纯的赛跑、扔球不是打闹游戏，但如果增加了相互追逐、围追堵截的环节，就变成了欢乐的打闹游戏。

提到打闹游戏的攻击性，父母可能会很担心。因为很多父母认为，"攻击性"是一个负面的概念，往往跟"打人""暴力""伤害"等联系在一起，但是社会学家和心理学家认为，适当的攻击性对我们的生存具有至关重要的意义。

从原始社会开始，捕猎这种攻击性的活动就是我们祖先获得生存资源的重要方式。当自身遭遇危险时，我们本能地就有"打"或"逃"这两种反应，所以，父母大可不必谈"攻击"而色变。

对于攻击性，我们要做两件事：一是让攻击性有合适的渠道得以宣泄，二是让孩子学会自控。孩子需要的不是本能地逃避攻击，而是与攻击的冲动和平共处。假如我们不让他们在游戏中练习，他们就会在真实的生活中练习。

我们都看过小动物之间打打闹闹的场景。它们互相追逐、啃咬、拍打，努力把对方推倒，却又不会伤害对方……小动物们虽然有尖牙和利爪，却都能把分寸拿捏得刚刚好，既玩得开心，又不会把对方惹恼。打闹游戏不仅能让孩子以健康的方式宣泄攻击性，而且能让孩子在玩耍的过程中逐渐学会控制自己的攻击性。

孩子会在打闹游戏中明白，想让游戏愉快地进行下去，就要既刺激好玩，又不能真正惹恼对方或伤害他人。因此，他们就能在这个过程中体会自己的力量，感受自己的力量会对他人造成什么影响，然后学习调整和控制自己的力量，保持与他人之间的友好关系。

角色置换

角色置换，就是让孩子扮演另一种角色。孩子可以在游戏中扮演老师、父母、医生、怪兽这类相对于孩子来说更强大、更有权威的角色。大人则扮成弱小、服从的一方，最好能用夸张滑稽的方式，把现实中孩子的沮丧、害怕、无奈在游戏中表现出来。

孩子往往很喜欢主动发起这类游戏，比如孩子当医生，家里其他人当病人。作为父母，如果孩子扮演的医生要给你打针，你觉得你应该做出什么反应？是很乖很配合，还是大哭大闹呢？我的同事悦悦妈妈曾分享过这样一个故事。

某年冬天，悦悦得了肺炎，频繁去医院化验、吃药，还拍过一次片子。那段时间，悦悦很喜欢在家扮演医生，还让妈妈买了一套医药箱玩具。

她经常带着"医药箱"给家里的人"做各种检查"。她拿着耳温计放在妈妈耳朵里测一下温度，然后煞有介事地说："哎呀，三十八度五，你发烧了。"然后把听诊器放在妈妈的胸部，仔细地听一听，对妈妈说："你需要拍一下片子，验验指血，看看是不是得肺炎了。"

一听需要验指血，妈妈就表现出很害怕的样子说："扎针太疼了，我害怕。"悦悦会非常淡定地说："不疼的，就像蚊子叮了一下。"

如果妈妈继续胆小退缩表示不敢，她就会变得很严肃，强行抓住妈妈的手，在妈妈手指上按一下，表示验完血了。然后妈妈委屈地说："真的像蚊子叮了一下，但还是挺疼的。"

妈妈越是表现得胆小害怕，悦悦就越是兴奋，有时还表现得很"冷酷"。到了吃药环节，妈妈依然表现得很抗拒，不想吃药，于是悦悦对妈妈说："你把药吃了，肺里面的小细菌就被打败了，你试试，听听你肚子里的小细菌在说什么。"

妈妈假装听从她的劝解，一口把药喝掉，然后说："我肚子里的小细菌说——不要打我！哎呀，我们被打败了，救命啊！"悦悦在旁边特别开心。

听完这个故事，大家会发现，悦悦妈妈在游戏中扮演的病人，不是我们期待孩子做的那样懂事、配合；相反，她就像许多孩子表现的那样害怕、抵触，而且她的害怕、抵触是用一种好玩的、游戏的方式表达出来的。

为什么需要这样做呢？

首先，角色置换游戏可以帮孩子释放恐惧情绪。在孩子生病去医院的时候，无论他们表现如何，大部分孩子的内心都是很恐惧的，这时家长单单说"别害怕"是没用的。角色置换游戏这时候能帮上大忙。孩子扮演医生，成为有权威、有力量的角色，这能平衡其之前被要求，甚至被强迫检查、吃药带来的挫败感。大人扮演病人，而且以有趣的方式表现出害怕，就能让孩子有机会处理自己内心的恐惧。

现实在游戏中被暂时倒置，这是游戏力的来源。置换角色，缓解了孩子在现实中因弱小而产生的挫败感，对恢复孩子的自信非常有帮助。

其次，角色置换游戏在缓解孩子的分离焦虑方面也特别有效。

孩子可以扮演大人出门去"上班"，这时候父母可以扮演一个黏人的小孩，假装大哭大喊："你别走！我不想跟你分开！"

注意，这种表演一定要足够夸张，如果不够夸张，反而可能勾起孩子真实的痛苦记忆。如果父母的情绪是放松且真实的，孩子往往会特别兴奋和开心。大人假哭得越厉害，孩子就笑得越开心。

等孩子扮演的"大人"下班回来，父母所扮演的"小孩"应表现得非常惊喜，迎上前去对他说："我都想你一整天了！"

在这样的游戏中，孩子首先可以获得对分离的掌控权。孩子的日常生活通常由父母安排，对于什么时候得和爸爸妈妈分开、什么时候能在一起，孩子都是被动的。但在游戏当中，孩子扮演了爸爸妈妈，就可以自主决定什么时候"出门去上班"，什么时候"回家"。

爸爸妈妈扮演孩子，并且在游戏中示弱，就能更好地让孩子体验到自己的力量。孩子在游戏中获得的控制感，能很好地平衡在现实生活中的被动与失控，对孩子而言，这是一种疗愈。

最后，角色置换游戏让孩子体验到真实的情绪。

分离是假的，重逢的喜悦是真的。说再见是假的，分别时的想念是真的。我们经常跟孩子解释"妈妈下班就回来了""一会儿就能看见爸爸了"，也希望孩子明白"即使不在一起，爸爸妈妈也爱你、想念你"，但这些大道理如果仅用语言表达，孩子是很难理解的。

在一遍遍的游戏中，孩子亲身经历了从分离到重逢的过程，而爸爸妈妈也通过目光、表情、肢体动作直接表达了不舍、想念与爱。比起语言，这是更好、更有效的共情方式。

平衡"跟随"与"主导"

在游戏力中，跟孩子玩好游戏的诀窍就是在"跟随"与"主导"间找到平衡。

"跟随"也就是听孩子的。这说起来简单，做起来却十分不易。父母早已经习惯了给孩子提建议、提要求、做指导，因此在游戏中给孩子自己做主和自己说了算的机会非常重要。这是帮助孩子获得掌控感、建立自信的好机会。

如果孩子提出父母不能满足的要求怎么办？比如太危险，或者父母做不到的要求。书里给出的方法是只说"好啊"。先认同和接纳孩子的想法，然后再提出问题或者构建一个场景来帮助孩子思考或者感受。

比如，当孩子对车很好奇，想爬上车顶去玩，甚至想"坐在车顶上回家"的时候，父母可以先不急着否定，而是口头上说："好呀，我们爬上去吧！"这时孩子反而可能自己会有所警觉，说道："妈妈！不可以！那样太危险了，我们不可以坐上去！"

很多时候，孩子提出一个要求，可能就是想看看父母的反应，如果他提出一个不容易达到的要求，父母同意了，他反而需要自己想清楚这样做的后果是怎样的，但如果父母立刻否定，他会觉得这主意"很酷"，父母是在杞人忧天。因此我们可以先不否认孩子的想法，再进行正确的引导。

但如果孩子这时候兴高采烈地说："好，我们快爬上去吧！"父母应该怎么办？

这个时候，父母可以"装傻"地问道："那车子急转弯的时候，我们要怎么样才能不被甩下来呢？"通过这样的提问引导孩子自己去判断。

与"跟随"相对应的另一个关键词是"主导"。但要注意，和孩子游戏的首要原则是跟随，父母只在一些特定的情况下，才需要做主导。

比如，父母想跟孩子一起玩，但孩子自顾自地搭积木，不理会父母，父母该怎样加入孩子的游戏呢？

首先，要避免指手画脚。父母可以先用提供服务的方式参与，看孩子需要哪块积木，然后递给他，也可以捡起一块积木，请教孩子怎么搭，然后用滑稽好玩的方式出错，跟孩子抢同一块积木等。

其次，如果孩子总是反复玩同一个游戏，或者总是重复同样的主题，父母可以主动为孩子提供新的想法，帮孩子拓宽思路。比如一个小男孩总是喜欢玩打仗游戏，那么父母可以在游戏中扮演受伤的人，让孩子参与救助，这样就能在游戏中引入关爱和照顾的主题。

总而言之，父母的主导通常只是在跟随孩子的过程中提出建议，或者稍做改变。游戏中的情境是假的，但游戏中的情绪和感受却是真实的。父母跟随孩子的脚步，配合他们游戏，就能让孩子有机会处理自己的感受，有机会重获自信与亲密，蓄满心中爱的杯子。

亲子游戏中的常见问题

1. 游戏力适合多大的孩子？

无论多大的孩子都适合。根据不同年龄的孩子的特点，游戏的方式需要做相应的调整。比如，"蒙猫猫"就是适合与婴儿进行的游戏：父母在婴儿面前，用手（或者手帕）蒙住自己的脸，然后"哇"一声，把手拿开，给孩子一个大大的微笑。

对于更大一些的孩子，最重要的是先多了解他们，也就是"跟随"。跟随孩子的脚步，看看孩子喜欢做什么，不管这件事对父母来说多么无趣、没意义，甚至不喜欢，父母都可以先尝试加入。无论多大的孩子，内心都是渴望与父母的亲密联结的，都是需要父母的陪伴的，只是游戏的方式和难度要调整一下。

只有进入孩子的世界，才能为他们提供真正的支持。

2. 游戏失效了怎么办？

一位母亲苦恼道："女儿不刷牙，是我家的愁事。我发明了一个游戏，自己扮演牙齿细菌，希望以此激发女儿打败细菌的主动性。第一次效果确实不错，但是第二天就不灵了，我刚自称牙齿细菌，女儿竟然回答'我是细菌宝宝'，这可怎么演下去啊？"

很多家长都有过游戏失效的经验，经常一个点子刚用两天就失效。遇到类似情况，父母可以把游戏进行多种变化，比如：让孩子当老师，给"妈妈学生"示范如何刷牙；或将牙膏说成"魔法牙膏"，孩子刷了牙就能变身大力士，能打败爸爸；等等。

同时，家长要在互动中不断解读孩子的表现，如果游戏失效了，那么背后往往隐藏着一个深层的需求。用游戏解决具体问题，是养育方法，但并不是养育目标。穿透表面，发现并满足孩子的深层需求，才是养育互动的真正目的。如果仅仅把游戏看作让孩子乖乖听话的工具，那么孩子很快就会识破，游戏也就失效了。而如果我们把游戏作为与孩子联结、向孩子传递亲密与爱的桥梁，那么它就会拥有持久的力量。游戏能解决很多问题，但千万不要只为了解决问题才陪孩子玩。

3. 遇到问题总用游戏来解决，怎么能让孩子面对现实生活中的挫折？

很多人担心，孩子在学校时，老师、同龄伙伴不会像爸爸妈妈这样用游戏的方式来帮孩子解决问题，这时候怎么办？孩子会不会受不了？

事实上，随着孩子长大，逐渐离开家庭，他们的生活圈子和人际关系逐渐丰富，遇到新环境和新挑战是自然而然的。哪怕在家里，父母也不是时时处处用游戏与孩子沟通的，总有一些规则是孩子必须遵守的，孩子总有一些需求是得不到百分百满足的，所以孩子从来都没有脱离过现实生活。

想让孩子做好准备，迎接外面可能更严苛的挑战，重要的是培养孩子的适应能力。用游戏力为孩子培养起来的亲密、爱、安全感、自信心以及情绪恢复和控制能力，就是孩子适应能力的重要来源和滋养。家庭教育对于孩子最大的意义，不是练习场，而是爱的蓄水池。

4. 父母如何为自己"蓄杯"？

对于陪孩子做游戏，父母应该做到：有创意，有耐心，也有体力。所以父母自身的状态特别重要，只有自己状态好，才能更好地与孩子互动，即父母为自己充电，相互倾听，为自己"蓄杯"。

"蓄杯"是游戏力的关键词，不仅孩子需要蓄杯，成人也需要，而蓄杯的最好方式，就是为自己找一个倾听者。这个人可以是配偶、朋友，或者心理咨询师，重要的是能够尊重你、对你的话题感兴趣且不会指手画脚教你做事的人。找到倾听者的同时，我们也可以做别人的倾听者，或者相互倾听，轮流帮对方蓄满杯子。

父母要对自己的情绪状态有清醒的觉察，遇到问题要能意识到：我现在有一些情绪需要处理，把自己的情绪问题与孩子的问题分开，先处理好自己的问题，才有力量帮助孩子。

以上就是关于亲子游戏中常见问题的解答。父母要知道，游戏力并不只是"游戏"，而是一种玩耍式的亲子养育方式。它不仅能够帮父母解决眼前的养育问题，更重要的是，它能在潜移默化间塑造孩子有爱、有欢笑地看待他人和世界的方式，它也能帮助父母看到孩子内心的真正需求——对爱的需求、对力量感的需求，然后及时满足孩子，培养亲密感。

生活从不缺少难题，相比硬着头皮迎难而上，有时候需要转一转角度，有时候需要调一调方向，而有时候就是要停下来，对自己做个鬼脸。有时候，笑了，问题就少了。

第3节　了解你的青春期孩子

"每个孩子都需要一个'罗德尼'",美国作家乔希·西普在《解码青春期》这本书的序言中这样写道。罗德尼是谁？其实，就是父母，这里的"父母"未必与被抚养者有血缘关系，但只要他肩负着培育青少年的责任，那么他就符合这本书中所说的父母这个词。

乔希·西普从小就是一个叛逆的孤儿，儿时的经历让他对成人世界充满不信任。进入青春期后，根据规定他被送到寄养家庭生活。寄养家庭的爸爸叫罗德尼，他总是默默地为乔希收拾烂摊子，但乔希并没有因为有人照顾而有所收敛，相反，他的不良行为愈演愈烈。直到有一天，他无证醉酒驾驶，被警察抓进了拘留所。在申请家属保释时，罗德尼对乔希说，"我会保释你，但不是现在，因为我不能在你犯任何错误的时候，就直接把你从麻烦当中揪出来，有些错误需要你自己承担"。第二天，乔希被保释出了拘留所，他心想自己肯定要被赶走了，但罗德尼只讲了一句话，就是这句话改变了乔希的一生，让他开始反思，从此走上合作和学习的道路。

罗德尼说："你视自己是一个麻烦，但我们视你为一个机会。"

这句话同样可以送给每一个拥有青春期孩子的家庭。当父母把孩子视为一个麻烦时，不妨先想想，他有没有可能也是一个机会。青春期的孩子最迷茫，他可能会犯错，会不知所措，也可能会做很多奇奇怪怪的伤害自己和他人的事情，但他依然是一个巨大的机会。乔希·西普长大后成为著名的青少年研究专家，去往各地演讲，并写了《解码青春期》一书，为许多和他有相似经历的家庭带去帮助。这就是我们希望传递给大家的理念：即使再叛逆的孩子，也拥有向上生长的力量。

解码青春期的三种关键思维模式

处于青春期的孩子，荷尔蒙分泌旺盛，主管情感的大脑边缘系统发育成熟，但负责理性控制的前额叶皮层尚未完全发育，这就是青少年情绪多变及做出诸多糟糕行为的原因。作者在剖析青春期问题前，首先向我们讲解了三种关键思维模式。理解青春期的孩子，要从这三种关键思维模式入手。

关键思维模式一：青少年比看起来更需要你

很多父母一看到这句话就觉得不可能："他恨不得一天到晚不用见我，能躲我多远就躲多远。"但是乔希·西普说："你相信我，孩子是在用这种方式试探你。"调查显示，孩子在青春期最担心的事情，实际上是他没有更多时间跟父母相处。孩子发现自己在慢慢长大，总有一天会离开这个家，无法再在父母的庇佑下生活，他对此感到恐慌。在这种恐慌的状态下，他会做出很多试探性的动作。

作者在这里讲了他坐过山车的经历。当他终于坐上期盼已久的过山车时，却惊讶地发现竟然没有安全带，只有一个拉杆可以摁在腿上。他非常担心，于是把拉杆推起来、压下去，推起来、压下去，反复试验。在推压拉杆的过程中，他领悟到，其实自己非常需要那个拉杆。

当一名青少年不确定自己是否需要某个东西时，他会不断确认这个东西到底管不管用。很多青少年虽然表现出对父母的排斥和抗拒，但就像他们推拉杆一样，表面看起来是在推，实际上是想把它紧紧地压在自己身上。所以第一个关键思维模式就是，青少年比看起来更需要我们。

那么孩子的健康成长究竟需要什么呢？作者将其称为"资产"，这里的资产分两类：外部资产和内部资产。外部资产是有利的外部环境和经历，包括：家人的支持和爱；为他人服务的经历，如每周至少一小时的社区服务；明确的规矩和惩罚措施；有效利用时间的意识。那什么是内部资产？那就是积极的性格特征和价值观，包括努力学习、诚实正直、能进行良好的计划和决策，以及具备积极的态度。这两类资产需要父母跟孩子进行大量互动才能提供给孩子。

那么，我们应该如何做呢？

具体来说，首先父母可以和孩子安排专属的约定，比如每周设定一个亲子陪伴时间，在这个时间和孩子进行广泛的交流互动，让他感受到自己是被陪伴着的。面对约定，父母绝不能轻易地取消或更改，我们要成为孩子心中一个靠得住的拉杆，而不是一个随时就会散开的拉杆。接下来，是让约会变得有趣。不必每次都询问孩子的学习和交友情况，这会让他们感到厌烦。你可以安排一次别开生面的周末活动，和孩子一起徒步、打球、看电影、参加读书会活动等，让这个活动变得丰富多彩，这样孩子就会期待和父母一起度过这个专属的约定时间。最后，请记住，不要期待约会永远是顺利的，青少年犯错是一件非常正常的事。失败后在放弃和继续尝试之间，我们总要做出选择，而我们也都知道，人这一辈子没有多少事是不经过失败就能学会的。

希望所有那些误以为子女不再爱自己、想要远离自己的父母知道，孩子的内心其实在不断呼唤你的靠近。你应给予孩子更多的关注与帮助，与他建立专属的约定，让你们彼此能够更和谐融洽地相处。

关键思维模式二：游戏规则变了，你的身份也要转变

十岁前的孩子缺乏足够的自理能力，因此父母的身份更像是一名空中交通管制员，孩子吃什么、做什么、去哪里、和谁玩，都由父母全权安排。当孩子进入青春期，父母就需要找到一个新身份，即"教练"。那么，教练能够替球员上场打球吗？显然不行。同理，我们要知道真正解决问题的那个人，一定是孩子自己，而不是父母。书中有一句话，我认为是至理名言："要么你牢牢地管着他们，要么让他们自己成长，但是，二者不可兼得。"

我相信父母都希望孩子能够自主成长为一个成熟独立的个体，那我们就需要重新理解教练这个身份。教练的身份意味着什么？首先，教练代表着权威。成为教练不意味着放养，而是要在孩子面前建立一个可信的形象，让孩子遇到任何问题都愿意跟你商量。很多孩子经常会和父母说"这是我们老师说的""老师要求的"，意思就是"你说的不管用，我不会听你的"，这其实是孩子跟父母对抗的一种表现。因此，想要做好一名教练，首先要在孩子心中树立权威形象。其次，要意识到教练很重要。做教练不是从空中交通管制员的身份退居二线，相反，这个时候你要加倍打起精神，因为你肩负了一个更重要的职责——教会他。

好的教练有三个特质。

第一，关注个性，而不是只盯结果。

父母和孩子吵架很多都是围绕着"能不能考上大学""这次考试成绩排名第几"等话题。当父母的眼睛只盯着最终结果时，没有哪个孩子能承受得了，他会思考自己究竟是人还是考试机器，抑或是父母谋取成功的工具。一名优秀的教练看中的是学员身上的特质、他的个性成长及未来的发展方向，而不是一次分数或一场胜负，没有教练只盯结果。父母要循序渐进地帮助孩子改善学习方式，树立正确的思想和价值观念，提升他们在每一个环节上的能力，这样他才能够达成自己想要的结果。

第二，故意跟孩子讨论毁灭性失败。

什么是毁灭性失败？酒后危险驾驶，就可能导致毁灭性失败，以及因吸毒过量、街头暴力导致的死亡，也都属于毁灭性失败。这种失败的代价很沉重，但父母已经不能用空中交通管制员的那一套管教孩子了，因为青春期的孩子产生逆反心理后，情况会变得更加麻烦。一个有效的方法是，和孩子多讨论相关话题，比如对他说"我昨天看到一个新闻，有小孩开车出事故了"，跟他探讨事件背后的成因和可能带来的影响，从而让他了解毁灭性失败的严重性。书中给出了一个数据，美国贫困家庭的孩子如果能够做到以下三件事，就有超过 80% 的可能摆脱毁灭性的长期贫困，它们分别是：高中毕业、等到至少二十一岁再结婚、等结婚后再生孩子。为了避免孩子陷入毁灭性失败中，父母要多和孩子开诚布公地讨论这些问题。

第三，用价值观而非情绪来管教孩子。

很多父母没有意识到，他们其实是在用情绪管教孩子。发脾气、拍桌子、摔东西，以及说出类似"我不理你了""你太让我失望了"等发泄性话语都只是情绪表达。只表达情绪是无法向孩子传递价值观的，所以我们常常会看到，父母对孩子发飙，孩子则用更加暴躁的言行顶撞回来，这就是父母的不良情绪传递给了孩子。当我们不知道如何跟孩子沟通时，可以问问自己：我的价值观到底是什么？我希望传递给孩子什么？我为什么反对他做这件事？找到你不希望孩子这样做背后的原因，那就是你的价值观，而不是单纯地生气、担心、烦躁，情绪对解决问题没有任何帮助。

那么，如何成为一名真正的教练呢？

第一，赛前排练。有一年暑假，我把儿子送去参加夏令营。那年他才十岁，没有独自出过远门，我们当然很担心，于是我们就提前在家里边一遍遍演练，问他：你记得我们的电话号码吗？你在当地能找到谁？发生这样的情况你该怎么办？这就是赛前排练，教练要负责全局规划和排练。

第二，比赛期间放手。到了比赛的时候，父母唯一能做的就是放手。比赛需要孩子自己打；人生的路，也要孩子自己走。你可以帮他做好赛前规划、赛后评估，但你不会时时刻刻都在他身边，实际上人生的大部分挑战都需要孩子独自应对，你能做的就是培养他们拥有这种心态与能力。

第三，赛后回顾和评价。在孩子参加夏令营回来后，我们向他了解了那次游学情况如何，并让他总结学到了什么，掌握了哪些技能，下次可以调整哪些地方。这叫作赛后回顾和评价，目的是让父母帮助孩子总结经验，提升技能。

关键思维模式三：父母也需要帮助

在教育孩子时，很多父母会落入以下四种陷阱。

第一，舒适陷阱。父母只追求自己的舒适，对孩子的事不管不问。

第二，认可陷阱。父母对孩子只有认可、讨好、不对抗。青春期的孩子难免会犯错，这类父母的教育方法是只做正面反馈，不断给予鼓励，而不去触碰孩子真正的错误。我们知道，爱在某些程度上就意味着明确的规矩。如果家庭氛围过于自由、没有界限，孩子就会感受不到爱，他会觉得自己无论做什么都没有人在意，他无法从家庭中习得爱与合作，进入集体后也不知道该如何与人相处。

第三，控制陷阱。它是指什么事都是父母说了算。我们经常能看到某些十五六岁的孩子做事情仍然毫无主见，凡事都要征求父母的意见，就是因为他们被控制得太厉害了，失去了独立思考的能力。

第四，成就陷阱。父母只关心孩子有没有赢、拿回了多少奖牌、考上了什么大学、排名有没有进步，陷入了对孩子成就的盲目追求。

这四类陷阱是孩子青春期出现大量叛逆行为的原因。父母可以对照自己的行为，观察自己是否在无意中掉入陷阱，再有针对性地修正言行。

作者在讲这部分时谈到了一个有趣的话题：成年人的傲慢与谦逊。傲慢代表着什么？靠谎言度日。傲慢的人听到"个人能力有限"这句话时，第一反应往往是"这怎么可能，我没有缺陷"，他不愿意承认自己能力有限，只会辩解称"我会更努力"，他听不到别人的声音，也拒绝了别人的帮助。傲慢会营造一种害怕失败、耻于寻求帮助的家庭文化。在这样的家庭中，父母可以做错事，但孩子不行，这就是来自成年人的傲慢。傲慢的背面是谦逊。谦逊意味着以真理为准绳，面对同样的情况，谦逊的人认为这是正常的："我有盲点，也有弱点，我很脆弱，有时会以自我为中心，所以我可能需要一些帮助。"谦逊的父母能够塑造出一种彼此信任、紧密联系的家庭关系，父母和孩子可以相互帮助，共同进步。选择谦逊，并不意味着选择低头，也不会让你变得软弱，相反，它会让你意识到自己的不足，然后更勇敢地战胜它，从而获得孩子的信任。不要做一个傲慢的、从来不会犯错的家长，你可以谦逊，你可以求助，你可以跟孩子一起讨论并解决问题。

一个人要想做成大事，要学会临事而惧。当一件大事要发生时，你内心得有恐惧感，知道这件事情是危险的，你才会认真对待。当我们发现孩子出现不良行为时，我们要予以重视并学习谦逊地处理问题，具体来说：第一，向别人请教；第二，和好朋友交心；第三，组建一个顾问团，你可以组建一个关于孩子怎么度过青春期的顾问团。和其他人经常探讨这类问题，听听其他人的经验和建议，你会发现自己犯错的可能性会大幅度减小。

青春期孩子的不同阶段

这一部分是《解码青春期》里的核心内容，想要了解青春期孩子的特征，掌握这些知识是非常重要的。

11~12 岁："谁喜欢我"阶段

11~12 岁孩子的主要特征是天真多变、缺乏安全感，生活焦点在于如何被他人所接受。

这个阶段，父母的核心作用是提供保障。父母要把握住这段时光，与孩子一起规划探险，为孩子安排有意义的活动，与孩子尽情享受读书、看电影、听音乐的亲子时光，还可以和孩子聊聊自己最大的冒险和失误，孩子其实很想了解父母。我儿子特别喜欢听我曾经的失败经历。有一次我随口提到当年参加乒乓球赛在决赛局输掉的事情，我儿子就让我仔细跟他讲讲。我说打到最后一个球，21：21 平，需要连赢两个球才能赢，但我太紧张了，呼吸都不顺畅了，以至于我把球抛起来准备发球时，竟然一口气把球吹跑了。我儿子听完后没有嘲笑我，他特别理解我，他说："爸爸，比赛的时候是会很紧张的。"这感觉很神奇，就是我在和他分享我的成长经历，但这的确是一个很好的增进孩子对父母认识的方式。

11~12 岁的孩子喜欢学习新技巧，喜欢有挑战性的事情，也渐渐能够理解抽象的概念，比如正义。他们开始从不同的角度看待这个世界，并尝试寻找别人行为的动机。生理上，大脑的快速发育会导致孩子健忘，因此孩子上学忘记带东西可能不是因为粗心，而是因为大脑正处于这个发育阶段。他们会经常和人辩论，但辩论时更多的还是以情感为基础，而不是逻辑，并渴望得到同伴的认可。如果他们有一位同性的挚友，会受益良多。此外，他们开始对异性感兴趣，会尝试亲密的举动，也常常为了合群而掩饰自己的真实情感，做决定时犹豫不决，并比其他任何阶段更容易撒谎，看重感官刺激，轻视坚持和实践的作用。

12~14 岁："我是谁"阶段

这个年龄段的孩子的特点是好奇、易怒、不稳定，生活焦点是寻求自我。

在这个阶段，成人的作用是肯定孩子开始显露的长处。书中提供的建议是：多多鼓励，每天对他们说些鼓励的话；带他们去想去的地方，和孩子在途中闲聊；与孩子一起制定一套条款清晰、得到他们认可的规则，这会帮助你成为一名办事公正的权威人士；在保证尊重的前提下，密切关注他们的行踪，用数码设备和孩子保持联系，并且经常和他们待在一起，不过也要适当地给他们留一些空间。

14~15岁："我究竟属于哪里"阶段

这个年龄段的孩子合群、冲动、喜欢寻根问底，并且可能会特别喜欢研究哲学，爱因斯坦就是在这个年龄段开始读康德的。他们的生活焦点逐渐变成了朋友。

父母要去了解孩子的圈子，最好能够引用生活中的例子来说明交朋友是需要技能的。当然，这不是要教他们讨好他人的技巧，而是要和他们讨论什么是真正的朋友，朋友间的宽容和关心应该是什么样子的，最好结合你的经验来讲。记得父母拥有否决权，你行使否决权时要格外慎重，但在必要时，还是要及时将消极影响扼杀在萌芽阶段，比如孩子要深夜开车出去，又或者你发现他在酗酒，这时候你都要果断制止。同时，父母要给孩子希望，告诉他们不管这一年发生什么，他们自身的价值都不会因此而改变，未来也不会就此定格。父母可以尝试扩大圈子，邀请其他可信赖的成人，抽出时间陪伴孩子。

这个年龄的孩子会像哲学家一样思考，追寻自由是他们的行为动机，所以父母要尽可能让他们自己做选择。至于恋爱关系往往是昙花一现。一些父母一看到孩子跟异性接触紧密，就警铃大作，开始找对方父母谈、找老师谈，让孩子转学或者转到隔壁班，试图把他们分开。但这就像高压锅原理一样，父母给孩子的压力越大，两个孩子就被压得越紧。实际上，在这个阶段，父母只要告诉孩子底线在哪儿，同时给他们足够的自由空间就可以了。没有外部的压力，高压锅里的东西是没法煮熟的。在情感上，选择会让孩子觉得更有信心，而规则则做不到。孩子可能仍然对自己处于变化中的身体感到不安，在行为动机方面也会经历变化，追求刺激的情感经历，迷恋于自我伤害、酗酒、色情信息等，父母要帮助他们应对极端情绪。

15~16岁："为什么我不能"阶段

这个年龄段的孩子叛逆冒险、勇于尝试，最常说的话是"为什么别人都可以，而我不行"，追寻的焦点是自由。

在这个阶段，父母的作用是帮助孩子树立价值观。你需要创造机会，让孩子接触到更多能帮助他们建立正确价值观的成人，观看优秀电影作品是个不错的选择。父母要主动出击，即使孩子把你从身边推开，也要争取他们的信任，给他们写卡片、发信息、腾出时间陪他们高高兴兴地玩。帮孩子建立明确的规则，对孩子说明你的期待及违规的后果，做到言行一致。与他们谈论情感问题，不管他们是否开始谈恋爱，他们肯定有关于恋爱的观点，给他们机会，让他们在没有压力的情境下和你谈论恋爱观。

让他们寻找冒险的机会，不要限制他们的经历，让他们置身于充满挑战的情形中，才能激发潜能。我朋友的孩子在高二时，告诉他爸爸自己打算骑自行车去其他城市旅行，于是他爸爸就带着他一起去骑行。孩子觉得爸爸是他的战友，他们一起冒险、探索世界，所以这个孩子的成长及家庭关系都非常健康。

15~16 岁也是青少年自杀事件的高发时期，他们渴望自由，喜欢与愿意聆听自己想法的成年人交谈。电影《心灵捕手》里的男主角从小在暴力的环境中长大，导致他几乎不信任成年人。后来他遇到了一位大胡子导师，导师愿意倾听他的烦恼和成长的疑惑，慢慢地走进了这个孩子的内心，并挖掘出了他的数学天赋。这个阶段的孩子其实很在意别人对自己具体的赞扬，他能够意识到自己的个人倾向和行为方式，但他可能还无法独立地解决一些复杂的问题，所以父母仍然要留心细节，及时为他提供帮助和引导。

16~17 岁："我如何才能变得重要"阶段

这个年龄段的很多孩子标新立异、理想化、不切实际。他们的生活焦点是自己如何才能变得更重要，即卓尔不群。

在这个阶段，父母的作用是帮助孩子培养才能。这个时期孩子的压力很大，因为他们大多要准备高考。所以此时的关键行动是识别孩子的独特才能和性格特征，把孩子的潜能激发出来，父母同样可以邀请一些值得信任的成年人来帮助孩子。当孩子有消极行为时，父母可以试着提醒他们"你现在的所作所为可不像你自己"，通过指出孩子的行为有违他们自己的价值观，来劝阻其消极行为。不要扼杀他们的梦想，尽管他们的某些想法看起来可能不现实。父母要明确自己的职责，你已经不再是空中交通管制员，而是一名提供帮助、统筹规划的教练。

在这个时期，孩子喜欢研究复杂问题，喜欢冒险和听耸人听闻的经历。他会产生投机的心理和理想化的倾向，很难做长远的打算。我们经常发现，某个阶段的高中生会突然想要跳过学习的步骤直接去工作或者去做些什么事情，对此父母不必太担忧，这是一个正常的心理过渡表现。在情感上，他们会把幽默看作积极沟通的方式，对"我是谁"这个问题，不再像以前那么纠结，可能会比前几个阶段更诚实。说谎是有阶段性的，孩子说谎是因为他不知道怎么办，找不到正确的解决方法。孩子到了 16~17 岁时，慢慢学会了怎么跟大人坦诚地讨论问题，也就不需要说那么多谎话了。

17~18 岁："我将来做什么"阶段

这个阶段的孩子关注未来、积极主动，对未来有畏惧心理，大部分孩子的生活焦点是毕业。

父母的作用是关注他们的选择。对于这个年龄的青少年来说，没有什么比自由地做任何事更令人欢欣鼓舞，也没有什么比没有选择更令人沮丧。而这个阶段的大多数孩子是介于两者之间。父母的关键行动是让孩子平静下来，告诉他们没有必要现在就弄明白整个人生的道路如何走。你可以帮助他们确定最初要走哪几步，对于选择继续读书的孩子来说，父母可以鼓励他思考自己对哪些专业和领域感兴趣，可以带孩子去不同的大学里参观。对于即将进入社会的孩子来说，父母可以与孩子讨论事业方面的话题，帮助他们调查、测试自己的职业兴趣；送孩子去观摩优秀的企业，看一看别人是怎么创业的。不要急于帮助孩子摆脱困境，让他们学会如何应对困境、改正错误，这样才能让他们为将来做好准备。

孩子即将享有前所未有的自由，因此父母应找个合适的时机，移交那份自由，让他们学会自己做主。对于某个特别感兴趣的领域，他们会做得很好，常常会迸发出创造性的想法；而对于处理起来吃力的问题，他们仍然需要父母提供建议。有时孩子可能会过于浪漫或者危言耸听，把情形看得过分严重，对时事和社会问题较为敏感。他们能够解决复杂、步骤繁多的问题，想要自己做主，但也能够尊重别人的意见，平和地与他人相处。他们在情感上也更加稳定，看重自己的坦诚。

如何应对青春期的各种挑战

在这本书中，作者介绍了如何帮助孩子应对青春期的常见挑战，我们在这里重点讨论人际关系、亲子沟通、不良行为带来的挑战，以及孩子在面对电子产品和学校教育时的问题。

人际关系的挑战

孩子在与人交往的过程中，可能会无意间得罪别人，但他不知道自己做错了什么、为什么会给别人带来伤害。

这个时候，我们首先要教孩子学会体谅他人，一个重要的方法就是提问。英国作家约翰·惠特默在他的《高绩效教练》里讲到好的提问是创建觉察，我们可以询问孩子：到底发生了什么？你觉得对方为什么会生气？你认为他们有理由生气吗？如果换作是你，你有什么感觉？用提问的方法帮助孩子建立换位思考的能力，他才能够对别人受到的伤害感同身受。

接下来，鼓励孩子做自我评估。当事件平静下来，让孩子客观地评价一下自己的行为：你觉得你当时做得对吗？还希望自己那样做吗？如果类似的事件重演，你会做出什么不同的选择？让他们进行自我评估，鼓励他们迈出第一步——为做错的事情承担责任、主动道歉，这会促进孩子走向成熟。

然后，帮助孩子学会补救。让孩子懂得做了错事要及时补救，避免伤害持续扩大，父母要和孩子一起思考补救的方式。

最后，劝说孩子学会顺其自然，不要期望他人一定会接受自己的道歉，因为有时候矛盾带来的影响过于深远，已经给对方带来了无法修复的创伤。要让孩子学会不强求对方原谅自己，要诚恳谦逊地表达歉意，并记住这个教训。

亲子沟通的挑战

如果在家庭中，孩子辜负了你的信任，比如偷拿了家里的东西，或者突然花了很多钱，该怎么办？这里有一些建议。

1. 转变看法。父母可以换一种思维方式，从积极的角度来理解这件事情。孩子犯错也许是一件好事，他让这个问题提前暴露出来，就避免了未来出现更加不可收拾的状况。

2. 平息你的怒气、失望和恐惧。只有先让情绪平缓下来，处理问题才会更有效。你可以先从孩子身边离开几分钟，到另一个空间冷静一下。

3. 展示脆弱。孩子往往知道自己做错了事，觉得自己肯定要挨批评了，这时候父母不要再展现出自己的强势，而应该告诉他："我这么担心，是因为如果……，可能会发生……"把后果阐述清楚，告诉孩子自己最担心的事情，以及它可能带来的毁灭性打击。这种沟通的方式就是展示脆弱，当你这样做时，孩子也会向你展示他内心脆弱的一面。这时候他就成为跟你一起解决问题的人，而不是问题的一部分。

4. 让孩子参与讨论。询问孩子："你认为接下来会发生什么？我们如何才能弥补这件事？"父母要让孩子参与到善后事宜的讨论中，而不是单方面地给出惩罚，并且问题的处理方式要能在孩子的行为、损害和后果之间建立清晰合理的联系。

5. 教会孩子通过多交流来获取你的信任。父母是孩子生命中最重要的人，如果孩子失去了来自父母的信任，这将是一辈子的损失和伤痛。父母要让孩子明白，如果想要重新获得父母的信任，只有通过多交流来弥补过去做的错事，才能与父母一起解决这个问题。

6. 从错误中反思。我们询问孩子"从这件事当中我们学到了什么"，不仅是在引导他们对整件事进行回溯和反省，也是在帮助他们培养健康的、富有成效的自我管理能力。

以上是在孩子令你失望的时候，你可以做的事情。当然，我们也可以做一些准备，来规避类似事件的发生。比如，制定一个成文的、明确的家规。家规对于青春期的孩子还是很重要的。在制定家规时，有以下几个关键要素要注意。

首先，我们要在心平气和时而不是争吵时制定家规。大家坐下来，在一个轻松愉快的氛围中讨论这件事。其次，邀请孩子参与，保证双方对家规能达成一致意见。父母不能抱着"我说的话就是家规"的心态来管教孩子，这会让家规变得毫无意义。所以在制定家规时，你可以问问孩子想要的特权是什么，他对父母有什么要求。

请一定记住，家规不光是约束孩子，应该对家庭里所有成员都有约束作用。最后，家规必须写下来，形成条款，让所有相关人员在上面签名，确保出了问题会严格按照家规执行。

青春期的孩子在和父母沟通时，经常会表现得不耐烦，甚至十分抗拒父母的关心，但他们又会反复抱怨父母不了解自己。有一个简单的方法可以改善你和孩子的交流。找一个漂亮的笔记本，写出你想对孩子说的话。注意，笔记本是用来写你想要讨论的问题的，而不是用来表达你对孩子的责骂和训斥的。在睡觉前把笔记本放到孩子的床头，第二天早上整理床铺时，拿过来看看孩子有没有给你留言。这个方法非常适用于那些面对面交流难以开口、不知道说什么的家庭，你们可以通过这个笔记本进行交流，它会成为家里宝贵的仪式和财富。

不良行为的挑战

在孩子青春期时，父母还会面对一个常见的问题，那就是孩子可能做出危险且令人不安的行为。父母要格外注意以下七个关于孩子的信号，它们往往意味着孩子遇到了一些难以处理的事情。

第一个，睡眠突然出现明显的变化，包括难以入睡、睡眠时间减少、夜醒增加、嗜睡等。

第二个，吃饭习惯突然出现明显的变化，比如饭量突然大增或大减。有的女孩进入青春期后，对身体形态的改变感到紧张和陌生，于是疯狂节食，身体越来越瘦，甚至出现厌食症的倾向。

第三个，注意力突然变得难以集中。抑郁会导致注意力不集中，如果孩子的大脑产生了抑郁情绪，他就会呈现出一种心不在焉的状态，精神和身体都会变得疲乏。

第四个，分数突然下降。

第五个，比往常更加易怒。

第六个，日常生活规律出现较大变化。比如，孩子的上学线路或日常规划突然发生了很大的变化。

第七个，社交圈突然出现变化。孩子的生活中突然出现了很多奇怪和陌生的人，这往往意味着一些重大事情正在发生。

这些信号是在告诉你，你的孩子可能正在危险的边缘挣扎。父母要学习识别这些信号，并及时向孩子伸出援手。比如，孩子得了饮食失调症，为了让自己越来越瘦，他变得不愿意吃饭，这时候父母能够做什么？首先，你要理解孩子的自卑感，这是导致他过于看重自己形象的原因。我们需要给予孩子更多的认可，让他在生活的其他方面收获信任和鼓励，这样他才能更加自信，不再去虐待自己的身体。其次，和电视节目的言论进行辩论。如果你发现电视节目的言论不断向孩子灌输瘦才是美的观念，你要在旁边告诉他这是不对的，美是多样的，过于追求瘦只会带来不健康，等等。

电子产品的挑战

　　青春期的孩子非常容易沉迷在网络中，一个可靠且持续的解决方法是陪孩子一起享受没有屏幕干扰的时光，去感受自然、去寻访古迹、去积极运动，让孩子去体会电子产品无法带来的真实且富足的快乐。此外，规定电子产品的使用时间。晚上睡觉前的1~2小时尽量不要让孩子接触电子产品，因为这样可能会影响大脑对休息时间的判断，从而干扰孩子的睡眠节奏。

　　网络欺凌也是父母需要关注的问题。父母要让孩子意识到，他在网上发的所有东西都是他的公开简历。网络时代没有什么秘密和隐私可言，所有在网上发的东西都是透明的。那些不当言论，那些网暴行为，总有一天会被人揭开，成为实施者人生的一部分，并且如影随形地跟着实施者。所以，父母要告诫孩子，不要在网上谩骂别人，不要在网上传播不负责任的照片，那是在伤害自己，在出卖自己。父母可以教孩子使用"祖母批准过的过滤器"准则。这个准则的意思就是，每次在网上发表言论前，问问自己：我发这样的内容，我的祖母会同意吗？这个准则我也在使用，只不过我的人选是妈妈，我会站在我妈妈的视角下考虑发布的内容是否恰当，这其实就是我们给自己制定了一个相对严格的标准。另外一个方法是"再三思考"。什么是再三思考？它代表三个问题：这是真的吗？这是出于善意的吗？这是必须发布的吗？把这三个问题问完，你会发现我们犯错的概率会小很多。

当孩子被网络欺凌时，父母不要对发生的事情轻描淡写，更加不要一味地责备孩子，像"为什么他只骂你""你怎么不把跟人吵架的时间用在学习上""肯定是你先招惹他"这类话千万不要对孩子说。有些仇恨和暴力就是毫无缘由的，我们不应该让孩子去扮演一个完美的受害者。正确的方法是教会孩子屏蔽这些恶意，和那些网络恶霸隔绝开。网络恶霸的目的就是引人关注，因此无论何种回应都会助长他们的士气，我们需要做的就是把这些人从自己的社交圈屏蔽掉。

书中反复提及一句话："你要知道哪些声音要调高，哪些声音要调低。"青少年时期，孩子身边可能围绕着很多价值观不清晰的人。他们是校园里的"霸王"，是街边的小混混，他们的话会让孩子倍感压力。实际上，父母要教孩子调低这些人的声音。因为他们都不是成熟的个体，根本不知道对错，所以对他们的话不必在意。孩子应该调高的声音是来自父母、来自老师、来自主流的社会圈层的评价。

学校教育的挑战

学校教育同样会带来挑战，孩子可能会遇到一名偏心的"坏"老师，遭受不公正的对待或者和老师起冲突，这时应该怎么处理？

面对备课不足的老师：鼓励孩子跟老师进行交流。这类老师可能刚刚上任，对学生的学习目标、评价策略尚无清晰的规划，常常让孩子感到茫然和沮丧。父母可以建议孩子主动找老师谈一谈，明确学习计划和课程安排，不要用"想提高分数"这样模糊的话，而应具体表达："我很想在您的课上好好学习，但我不知道现阶段能做些什么，您能给我讲解一下吗？"

面对偏心的老师：教会孩子谦逊地接受老师的错误。面对老师的失误或偏心，孩子如果一直保持一种傲慢的态度，就会不断放大这个委屈，师生关系也就更加紧张；但如果孩子用谦逊的态度来对待，他会冷静下来思考老师说的话，正面积极地寻找解决问题的方法。

面对刻薄的老师：引导孩子用成熟的态度解除冲突。什么是成熟的态度？就是不要消极对抗。老师同样会犯错，我们不能要求老师百分之百的正确。父母应说服孩子主动找老师沟通，勇敢地表达自己的想法，同时用心倾听老师的意见。

我们不是为了培养一个大学生才送孩子上学的，而是为了帮助孩子找到人生的使命。所以作为父母，面对以上情况，我们要主动跟学校交流。父母和学校有着共同的目标，都是为了培养孩子的学习力、创造力和团队精神，因此父母不必把自己摆在一个过低的位置，应平等诚恳地与校方交流。

此外，还有校园欺凌的问题。关于欺凌的定义，第一，欺凌无一例外，都是一种故意的行为，不存在偶发的欺凌。第二，欺凌是一段时间内反复发生的事情。第三，欺凌总是在双方力量有差异的情况下发生，这种力量的差异可能来自身体、关系、情感或心理方面。面对这种力量差异，大多数受害者不太能够保护自己，所以对于欺凌仅仅跟孩子说"要反抗他们、保护自己"，是不现实的。

欺凌是一种以不断削弱另一个人的积极自我认知为目的的攻击性行为，它的唯一目标就是让对方接受自己是一个弱者。孩子在受到欺凌时，其实特别想知道父母会站在哪一方，但又不敢跟父母说，因为怕受到更多的责骂。一些孩子在走向毁灭性失败前曾向父母求助，但父母并没有放在心上或觉得问题不大，孩子因此认为父母是不可信的，不会站在背后支持自己，最终酿成了不可挽回的悲剧。

当孩子说自己遭受欺凌时，家长千万不要置之不理，也不要释放否定信息，即刻意轻视某一描述或者描述者的信息。这种轻视的表现很微妙，比如一些父母会说："你对他做了什么呢？""你为什么不保护自己呢？"在孩子看来，这些语言都是在指责自己。孩子已经遭受了欺凌者的贬损，我们不要让他再遭受一次。在你面前的是一个情绪激动的青少年，不管他的描述是否完全符合实际，关键是这个描述是通往真相的桥梁。父母要信任自己的孩子，要尊重他，不要总批评他。

面对欺凌，首先要让孩子明白：生活中出现痛苦是一件正常的事，人在一生中总会经历各种痛苦，但你不是一个人在战斗。其次，和孩子分享能够体现你坚韧品质的亲身经历，为孩子注入排除困难的勇气。然后，带孩子参与一些能够增强韧性的辅助活动，比如远足、爬山。你可以向他讲解那些古老的建筑为什么能屹立百年，是因为它的两侧有加重的承重扶壁，用这种方式给孩子传递正面的价值观，教会孩子哪些声音需要调高，哪些声音需要调低。最后，如果出现了人身伤害的状况，我们要立即介入，可以报警或寻求校方的帮助，但不要以暴制暴。

　　每个人都会经历青春期，那可能是一段想起来就会令全家人头疼的阶段，但我们最终都会成长为一个成熟而独立的大人。对父母来说，教育孩子成长是一个复杂体系，这意味着我们没有办法通过盯住孩子的每一个动作来解决问题，我们能做的只有转变思维模式，然后留心观察他们在每个年龄阶段的特征，引导他们应对各种挑战。正如作者提醒的那样，把孩子培育成值得尊敬的成年人，归根结底要靠对他们投入心血，给予其成长所需的空间、时间和各种支持，这就是解开青春期密码的关键。

第4节　最好的家教是父母联盟

孙云晓、李文道《好爸爸修炼指南》课程精编

有一天，我（本文中的"我"均为孙云晓）在北京一所小学里讲课，讲完后打车回家。载我的出租车司机是个中年男人，很热情，也很健谈，聊了几句后，他就问我："您是干什么工作的？"我说："我是做儿童教育研究的。"他一听，特别惊讶地看了我一眼，说："大男人也管儿童教育？"我知道他有个女儿后，就问他："怎么？您在家里不管孩子教育吗？"他摇摇头，说："管孩子都是她妈妈的事儿，我的任务就是挣钱。"

那一刻我就在想，这可谓是父教缺失的"形象代表"了。

对于孩子来说，父教也就是来自父亲的陪伴和教育，是不可缺少、不可替代的，但问题是，家庭教育中父教缺失已经成为十分普遍的现象，这种现象也对孩子的成长造成了很多负面影响。奥地利心理学家麦克·闵尼曾用实验证明：与一天中与父亲接触不少

于两小时的孩子相比，那些一周与父亲接触不到六小时的孩子更容易产生情感障碍，出现焦虑、自尊心低下、自制力弱等情况，并且容易产生攻击行为，成年后还容易有许多不良的生活习惯、心理问题等。

父亲的陪伴和教育为什么如此重要？

美国心理学家罗斯·派克在《父亲的角色》一书中写道，儿童的发展有两个重要目标，一个是亲密性，另一个是分离性。母爱的天然优势就是亲密、连接，而父爱的天然优势就是分离、独立，这种分离和独立也意味着孩子要懂得责任、能够承担、更加坚强。父母对孩子的教育是一种互补，也是一种完美的结合，这种互补与结合既为孩子提供了成长的榜样，帮助孩子了解男人与女人、丈夫与妻子、父亲与母亲不同的责任与义务，又让孩子从父母的关系中去理解爱情、婚姻和家庭的意义。这是一种很深刻也很深远的影响。

如何尽好父亲的责任，给孩子更好的陪伴和教育呢？

我认为最重要的是先了解父教的重要性，尽可能多花时间陪伴孩子，与孩子建立牢固的亲子依恋关系，帮助孩子形成积极的个性品质和各项能力。这是教育的起点，也是爱的根基，是孩子成长过程中非常关键的环节。

孩子需要父亲的陪伴，这里的陪伴不是指物理距离上的靠近，而是指心理的靠近。真正有效的陪伴是陪伴孩子的心灵，这需要我们成为一位理解孩子的、理性的父亲，懂得孩子成长过程中的个性

差异和潜能优势，给予孩子特别的关注、理解和支持。希望每位父
亲都能认识到自己的这个角色有多么重要和不可缺位，用正确的方
法，做个懂教育、会陪伴的好父亲。

父教所具有的独特价值

我们来看三组数据。第一组数据来自美国一个权威机构的调
查：美国很大比例的少年犯来自单亲家庭，父亲忽视对孩子的教
育。这种现象在中国也同样存在，多年前北京曾发生过一次惨痛
的"蓝极速网吧"事件，有 25 个年轻人在事故中被烧死，纵火者
是几个中学生，都来自父教缺失的单亲家庭，这个教训是非常惨痛
的。第二组数据是美国前总统奥巴马在一次演讲中列举的数据，他
指出，父教缺失的孩子未来放弃学业、出现各种问题的概率是拥有
父教的孩子的 9 倍，同时这些孩子将来犯罪的可能性是其他孩子的
20 倍。第三组数据来自中国青少年研究中心，其经多次研究后发
现，85% 有网瘾的孩子在成长中存在父教缺失。

面对这三组数据，我相信很多父亲都希望自己能够做个合格的
父亲，好好陪伴孩子健康地长大。那么，父教对于孩子的成长是否
有着独特的价值呢？答案是肯定的，下面我们来一一介绍。

父教对于孩子的成长有三个独特价值。

第一，父亲是男孩最直接的榜样

分享一个非常耐人寻味的案例。在南非国家公园，工作人员发现一头小公象本来很温顺，但有一段时间，这头小公象变得很暴力，经常无端发脾气，袭击其他动物。后来工作人员分析发现，原来因为公园里的公象太多了，他们就杀掉了一些。公象有个特点，那就是会调教小公象与其他"伙伴"和平相处，但一些公象被杀掉后，很多小公象就失去了父亲，失去了榜样，变得暴力起来。后来公园又购入了几头公象，让它们与小公象生活在一起，小公象的攻击性慢慢减弱了。

人类社会也有非常类似的特征，即男孩是非常需要父亲的养育和陪伴的。一个男孩在成长过程中，父亲就是他的榜样，父亲的一言一行都会影响他。男孩也会模仿父亲的样子去学着为人处世，学习与这个世界相处的方法。

因此，作为父亲，首先就是要为孩子做一个好榜样，要求孩子做的事，自己首先要做到；不让孩子做的事，自己带头不做。

上海市教育科学研究院家庭教育研究中心主任郁琴芳女士曾专门组织人访问了一批父亲，其中有一位父亲让我印象深刻。这位父亲是上海嘉定区的一名公司职员，家里有一个男孩。从孩子出生起，他就坚持照顾孩子，积极与孩子培养感情。平时只要不出差，他下班后就回家陪伴孩子，自觉自愿地与孩子一起成长。在儿子上一年级时，他就跟儿子"拉钩相约"：儿子如果好好学习，爸爸就戒掉抽了十几年的烟；儿子坚持天天打乒乓球，爸爸就坚持每天游泳。很多人觉得他也就是随口一说，根本坚持不了几天，没想到他真的坚持了下来，戒掉了吸烟的习惯，每天都会去游泳，以此鼓励儿子。结果，儿子长期坚持打乒乓球，后来还参加了全国比赛。

你可能觉得这就是一些小事，但其实孩子每天都在观察父亲所做的那些小事。只有父亲先做到，孩子才能做到，这就是父亲对孩子最直接的影响。

中国青少年研究中心曾做过大量研究，发现在学习方面，男孩最喜欢的学习方式有四种，分别为运动、动手操作、使用电脑和参与体验，而这几种恰恰是父亲的优势。父亲经常在这些方面陪伴男孩、支持男孩，就会成为男孩心目中的榜样，也会对男孩的成长带来积极的影响。

第二，父亲是女孩发展的定海神针

父亲几乎是女孩接触到的最早、最亲密、最长久，也是印象最深刻的异性，没有人像父亲那样，在女孩的整个青少年时代都深刻地影响着她们的生活。这个世界是由男女共同构成的，任何一个女孩想要成长，想要认识这个世界，想要在未来更好地发展，父亲都是她认识男性世界的一个桥梁。

说起父亲对女孩的影响，我想起了乒乓球世界冠军邓亚萍的经历。邓亚萍五岁开始打乒乓球，但她刚开始打球时有个问题，就是输了球会很急，不依不饶，非要马上赢回来才行。她父亲发现她这个问题后，并没有像其他父亲那样告诉她不要着急，打球就是有输有赢等，而是直接告诉她，她输在什么地方、原因在哪里，她要如何改进、练习。

后来省队来招人，邓亚萍落选了，很沮丧，也很委屈，这时她父亲也没有安慰她，而是问她："你知道为什么你落选吗？因为你个子太矮了，跟其他人比不具优势，那你还想不想打？"邓亚萍回答"想打"。于是，父亲立刻给她制订了严格的训练计划。两年后，邓亚萍终于进入了国家队。

后来我看邓亚萍打球时有一个非常明显的特点，就是气势夺人，充分发挥自己的优势：凶猛、顽强、执着。这与父亲以前要求她直视自己的弱点，逼她挑战自我，用科学的方法训练是分不开的。可以说，是父亲培养了她坚强的人格，为她后来的成功打下了坚实的基础。这位好父亲扮演了女孩发展的定海神针。

作为父亲，如何更好地陪伴女儿成长？我给各位父亲的建议有以下几点。

第一，重新理解传统的俗语，如"男孩穷养，女孩富养"等。很多人对这句话有误解，认为男孩应该多吃苦，女孩要多享受，其实不然。"女孩富养"的真正含义是：要给女孩更丰富的精神滋养。中国青少年研究中心调查发现，女孩在成长中更喜欢阅读和情感交流，所以父亲应该特别关注女孩的这些需要，通过读书、交流等帮助女孩丰富她们的内心世界，同时帮助她们学会以女性的视角去认知异性，这将有助于她们将来的情感、恋爱与婚姻关系的发展。

第二，给女孩提供丰富多彩的体验机会。无论是邓亚萍，还是其他优秀女性，都是在长期丰富的生活体验中成长起来的，而父亲的陪伴、支持与鼓励，对她们的成长至关重要。

第三，在女孩发展的一些关键点上给予支持和引导。人生有很多节点，女孩对于如何放飞自己的梦想，大胆去追求自己的未来，有时是会产生很多困惑的。这时，父亲一定要支持女孩去勇敢地做出选择和行动，并且让女孩知道，在遇到困难和危险时，父亲就是她们最可靠的臂膀和坚实的后盾。

第三，爸爸爱妈妈，孩子更出色

很多父亲不理解，教育孩子与爱妻子有关系吗？我要告诉你的是，两者之间有着非常直接的关系。因为你爱妻子，妻子状态好，家里的氛围就好，这对于孩子的成长和发展是至关重要的。

我曾经对美国西雅图太平洋大学脑科学应用学习研究中心主任约翰·梅迪纳教授做过访谈，在研究他的资料时，我发现了一个小故事。有一次，他在西雅图的一次演讲中讲到了家庭教育问题，台下有位父亲就非常着急地问："教授，您就告诉我，我怎样才能让我的儿子考上哈佛大学。"梅迪纳教授想了想，回答说："回去好好爱你的妻子。"

梅迪纳教授是一位脑科学家，对人的神经系统、脑神经、情绪等方面做过大量研究，他对我解释说："按照心理学的研究，评价学业成就最重要的指标是家庭情绪的稳定性，而家庭情绪的稳定性大部分可以被父母关系所预测和验证。"简单来理解，就是家庭情绪的稳定对孩子的智力、情感发展及学业成就等有着直接影响和巨大帮助。所以，一个好爸爸一定是很爱自己妻子的人，这句话是有科学依据的。

我问梅迪纳教授："按照您的说法，是不是夫妻关系排在第一位，亲子关系排在第二位呢？"他的观点是，夫妻关系和亲子关系的优先等级是一样的，但确实有一个先后顺序的问题，夫妻关系好了，才有可能建立好的亲子关系，或者说夫妻都很重视亲子关系，反过来又会促进夫妻关系。

当然，夫妻之间的问题可能比较复杂，这需要爸爸们在这方面多做些努力。我认为，爸爸们至少应做到下面两点。

第一，精心维护和谐的夫妻关系，促进家庭关系的和谐与亲密。多关心、尊重、爱护妻子，多帮助妻子排忧解难，这样才能建立融洽的家庭关系，为孩子做一个好榜样。

第二，用良好的夫妻关系带动亲子关系，经常在孩子面前表达对妻子的爱和尊重，让孩子知道，爸爸是永远爱自己的家庭、爱自己的妻子和孩子的。当孩子感受到爸爸对家庭、对妈妈和自己的爱时，他才能慢慢学会如何爱自己的家庭和父母，这也是在为孩子树立一种价值观。

需要注意的是，如果你和妻子发生了冲突，一定要让孩子看到你们和解的过程，这也是孩子学习与家人相处、沟通的重要方式。夫妻之间的行为和彼此的关系，是每一个孩子必读的一本书，影响深远，就像梅迪纳教授所说的："爱妻子，就是爱孩子。"一个好父亲首先要学会了爱自己的妻子，接下来才会正确地爱自己的孩子。

再忙也能陪伴孩子成长

很多父亲会说："我也很想好好陪孩子、教育孩子，可是我平时太忙了，根本没时间！"

工作忙碌可以理解，但仔细想想，工作不是全部。如果你认为教育孩子是一件很重要的事，养育孩子不能缺席，相信你一定会想办法克服困难。

我曾到青岛大学讲了一次家庭教育课，其中特别讲到了父教的话题。讲完后，当地一家企业的一位女经理找到我，跟我分享了她的成长经历。在她小时候，她的父亲曾支援青海，很多年不能陪在她身边，但她却认为父亲是最爱她的人，也是她成长过程中最重要、对她帮助最大的人，原因是她父亲在外工作期间，曾经与她通过两千多封信。从她刚上小学起，父亲就鼓励她用拼音跟自己通信；后来她会写字了，父亲每次收到她的信，会认真地告诉她，她信中的哪个字写得好、哪句话表达得好、哪个地方写错了，下次要改过来。最后，父亲还会在她的信背面给她回一封信。就这样，她与父亲一直通信到她上大学，从未间断。她与父亲的感情也完全没有因为距离而疏远，她甚至比很多父亲在身边的孩子更爱自己的父亲。

你们看，这位父亲即使在距离女儿千里之外的地方工作，也完全没有缺席女儿的成长。这是不是能够说明，即使再忙，父亲也是可以陪伴孩子成长的？

无论在什么时候，忙碌都不是不能陪伴孩子的理由，如果你真的不想缺席孩子的成长，有一个最简单又最根本的办法，就是心中真的有孩子，不管做什么，都能一直牵挂着孩子，知道你的孩子在想什么、做什么、需要什么。我记得我女儿上小学时，我也经常出差。有一次，我发现女儿往我的旅行包里放了一张她的照片，还告诉我说："爸爸，你出差到很远的地方也不能忘了我。"后来不论我到哪里出差、出差多久，我都会给女儿打电话、买礼物，让女儿知道，我一直都是想着她的，所以我跟女儿的关系一直都很好。

忙碌是这个时代的特征，这是无法改变的事实，关键是爸爸们如何在这忙碌的生活中找到平衡，承担起教养孩子的责任。在这方面，我有三点建议。

第一，态度永远是第一位的。在孩子成长过程中，父亲应该协调好职业发展与教养责任之间的关系，宁可让自己的职业发展慢一些，宁可做出一些牺牲，也不要错过孩子成长的关键期。

第二，爱的城堡是由时间筑成的。"爱"是一个动词，是由时间和质量构成的，有些父亲上班时几乎不跟孩子联系，下班回到家后，即使有时间守着孩子，也是抱着手机自己玩，根本不知道孩子在想什么、需要什么，与孩子完全没有沟通。在这种情况下，即使你有再多的时间陪孩子，你也难以走进孩子的心里。

所以，如果你平时很忙碌，难得有时间陪在孩子身边，那么当你有时间的时候，就要耐心地跟孩子沟通交流，倾听孩子的话，做一些孩子喜欢做的事，陪孩子玩一些他喜欢的游戏，这样孩子才能体会到爸爸的关心，感受到爸爸是真正爱自己、在意自己的。

第三，把孩子的事务列入自己的日程表内。很多父亲认为孩子的事都不如自己的工作重要，但对于孩子来说，很多事情却是意义非凡的，比如他的第一次登台演出、他的第一次比赛、他的第一次获奖、他的毕业典礼等，这些时刻，他都希望爸爸能看到，爸爸能为自己加油打气，自己能跟爸爸分享喜悦。这些在父亲看来似乎并不重要的事，对孩子而言却是非常重要的。

对于孩子认为的这些重要的事情，父亲可以把它们列入自己的日程表内，提前安排时间，陪伴孩子度过那些难忘的时刻，让孩子感受到自己在爸爸心中很重要，这样孩子也会从心底喜欢爸爸、感激爸爸。

　　总之，只要有心，爸爸们就可以找出无数种向孩子表达关爱的方式、方法。陪伴孩子的任何一个时刻，对于忙碌的爸爸们来说可能微不足道，但对于孩子来说却可能是难忘的，也是这些时刻为孩子一点点建立起的安全感、信任感，帮助和引导着他们和谐、健康地成长。

不强悍的爸爸同样很棒

　　在传统观念中，人们认为父亲的形象应该是伟岸的、强悍的，但也有一部分父亲，自身能力有限，并不是社会竞争中的佼佼者，甚至还经常败下阵来。作为"不强悍"的父亲，能不能胜任一个好父亲的角色呢？要怎样才能有效地陪伴孩子，成为孩子的榜样呢？

　　我看过一位女士写的文章。她小的时候，经常觉得自己的爸爸很"窝囊"，什么都干不成，让她很失望。比如说，爸爸有时修个自行车也修不好，只能推到修车铺去修；有时不小心弄破了手，也要"哎哟"半天。她觉得爸爸完全没有男子汉气概，太懦弱，太矮小，更别说跟那些当厂长或公务员的爸爸去比较了。

　　后来还发生了更糟糕的事，因为爸爸所在的工厂改革，一批工人要被分流，她的爸爸就被分流去当了一个交通协管员，收入比之前大大降低，这让她更加认定自己的爸爸很没用。不仅如此，爸爸还经常对孩子们说："爸爸就这点儿本事，你们将来要是考大学，我怎么都会支持你们，但如果你们考不好，我可一点儿办法都没有！"

这位女士说，从那时起，她就发誓长大后一定要做个完美的母亲，给自己的孩子最好的生活、最好的教育，不让孩子受苦、操心。后来她也真的很争气，考上了大学，找到了一份很好的工作，把家庭、孩子都照顾得很好。但有一次，她在签订一份合同时，因为疏忽导致公司赔了好多钱，她被公司解雇了。她的爸爸听说这件事后，就来到她身边，安慰她说："其实完美的父母不一定对孩子都有利，有不足不可怕，而且跟有不足的父母生活，孩子可能更有收获。你看，爸爸这么无能，却培养了你这样一个能干优秀的女儿。"这句话让她开始反思，她觉得正是爸爸的"不能干"，才激发了自己的"能干"，而且爸爸在孩子面前永远都那么真实自然，不会的就是不会，受伤了也会呻吟，但这却丝毫不影响他对女儿的爱。

跟大家分享这个案例是想说明，父亲并不意味着一定要"高大上"，不一定必须很伟岸，不一定收入丰厚、有名有利、无所不能。很多教育专家都提出过一个观点：好的父母最好只有"一只手"。因为父母如果只有"一只手"，就有很多做不了的事情，这时就会激发和推动孩子去做，孩子就会变得很能干、很有担当。所以，爸爸不一定都是强悍的、高大的，即使不强大，也一样能成为一个好爸爸，陪伴孩子健康长大。

如果你也处于这类爸爸的行列中，我给你的建议如下。

第一，从孩子很小的时候开始，就不要总是对孩子的事情包办代替。凡是孩子能自己做的事，就让他自己去做，爸爸只要陪在孩子身边，保证他的安全即可，这也是著名教育家陈鹤琴先生的观点。大人后退一步，孩子就能前进一步。给孩子充分的成长空间，相信孩子的潜能，孩子才能成长得更好。

第二，为孩子展示一个真实的世界，不要故意在孩子面前装出很强大的样子，把自己扮成一个胜利者。其实，很多爸爸都不是很厉害、很强悍的，所以没必要在孩子面前伪装，把真实的自己展现在孩子面前就好。当然，我们还是要不断进步、不断反思的，虽然我们有很多缺点，但我们改变和完善的过程同样可以为孩子做一个好榜样。

父母表现出自己不能干、干不了的时刻，恰恰是可以促进孩子成长的时刻。这样能够给予孩子更大的发展空间，促使孩子去尝试、去闯荡，这其实是一种大智慧。就像前文案例中的爸爸那样，他虽然好像没什么大本领，甚至有些笨笨的，但在关键时刻仍然可以陪在孩子身边，给予孩子勇气和力量，从他的身上，我们同样可以看到教育的智慧和人格的力量。

最好的家教是父母联盟

父亲对孩子的教育虽然重要，但孩子发展中有两个关键指标，除了父亲给予孩子的分离性、独立性，以培养孩子独立、勇敢、担当、责任等品质外，还有母亲给予孩子的亲密感、联结感，以培养孩子细心、善良、合作等品质。这两类品质恰恰是父母所具备的不同优势，所以要培养孩子健康成长，就需要父母的合作联盟帮助孩子全面成长，这才是最好的家庭教育。

但在现实生活中，很多家庭往往都是妈妈担负着照顾孩子的主要责任，孩子跟妈妈的关系比跟爸爸更加亲密，有的孩子甚至整天黏着妈妈，不喜欢爸爸。曾经有个两岁孩子的妈妈在《父母必读》杂志上倾诉自己的烦恼，说全家三口人一起看电视时，如果自己坐在孩子和爸爸中间，孩子就不愿意，妈妈和爸爸必须分开坐才行。出去玩时，孩子走累了，妈妈想让爸爸抱抱孩子，爸爸不愿意，而孩子也不想找爸爸，只要妈妈抱。这位妈妈就很烦恼，很多照顾孩子的工作想让爸爸帮忙，爸爸不积极，同时孩子也不愿意亲近爸爸，甚至直接说不喜欢爸爸、不要爸爸，她很想知道这个问题该怎么解决。

实际上，这个问题在很多家庭都存在，孩子与母亲像是共生体一样，连接紧密，而爸爸像是个外人，容易遭到排斥。尤其在孩子很小的时候，很多家庭里妈妈承担了大部分照顾孩子的工作，比如喂奶、哄睡、陪玩等，这也让孩子对妈妈的依恋更深，爸爸总体上参与较少。在这个过程中，孩子也会观察妈妈对其他人的态度，有时妈妈不说，孩子看妈妈的表情也会明白。如果妈妈经常数落、指责爸爸，孩子就会认为爸爸是不好的，自己不喜欢爸爸；而爸爸因为经常被妻子否定，慢慢也就不愿意参与照顾孩子了。久而久之，爸爸与孩子的关系就会变得疏远，不再亲密。

针对这个问题，著名心理咨询专家李子勋教授曾做过一个分析，他说："母子连为一体排斥父亲的现象，本质上是母亲害怕失去孩子的焦虑，继而放大了孩子对父亲的排斥和愤怒。"对此，他还提出了一个对策，就是当孩子排斥爸爸时，妈妈要稍微冷落孩子一下，比如表现出不高兴，让孩子知道这样是不对的。同时，妈妈还要鼓励爸爸参与育儿过程，给爸爸分配一些任务，肯定他的进步。分工之后，需要爸爸陪孩子完成的事情，妈妈就不要参与，让孩子和爸爸一起去完成。

说到这里，有一位妈妈在处理这方面的问题时堪称楷模，她就是美国麻省理工学院原中国总面试官蒋佩蓉老师。蒋老师是一位成功的女性，更是一位很有智慧的女性，我听过她的很多次演讲。在演讲中，她经常会提及她的家庭、她的先生，并且会特别强调一句："我们家林先生是家里的大英雄，他的贡献很大。"可以看出，她非常注重夫妻关系，对先生非常尊重和推崇，甚至赞誉有加，不会因为自己成就大就忽视先生在家庭中的地位和对家庭的贡献。

有一次，我应邀参加北京四中组织的一个活动，蒋老师一家也参加了。在活动最后一个环节，蒋老师一家一起登台演出。这时我发现，他们在台上的分工特别明确，有的弹钢琴，有的打鼓，有的吹号，配合非常默契，气氛也十分热烈。你简直无法想象，怎样一个家庭才能组织起这样一支乐队，并且全家一起来完成这样一次愉快的演出。

从前面那位妈妈的烦恼到蒋老师家庭的故事，我们可以发现一条规律：家庭的本质是家庭关系，所以做好家庭教育的关键是你要先把成员之间的关系捋顺，而这个关系中最核心的就是夫妻关系。夫妻之间相互尊重、相互支持、相互配合是很重要的，夫妻关系好，你就不用担心孩子会不好。能够相互支持、相互尊重的父母，不但能给孩子做一个好榜样，还能在孩子面前树立权威，赢得孩子的尊重；而且好的夫妻关系也会帮助孩子获得很好的人生发展，很多女孩甚至会因此而产生这样一种想法，就是长大后要找一个像爸爸一样的伴侣，因为她知道自己的爸爸是有爱心、有责任感的人，是一个能够让人感觉安全、可以信赖和依靠的人。

孩子是看着父母的背影长大的，而且他们还有一门共同的"必修课"，就是研究自己的父母，从对父母关系的观察中去思考什么是爱情和婚姻，什么是生活和社会，这要远比你对他说教，给他讲一堆大道理更有效。所以，只有父母联盟，共同建设一个幸福、和睦的家庭，才是给予孩子最好的陪伴和最好的家教。

争取资源完善父爱教育

　　虽然有充分的理由表明父亲一定要尽职尽责，给予孩子充足的爱与陪伴，但从客观上说，确实也有一些父亲由于各种原因顾不上孩子，比如父亲常年驻外工作，或是父母离异，孩子跟随妈妈生活等，使父爱不能很好地呈现。而孩子的成长是不能等待的，特别是在童年和青春期，孩子非常需要父亲的陪伴和引导。在这种情况下，不管是孩子的妈妈还是其他监护人，都需要积极寻找各种资源来弥补孩子缺失的父爱，完善父爱的陪伴和教育。

　　说到这里，我想到了美国游泳运动员菲尔普斯。在 2008 年奥运会上，菲尔普斯一人拿到八枚游泳金牌，被人们称为"飞鱼"。但是，大家可能并不知道他为什么会学习游泳，并且会那么优秀。我后来研究了菲尔普斯的资料。在菲尔普斯九岁时，他的父母离异，他跟随妈妈生活。那时的菲尔普斯学习很不好，还被诊断患有多动症，这让妈妈很发愁。但妈妈发现，他在游泳方面非常有天赋，于是就给他找了一位男教练鲍勃，让鲍勃教他游泳。

　　这个人算是找对了，鲍勃虽然游泳水平不是很高，但他是学心理学专业的，对人的心理很了解，指导菲尔普斯也有一些独特的方法。菲尔普斯很好动，他就给菲尔普斯加大运动量，对他进行大量的训练，有时还刻意考验菲尔普斯。菲尔普斯十几岁时，有一次参加游泳比赛，鲍勃故意把菲尔普斯的泳镜踩坏，使他来不及更换，想看看他如何应对，而菲尔普斯就靠自己的双臂摆动次数来判断自己距离终点还有多远。令人没想到的是，这一幕在北京奥运会期间竟然重现了，当时不知为何，比赛刚一开始，菲尔普斯的泳镜就坏了，于是他凭借之前的经验，顺利到达了比赛终点，还获得了冠军，创造了一个奇迹。

后来菲尔普斯结婚成家，当得知自己马上要当爸爸后，立刻放下工作，飞到妻子身边，陪伴她到孩子出生，并且说孩子的出生是给予他的一个巨大恩赐，让他万分珍惜。可以说，教练鲍勃在菲尔普斯成长的过程中发挥了很大的作用，不但让他发挥了自己的技能特长，还给予了他父亲般的陪伴，丰富了他的情感生活，在一定程度上起到了与父亲一样的作用。

所以，在父亲确实无法陪伴孩子成长的特殊情况下，家长应积极寻找和争取教育资源，让孩子获得缺失的那部分爱、陪伴和指引，这对于孩子的成长来说也不失为一种有效途径。如果你也有类似的处境，那么我给你的建议如下。

第一，十岁以前是孩子成长的黄金时期，教育孩子的最佳时期也是在十岁以前。这个时期对于孩子来说，是一个情感依恋和心理崇拜形成的关键时期，帮孩子打好基础、学会明辨是非、养成习惯非常重要。作为父亲，应尽可能地克服困难，承担起陪伴和教育的责任。每个人都有很多重要的事情，但对于最重要的事情，永远都会有时间。如果你觉得陪伴孩子成长是最重要的，那么你就一定能克服困难，想各种办法陪伴孩子成长。

　　第二，如果父亲确实没办法陪伴孩子，那么可以委托其他男性长辈，如孩子的爷爷、姥爷、叔叔或舅舅等，来代替父亲陪伴孩子成长。或者孩子的妈妈积极主动地去寻找可能的资源，就像菲尔普斯的妈妈为他寻找一位男性教练一样，让他代替父亲的角色陪伴孩子成长。当然，也不是随便一个男性就能担任这个角色，他一定要是一个有爱心、有道德、有责任感和有教育素养的人。

　　第三，不管孩子处于什么样的情况下，父母都要关心孩子教育的质量。不管是委托长辈代为照顾孩子，还是找一个像教练一样的人培养孩子，都不意味着自己就没有责任了。如《家庭教育促进法》所规定，父母或其他监护人是未成年孩子成长教育的主体责任者，需要用心关注孩子的成长。

　　其实，任何一个男性都不是天生就会做父亲，想要有效地陪伴孩子成长，就需要自觉、不断地修炼。我从1973年年初开始做儿童教育，后来又做家庭教育研究，至今快五十年了。在近半个世纪的经历和探索中，我一直在想一个问题：作为父母，我们靠什么教育好孩子？是靠高学历、高收入、高社会地位吗？都不是。高学历的父母未必能教育好孩子，高收入家庭的孩子也未必有出息，高社会地位的人的孩子也可能会出问题。

　　经过多年研究和实践，我发现，决定你教育孩子成败的，其实是你的教育素养，也就是你在教育孩子过程中的理念、方法和能力。所以，想要陪伴孩子健康成长，你就要不断提升自己的教育素养，在陪伴孩子的过程中不断学习、不断进步。养育孩子的过程，也是一个男人、一位父亲走向成熟的过程，在这个过程中，如果你没有尽到责任，你就永远长不大，永远是一个不成熟的、缺乏责任感的、没有育儿经验的父亲，永远是一位不合格的父亲。对于母亲来说，也是如此。

　　在此，希望所有父母都能把教育孩子、陪伴孩子成长当成是一件非常重要的事情，一件稍纵即逝、错过就无法弥补的事情，真正重视起来，努力帮助孩子形成健康、健全的人格，拥有一个更加美好的人生。

光尘
LUXOPUS

樊登读书
育儿指南

唤醒孩子的
内在成长

樊登读书

编著

国文出版社

·北京·

图书在版编目（CIP）数据

樊登读书育儿指南．唤醒孩子的内在成长／樊登读书
编著．--北京：国文出版社有限责任公司，2024.4
（2024.5重印）
 ISBN 978-7-5125-1624-3

 Ⅰ．①樊… Ⅱ．①樊… Ⅲ．①家庭教育 Ⅳ．①G78

中国国家版本馆CIP数据核字（2024）第074519号

樊登读书育儿指南

作　　者	樊登读书	
责任编辑	侯娟雅　张　茜　戴　婕	
责任校对	姜　山	
出版发行	国文出版社	
经　　销	国文润华文化传媒（北京）有限责任公司	
印　　刷	文畅阁印刷有限公司	
开　　本	880毫米×1230毫米	32开
	26印张	508千字
版　　次	2024年4月第1版	
	2024年5月第2次印刷	
书　　号	ISBN 978-7-5125-1624-3	
定　　价	177.00元（全三册）	

国文出版社
北京市朝阳区东土城路乙9号　　　　邮编：100013
总编室：（010）64270995　　　　传真：（010）64270995
销售热线：（010）64271187
传真：（010）64271187-800
E-mail：icpc@95777.sina.net

推荐序

花海中的蜂鸟

李跃儿

很久以前我看视频的时候，注意到一个爽朗的小伙子，他坐在一个像是大车间的空荡荡的厂房里，面对镜头侃侃而谈，分享对一本书的看法。看到他的第一眼，我就被他吸引住了，津津有味地看完了那段视频。后来，我去网上搜索这个人是谁，才发现原来他叫樊登，经常通过解读一本书的方式为人们介绍好书，而听他讲书在当时已经成为一种潮流。

樊登讲的书涵盖各个领域，我注意到其中最多的是哲学思辨、历史文化、心理情感、职场成长、亲子育儿这几个方向，比如分享心理学的新发现、对历史和当下的感悟，讨论如何运营公司、如何进行时间管理和目标管理等。那些没时间读完一本书的人，可以通过听樊登讲书，用四十分钟的时间知道书中说的是什么，而且樊登能够把一本书的精华清晰地梳理出来，把书中的趣味点罗列出来，供听众享受。如果听众觉得不过瘾，还可以赶紧买一本书细读，也许就会发现樊登没有发现的细节，或者被樊登的发现所启发，点亮头脑中的"那盏灯"。这些有趣的体验，都是樊登带给我的，所以我特别感谢樊登。

有一天，有位朋友问我，有没有兴趣跟樊登聊聊我的作品《关键期关键帮助》，顺便分享一下育儿经验。

我当时就想：怎么跟樊登聊啊？我总觉得这本书的逻辑性和条理性都欠佳，它就是一个教育实践者的絮语，大多数人读这本书都会觉得啰唆死了，樊登那样的大忙人真的有时间去了解这本书吗？

等到了樊登的工作室，看到满满一屋子书时，我的内心丝毫不觉得意外。只是书架上亲子育儿类的书较少，我不免有些担心。我们刚要开始录制，拍摄的机器就出了问题，我和樊登当时并不相熟，坐在那里面面相觑，我也忘了樊登会问我书中哪些问题，于是急中生智，开始给他讲故事，他竟然听得津津有味。我发现樊登的眼睛真的像孩子一样清澈，整个人都全神贯注地听我讲故事，就在我们相谈甚欢甚至有些激动的时候，机器修好了，我们开始进入正题，讨论《关键期关键帮助》这本书。这时我才发现樊登对亲子育儿竟然非常在行，而且他的观点和思考都不是来自我的书，而是对我书中提到的观点和知识的一种提升式的思考和探究。

我顿时觉得樊登是个很有育儿经验的作者，后来也看到他通过涉猎亲子育儿的方方面面，不断帮助孩子"教育"他们的爸爸妈妈，帮助父母成长。现在，我们可以在这本书里找到樊登在亲子育儿方面分享过的精华内容，这些精华也是一名合格的家长所要具备的基本素养。

可以说，为人们汲取书的精华是樊登擅长做的事情，他就像一只蜂鸟，把每本书中的蜜糖采给我们，然后装进一个美丽的瓶子里，也就是现在大家手里拿着的这本书。

拿到这本书的人，哪怕只读完一章内容，也可以在亲子育儿方面有所收获，而如果听过樊登的直播或讲座，也可以再看一遍这本书，让目光在这些精华之间徜徉，让知识慢慢渗透进大脑，从而改变自己的心，改变对待孩子的教养方法。

感谢樊登这只花海中的蜂鸟。

本书源起

樊登读书

樊登读书自创办以来，对育儿问题的关注从未间断。我们不仅自己在不断挑选好书、挑选好的内容与大家分享，还邀请了许多经验丰富的教育学、心理学专家参与其中。越来越多的专家学者在我们的邀请下，或以专题课的形式探讨育儿话题，或选取他们所推崇的育儿图书，融合自己的思考解读与大家分享。

樊登读书还有一个专门为父母提供知识方法的栏目，叫作"新父母"。"新父母"这个栏目的创立，承载着我们对社会上父母这个角色的共情和期待。社会上每个身份都有与其相对应的责任，但是父母这个身份并不像职业身份那样，有着比较明确的要求、门槛及考核的标准，甚至做得不合格也不会有失去该身份的风险。因此，社会上始终存在着这么一种现象：许多人成了父母，却没有尽到父母的责任。当父母没有能力"尽职尽责"的时候，受到影响的不仅

是他们的孩子，还有整个社会。

在过去，很少有人会去专门学习怎么当好父母，而随着育儿知识的普及和公民素质的提升，越来越多的人开始注重这方面的学习，并已经开始从心态和观念上逐渐转变，更加能够接受科学的养育方法和知识，注重成长和反思。这些父母与那些固守错误认知的父母相比，何尝不是值得期待和鼓励的"新父母"呢？

"新父母"这个概念给了我们更加明确的方向，那就是为大家提供更多更优质的内容，帮助更多家长胜任父母的角色，出版图书的想法也就此产生。

育儿领域的图书种类非常多，很多父母都是遇到什么问题就买哪一方面的书，这就如同"语文不行就补语文，数学不行就补数学"，不能解决根本问题，反而容易在焦虑中自乱阵脚。但是父母如果能够掌握一幅知识的"地图"，就能让育儿这个复杂体系尽量变得有章可循。

那么，能不能出一幅"一站式解决育儿难题"的"知识地图"？这幅"地图"最好既脉络清晰，又话题全面，能够涵盖育儿过程中的大多数问题；既能指点迷津，让读者更便捷地去理解专业的育儿观点，又能够为读者指路，让大家在看书学习的时候不焦虑、不盲从，选书时有一个正确的方向。

于是，我们成立了项目组，启动了专业的编辑团队，开始对育儿领域普遍受认可的理论知识、专家思想、实践方法进行全盘梳

理，终于搭建出了思路清晰、话题全面的知识脉络。遵循这样的脉络，我们精选了国内多位教育专家的育儿专题课程及多位专家对经典育儿图书的解读内容，以及我们对一些优秀育儿图书的解读和思考，按照不同的话题进行了统合和精编，最终，形成了这套"樊登读书育儿指南"。

　　本系列图书共三册，分别为《给孩子一个幸福的家》《唤醒孩子的内在成长》《面向未来的养育》。推荐大家按照从第一册到第三册的顺序来看，因为它们的内在逻辑层层递进，同时对应樊登读书亲子教育的三个支柱理念：无条件的爱、价值感和终身成长的心态。

第一册：《给孩子一个幸福的家》

　　成长当中最重要的力量源自坚信自己被爱着，而这种信念是父母能给予孩子的最好的礼物。给予孩子无条件的爱，意味着采用一种更具有人文关怀、更受主流教育理念认可的亲子相处方式。这是由"新父母"所创造的"新亲子关系"，更是教育本质的回归。

　　很多写亲子关系的育儿图书往往只注重父母与孩子之间的关系，这虽然很重要，但并不算全面。亲子关系不只与亲子间如何相处有关，还和父母如何与自己相处，如何与彼此相处，甚至如何与原生家庭相处有关。无条件的爱，只有在这样广义的"亲子关系"概念下才能真正发挥作用。我们不仅要爱孩子，更要爱自己，爱自

己的伴侣，爱这个家，这样才能让孩子真正感受到爱的氛围。

　　本书从自我疗愈、和谐家庭、亲子沟通、高质量亲子陪伴等话题出发，希望可以帮助大家获得认知方面的提升，找到亲子关系的幸福密码，给孩子一个幸福的家。

第二册：《唤醒孩子的内在成长》

　　要想在一个新领域得心应手，底层认知非常重要，育儿的底层认知便是儿童发展心理学。什么是儿童发展关键期？父母的很多行为究竟是帮助了孩子还是影响了孩子的发展？作为"新父母"，如果不了解这些，何谈育儿？

　　很多父母无法帮孩子建立价值感，原因就在于他们依然遵循着所谓"多少代传下来"的育儿方式，沉迷于当一个"高高在上"的"绝对权威"，而忽视了孩子的发展规律。更重要的是，他们往往只看到了孩子的外在，却不重视孩子精神的存在。

　　本书从父母的认知觉醒、儿童发展规律、儿童内心发展、尊重孩子自主成长等话题出发，希望可以帮助大家成为拥有先进、科学观念的父母，培养出拥有健全心灵和完整人格的孩子。

第三册：《面向未来的养育》

　　教育孩子，一方面要注重培养孩子终身成长的心态；另一方面，我们也要用动态的眼光看待孩子，用开放的眼光看待社会的

发展。

随着科技的高速发展，未来社会的竞争环境注定更加复杂多变，自立能力、学习能力、社会能力和创造幸福的能力变得愈发重要。我们要给孩子怎样的教育，才能让他们有信心、有力量、有期待地面对未来的世界？

本书立足当下，放眼未来，呈现多位教育界学者的独到观点和理论实践精华，帮助孩子以积极的心态快乐而高效地学习和成长，以卓越的姿态面向未来。

以上就是"樊登读书育儿指南"三册图书的核心思想。

真心希望本系列图书——这幅为所有"新父母"设计的"知识地图"，能够成为您实用的索引工具和贴心的朋友，陪伴您开启一段珍贵而难忘的育儿旅程。

目　录

1

第一章

改变孩子，
从改变自己开始

再平和的父母，在面对育儿问题时也难免有愤怒与焦虑的时刻。我们时常反思，也时常重蹈覆辙。或许问题不在孩子身上，而在于我们自身。

　　本章将从一个独特的视角帮助大家理解育儿中的各种问题，更清晰地认识自己、认识孩子，完成一场心灵的觉醒之旅，从而提升自我认知，成为孩子健康成长的指南针。

第 1 节　踏上心灵的觉醒之旅

李小萌解读《家庭的觉醒》

　　38 岁的我终于做了妈妈。在这之前，我已经做好了充分的心理准备，全心期待孩子的降临。即便如此，我也没能在第一时间给予孩子好的爱和陪伴。这时我才深刻地意识到：爱和陪伴虽然是父母的本能，但也是需要"觉醒"的。

　　在女儿出生后的前两年，我对她所有行为的第一反应和我脱口而出的话，都和我爸以前对我的严苛评价如出一辙。直到说出这些严苛的词句时，我才惊讶地发觉，那些记忆中的批评、指责和随意评价，仿佛已经刻在我的脑子里，张口就来。我告诉自己得学着把这些话咽回去，换一套我认可的语言系统来回应她。

　　如果父母给予了你足够的爱和陪伴，那么你在养育孩子的过程中，唤醒这份本能会比较容易。如果你小时候没有得到足够的爱和陪伴，那么就需要通过自己的努力，唤醒爱和陪伴的本能。这个过程也是重新爱自己、重新成长、破茧而出的过程。它确实令人非常痛苦，但值得你为之努力。

本节解读的《家庭的觉醒》一书，就和上述观点息息相关。我第一次读这本书时，感受到了极强的冲击感。正如书名中的"觉醒"二字，它能打破固有的思维，带来新的灵感和力量。

作者沙法丽·萨巴瑞认为：孩子不需要父母带领他们觉醒，因为他们本身就是觉醒的。重要的是父母自己内心的觉醒，父母觉醒的程度越深，离孩子的心便越近，也越能给孩子温柔而有力量的教养。这与我们熟知的传统教养方式不同，因为要改变的不是孩子，而是父母自己。

其实，每一位父母都有能力培养出具有很强适应能力、在情感上与父母保持深度联结的孩子。但实际上，很多父母无法做到这一点，因为被现代社会错误的育儿理念和自身的局限蒙蔽了双眼。

家庭生活既是柴米油盐，也是修行。通过《家庭的觉醒》这本书，沙法丽·萨巴瑞仿佛在人类最深层的渴望与日常生活琐事之间建起了一座桥梁，不仅教我们如何处理亲子关系，也带领我们踏上一段心灵的觉醒之旅，摆脱为人父母的恐慌和焦虑，成为更好的自己。

父母生气，是孩子的错吗？

这是作者沙法丽某一次和女儿争吵时的场景：

12 岁的女儿玛雅不想和妈妈一同去参加聚会，她高喊："我不去，妈妈，我就是不想去！为什么要我参加你朋友无聊的聚会？"她走进自己的房间，"砰"地关上了房门，这种反应夹杂着倔强、坚持、任性。

沙法丽被玛雅的行为惊得合不上嘴，自己明明是为女儿好，她怎么能这样对自己说话呢？被愤怒冲昏头脑的沙法丽也愤愤地冲进玛雅的房间，说："不许你用这种语气跟我说话，你必须尊重我，你必须马上道歉，然后去参加聚会。"说完，沙法丽夺门而出，用力地把房门甩在了身后，用同样情绪化、不理智的方式，和孩子对抗。

这样的场景，几乎每个家庭、每个妈妈都经历过。

有一位妈妈曾向我倾诉，她家孩子还很小的时候很难被哄睡，每晚睡觉前都会哭闹，折腾一两小时才睡是常有的事。即便之前她有这个心理预期，也学习过相应的育儿知识，但在实际面对孩子难以入睡的状况时，她还是忍不住爆发了。

有一次，她尝试了所有的哄睡方法，在洗澡、按摩、放音乐、讲故事、喂奶、抱睡，一系列操作后，孩子还是精神抖擞，一到床上就哭。当时已经晚上 12 点多了，而这位妈妈第二天还要上班。

所有的情绪一下子涌了上来，她崩溃了，她把孩子丢到床上，对着他大喊："你想干什么呀？为什么要这么对我？"孩子虽然还不会讲话，但看到她的神情，听到她大声吼叫，哭得更厉害了。她也不知道还能怎么办，自己也哭了起来。

当我们朝孩子发怒时，就像在情绪上被人推了一把，摔了一个跟头。我们通常认为是孩子的行为导致我们发火的，我们告诉自己：他们又吵又闹，是为了试探我们，挑衅我们，把我们逼到极限。为了让怒火师出有名，我们可能还会说："看，是你逼我发火的！"

传统的育儿方法认为，父母情绪爆发、陷入焦虑或恐慌，都是孩子的过错。所以，当孩子的行为催化了这些情绪时，父母就会指责他们："为什么要这么对我？"

当然，如果是较为现代的处理方式，父母或许会用较为中立的语调，尽量避免使用批评的话语，或者在快要被激怒时，给自己一些冷静的时间。

但是，无论是传统的方法还是现代的方式，都有一个共同的问题：效果短暂。不管父母怎么做，这样的事情还是会反复出现，孩子依然会做出糟糕的事情，父母依然会生气、冷静、自责，不断循环，最终也没能解决问题。

其实，这些处理方法都没有触及行为的根源。我们从书籍、专家、亲朋好友那里学来的各种技巧，都只是针对孩子特定的行为，而不是行为背后的动机。这些技巧都是关于如何控制孩子的行为，如何使他们不让我们生气的。我们以为，只要让孩子做或不做某些事情，我们就不会在面对他们时情绪失控。

这就像一个游戏，父母和孩子在竞争，看谁能领先对方一步。这个过程中充满矛盾与对抗，可想而知，这个游戏肯定会以生气、焦虑、失望而结束。

觉醒的教养方式打破了这种游戏规则，因为它试图改变的不是孩子，而是父母自己。只要父母觉醒了，为孩子创造了合适的环境和条件，孩子自然就会改变，并能达到更高的觉醒境界。

那么，父母该如何去创造这些条件呢？书中给了我们一些指引，希望能对大家有所启发和帮助。

觉醒式教养法

我们都说父母是孩子最好的老师，那是因为父母的行为会潜移默化地影响孩子。从孩子会模仿开始，最先看到、听到的，就是爸爸妈妈的一举一动、一言一行。这种影响，大到一些支撑人生的品质，比如坚韧、乐观、真诚，等等，小到生活习惯，比如勤洗手、爱看书，等等。

有一次，我和某位儿科专家聊天，他说的一个现象让我印象深刻。

在门诊中，经常有很多家长前来咨询："医生，我家宝宝不好好吃饭怎么办呀？"虽然孩子不好好吃饭的原因很多，比如饭菜不可口、挑食、偏食、饮食习惯没有建立起来等，但最根本的原因还是父母没有以身作则。比如，很多父母都习惯先追着孩子喂饭，等喂完了孩子，自己才匆忙吃两口。孩子因为压根儿没见过家长好好吃饭的样子，所以根本不知道怎么样算是好好吃饭。

有的父母总是一边喂饭，一边对孩子说："我的好宝宝，张大嘴……来，再吃一口，你真棒！"那你想想，孩子在吃饭，父母却在说话，孩子怎么能好好吃饭呢？当他看到爸爸妈妈在对他说话，他是不是也会学着父母，在吃饭的时候说着"嗯""啊"，试图和父母对话？

相信很多人都明白这个道理，但在实际的养育过程中，总是在无意间变成了自己当初讨厌的那个大人，把我们曾经的感受也传递给了自己的孩子。

这样的弯路，很多人都在走，我们不必因此而自责。我们要做的是让孩子成为我们的镜子，意识到自己身上也有着各种各样的小问题，把无意识的错误行为纠正过来，一步步走向觉醒。

我女儿三岁多的时候，有位小朋友想玩她的玩具，我女儿很大方地同意了。那位小朋友玩了几十分钟后，我女儿也想玩了，想把玩具要回来。结果在她把玩具要回来的时候，那个小朋友突然开始大哭。于是我对女儿说："你看他哭得多难受啊，要不你就让他再玩一会儿吧，反正他总会还给你的。"但我女儿摇摇头，说："不。"

我继续引导她："你看他现在哭得那么伤心，一定很不舒服，你再让他玩一会儿他就会还给你的，晚上回去我们还能继续玩。"我女儿继续拒绝我，说她不想这样。我又坚持劝了她两次，突然，我女儿也开始号啕大哭。

安抚好女儿之后，我思考为什么她会是这样的反应，是我有什么地方做得不好吗？我猛然意识到，小时候我的父亲也经常这样对我，女儿哇哇大哭的样子极像小时候那个同样哇哇大哭的我。

在我五六岁的时候，我的姑姑从上海买回来两双很时髦的凉鞋，一双蓝色的，一双粉色的，姑姑让我和她的女儿一起选。我们俩都喜欢蓝色的那双，就争吵了起来。然后我父亲就很生气地对我说："你怎么能这么不懂事？这是姑姑买回来的，当然应该让她女儿先挑了，你还吵！"那个瞬间我其实特别委屈，当时的我只是一个五六岁的孩子，我想的就是姑姑让我选颜色，我当然选我最喜欢的了，我哪能考虑到"这是她妈妈买的，我就得谦让她"这样的道理呢？

我恍然大悟，我女儿已经把玩具给别人玩了一会儿了，并且对我说了这会儿想把玩具要回来，她已经明确地表达了她的想法。结果就因为别的小朋友哭得特别伤心，我就让她再把心爱的玩具分享出去，还多次引导我三岁的女儿去体会别的小朋友的心情。但实际上，她哪能明白这些啊！一个三岁的孩子能懂得分享已经很不错了，我竟然还无视她的需求让她再次把玩具分享出去。其实，这只是我想做的，我想标榜自己特别崇高、特别乐于分享罢了。

你可能会问我，如果这就是本书所说的"觉醒"，那么有让自己"觉醒"的具体方法吗？我总结了三个步骤，让我们依次说一说。

触发情绪的根源是自我恐惧

当我们审视内心时，就会发现触发暴怒、焦虑、伤心、无助等负面情绪的，并不是孩子的行为本身，而是我们自己内心的恐惧。

比如，我们总是希望孩子能取得成功，希望孩子能达到某个标准，希望孩子不要落于人后。因为我们把世界想象成一个恐怖、优胜劣汰的地方，所以很担心孩子的未来。我理解这种恐惧，毕竟现实社会是充满竞争和挑战的，人们也往往以"成功"与否来衡量一个人的价值高低。很多人都是这样一路走过来的，都是以这样的标准去要求自己、强迫自己进步和提升的。这些观念自然而然就落到了孩子身上，变成了获得高分、成为优等生、融入"对"的群体等目标，最终目的都是将来能找到好的工作，遇见好的伴侣，过上好的生活。

很多家长可能会说："这样想有错吗？我为孩子的未来着想是

理所应当的，现实社会确实竞争激烈呀。"这一点我也同意，但合理规划未来与破坏、剥夺孩子当下的自由生活是两码事。家长是以未来为导向的，孩子恰恰相反，他们活在当下，他们渴望享受眼前的生活。

有这样一种说法，人们之所以焦虑，是因为无法走出过去、对未来充满恐惧，而忽视了当下——也就是临在的力量，所以焦虑才会滚滚而来。其实很多人原本内心很平静，可自从做了父母后就变得焦虑了，孩子成了父母与过去、现在和未来的连接点。

在跟孩子相处时，我们的很多纠结、矛盾和冲突其实不是孩子本身造成的，而是他的某些行为连接了我们自己的现在和童年，让我们沉浸于儿时的负面情绪，无法释怀。孩子的一举一动也让我们想到了长远的未来。孩子今天不吃饭，会不会长不高？今天不好好学习，是不是就考不上大学？一个原本内心平静的人，因为有了孩子，因为不经意间把过去、当下和未来连接起来，变得充满焦虑感。

就拿跟孩子一起读绘本来说吧。如果你能够跟孩子一起去读书中的故事，跟着书中的情节起伏、跟着书中人物的情绪一起大笑，一起伤心。你们的眼神触碰，看到彼此眼中的自己，那么这一段时光，你和孩子就都是活在当下的，你们也真正地收获了彼此高质量的陪伴。

相反，如果你指着一行字说："来，给妈妈念念。"念着念着，孩子有一个字不认识，于是你说："你看看，这么简单的字都不会念，隔壁小明都会了，你怎么回事？"这时候你对未来的恐惧取代了当下该有的专注，那么这段亲子阅读不仅没有成为高质量的陪伴，可能还成了孩子以后再也不想和你一起读书的原因之一。

想要正确地跟孩子相处，就要锻炼自己关注当下的能力，把对未来的恐惧、对过去的纠结都抛在脑后。只有这样，才能真正地彼此相伴、携手成长。

因此，我们在希望孩子朝着"好"的方向发展的同时，不要忽略了孩子作为独立的个体，本身就是觉醒的，他们有能力依靠自己的智慧，适应成长环境。我们应该为孩子提供足够的空间，让他们自己去探索世界。

要教养孩子，必先教养自己

许多家长把教养的焦点放在孩子身上，"一切都是为了孩子"这样的话我们经常能听到，甚至很多家长为了孩子不惜放弃工作和个人生活。

在很多家庭中，正是因为这样固有的观念，只要孩子稍微不符合父母的要求，父母就认为孩子不好、不够努力；一旦孩子符合了父母的期望，父母又会归功于自己，认为自己教得好、培养得好。

觉醒式教养就是要进行思想上的大逆转，把教养的焦点转移到父母身上，需要被教养的不是孩子，而是父母。

　　回想一下，有多少次，你的孩子在经过一天的辛苦学习后，一上车或一进门，你就连珠炮似的向他们提问？如果孩子没回答上来，或者回答只有几个字，你是否马上就会生气，认为他不理解你的良苦用心，不愿意和你交流，愤怒的情绪又是一触即发？

　　我们换个思路想想，如果孩子进门后，你不是一连串地追问，而是帮孩子脱下沉重的书包，给孩子一个拥抱、轻抚他们的后背，结果会不会截然不同呢？

　　这么一点小小的改变，就能带来截然不同的效果。可见换个角度，不再试图唤醒孩子，而是明白孩子在唤醒我们，我们看到的世界就是另一番风景了。

让孩子"被看见"

　　你认为孩子最想从你那儿获得的东西是什么呢？是最新款的手机、新鞋子、名牌衣服、一次迪士尼乐园的游玩，还是顶级私立学校的学费呢？

　　可能大家都觉得，孩子最喜欢买东西、买玩具或到游乐园去玩。但是孩子内心真正想要的东西远比我们想的要深刻。作者在书中给了我们答案，这也是每个孩子都想问的三个问题：

• 我被看见了吗？
• 我有价值吗？

• 我重要吗？

有一次，我在家里跟我父亲因为一点小事拌了几句嘴。那天我和女儿要出去玩，走到大院门口的时候，她仰起头看着我，说了一句话："妈妈，我知道现在家里的事让你挺有压力的，但是我希望从走出咱们院门的那一刻开始，你不要想那个事了，跟我一起好好地度过今天下午，咱们俩是一起去玩的。"

你或许会说我的女儿是比较敏感又会表达的小孩，不是所有孩子都有这种能力。但实际上，每个孩子都有自己的特质，在希望孩子理解我们、跟我们共情之前，我们必须已经给过他成百上千次的理解和共情。这样他才能知道被理解是什么感受、怎么去理解别人，才能在关键时刻给予我们安慰。

有一次，我的女儿骨折了，还挺严重的。我对她说："妈妈看到你这样特别心疼，这一定非常疼吧？在咱们家祖孙三代里你是第一个经历骨折的人。但你非常厉害，你经历了这些之后，比我们都了解骨折是怎么回事。将来如果其他家庭成员也发生了这样的事，而你已经学会了接受它、面对它的方法。这样你就收获了很多成长。"

在这个先与她共情、再引导她的过程中，她首先觉得她的疼痛被妈妈看见了，被妈妈关注到了。但同时，妈妈又可以给她解释，告诉她这件事情对她不仅仅是坏事，还有好的一面。所以，在这件事发生后两三年，她回想起自己骨折，仍然是愉快、温暖、被爱、被重视的感受。

我们俩路过一个大商场时，她说："妈妈，你还记得上一次咱们俩是什么时候来的吗？"我说："我不记得了。"她说："就是我骨折的时候，你推着轮椅带我来的。"我觉得那个时候我真的好幸福。

当我们真正地看见孩子、让他知道他是重要的，他其实是真正地活在感受里的，他也可以和我们建立非常好的联结与合作。

当孩子觉得自己被看见、认为自己有价值，并且觉察到他们是作为一个"人"，而不是因为他们所做的事情而获得重视时，他们便感到充满力量。

在孩子还小的时候，他们还没有建立对自我的认知，这个时候尤其需要父母给他们爱和反馈，让他们感受到自己是被爱、被关注、被重视的。当孩子的自我价值感建立起来，相应地也能召唤出内心更强大的自己，勇敢地走向未来。

觉醒式养育技巧

走上觉醒之路后，我们还要善用养育技巧来引导孩子，构建更好的亲子关系。书中介绍了九个养育技巧，下面我跟大家分享令我印象最深的两点，并谈谈我的看法。

从盲目反应到真挚表达

第一个技巧就是我们要从无心地反应过渡到用心地陪伴，不再给孩子盲目的反应，开始真挚地表达。

我们说过，父母和孩子间最大的冲突是"时间差"，父母考虑的一直都是未来，而孩子永远活在当下。如果我们和孩子的目标不一致，自然没办法理解孩子的想法，和孩子感同身受，并给予真挚、坦诚的反馈和陪伴。

一次，沙法丽的女儿玛雅跟她聊起了时尚打扮，玛雅说，她看到时尚杂志上的漂亮衣服，觉得当一位时尚模特应该是件特别好玩的事情。

沙法丽听完的第一反应不是和女儿共情，而是觉得女儿好肤浅，她不希望女儿长大后成为一名时尚模特，这和她对女儿的未来规划差得太远了。想到这儿，她的情绪被激发了，对女儿说："玛雅，你长大了可不能成为一个没头没脑的傻瓜，只对打扮或者潮流之类的事感兴趣。你要成长为一名世界公民，关心如何去消除贫困、行善助人。"

听了这话，玛雅说："妈妈，我只是在说几件衣服而已，我不是在说我的未来，我才 12 岁，我的朋友都在谈论这些，我做错什么了呢？"

是呀，一个 12 岁的孩子看到漂亮的衣服，表达了自己的喜欢，这不是一件再正常不过的事情吗？这无关未来，只是孩子当下的感受、当下的喜欢。是我们太敏感了，害怕孩子无法成为我们想要的样子，情急之下做出的反馈反而伤害了孩子。

类似的事在我家也发生过，有一次，我女儿突然问我："我们家有没有保时捷？"

我的第一反应和大部分家长一样，觉得有点难堪，以及下意识地觉得：小小年纪怎么那么爱钱呢？这不是价值观有问题吗？是不是学会攀比了？如果是没有在养育中反省、思考过的我，可能一顿道德批评就脱口而出了。但那时候，我已经意识到了，做父母的要真挚地表达，不要去评判，于是我只是回答："咱们家没有保时捷。"

然后你猜我女儿接下来问我什么问题？她问我："保时捷是什么？"

当你不带评判地回答孩子，你会发现孩子是单纯的。很多时候，孩子的问题就是"1+1=2"这样简单、不拐弯的问题，其实我女儿连保时捷是什么都不知道。反而是我差点儿去道德批判她，说她爱钱、攀比，险些让孩子种下这颗种子。

至于这个故事的后续，是这样的。

我："就是一个特别贵、特别好看的车。"

女儿："那咱们家怎么没有啊？"

我："那你觉得咱家的车怎么样？"

女儿："挺好的呀，能放下我和妈妈的自行车，还能把座椅调一下让我们躺上去。"

我："哇，真好，你很了解咱家车的功能啊。你觉得它适合咱们吗？"

女儿："很适合，我喜欢。"

然后这件事就这样过去了。

那如果我带着道德评判，对女儿发脾气了呢？这件事会演变成什么样？后果只有一个，就是孩子越来越不愿意和父母分享任何事情、任何感受了。

如果这样的问题正在你家发生，书里有三条改善亲子关系的法则，帮助你重新把孩子拉回身边，重塑你们的亲子关系。

第一，相信自己，也相信孩子。对自己的教养之道有信心，能让孩子知道生命里什么是最重要的；也相信孩子有自己的理解和判断力，知道自己喜欢什么、什么对自己是最重要的。

第二，用心倾听，不要被自我带着走，不要被情绪淹没。要听到孩子真正想表达的是什么，比如有时候孩子只是喜欢几件好看的衣服而已。

第三，坦诚表达，无论认不认可，都要给孩子真挚的反馈。作为父母，肯定会担心孩子被表象迷惑，看不清事物的本质；担心他们见识不够，做出了错误的判断。这些你都可以跟孩子说，让孩子感受到你是在用心跟他交流，并理解他的感受，孩子会认为自己是被尊重的、被看见的。

就拿玛雅的例子来说，这样的反馈更容易让她接受："你的想法让妈妈有些震惊，可能是妈妈有点老派，不懂时尚。但我听到了你说自己喜欢什么和不喜欢什么，虽然我有点担心这样的价值观有些肤浅，但妈妈相信你未来会有自己的判断。"

其实，表达真实的自我原本应该是世界上最容易的事情，但许多父母常常对此感到惊慌，让表达真实的自我变成了世界上最难的事情。和孩子一起回归真实的表达，是我们能够给子女最美好的礼物之一，因为这为他们打开了真实的大门。

不再盲目反应，开始真实表达，这会为我们与孩子的关系带来巨大的转变。

接下来，让我们通过生活中一些真实的场景，理解如何从盲目反应转变到真实表达。

具体场景：

考试临近，但孩子还是沉迷于玩手机。

盲目反应：

"你怎么还没开始复习？赶紧把手机放到一边去，否则我就没收，以后再也别想玩！"

真实表达：

"孩子，你现在有点分心，我可以帮你做复习计划吗？那样你就可以好好准备考试了。"

"看到你还没开始复习，妈妈有点担心你。我们能聊聊你为什么不想学习吗？看看怎么解决这个问题。"

真实表达的方式也有很多种，而这些方法的核心只有一个，那就是读懂孩子的需求，和孩子一起寻求解决方案。明白了这个道理，相信你在生活中做到用心陪伴孩子、对孩子真挚表达也就不难了。

为孩子创造空间，找回父母的力量

这本书中有一个让我印象深刻的观点，那就是孩子本来就是觉醒的，家长的主要任务就是巩固他们天生的觉醒意识，为其提供可以开花结果的土壤，为孩子创造自由发展的空间。

让孩子自由发展不等于不管不顾，而是充分了解孩子，遵照孩子的天性，在顺应他需求的前提下，给予合适的引导。家长不能随意抹杀孩子的天赋和好奇心，完全按照自己的想法，遵照某种特定的标准去改变孩子。

家长也要认识到，孩子本身就是有能力的人，孩子对自我价值的认同感是从日常生活中慢慢建立起来的，而不是依靠多么昂贵的培训班。我们要做的，就是减少冲突、对抗，给孩子创造一个独立且相对自由的空间，比如：在洗手台下加一个踩脚凳，让孩子可以独立完成洗漱，而不需要父母帮他洗；给孩子准备独立的储藏柜，让孩子安排自己的物品摆放规则，需要了可以自己拿，乱了可以自己收拾；进入玄关的门口，可以放置低一点的挂钩，孩子进门可以直接挂好自己的衣服和书包。

从这些小事做起，给孩子一定的自由空间，让孩子独立完成，也能慢慢培养起孩子的自我认同感，让孩子相信他是可以自己照顾自己的，甚至可以帮助爸爸妈妈完成一些事情，找到自己的归属感和价值感。

当然，自由也不是放纵，而是建立在清晰的界限和规矩的基础上。那怎么定规矩呢？这里教你两个小原则。

第一，你不能设定连自己都不遵守的规矩。当听到"规矩"这个词时，你也许会以为我说的是单纯给孩子制定的规矩。但是，这本书的核心观点就是把教养焦点转移到父母身上。所以制定规矩之前，一定要知道自己做不做得到、自己的规则和界限是不是清晰。

很多时候，家里的冲突和争吵，就是缺少明确的规矩造成的。比如，规定了晚上十点必须睡觉，可是当孩子玩得高兴不愿意去睡觉的时候，在孩子的恳求下，父母马上就放松了，允许他再多玩十分钟、二十分钟……结果到了晚上十一点，孩子还没入睡，父母又开始抱怨："这么晚了还不睡，怎么回事呀？我明天还要上班。"

仔细回想一下，这样的规矩其实根本算不上规矩，因为它是可以改变的，可以随孩子的心情和父母的心情而改变，缺少清晰的界限。

第二，每条规矩都要以服务孩子成长为目的。一条规矩的制定，不能仅仅为了父母舒服、方便，或者为了不让孩子做出让父母担心的事情，而是能够帮助孩子管理和应对当下的生活，提高孩子的韧性，帮助孩子成长为有独立生存能力的人。

哪些规矩能帮助孩子成长呢？作者从四个方面给了我们一些建议。第一，要尊重自我，做好自我护理，包括清洁和睡眠；第二，要尊重个人所处的环境，创造整洁的房间和家；第三，尊重个人的内心，接受正式或非正式的教育过程；第四，要尊重家庭和社群，平等与人沟通，为社会做贡献。总而言之，制定规矩时一定要清晰明了、平和冷静，且为孩子的成长服务。

我还想跟大家说一些话，很多父母，尤其是妈妈，会把成为母亲这件事情浪漫化，并希望自己成为一个完美的好妈妈。事实上，为人父母不是一种天生的技能，好父母也不是天生的，希望大家能从这种执念中走出来，从要求自己和孩子变得完美转向更关注彼此的成长。

父母不可能做到时时刻刻都有耐心，养育中的不完美是正常的。一方面，我们应该谅解自己的不完美。但是另一方面，我们在摆脱了情绪的控制后，还要做一个意识觉醒的父母，记住以下这几个要点。

1. 孩子是父母的一面镜子，也是父母的"唤醒者"。孩子身上的很多行为习惯，都是父母自己行为习惯的折射，父母意识到这一点后，更要以身作则，给孩子树立好的榜样。反过来，孩子也会在家庭中受到父母潜移默化的影响，与父母共同成长、彼此促进。

2. 孩子和父母之间之所以会产生矛盾和冲突，最根本的原因是"时间差"。父母的关注点永远在未来，而孩子在意的永远都是当下。因此，要解决亲子关系中的矛盾，父母首先要学习的就是走进当下，和孩子一起，站在他们的角度看待问题。善于倾听，真诚表达，让孩子感受到他们是被看见的、被认可的。

3. 除了和孩子肩并肩站在一起，给孩子创造自由成长的空间也是非常重要的。自由空间既不是不管不顾，也不是无限放纵，而是在清晰规矩的前提下，给孩子独立且自由的发展空间，让孩子慢慢在生活中建立自己的价值感和认同感，建立强大的内心世界，勇敢走向未来。

这里，我想借用书中的一段话祝福各位父母：

希望你有幸有一个这样的孩子——

他与你对着干，

从而你可以学习如何放手；

他不听话，

从而你可以学会聆听；

他有拖延症，

从而你学会欣赏静止时的美；

他老忘事，

从而你可以学习摆脱对于事物的依恋；

他过度敏感，

从而你可以学会理智；

他总是心不在焉，

从而你可以学会专注；

他敢于反抗，

从而你学会打破常规思维；

他感到害怕，

从而你学会相信宇宙的力量。

希望你有幸有一个这样的孩子——

他使你学会，

这一切不是关于孩子，

而是关于你自己。①

---

① 沙法丽·萨巴瑞. 家庭的觉醒：养育自主、坚韧和有觉察力的孩子 [M]. 上海：上海社会科学院出版社，2019：161.

第 2 节　重构与孩子的情感关系

张泓美解读《真希望我父母读过这本书》

在面对孩子的各种问题时，很多父母都会产生疑惑和焦虑，甚至感受到很多负能量。比如，当孩子犯了错或闹脾气时，跟他讲道理，他不听；想批评他，又怕他压力太大、情绪失控。那么，到底应该如何跟孩子沟通呢？

或许我们都察觉到了，从上一辈那里"继承"的亲子沟通模式，已经不能帮助我们顺利解决问题。那些来自童年、存在于我们内心深处的体验，甚至会产生一些负面影响，阻碍我们与孩子之间的交流，破坏彼此的关系。

本节要介绍的书叫作《真希望我父母读过这本书》，作者菲利帕·佩里是一名从业 20 多年的心理治疗师。育儿的过程也是我们重新了解自己的过程，在养育孩子时我们可能会无意识地犯一些错误，也会有许多因素阻碍我们与孩子的交流，希望大家可以通过本节内容学习书中的观点和方法，更好地处理自己的情绪，学会应对孩子的情绪，增进交流，让亲子关系变得更加深厚。

处理好自己的情绪

俗话说：言传不如身教。在养育孩子的过程中，孩子会出现各种各样的问题，但在思考孩子的这些问题之前，我们不妨先看看他们效仿的榜样——父母。

书中提到了一个有趣的教养观念，作者认为"父母"这个词应该指照顾孩子的人，也就是说，如果是父母照顾孩子，那么"父母"就是父母，如果是其他人代为照顾，那么"父母"就指他人。照顾孩子的人从自己的上一辈那里所接受的教育方式，会藏在这个人教育孩子的底层逻辑中，上一辈在他们身上留下的影响，有一天也会重现在他们对孩子的教养过程中，无论这种教养方式是积极的，还是消极的。

过往经历对育儿的影响

有个女孩在玩耍时被卡在攀爬架上下不来，她呼唤她的妈妈，希望妈妈能把她抱下来。但她的妈妈以为女儿在无理取闹，觉得她明明可以自己轻松地下来，却非要让自己抱，心中突然冒出一股无名火，对女儿大喊："马上给我下来！"

　　女孩费了好大的力气才爬下来，她走过去小心翼翼地想拉妈妈的手，而妈妈正在气头上，把女孩的手甩开了。女孩感到很委屈，哭了起来。

　　后来，随着女孩的情绪逐渐平静，妈妈也把这件事置之脑后。一周后，母女出门玩耍时又遇到一个攀爬架，女孩想起了上周发生的事，虽然很想玩，却不敢去。妈妈看出了女孩的心思，就拉着她一起去玩。这一次妈妈站在攀爬架旁边看着女孩玩，当她发现女孩又被卡住时，没有像上次那样发火，而是耐心地引导和鼓励她从上面下来。

　　女孩问妈妈："妈妈，为什么你上次不帮我呢？"

　　其实，这位妈妈也在这样问自己：为什么上次没有帮女儿，反倒对她发火了呢？她从自己的童年经历中找到了源头。

　　小的时候，母亲总是担心她出意外，时刻提醒她要小心，这让她觉得自己好像没有能力做任何事，很没有自信。现在她有了女儿，她不希望女儿变得像自己一样，她希望女儿是独立、有能力的，而不是遇事就依赖别人。所以，当女儿向她求助时，她才会生气。

　　我们的教育方式深受自己过往经历的影响。还有一个例子：父母正带着孩子在路上走，突然孩子不走了，父母问他为什么不走，孩子说前面有一只虫子，正好横在前面的路面上。这时，父母也许很不理解："为什么你不能迈过去或绕过去呢？"但是孩子可能担心的是："如果我迈过去，它爬到我的腿上怎么办？"这时，孩子正处于一个缺乏安全感且无助的状态。如果父母忽视孩子表达出来的不安，认为这是无足轻重的小事，久而久之，这种不安全感就会隐藏在孩子心中，甚至会传递给他的下一代。当他为人父母，遇到类似问题时，也会采用自己父母曾经的做法。

这种情绪积压得越久，就越不容易被发现和被解决。它会使我们在面对问题时产生负面的情绪反应，从而下意识地做出与孩子对抗的言行。如果我们能跳出这个反应，勇敢地承认过往经历对自己的影响，就不会莫名其妙地跟孩子发脾气了。

为了尽可能避免这类情况发生，我们可以多做一些情绪练习，从而梳理自己的情绪，了解自己的内心，更好地处理问题。

书中给出了很多方法。比如，当孩子的所作所为让你发脾气时，先别急着做出反应，可以先停下来问问自己："我的情绪真的只与当下孩子的问题相关吗？"

当你对孩子的行为有所不满时，可以问问自己："我的观点真的客观吗？"从而站在客观、公平或孩子的立场上，去理解这件事的意义或性质。

你还可以从自己每次生气的反应中寻找自己生气的规律，最好能回忆起第一次产生这种感觉是什么时候。你会发现，这种反应可能已经伴随你很久了，每次遇到类似问题你都会发火。而这种早已形成的习惯和反应，往往跟当下的情景并没有什么关系。

这种练习可以帮你更好地认清当下的情绪，而不至于把一切问题都归结在孩子身上。

从修复自己的过往开始

每个家庭都可能出现矛盾，家庭成员在日常生活中难免彼此误解、做出错误的判断，甚至伤害到自己和家人，因此，家人之间的情感修复至关重要。然而，当孩子对家长没有足够的信任，是很难配合家长进行情感修复的，因为面对一个从来不说心里话、总是站在"正确"的立场上居高临下做出指导的家长，孩子很难有安全感，也难以产生情感上的信任。

对于父母来说，能成为让孩子信任的人非常重要。没有人会毫无缺点，也没有人从来都不犯错，孩子需要的是真实、可信的父母，而不是十全十美、始终"正确"的权威。

很多父母都不肯用真实的一面面对孩子，逃避谈论自己的童年和成长历程，这使他们在孩子心中变得愈发不真实、不可信。

书中举了一个例子：作者请一位男士描述一下自己的童年，他却说自己根本没兴趣，因为他觉得自己的童年很正常。事实上，他的父亲在他三岁时就离开了，在之后的成长过程中，父亲的探望越来越少，这让他认为，童年时父亲缺位是一种正常现象，父亲对于孩子的成长是无关紧要的。所以，当他成为父亲后，他对自己的孩子也关注得很少，甚至面对吵闹的孩子时，想要马上逃离家庭。

但是，当作者与他深入探讨后，他才发现，自己童年时与父母的关系其实是破裂的，这种破裂延续到了他与他的孩子之间的关系上。面对孩子的问题，他也想像自己的父亲当年那样逃离，而不是主动去修复关系。童年的经历触及了他的某处伤口，使他拒绝修复当下破裂的关系。如果童年时压抑在心底的悲伤不能释放，那么他可能永远无法修复自己家庭中破裂的部分。

童年时期，如果你的父亲或母亲曾经离开、遗弃你，或者很少关注你的感受，可能会导致你长大后也想要逃离教养的责任，甚至找各种借口不去面对自己的家人和孩子。因此，当我们与孩子之间出现问题、需要情感修复时，首先要从修复自己的过往开始。

我们该怎样修复自己的过往呢？

书中有一些小练习。比如，带着同理心去回顾过往，你可以在状态比较放松时问问自己：孩子的哪些行为让你产生了最强烈的负面反应？是不是因为自己小时候出现同样的行为时发生了什么事，才导致自己出现了这样的状态？回顾这些，可以帮你更准确地找到问题所在。

我们还可以追踪一下来自记忆的信息，闭上眼睛，寻找关于这些负面反应最早的记忆，它可能是一句话、一个眼神、一个图像或一个感觉，也可能是一个故事。问问自己："在那个记忆中，你最主要的情绪是什么？那个记忆与现在的你有关系吗？它是如何影响你的养育方式的？"

在做这些练习时，不管你出现什么反应或想法，都不必觉得丢人，而是应该庆幸你发现了问题。不妨用心去体会那份感受，直到你能够接纳它为止。一旦你接纳了自己的负面情绪，接纳了当初的记忆，你就会知道，一定还会有更好的办法能够解决这个问题。

积极回应孩子的感受

在养育孩子的过程中，沟通是一个无论如何都避不开的话题。我们总是希望孩子能明白我们的意图，明白我们对他们的期望，但是一味地说教往往并不奏效。那么，如何才能让孩子明白我们的心意？怎样才能实现有效沟通呢？

作者告诉了我们一种简单有效的方式：回应孩子的感受。

当我们能够敏锐地察觉并回应孩子的感受时，就能立刻引导孩子，并且和他建立一种良性的关系。这也是帮助孩子形成健康心理的基础。关于积极回应孩子的感受，这里介绍以下几个要点。

包容感受

我们在回应时第一步要做的，就是包容孩子的感受。

忽视或否定孩子的感受，对孩子的心理健康是有害的。如果一个人在童年时期没有从亲子关系中获得足够的关注和安抚，得不到理解、安慰和包容，还经常被告知"不要想太多"，甚至经常独自哭着入睡或独自生闷气，那么随着这种情况的次数逐渐增加，他忍受不愉快和痛苦情绪的能力就会越来越差。当一个人把太多负面情绪塞进内心后，总有一天这些情绪会让他无法承受，从而陷入情绪失调。很多抑郁症患者的病因，都与长期忍受负面情绪有关。

包容孩子的感受，意味着承认他当下的感受是真实的，这对孩子来说非常重要。回应孩子感受的方式有三种，父母可以在这三种方式之间相互切换。

第一，不要压抑自己或孩子的情绪。

当自己有不好的感受或负面情绪时，不要压抑，也不要劝自己"没事，我要勇敢一点""我太小题大做了""这根本不算什么"，而要用正确的方式表达出来。不仅如此，在孩子出现感受和情绪时，你也要坦然接纳，要让孩子知道，这是人的一种正常状态。

第二，不要反应过度。如果你能够理解孩子的情绪，但处理方法却比孩子更加歇斯底里，甚至陪孩子一起哭，那就是反应过度了。如果父母表现得仿佛自己承受了这种痛苦，会让孩子觉得自己给父母带来了巨大的负担。为了减轻父母的负担，他以后可能都不太敢表达自己的情绪了。

第三，不问缘由，认可孩子的情绪。当你发现孩子看起来不开心时，可以问问他："宝贝，你不开心吗？需要拥抱吗？"真正的包容，是不问缘由、不管感受和情绪是否合理，也不以对错去评判，是站在为人父母的立场上，问孩子是否需要自己。

如果孩子知道自己能够获得你的关注和抚慰，而不是指责、干涉或评价，他会更愿意告诉你发生了什么事。孩子需要的是父母的包容和陪伴，父母只需要陪在他的身边，了解并接纳他的感受，这就足够了。

确认感受

在很多时候，父母容易忽视孩子的感受。比如，当孩子尝试新鲜事物而感到害怕时，父母常常会呵斥他："男子汉，怕什么！"当孩子不小心摔倒后哭泣，父母又会大声说："多大点儿事，还值得哭？"但是父母应该意识到，这是孩子在向自己表达内心的感受，确认孩子的感受才能让亲子之间建立紧密的联系和积极的互动，否认孩子的表达只会让孩子未来用更糟糕的表现来引起父母的关注。

要想确认孩子的感受，父母可以对孩子这样说："你感到有些害怕，是吗？这样吧，我先来摸一摸它，看看它会怎么样。""你摔疼了，这让你很难过，是不是？让我看看你的膝盖有没有受伤。我觉得我们下一次要慢一点走了，你说呢？"

父母要允许孩子产生负面的情绪，认可孩子的感受，而不是立刻否定他或让他转移注意力，这样才能帮助他化解不适的感觉。不过，接受孩子的情绪并不代表全盘接受孩子的行为，父母依然可以通过其他方式，对孩子的行为进行引导。

修复关系

我们都希望自己从未伤害过孩子，能够引导孩子朝着好的方向成长，但几乎每一位父母都或多或少地伤害过孩子。如果是这样，我们要如何弥补呢？

第一个解决方案，就是积极修复与孩子的关系，不要跟孩子冷战，更不要等孩子主动来与我们修复关系。作为父母，我们应该勇敢地迈出这一步，比如对孩子说："宝贝，妈妈刚才的话可能说错了，我觉得我应该用更好的表达方式。如果下次妈妈再这样说，你就提醒妈妈一下，好不好？我会试着去改变的。"

孩子会向父母学习，当他看到父母愿意主动与他修复关系，他也会选择用同样的方式来处理问题；相反，如果父母总是在等孩子低头道歉，那么孩子对自己的认同感就会不断降低，甚至认为自己应该远离父母，不愿意再与父母建立联结，从而让彼此越来越疏远。

第二个解决方案，就是感受孩子的感受，而不是处理他的感受。这两点要怎么区分呢？

作者举了一个例子：有一天，四岁的女孩诺瓦和爸爸一起开车外出，诺瓦的表哥也想搭他们的车。表哥上车后，直接就坐在了诺瓦平时最喜欢的座位上，这让诺瓦当即哭了起来。

如果你是诺瓦的父亲，面对哭泣的女儿你会怎么做？相信很多父母要么对孩子说："坐在哪里都一样，你别那么任性了！"要么是要求表哥起身，把座位让给诺瓦。

但诺瓦的爸爸是如何做的呢？他选择蹲下来，让自己的视线与诺瓦平齐，温和地对诺瓦说："你看到他坐在你喜欢的座位上，你感觉很难过，对吗？你是不是很想坐在那里？"这时，诺瓦的哭声稍微缓和了一些，直视着爸爸，表示他们互相体会到了对方的感受。随后，爸爸又指着另一个座位问她："你想坐那边吗？你可以点头或摇头告诉我。"令人惊讶的是，诺瓦立刻不哭了，自己坐到了前面的儿童座椅上，系好安全带，还愉快地跟表哥聊起了天。

诺瓦之所以放弃自己的坚持，愉快地选择了其他座位，是因为她体会到了爸爸的共情，体会到了爸爸对自己情感上的支持，这让她很快好了起来。

可见，父母越能接纳和感受孩子的情绪，孩子就越有让自己幸福和快乐的能力，并且也越愿意与父母建立联结。孩子有时的任性只是在告诉父母他的感受，聪明的父母会把握这个机会与孩子产生共鸣，接纳孩子的感受，从而促成亲子之间心灵的相契。

使用有效的互动方式

常常有些家长抱怨道:"我的孩子可闹心了,一不给他什么东西,他就开始号啕大哭。"实际上,孩子在跟父母互动时,多半都会先进行尝试。如果他发现通过大声索要或哭闹的方式能让父母妥协,那么下次他就会故技重演。相反,如果孩子在好好说话时,父母能给予他恰当的回应,那么下次孩子也会用好好说话的方式向父母提出他的需求。简单来说,父母的回应方式,决定了孩子能否与父母进行良好的互动。

对于孩子来说,最早建立的人际关系就是与父母之间的关系。亲子关系是双方在对彼此的影响中培养出来的,这为孩子的心理健康奠定了基础。

父母应该如何与孩子建立良好的情感关系,如何与孩子互动和交流呢?对于不同年龄、不同情况的孩子,有效的互动方式也会有所不同,我从书中选取了一些典型情况,为大家简单介绍。

与年幼的孩子互动

父母与孩子之间的交流,从很早的时候就开始了。当婴儿向父母发出声音时,就是在跟父母沟通。而手势、哭喊、和父母之间的游戏等,都是他们学会说话之前的互动方式。

每个孩子都有一套自己独特的表达方式,父母要认真观察他释放出来的信号是什么含义，并且在与他交流时，要做到有来有往、相互影响。如果父母能接纳孩子的表达方式，愿意平等、耐心地对待孩子，那么孩子不但能在生命早期获得非常充足的安全感，还会获得被尊重的感觉，继而也会学会尊重别人。

这里介绍两种与年幼的孩子进行交流的方法。

第一种方法：与孩子同步呼吸。你可以把孩子抱在怀里，或者躺在孩子身边，孩子吸气时，你也吸气；孩子呼气时，你也呼气。当你感到与孩子呼吸同步时，你的内心会很满足，孩子也会很有安全感。

第二种方法：和孩子玩互看游戏。你和孩子先看着彼此，再看向别处；然后再看回彼此，再看向别处。反复多次，轮流进行。重复这个小游戏，孩子会非常愉悦，也会在这个过程中觉得自己是受欢迎的，自己的需求是能够获得满足的。

与长大的孩子互动

如果在孩子小的时候，父母忽视了他的暗示和独特的表达，或由于其他原因没能建立良好、亲密的亲子关系，孩子在长大后很容易自我价值感低，害怕与人交流，甚至患上交流恐惧症。在这种情况下，父母与孩子的互动方式就要重新做出改变。

你可以先试着向孩子抛出一个问题，引出话题，看看他是否想与你沟通。哪怕他只是说一句"嗯，知道了"，就再也没有回应也没关系。只要他给予回应，就说明你们有继续沟通的可能性。

接下来，你可以延伸之前的话题，比如顺着他的话来讲："我发现这个地方很有趣，你注意到了吗？那里有个……""你来看看我做得怎么样？"当你们能在某些话题上产生共鸣，孩子的交流恐惧症就会逐渐消失，也会慢慢觉得沟通是一件有趣的事，并从中获得一定的安全感。

与出现问题的孩子互动

在沟通过程中，有些孩子的确很让人头疼。他们不但不能好好沟通，还经常做出一些令人抓狂的举动，比如大喊大叫、过度黏人、沉迷手机无法自拔等。现在我们来分析一下他们为何会这样，以及我们该如何与他们互动。

第一类：大喊大叫的孩子。孩子在需要回应时父母没有给予相应的关注、孩子认为自己没有获得关注，或者孩子不确定父母会不会给他回应时，很容易进入挑战状态，以此引起父母的注意。而一旦进入挑战状态，他就会不断挑战父母的底线，大喊大叫就是最常用的方式之一。他们大喊大叫的目的是引起父母的关注，让父母知道他需要被理解、被重视。这种时候，父母越是不理他、呵斥他，或给他讲道理，就越会增加他的不安和不被重视的感觉。

避免这种情况出现最好的方法就是多陪孩子阅读和玩耍，最好在孩子感到无聊，还没有吵闹时就这样做。尤其在长途旅行中，如果父母能一开始就把精力花在孩子身上，孩子就会沉浸在与父母一同进行的活动中，而不会大吵大闹了。

第二类：过度黏人的孩子。黏人这个问题很多父母都遇到过，我儿子有一段时间也特别黏我，只要不跟我在一起，他就特别缺乏安全感，总是试图讨好我。比如，一会儿帮我拿来鞋子，一会儿跑过来问我："妈妈你渴不渴？我给你倒水。"

孩子为什么会变得黏人呢？如果孩子正在经历一段只想黏着父母某一方的阶段，不用担心，这表示孩子已经拥有了培养稳定关系的能力。孩子黏人这件事本质上没有好坏之分，你甚至应该去享受它，因为这说明孩子已经对你形成了强烈的依附关系。这种依附关系越稳固，孩子就越有安全感。引用一句作者的话："帮孩子培养独立精神的关键，在于让孩子在准备好及想离开你的时候让他离开，而不是疏远他。"[①]

第三类：沉迷于手机的孩子。书中还提到了一个让父母特别在意和烦恼的问题，就是孩子容易沉迷于玩手机。一拿起手机，孩子就忘乎所以，不能自制了。

但是，父母要弄清一点，孩子手里的手机真的是他自己发现的吗？我想不是的，多数情况下都是父母为了跟他交换条件，塞到他手里的。比如，在孩子三四岁时，很多父母为了让孩子在吃饭时不

---

① 菲利帕·佩里.真希望我父母读过这本书 [M].北京：中信出版社，2020：166.

哭不闹，会把手机塞到孩子手里，让手机代替父母来陪伴他。

而且大多数父母在孩子身边使用手机的时间也很多，尤其在工作了一天，比较累的时候，就想玩玩手机放松一下。这就会给孩子一种暗示：既然爸爸妈妈放松时能用手机，那我也可以吧！

所以，关于孩子玩手机的问题，归根结底，是父母与孩子之间的互动和交流出现了断裂，手机成了父母的替代品。要想让孩子放下手机，关键还在于父母要与孩子重新建立联结，实现有效互动。在孩子需要父母的回应时，父母能够积极地满足孩子，并与孩子一起进行一些有趣的活动，这样才有可能让孩子主动放下手机，将注意力放在更多有意义的事上。

放弃输赢游戏

父母和孩子之间的任何行为都可以看成一种沟通。不管是成人还是孩子，有时之所以会以不得体、惹麻烦的方式行事，都是因为他们没有找到更有效、更恰当的方式来表达感受和需求。所以，面对孩子的问题时，父母不如先认真观察和思考一下：孩子的行为是否说明他们试图表达什么？你能帮他用更得体的方式表达吗？同时也问问自己：他的行为与你的行为之间有什么联系？

作者讲述了一个自己的例子，有一次她带着三岁的女儿步行去商店买东西，回来的路上，女儿突然不走了，一屁股坐在地上。而作者手里提了很多东西，已经累得筋疲力尽，很想马上回到家休息。这时如果你是她，你会怎么做？

作者的做法是放下手里的东西，蹲在女儿旁边，看看她到底想干什么，结果发现，女儿正专注地盯着地上的一群蚂蚁观察。

这时，一位老人走过来，问作者："她赢了吗？"

作者马上听懂了老人的意思，他是想问，在这场父母与孩子的意志之争中，是不是孩子赢了？

很多父母认为，让孩子予求予取是有害的，不能让孩子"为所欲为"，但是，父母与孩子之间其实根本没有输赢，孩子蹲下看蚂蚁，会给妈妈带来什么坏影响吗？不会。如果妈妈把这件事判为输赢游戏，认为孩子又战胜了自己，内心会更加气恼，甚至强迫孩子离开。这样一来就只有操控，毫无相互理解可言。而如果抛开输赢游戏来看，妈妈跟孩子原本就站在同一边，反正两个人都走累了，坐下来观察一会儿蚂蚁也无妨，结果就是晚回家一会儿而已。

在与孩子沟通互动时，不妨放弃输赢游戏，放弃用专制的方式支配孩子，这样不仅能让孩子获得表明立场的机会，也能防止孩子以后学会用相同的方式对待他人。

不给孩子的不恰当行为找借口

如果我们能猜出孩子的心思当然很好，然而在很多时候，我们往往猜不出问题的源头。比如，你带孩子参加很有趣的活动，孩子却哭得天昏地暗，让你完全摸不着头脑。有些家长可能会为孩子找一些借口，如孩子累了、身体不舒服等，但不管你为他找哪种借口开脱，都不如找出孩子出现问题的真正原因。作者提醒我们，当出现了下面这三个常见的借口，往往就意味着你要重新审视与孩子的沟通问题了。

借口之一是"他就是想引人注意"。无论年纪多大的人，都需要被关注。如果孩子原本已经获得了足够的关注，并且相信那些关注一直都在，他就没必要再用夸张的方式来吸引你的关注。

但如果孩子确实是为了获得关注而捣蛋的，你可以引导他说出来他是需要被关注的。比如，作者说她的女儿曾经跟她要苹果，可是她根本就不想吃，而是想看妈妈因为她要吃水果而开心的样子。当她发现女儿根本没有吃掉苹果后，就请女儿直接表达自己的意愿，而不要再浪费苹果。

当孩子愿意向你表达他的想法和意愿时，你们之间就达成了默契，孩子也会减少再用不恰当的方式获得你的关注。

借口之二是"他就是故意惹我生气"。有的父母觉得孩子的一些任性行为很讨厌，甚至认为孩子就是故意这样做，目的是让父母生气。实际上，孩子可能并不知道自己的行为会让父母生气，也不知道他的行为会造成什么后果。这时，最佳方法就是教孩子学会用语言来描述自己的感受及想要什么，让孩子学会正确的表达技巧。

借口之三是"他就是有问题"。很多父母都会觉得自己的孩子有一些问题，比如内向、社交能力差、阅读习惯不好等。其实，孩子的这些表现可能只是因为性格比较慢热。如果武断地给孩子"贴标签"，认为孩子就是有问题，拒绝理解孩子行为背后的原因，反而容易令孩子的表现更加糟糕。

当然，如果你实在无法应付孩子的行为，也要尽快寻求专业人员的帮助。孩子的不良习惯持续得越久，未来就要花费越多的时间和精力重新与孩子建立有效沟通。

在孩子的成长过程中，难免会出现各种各样的问题，但孩子并不意味着一堆有待处理的麻烦，养育孩子也不是一个需要精益求精的项目。育儿是一个构建关系的过程，孩子是需要被理解和感受的个体。父母不但要仔细观察自己与孩子的关系，还要关注与自我的关系，与家庭成员的关系、与过去的关系、与周围世界的关系，等等。只有理清了这些关系，打破恶性循环，及时补救与修复裂痕后，才能避免把自己从前受到的伤害复制到孩子身上，学会处理自己与孩子的感受，从而让亲子关系更美好、更牢固，让孩子在和谐、愉悦、温暖的关系中成长起来。

2

第二章

尊重儿童
成长规律

孩子的一举一动、一言一行，无时无刻不在牵动着父母的神经。可是，孩子的心里到底在想些什么，孩子的种种行为都意味着什么，很多父母却不知道。

　　科学的育儿是在正确的时间做正确的事情。孩子的成长发展自有其规律，如果用科学的眼光看待，许多问题就会迎刃而解。本章将带你读懂孩子，了解孩子的成长规律、掌握科学的育儿方法。

第 1 节　捕捉儿童关键期

李跃儿解读《关键期关键帮助》

如果我们把孩子比喻成一颗种子，这颗种子在发芽、成长的过程中，一定需要各种帮助。在帮助这颗种子时，我们必须懂得它与其他种子有什么不同，它什么时间需要水、什么时间需要肥料、每次都需要多少。我们并非天生就知道这些，必须通过学习才能了解这颗种子的特点，了解自然赋予这颗种子的规律。

孩子的成长也是这样，父母需要了解他的成长规律、成长特点，在他成长的关键时期给予关键性的帮助，并且鼓励孩子自主探索，让孩子依靠关键期的本能成长。

在《关键期关键帮助》这本书中，我对 0~7 岁孩子不同成长阶段的心理特征进行了解读，希望能帮助大家了解孩子的成长规律，不再把孩子的正常行为当成问题，不再忽视应该给孩子提供帮助的机会，避免凭借自己的想象，或沿袭一些错误的教养方式，错过孩子成长的关键时期，对孩子的成长造成不良影响。

什么是关键期

任何事物都有其独特的发展规律，人类也是如此。我一直认为，人类就像一种具有两个胚胎的动物。第一个胚胎是指在精子与卵子相碰的那一瞬间形成的受精卵，这将发展为人的物质身体。然而当婴儿出生，离开母亲身体的时候，他其实还没有成为一个真正的人，他的物质身体里还蕴藏着一个精神的进化过程，也就是第二个"胚胎"——精神胚胎。

人类的精神胚胎是在母亲的体外形成的，也就是出生后。精神胚胎的形成期指的是从无到有的阶段。我们的立场、观点、感受、思维模式、行为模式，我们作为人的各个方面的功能，几乎都是在生命最初的六年分阶段发展而成的，换句话说，人类的精神要经历六年才能诞生。

在某个时间内，儿童受内在生命力的驱使，会专心地吸收环境中某个事物的特质，并不断重复实践的过程，最终使其内化为自己的某种特殊的能力或特性。我们把这种发展某个特殊能力的时期，称为儿童的某个关键期。

儿童关键期有许多细致的划分，在这里，我们暂且分为七个阶段来讨论。

1. 安全感建立期（0~1 岁）

婴儿出生后的第一件事，就是把生活环境中所有的因素固定成一个模式，使之满足自己安全感的需要，这就是安全感建构关键期的特征。

2. 大脑模式发展期（0~2 岁）

在这个关键期内，孩子先后需要经历四个敏感期，分别为口的敏感期、眼的敏感期、手的敏感期和腿的敏感期。

3. 探索兴趣发展期（1~2 岁）

如果孩子的安全感建构得比较好，身体发育得也比较协调，到一岁之后，他们便开始探索物品的质地、形状及彼此之间的关系等，比如，哪些东西可以摞在一起，哪些可以装在容器里面，哪些可以排成一排，等等。

4. 功能探索期（2~3 岁）

两岁后，孩子便开始进入探索事物的功能及事物与人之间的关系的关键期。也就是说，这时他们开始探索周围事物都是什么，它们都有哪些功能，能起到什么作用，以及与自己有什么样的关系，继而又开始探索自己与他人之间的关系。

5. 人际探索期（3~4 岁）

在这个阶段，大部分孩子开始进入幼儿园。在这期间他们也开始探索人与人之间的关系，会积极地寻找友谊，探索自己与他人的边界，建立和发展自己的社会能力，第一次拥有了自己的"小社会"。

6. 心智探索期（4~5 岁）

在这个阶段，孩子对他人的探索已经离开了物质层面，进入精神层面。同时，这些深层次的探索将孩子的个人理解与他的精神内涵连接在一起。

7. 精神文化探索期（5~7 岁）

在这个成长阶段，孩子开始对各种精神文化产物产生兴趣，逐渐去思考那些文字、图画、音乐等具有哪些含义，并进入小学入学的准备阶段。

如果父母能够理解孩子成长过程中的这些关键期，以及孩子在不同关键期的成长特征和表现，也就懂得了孩子为什么会出现那些在大人看来很"奇怪"的行为。孩子的行为背后都有一套属于他们自己的成长和发育规律，尊重这些规律，才能真正帮助孩子顺利度过这些关键期，让孩子在正确的时间里做正确的事，成为更好的自己。

安全感建立期（0~1 岁）

在婴儿尚未出生、还在母亲的子宫里时，他伸展手脚就能触碰到光滑的子宫壁，能够感受到妈妈的心跳，听到妈妈说话的声音，这一切都会让他感到无比安心。所以婴儿在出生后，哪怕身处一个完全陌生的环境，也很容易通过声音等信息找到自己的妈妈，向妈妈寻求庇护。而当他睁开眼睛，能够看到自己所处的世界时，他又会将周围的一切铭刻在大脑中，反射性地把身边事物的样子、位置，以及它们形成的氛围铭刻在大脑中，并将这些完整的图像当成安全的标志。当婴儿确定自己周围的环境不再危险后，他便开始探索周围环境中的事物，我们把这种最初的探索称为儿童的工作。

　　简而言之，任何一个婴儿来到这个世界、看到这个世界后，能做的第一件事就是把生活环境中所有的因素固定下来成为一个模式，使之满足自己安全的需要，这就是孩子安全感建构关键期的特征。当孩子不再对周围的环境感到恐惧，确定自己肯定能活下去之后，他才开始发展自己。所以，早期安全感的建立对一个人的一生来说非常重要，父母要在这一阶段给予孩子关键的帮助，帮他建立充足的安全感，让他运用自己所具有的本能，去探索和发现周围的世界。

　　如何帮助孩子建立充足的安全感呢？

　　婴儿刚出生时，还没对妈妈和这个世界建立起最初的信任，这时妈妈不能为了锻炼孩子故意打破有秩序的环境。在婴儿出生后的6~8周，他会以妈妈的身体为固定参照点，慢慢观察自己所处的新世界。所以，婴儿需要在妈妈怀抱中至少待6~8周，这个时期也是婴儿从子宫到无限空间的过渡。

　　当婴儿再大一些时，他们就会用自己的方式进行表达，这时父母要学会读懂婴儿的"语言"。比如，妈妈穿了一件爸爸的衣服，婴儿看了后大哭；婴儿的一个玩具被挪到其他位置，他也会大哭。如果父母不理解，可能怎么哄都无效，因为他大哭的根本原因是他内心的秩序感被破坏了。

　　蒙台梭利认为，孩子出现的第一个敏感现象就是秩序敏感，它一般从孩子出生后的三至四个月出现，持续到两岁左右。孩子喜欢秩序，是因为急切需要一个精确的有所规定的环境，并且将环境中的各种物体当成一个彼此相关的整体，就像在妈妈的子宫内一样。只有这样，他才会感到安全，并有秩序地开始对环境中的某一个物体进行探索。

大脑模式发展期（0~2 岁）

　　在儿童一岁之前，我们几乎很少看到他醒着时肢体不动，用大脑"思考问题"，相反，他的肢体会不停地动。瑞士儿童心理学家皮亚杰把儿童的这一阶段称为感知运动阶段。也就是说，在这个阶段，儿童是用肢体运动和感知的方式了解世界的。

　　孩子之所以会用肢体"思考"，是因为他们的大脑还没有发育到能够进行思考的程度。所以大自然在设计人类两岁以前的认知活动时，选择让人类更多地使用感觉器官，在感觉器官探索事物的同时，大脑也开始获得有关世界的信息并展开工作，最终人类发展出比较高级的大脑工作能力。

在这一时期，儿童的大脑模式发展分为四个阶段，分别是"见到什么啃什么"的口的敏感期、"哪里在动看哪里"的眼的敏感期、"见到什么抓什么"的手的敏感期和"哪里不平往哪走"的腿的敏感期。

保护孩子口的敏感期

人类最早使用的感觉器官就是嘴巴，大自然为了让人类出生后能活下去，赋予了人类一出生就会吸吮和抓握的能力，所以婴儿一出生就会吸吮妈妈的乳头，获取奶水，填饱肚子。除此之外，他还会把自己的手塞入嘴里吸吮，这为他带来了愉悦感和满足感，吃手还能为他下一步用手抓握物体送入嘴巴做好准备。

所以，到三个月左右，婴儿的手能抓握东西时，他要做的第一件事就是抓住物品往自己的嘴里送，这是口的敏感期最明显的时候，一般会持续到他九个月左右。这也是婴儿的手和口第一次相互配合，而婴儿也在这个过程中慢慢感受到，嘴里的那个东西是自己的手，手则感知到那个吸吮的就是自己的嘴，这在心理学上叫作"跨通道认知"，对婴儿的大脑发育十分重要。

但是，有些父母一看到孩子吃手，或者抓着东西往嘴里送，就以为孩子是饿了，于是马上让孩子吃奶，这对婴儿的发展是不利的。因为他可能并没有产生需求的感觉，没有自己努力争取的过程，就被莫名其妙地塞入了奶头，这剥夺了他运用自己的能力和认识自己的能力的机会，以及认识他人与自己的需求关系的机会。还有的父母会觉得孩子吃手或抓住东西往嘴里塞不卫生，强行把孩子的手从嘴里拉出来，这同样不利于孩子大脑的发育。

正确的做法是：保护孩子的口的敏感期，允许孩子吸吮自己的小手，并且在孩子自己无法把手塞入嘴里时帮他一下，让他感知到他吸吮的就是自己的手。同样，也要允许和帮助孩子用手抓握物品塞入嘴里，但不要给他太多的物品，一般最多给三个不同质地、形状的物品，你只要把他的小手和用嘴啃的东西清洗干净就行了，不要因为怕不卫生而强行把孩子的手从嘴里拿开，或者将孩子正在啃的东西强行拿走，这会使孩子丢失第一个阶段的大脑工作机会和第一个阶段的发展。

在孩子眼的敏感期提供适当刺激

孩子从刚出生开始，就会向着有光的地方看，也会特别注意色彩鲜艳的物品。适当地进行刺激可以使孩子将更多的注意力放在对物品的探索上，而不是只需要父母抱他们。刺激得合适时，两个多月的婴儿眼睛就能开始跟着物品移动，这说明孩子的大脑中已经留有物品的印象，在物品出现之前大脑已经意识到物品要出现，这样眼睛才会跟着动。

父母可以用这些方式刺激孩子的视觉：给孩子看缓慢移动的物品；给孩子用带有轻微声响的物品；物品不要太花哨。

为孩子提供满足手的敏感期的材料

婴儿到大约六个月时，口的敏感期会达到高潮，一般到九个月时，便会过渡到手的敏感期。

手的敏感期最关键的特征，就是孩子见什么抓什么，不论是吃的、用的、玩的，只要他的手能够到，就一定会去抓握、触摸，这其实是孩子在急切地用手感受事物。并且你会发现，他尤其喜欢抓握那些湿漉漉、黏糊糊的东西，如水、泥巴、打破的生鸡蛋、果泥等，因为这些东西在没有被破坏前是一种形状，而孩子抓握之后，又变成了另一种形状，这会让孩子感觉无比新奇和有趣，所以他会乐此不疲。

我在书中举了一个叫么么的孩子的例子，么么是我们跟踪观察的孩子。有一次，我去看么么，给她提供的工作材料是一个生鸡蛋，当我把这个完整的鸡蛋给她时，她并不怎么感兴趣，但当我把鸡蛋磕入盘子中，让鸡蛋从一种形态变成另一种形态时，么么便兴趣大增，开始不断用手拍打盘子中的蛋液。最后，我又在蛋液中加了一点小米，她在拍打时发现了米粒，又开始兴致盎然地玩了起来。

由此可见，在手的敏感期到来时，父母对孩子最好的帮助，就是为他提供各种各样的物品，让他抓握、触摸、探索。这些物品不需要有固定的形状，但有无限变化可能性的材料，无疑是最合适的，如面粉、泥巴、木头、布等。

允许孩子尽情发展腿的敏感期

腿的敏感期一般出现在孩子一岁左右，这时他学会了自己爬行、走路，对外界的兴趣更加强烈。但你会发现，孩子走路时，越是发现哪里不平、又脏又乱，他就越要走哪里，并且还喜欢在一些高高低低的台阶上重复地上来、下去。这对于尚不能掌握走路平衡的孩子来说，无疑是非常有挑战性的，由此也造成了大人与孩子之间的冲突。大人实在不理解，连路都走不稳的孩子，为什么非要走那些不平的路？

其实，腿的敏感期与手的敏感期一样，都是孩子利用他们的肢体探索外部世界的时期。他要到什么地方去，走什么样的地形能让自己的腿获得感知，只有他自己知道。到了这个时期，孩子也算是第一次获得了独立。而父母要做的，就是在懂得孩子的基础上，帮助孩子做好选择和保护措施，而不是直接把他抱起来，不让他走，更不要在孩子强烈要求走路的时候硬把他塞进婴儿车，或因为他的哭闹而打他的屁股。

这个时期有个问题要注意，就是不要给孩子买那种一走路便发出尖利响声的鞋子，这会打乱孩子对腿的感受和周围事物的观察，让孩子心烦意乱，甚至要求大人抱，而不愿意再去探索来自腿的感受了。

　　总之，对于0~2岁的孩子来说，他们最需要的就是获得父母实实在在的爱，但这个爱也要恰到好处，既要给予孩子充足的安全感，也要满足孩子的身心发育需求，保护孩子对外界探索的欲望和需求。如果一个孩子能按照自己的内在规律成长，他的内心一定是健康的，也会经常非常投入地做一件事，不停地探索周围的环境。而父母要做的，就是尽量不去干涉、妨碍他的发展，允许他遵循自然成长的规律，尽情地发展自我。

探索兴趣发展期（1~2岁）

　　在孩子0~2岁这个阶段，你会发现，他对身边事物的兴趣比对人的兴趣更强烈。尤其是一岁后，孩子有了自主行动能力，对事物探索的欲望会越来越强烈。在两岁前，孩子大都先探索对物质表面的感觉，将物体翻来倒去地触摸、观察，并且会用手感受物体的各种特质，如尖的、圆的、有棱角的、有弧度的等；或者故意将物体碰撞，发出响声。到一岁半后，他们又会探索物体之间的关系，如哪些能摞在一起，哪些能装在容器里面，哪些可以排成排。

　　在探索这些物质特性时，孩子仿佛全身每个细胞都处于感知和思考状态，所有感觉器官都为他的大脑收集有关事物的信息，这也促使他们的感觉器官被高度统合起来，大脑开始非常恰当地工作，肢体与大脑产生了越来越和谐的配合。大脑的工作能力不断增强，就会创造出适合个体的思维方式，这为他日后几十年纯大脑工作和学习文化知识打下了良好基础。

我们幼儿园曾接收过一个一岁零九个月的男孩，当时他几乎不会说话，而且由于在家时长期被人抱着，他的腿也没有力量，经常走几步路就一屁股坐在地上。老师对他进行了大脑工作刺激，他很快便开始积极地配合，短短几个月的时间，就将口、手、腿的敏感期都过完了。

有一天，班里的小朋友们要从屋里到户外活动，结果纷纷发现自己的鞋子找不到了。这时，这个男孩慢悠悠地从教室走出来，捡起地上剩下的几只鞋，跑到门口的垃圾桶旁，掀起垃圾桶的盖子，把手里的鞋子丢了进去。老师跑过去一看，原来小朋友们的鞋子都被这个男孩一趟一趟地拿到了这里，丢进了垃圾桶。这个行为可能在外人看来会哭笑不得，但老师看到后却兴奋极了，因为这表明他已经开始探索物体与外部空间的关系了。

面对孩子这个时期的特性，父母也要为他提供必要的帮助，在保证安全的前提下，尽可能地支持孩子的探索。天生气质类型不同的孩子，爱好也不同，在环境中也会发现和探索不同的材料，这时父母应该跟随孩子的爱好，根据孩子的需求来帮助孩子。

为孩子提供适合的环境和材料

有的孩子经常玩垃圾桶，父母觉得不卫生，就想买个玩具垃圾桶给孩子玩。其实这时我们应该观察一下：孩子到底是想玩垃圾桶，还是想探索垃圾桶里的垃圾呢？大部分孩子想探索的都是垃圾桶里的垃圾，所以给孩子买个玩具垃圾桶完全没有意义。如果你担心孩子探索垃圾太不卫生，可以想一些办法，比如不要向里面丢厨余垃圾、剩菜剩饭等。这样一来，孩子如果非要探索垃圾桶，就让他去探索好了。

这个时期的关键帮助是利用教育机会，教育机会来自孩子当下发生的可被教育利用的行为。我们要利用当下的条件和孩子的行为对孩子进行帮助，通过孩子的行为和孩子对物品的利用情况，搞清楚孩子在探索什么，知道了孩子想要探索的内容后，也就知道要怎么帮助他了。

给孩子设定自由的范围

当然，我们要确保孩子不会接触到危险物品，不要影响他人和公共秩序。如果孩子非要探索一些可能带来危险的事物，或者孩子的探索可能会破坏公共秩序，我们要及时制止。但是，制止不是给孩子讲道理，更不是恐吓孩子，否则可能会让孩子以后对什么事都谨小慎微，变得胆小懦弱。关于如何制止孩子，我有以下两点建议。

第一，用行动引导孩子。比如，当孩子把书架上的书全都丢在了地上，如果父母对他说："你看，房间刚才那么整齐，现在被你弄得乱七八糟！妈妈每天已经很累了，你还不听话！"一个两岁左右的孩子能听懂这些道理吗？显然不能。父母不如拿起一本书做示范，告诉孩子："我们一起来归位，把书放回它的家。"并且递给孩子一本书，拍拍书架，对孩子说："宝宝请把书放回家吧！"多余的就不用再说了。用这种行动展示的方式引导孩子，就是在为孩子建构原则，让孩子养成把物品归位的习惯。

第二，把家中危险的物品收起来。孩子看不到那些危险物品，自然就不会去摸，这要比恐吓和斥责强一万倍。经常遭到恐吓和斥责，孩子就会认为自己做错了事，是个不被爸爸妈妈喜欢的人，从而变得畏缩、自卑。

帮助孩子发展语言系统

在 0~2 岁期间，孩子除了探索物质，还暴露在语言环境中，而孩子的语言就是在这种与情感相融的生活情景中学到的。

孩子出生以前，在子宫中听到最多的是妈妈的声音和语言，出生后也只对在妈妈腹中听到的语言敏感，我们把这种让孩子敏感的语言称为母语。在孩子两岁以前，母语主要帮助孩子练习表达自己，学习与事物配对，与周围的人沟通，由此建立起使用语言的信心。如果这时父母为孩子提供的语言环境过于复杂，或者要求孩子学习第二种语言，可能会给孩子的语言发展带来困惑，让他不知道该用哪个语言系统表达自己，并且对语言表达失去信心。

所以，在这个时期，父母最好为孩子提供单一、稳定的语言环境，平时尽量只说一种语言，不要既说普通话，又说方言，又说外语，给孩子造成压力。即使有时孩子面对一些问题表述不清，但只要你有耐心，不给孩子太大压力，孩子很快就会使用环境中的语言。

功能探索期（2~3 岁）

孩子到了两岁，研究目标逐渐从探索物质的表面转向探索事与物的关系、自己与事物的关系，以及自己与他人的关系等。这时，他们会探索怎样用自己的物品与其他物品建立连接，哪个小的能装入大的里面，什么东西能从什么东西里倒出来，大盖子是不是要盖在大瓶子上。换句话说，他们会更多地为发现事物的功能而兴奋。

由于对现实世界还缺乏足够的了解，大自然又安排孩子去关注这些法则，所以这时孩子还会进入一个很难受的时期，面对很多事情都找不到解决办法，经常感到很挫败，只能用生气、哭闹的方式来发泄情绪。而父母也会因为孩子的各种执拗表现而焦头烂额，甚至还给这个时期孩子的表现取了个名字——可怕的两岁。

蒙台梭利把孩子的这种表现称为执拗敏感期，这种状态通常会持续到三岁半。而且在这个阶段，孩子还会刻板地恪守自己喜欢的一些物品的形状，如果这个形状无意间被破坏，孩子就会大哭大闹，无法接受。经过很多次碰壁之后，孩子才会逐渐懂得事物之间的关系，以及自己与事物之间的关系，知道哪些自己能改变，哪些自己改变不了。

包容孩子的执拗

我们来看这个例子：一个孩子坐电梯，在这之前，都是父母抱着他乘坐，让他为大家按电梯按钮。但这一天，他发现了问题：只有他是被父母抱着，斜着身体，伸出手去按电梯按钮，而别人都是自己站在电梯里，直立着身体，伸手按按钮。于是，他就想像别人一样，自己站在电梯里，直立着身体，伸手去按按钮。

但是，当他想挣脱父母的怀抱时，首先遭到了父母的激烈反对。在他的坚持下，父母终于把他放在了地上，可他伸手时，却发现自己怎么都够不到按钮。于是，他大发脾气，哭得上气不接下气，而爸爸妈妈还在不停地说他："都跟你说了，你够不到，你非要自己够，还哭！"

这种场景想必很多父母都不陌生，孩子因为不理解自己与电梯按钮高度之间的关系，更不理解自己的愿望与实际条件的关系，所以无法判断整个事件的问题出在哪里，只知道自己要实现的愿望。

　　面对处于执拗期的孩子，很多家长要么粗暴地制止，要么给孩子讲一堆道理，其实这些都不能真正帮到孩子。这时，父母可以为孩子提供一些积极的建议，尽管他可能听不进去，但会意识到自己需要想更多的办法来解决问题。如果孩子实在不接受父母的建议，那就耐心地倾听孩子，平静地等待孩子发完脾气，然后告诉他，爸爸妈妈对这件事也没办法。这样很多次以后，孩子慢慢就会发现人是没办法违背自然法则的，那时他们就会利用智慧去想其他方法解决这些问题了。

支持孩子的想象力

　　两岁以后，孩子开始运用大脑中积存下来的对事物的印象来做事，当这些事物不在脑中时，他就会模仿成人的言行去面对他熟悉的物品。比如孩子自己玩耍时，会用妈妈照顾他的方法来照顾他的布娃娃，也会用家人对待彼此的方式来对待他的玩具。

　　越靠近三岁，孩子就越会把这种自己已经熟识的印象行为加以改造。在改造行为未完成的时期，叫作想象，所以孩子的想象力一定是建立在实际生活经验的基础之上的。面对这种情况，我们不要粗暴地干涉，或者打断孩子的行为，而要为他们提供利于探索的环境和材料，在提供环境和材料时需要注意：

　　第一，为孩子提供能无限创造的儿童群体，只要有同龄的伙伴，孩子就会在这样由彼此形成的环境中不停创造并互相学习。

第二，为孩子选择合适的亲子班，这种亲子班最好是有家庭感的，与家里环境相似，但配备了可供孩子探索的材料。在这里，父母可以和孩子一起工作，一起自由活动，引领孩子开发工作材料，了解正确帮助孩子的方法。

第三，为孩子提供丰富的工作材料，比如泥土、积木、烹饪材料等。

第四，把握好进入孩子工作和恰当地撤出的时机，这样既不会干涉孩子的工作，又不会让孩子因为长期无法进入工作而变得焦虑。

人际探索期（3~4 岁）

经过近三年智力飞跃带来的困难期后，三岁后的孩子开始慢慢变得平静。他们仍然会对各种物体进行探索，有时单独工作，有时会主动参与一些群体工作。在这个过程中，他们不但探索自己与物质的关系，还开始探索自己与他人的关系，尤其开始注重建立友谊，这时孩子便进入了人际探索的关键期。

帮助孩子进入群体

孩子三岁后会开始注意，当某个人跟自己关系好，两个人之间就会有一种情感的联结，这种感觉让孩子非常着迷。所以，这个时期的孩子非常在意谁跟自己玩，谁是自己的朋友，并由此产生很多快乐和烦恼。这些也为孩子带来对友谊的热爱和追求，为日后练习进入群体、获得社会能力打下良好的心理基础。

我在书中讲了我们幼儿园里一个叫乐乐的孩子的故事。乐乐三岁多时，突然要求和大组孩子一起学习，老师觉得他年纪小，大组孩子已经准备学习学前班的内容了，他会跟不上。但他哭闹着一定要跟大组孩子在一起。后来我们了解到，原来大组有一对小伙伴经常一起玩，关系特别亲密，乐乐很羡慕他们，经常追着他们两个一起玩。一开始，这对小伙伴根本没注意到乐乐，但乐乐毫不气馁，想方设法加入他们的游戏中。有一次，这对小伙伴其中的一个生病请假了，乐乐抓住机会，很快就跟另一个小朋友玩在了一起。

这让我们看到，孩子为了获得友谊，会非常智慧地为满足别人的愿望而不断调整自己。当孩子通过努力获得友谊后，他们也会非常珍惜。

当然，在这个关键期，有的孩子可能会在人际探索和社交中遇到困难，成为被群体忽视的人，这时就需要父母提供一些关键性的帮助。我有以下六点建议。

第一，为孩子提供一个多因素环境，这些因素之间要有自然的逻辑联系。比如，为孩子提供了砖，就要同时为他提供土、水、泥和铲子，并为他演示怎样使用这些工具。

第二，为孩子提供的群体性环境中各种年龄、各种性格、各种体魄的孩子都应该有，不要因为怕孩子被欺负，只找年龄、性格、体魄都跟孩子差不多的，这会对孩子的发展形成障碍。

第三，如果孩子在交往中因不满而发脾气，父母最好不要被孩子的情绪影响，和孩子一起发脾气，可以等孩子发完脾气后，再去跟孩子讨论让他不满的事情，寻找解决办法。

第四，当孩子跟父母抱怨别人不跟他玩，或者别人打他时，父母应先弄清真相，而不是当着孩子的面直接批评对方。如果真有这种事，就想办法把这个"敌人"请到孩子身边，让他成为孩子的朋友。

第五，如果孩子被朋友抛弃了，他很难过，父母只需要对他表示同情就行了。经历痛苦之后，孩子也会想办法获得新朋友。任何友谊和社交关系都是在这种痛苦中成长起来的。

第六，遇到群体持续欺负孩子的情况，父母一定要干预。

帮助孩子发展情感生活

许多孩子因为从小没有兄弟姐妹，与同龄孩子相处的经验不够，所以在刚进入群体的时候，无法处理复杂的情感。到了三岁，当孩子发展出友谊之后，就会出现悲喜等复杂情感，孩子也第一次尝到丢失友谊的伤心和失落，这时孩子会通过做噩梦、尿床、吃手指头、触摸身体等退化现象来缓解自己的痛苦，当家长发现孩子有这些表现时，不要担心，因为当痛苦达到一定程度后，孩子会自发地去摆脱，经过一段时间的艰苦奋战，孩子会收获比以前更大的喜悦。

随着多次丢失友谊和获得友谊，孩子会逐渐变得自信，也不会再为丢失友谊感到痛苦。即使再一次丢失了友谊，他也会很快恢复。

心智探索期（4~5 岁）

经过四年的心智建构，到了四岁时，孩子便有了较为丰富的与人交往的常识和经验，在与他人互动时，也能发现别人的想法、意图、目的等。这时，孩子对他人的探索已经离开了物质层面，进入精神层面。他开始发现别人心里想的东西跟自己想的不一样，自己知道的东西别人不知道，或者别人知道的东西自己不知道。这会让孩子特别感兴趣，于是会试着告诉别人一些并不存在的事情，试验别人是否知道这件事并没有真的发生。在父母看来，孩子的这种行为就是"撒谎"。同时，孩子还会试着在别人看不见的时候，把一些不属于自己的东西拿走，看看别人能不能发现。当孩子发现，别人只要没看到就不知道时，他会觉得更加新奇，于是还会继续拿别人的东西。父母又把这种行为定性为"偷"。

在父母看来，这些行为都是很可怕的，如果不及时制止，就会让孩子养成撒谎、偷窃等坏毛病。其实，如果我们先让孩子知道自己的心智与别人的心智之间的关系，再去解决孩子的这个问题，会更加合适。

辨别孩子的谎言

如果孩子出现了撒谎的行为，首先要搞清楚孩子出于什么原因撒谎，孩子撒谎一般有三种情况：

1.孩子只是分不清想象与现实。父母在给孩子叙述一件真实的事时会多次重复，这种情况下，孩子很容易顺着成人的思路，把听到的当成自己看到的，把想象的事情说成真实的。

2.孩子在故意捉弄别人。在孩子认为自己和某人的关系好到一定程度时，会经常用捉弄对方的方式来检验友谊、表达情感，但由于孩子对他人的需求和承受力没有太多了解，把握不好释放善意的程度，所以容易给对方造成伤害，这时父母需要告诉孩子他的行为给别人带来了怎样的感受，有时直接用语言制止孩子即可。

3.孩子是为了保护自己而撒谎。如果孩子所处的成长环境过于恶劣，就会促使他撒谎，这时父母首先应该反省自己的行为。

尊重孩子的夸张表达

儿童四岁半就开始拥有自己的感情、感受和表达，并会以一种夸张的方式呈现出来，这时，父母如果一味追求沟通效率，强行矫正孩子的表达方式，容易激发与孩子的冲突。

其实，只要父母以平等、尊重的心态交流，四岁的孩子还是很容易接受父母的建议的。只不过很多时候，父母会忽略孩子需要探索和领悟自己的策略与实际行动之间的关系，而当他们搞清这个关系后，自然会进入成长的正轨。

接纳孩子起伏的情绪

迈过四岁这个门槛，孩子的情绪变化就不会像三岁半时那样无常，频率也会变低。在这个阶段，孩子的不良情绪大多来自在群体中试验自己的力量，或者在群体中的争斗。在当下群体中，孩子可能会为了群体而改变或放弃自己的想法，并控制自己的情绪，但回到家里，他们就会向家长发泄负面情绪。这时，父母一定要用开放的心态对待孩子，不要跟着孩子一起产生情绪，要明白孩子只需要你的倾听，第二天他又会高高兴兴地去幼儿园，继续"奋战"。

精神文化探索期（5~7岁）

孩子到了五岁，就会深入地使用物质来达到自己的精神目的。在这个过程中，他们开始探索人内在的想法、感受等是如何表达出来的，并且注意到，人是可以用纸和笔来表达的，这让他们感到十分新奇。所以，到这个时期，就算你不要求孩子学习文化知识，他也会很自然地对学习产生兴趣，喜欢认字、写字、画画等。

对于五岁的孩子来说，他们即将进入人类文化的学习系统，在他们自发地研究人类文化的这个关键时期，我们又该为他们提供哪些关键性的帮助呢？

帮孩子做好充分的入学前的准备

五岁以后，父母就要考虑孩子上小学的问题了。入学前，孩子要完成很多事情，包括身体发育达到正常水平，有一定的社会适应能力、认知水平和技能。对孩子来说，他将进入一个全新的领域，各方面发展都会上一个新的台阶。

很多父母会积极地为孩子做各种入学前的准备，比如送孩子上幼小衔接班，提前把小学的学习内容教给孩子等，觉得这样孩子入学后就能领先一步，以后学习起来更轻松。但是这样的方法不一定有效，如果孩子的发育水平尚未达到掌握一年级知识的能力水平，即使提前学习，也只能靠记忆完成。孩子能不能建构自己的学习方式，并不是看他背会多少知识，而是看他的学习方法、学习能力和学习热情。

关于入学前的准备，我有以下五点建议。

第一，发育水平不适合上学的孩子先不上，当孩子还存在比较明显的发育问题时，不要急于入学。

第二，从小培养孩子良好的思维模式，而不是直接给孩子灌输知识。父母可以多为孩子提供帮助他们思考和活动的工具，不要事无巨细地教孩子做事，要让孩子自行探索。探索完成了，思维也就发展了。

第三，要让孩子继续保持探索的热情。很多孩子会在五岁左右就开始学拼音、学写字、上各种文化课，还要写很多作业。一般几个月下来，孩子就开始讨厌上课了。老师为了激励孩子，又会采用发小红花等方式，这样又很容易造成孩子学习兴趣的转移。有些老师还会惩罚没有完成作业的孩子，这也会打击孩子的学习热情。

正确的方法是尊重孩子的自然成长规律，引领他保持对人类文化宝藏的探索热情，逐渐完善与之相关的技术内容。切不可捡了芝麻，丢了西瓜，过分追求认字数量、作业整齐，而让孩子丧失了对学习的热爱和探索的热情。

第四，锻炼孩子熟练驾驭手部肌肉的能力。孩子上学后要写字，这会用到小肌肉群，如果不练习手部肌肉，直接让孩子写字，他就会感到特别困难，随之产生"字很难写"的认识。

第五，关注孩子的发育年龄与实际年龄是否匹配。孩子的入学年龄一般由出生日期决定，而发育年龄是指孩子的心理和生理的成熟度，也就是认知水平、社会能力以及语言等方面的发展水平。如果孩子的发育年龄没有达到与实际年龄相匹配的程度，就要考虑让孩子推迟入学，否则可能导致孩子产生心理问题。

帮孩子建构遵守法则的良好人格状态

到了五岁，孩子明显开始组织群体，并有意识地维持群体关系。孩子的群体依靠友谊和情感维系。这种群体已经比较接近成人的社会生存群体了，它能够使孩子们因同一个游戏目的和爱好达成共识，群体成员也习惯放弃自己的目标和爱好，去适应已达成共识的目标和爱好，这就使得目标和爱好可以涵盖更多的孩子。

假如孩子五岁前的生活环境是身心自由、开放、受尊重的，那么五岁后，孩子们就会有一个非常温馨、和谐、平等的团队。孩子们会非常温和自然地凑在一起，由一个孩子发起一项工作，其他孩子在这项工作的意图上，按照自己的理解去添加自己的内容。并且在游戏中，每个孩子都能提出自己的想法，说服别人去实现这个想法。

只要进入这样的群体中，孩子都能获得良好的社会能力。即使是没有群体的孩子，只要有朋友，也能获得较好的社会能力。而父母要为孩子提供的帮助，就是当孩子在探索人与人、人与物、物与物之间的关系时，将人群法则教给他，为他建构遵守法则的良好人格状态，而不是去干预他在成长中遇到的自然冲突，或者替代他经历或消除冲突，阻碍孩子的成长。

父母要教导孩子：

首先，尊重他人的身体。

其次，没有经过他人同意，不能动他人的东西，对于公用物品，谁先拿到谁先使用，后来者需要等待。

再次，不可以占有已经属于他人的地盘。

最后，不可以破坏他人的工作。

这些就是孩子在 0~7 岁阶段所具有的几个主要关键期和父母应该给予的关键性帮助。我相信，如果你尊重孩子的成长规律，掌握了孩子在七岁之前的教育方式和教育观点，也就掌握了养育孩子一生的教育方法。因为懂得七岁以前的孩子，也就懂得了人，懂得了人与生存的关系。家长愿意尊重孩子、读懂孩子，就是对孩子最大的爱。有了这份爱，又有了对人的基本成长规律的了解，在面对孩子时，你就能自己解答疑难，并且为孩子创造出无限的可能性，帮助孩子在成长的关键期获得良好的发展，迈向更好的未来。

第 2 节　语言与大脑发育

樊登解读《父母的语言》

不知大家是否听过这样一个讨论：为何麻醉被发明后，很快得到了普及和应用，但消毒却慢慢被医学界意识到？

19 世纪，一位医生在工作中发现，产妇死亡率高的原因是许多医生在做手术前不洗手，并认为洗手不是一个很重要的事情。

为什么大家对于麻醉很重视，对消毒却很不在意呢？

可以推测，原因就是麻醉所要解决的问题更清晰可见。医生每天都能看到很多病人痛苦不堪，所以会想办法解决这个问题。但是消毒很容易被忽略，许多病人死于细菌感染，但死因很难被直观地观察到，所以这些不可见的东西会被人们忽略，就会形成思想的停滞。

为什么讲这个案例呢？因为很多父母都是在孩子上了小学、中学甚至大学以后，才会发现自己的孩子和别的孩子的差距。其实，为什么差距会那么大呢？原因就藏在孩子的能力还没有完全显现的时候，也就是在孩子三岁之前。蹒跚学步的时候，每个孩子都活泼可爱，孩子与孩子之间看起来没有什么差距，但实际上差距在这个时候就已经开始逐渐出现。

一种重要的资源：父母的语言

本节为大家介绍的是《父母的语言》这本书。本书作者美国芝加哥大学妇科及儿科教授达娜·萨斯金德博士和一些科学家通过研究发现，在不同的家庭中，孩子在四岁前听到的词汇量的差距达到3000万之多。换句话说，孩子在教养方面出现的差距，也许不在于态度，也不在于物质条件，而在于父母和孩子所说的词汇量。

这3000万是一个非常巨大的差距。想想看，每个国家都很重视资源，比如森林资源、石油资源、煤炭资源、电能、水能等，但实际上，父母的语言也是一种非常重要的资源，而且这种资源是免费的，可以无限量供应，却往往会被父母忽视。

据调查，在儿童的语言中，有相当一部分词汇是和父母一样的。我们常说"孩子是父母的复印件"，当你看到你的孩子怎样说话时，就要反思自己是怎样说话的。如果父母和孩子说话的时候毫不客气，或者偶尔会蹦出一些粗话来，那就别指望孩子变得温文尔雅。而如果父母能够注意自己与孩子说话时的遣词造句，孩子也会相应变得不同。

　　孩子九个月大以后，这种学习差异就已经存在了，孩子与孩子就已经不同了。大概小学三年级的时候，根据孩子的读写水平甚至能预测出他今后上什么样的大学。小学三年级之后，孩子的读写水平的差距就会随着时间的推移变得越来越大。

　　扎克八个月的时候，过了他的听觉生日。什么是"听觉生日"呢？这个孩子从来没有听到过声音，那天是他第一次植入了人工耳蜗，出生以来第一次听到了声音。那个时候他所表现出的惊喜，让父母和周围的人都感动得落泪。

　　到了三四岁的时候，医生观察扎克，发现他说话很流利，跟其他孩子几乎没有差别。他上的是普通的学校，就读于普通的班级，跟其他孩子一起学习，学习起来没有障碍。

　　另外一个孩子叫米歇尔，她七个月的时候植入了人工耳蜗，获得了听力。但是过了几年，医生追踪调查时发现，米歇尔一直在特殊教育学校上学，在特殊教育学校学语言非常缓慢，她很多词汇都不会说。

　　给他俩做手术的医生觉得很奇怪：怎么会这样呢？两个孩子的人工耳蜗都没问题，两个人的听力水平没有什么差异，为什么智力发展会有这么大的差别呢？

　　医生开始思考人工耳蜗植入外的因素。他发现在扎克获得听力后，他的爸爸、妈妈、哥哥、姐姐每天都在不断跟他说话，他每天都会获得大量来自外部的信息。而米歇尔获得听力后，却没有人刻意跟她多讲话。米歇尔之前就是没有听力的，所以她的语言发展比别的孩子慢很多，而其他孩子和老师又慢慢地忽略了她，导致她的语言接受能力变得越来越差。最后，虽然她具备完备的听力，但是只能去上特殊教育学校。

怎么会有如此截然不同的结果呢？

这位医生查阅资料后发现，原来已经有两位科学家——贝蒂·哈特与托德·里斯利，早就做了相关的实验。这是一项关于早期语言环境对儿童智力发育影响的研究，调查样本来自美国的各个阶层，共42组家庭。两位科学家给这些家庭装了很多仪器和设备，征得他们的同意后记录父母跟孩子之间的互动。通过研究，他们发现：13个月到36个月的孩子平均每小时听到的语句，脑力劳动者家庭是每小时487句话，工人阶级的家庭是每小时301句话，接受福利救济的家庭是每小时178句话；三岁的孩子累计听到的词汇量，脑力劳动者家庭的孩子是4500万，接受福利救济家庭的只有1300万，相差整整3200万；三岁孩子掌握的词汇量，脑力劳动者家庭的孩子是1116个，接受福利救济家庭的孩子是525个，相差591个，并得出了结论：父母跟孩子所说的词汇数量是最本质的区别。虽然遣词造句也会不一样，但更重要的是词汇数量的差别。

　　另外，很多父母因为忙于生计，可能没时间跟孩子对话，这是非常糟糕的。另外，把孩子放在家里让他一直看电视，无法代替父母与孩子的对话，因为电视上听到的语言与人与人面对面讲话是完全不一样的。

一切要趁早：神经的可塑性

　　人类早期发展过程中的语言环境影响大脑中分泌的荷尔蒙。在婴儿时期，孩子的大脑中就已经会分泌压力荷尔蒙，也就是皮质醇。对于成人来说，皮质醇过量可能会导致心血管疾病，会让我们压力过大，甚至会让我们患上抑郁症。

　　讲一个听起来有点残忍的实验，在实验中，妈妈跟孩子聊天聊得正愉快的时候，妈妈突然之间收起笑容，面无表情地看着孩子。孩子呆住了，开始尝试逗妈妈。孩子做鬼脸想逗妈妈笑，妈妈却无动于衷。所有参与这个实验的孩子都被妈妈没有表情的状态吓哭了。等妈妈再次和颜悦色，孩子要过很久才能够慢慢恢复正常，接受妈妈的回归。

　　妈妈和孩子之间的互动决定着孩子体内分泌的激素，这个妈妈面无表情的实验会伤害孩子的认知能力、语言能力、行为能力、自我及情感控制能力。

　　虽然这个实验听起来有点残酷，但是，在很多家庭中，有多少爸爸妈妈天天在拿自己的孩子做这样的实验？又有多少爸爸妈妈经常会跟孩子翻脸，不光是面无表情，有时候还会大喊大叫？孩子在婴儿期的时候，父母很容易产生焦虑的情绪，内心的负担很重，有时候就会控制不了自己的情绪。但你要知道，当你不断把这种压力传递给孩子的时候，孩子的学习能力就开始大幅地下降了。

　　大脑在发育的时候，它不但在建立神经元连接，还要断掉很多神经元连接。婴儿期孩子的大脑其实处于一种"大爆炸"的状态，因为要面对非常多陌生的信息。而人的大脑经过快速"大爆炸"建立很多连接以后，那些经常不用的连接就会被断掉，慢慢地就不会再长了。因此人到了一定的年龄后，学语言会非常困难。

　　还有一种儿童疾病，叫作儿童白内障。有的孩子生下来就患有白内障，有的家庭发现得早，早早地就把孩子的白内障治好了，以后孩子的视力就没受到太大影响。但有的家庭发现得晚，等孩子长大后才发现孩子眼睛看不见，赶紧去医院做手术，但这个时候就算把白内障治好了，孩子的眼睛依然看不清。原因是他的视神经长期不用，所以大脑判断它可能没什么用，就把这段连接给断掉了。这也是小时候学习非常重要的原因，因为如果小时候不学习，错过了发展的关键期，长大后想要学习就会变得困难。

与孩子对话：3T 原则

通过上面的内容，我们已经知道，父母的语言在孩子小的时候非常珍贵。那么，父母到底应该如何正确地跟孩子对话呢？

这里提供三个原则，叫作 3T 原则：共情关注（Tune in），充分交流（Talk more）和轮流谈话（Take turns）。

共情关注（Tune in）

什么叫共情关注呢？比如，很多父母会抱怨"我给孩子念绘本，他却不愿意听"。这些父母在给孩子念绘本的时候，总是希望孩子的注意力全部集中在绘本上，所以当发现孩子不认真听，反倒东张西望，突然伸手去摸旁边的那个床单或者跑去玩游戏的时候，就十分恼火。但这样的陪伴并不算共情关注。

什么叫共情关注呢？这时候父母的正确做法是，跟着孩子的注意力走，说"你看到床单啦。这个叫床单，你要摸一下吗？来，摸着床单咱们来听绘本"，当念到一半的时候，孩子突然指着一段话说"这儿"，你就对他说："还是喜欢这个呀！来，妈妈再给你念一遍。"这就是共情关注。你要把他的情绪和感觉讲出来，你要不断地帮他解释他的感觉，这种共情关注的方式能够让孩子快速地学习。

孩子那么小，他怎么可能跟着父母的节奏去吃饭，去大小便，然后去学习呢？读绘本的时候，他怎么能够跟着父母的节奏看呢？这是不可能的。所以，如果你非得让他跟着你的节奏，就会给他带来焦虑，带来皮质醇的分泌，最后导致你也生气，他也生气。

很多父母跟我说，他家孩子现在两岁，叛逆得要命。其实这个时候孩子所需要的，就是父母对他的共情关注。

父母和孩子相处时，是讲故事还是堆积木，要看孩子的感觉。如果他在听故事时跑去玩积木，你就给他解释积木，"这叫积木，红色的"，让他拿在手里看看重不重，不断帮他解释这个世界。这才是正确的方法。

另外，践行共情关注的时候，你可以用儿向语言。过去一些专家经常说，不要用小孩子的话跟孩子说话，要用大人的说话方式跟他说，但《父母的语言》这本书中认为，这样的观念是不对的，我们还是要用那些很可爱的话，比如"拉臭臭""吃饭饭""喝奶奶"等和孩子交流，这些话会让我们和孩子的沟通更有效。

为什么这些词对孩子会有效呢？

因为孩子喜欢听叠加词，他们觉得叠加词有韵律感、好听、有意思，他会更有学习的欲望和动力。具体的做法就是观察、理解、行动，你要不断地观察孩子的行为，理解他的行为，然后帮助他讲出来，"你是不是想妈妈？""你希望妈妈抱，对不对？"你要经常跟孩子共情关注，经常描述他的状态。

充分交流（Talk more）

父母要多和孩子说话，经常跟孩子讲述身边在发生些什么事。

我记得我小时候，妈妈带我去上学，要骑很远的自行车，我妈一路见到什么就跟我讲什么。路边上有一棵树，那里有一只狗，狗来了怎么办，然后我就跟她互动，说如果那只狗过来了，我来保护你。结果狗一来，我先吓哭了。

今天很多父母带孩子，就是直接给孩子扔一部手机，让他自己去玩，根本没有耐心给他解释。孩子在手机里看到的东西，跟他眼前的世界无关，他根本无法把这件事和那件事进行连接，所以他大脑的神经元连接就会受影响。

多与孩子进行平行对话，也就是要不断地给孩子解释所发生过的事，你在做什么事。哪怕孩子坐在一边，你也要说"妈妈现在给你做饭，你看妈妈要给大家做好吃的饭"，这对孩子来说就是学习。因为孩子能够把实际生活跟你的陈述联系在一起，这就是充分交流。

与孩子交流时要注意一点，就是少用代词，比如"他""那个""这个"，因为孩子听不懂代词。比如，孩子画了一幅画给你看："妈妈，这是我画的画。"你说："我喜欢这个。"这是不对的，你应该说："我喜欢你画的这幅画。"少用代词会让孩子学得更多。

同时，要学会脱离语境。什么叫脱离语境呢？比如说我妈没有见到狗的时候，我妈会问我："待会儿要是出来一只狗怎么办？"这就是脱离语境。

父母不仅是孩子生活中的复读机，还可以跟孩子讲很多他可以去想象的东西，然后进行语言的扩展，调动孩子去想哪些可能会发生，但是眼前还没有的东西。

另外，当孩子说"抱抱"的时候，他只会说这么一个词，这时候父母就应该说："你是不是累了？想让爸爸抱一抱吗？"这样的话，就把"抱抱"这样一个词变成了"你想让爸爸抱一抱"这个完整的语句。等你把这样的话说得越来越多的时候，孩子也会慢慢地说出连贯的语句，也会出现很多让你很意外的变化，比如"然而""但是"这样的转折词孩子也渐渐学会了。

轮流谈话（Take turns）

轮流谈话最大的敌人是什么？就是很多父母特别喜欢用封闭式对话，比如跟孩子谈话，说"不要动""老实点""别碰那个东西"。这种话是无法触发轮流谈话的，也就是没有让孩子感受到这里面的因果关系。所以，如果你要制止一个孩子做一件事，最好的方法是用因果关系来讲，比如说："这个炉子很烫。你想想看，如果摸到这个炉子会怎么样？会烫到手，知道吗？"让他把其中的因果关系建立起来。用因果关系来解释为什么生活当中存在很多禁忌，为什么有很多东西不能碰，是对孩子很好的成长训练。

可惜，大量的家庭还是习惯用简单的、命令的方式。命令的方式无法帮助孩子建立更多的连接。命令的词语只会让孩子停止探索，不敢去尝试了解这个世界上的事物。

其实，还有第四个 T，叫作把它关掉（Turn it off）。把什么关掉呢？把电视和手机关掉。

为什么呢？因为虽然电视和手机这样的工具也能够跟孩子说话，但是它完全不符合"3T"原则，它是典型的"不关注""不交流""不轮流"，因为它们没办法关注孩子，也没办法抚慰孩子。

孩子判断一件事是否正确时所用的方法，就是尝试反应。比如，他拿起一个小球扔到你脸上，你哈哈一笑，他就知道这个事做对了；他把你的脸打了一下，你不高兴了，他就知道这样做是不对的。孩子通过你给他的反馈来判断他所做的、所说的到底是对还是错，是否合乎规矩，跟大家相处能不能够融洽，这也是他增长情商、提高技能的过程。

孩子也会通过模仿电视节目里的人物来学习，但是模仿了之后无法得到反馈，孩子不知道对还是错。如果你去调查一些孩子在学校打架的原因，可能就会发现，有的孩子对于别人的感受是无法共情的，他不知道自己如果打了别人，别人会疼。因为他在学习打人这件事的时候，没有得到过反馈，没有发生过人与人的互动。比如，他从电视节目里看到一个人打另一个人，被打的那个人只是脑袋上起了个包，看起来并不要紧。他无法体会到如果这件事发生在真实生活中，别人到底会承受怎样的痛苦。

　　所以，父母在养育孩子的过程中，共情关注、充分交流和轮流谈话三个原则一定要谨记，另外，在孩子很小的时候，要避免孩子长时间单独接触电子产品。

　　在当代社会，很多老师布置的作业也是需要孩子用手机或电脑来完成的，不让孩子使用电子产品几乎不可能。但是我们要知道，电子产品仅是教育的补充，这就好比对于营养不足的人来说，吃一点点营养粉是可以的，但是不能把营养粉当作主食来吃。这就是教育和电子产品之间的关系。教育更多的是来自父母、老师和孩子的互动。

3T 原则对孩子成长的影响

数学

　　美国有一个快餐品牌叫艾德熊。艾德熊做过一次广告促销活动。就是花同样的钱，从前只能买到四分之一磅的汉堡，促销时期可以买到三分之一磅的汉堡。但是广告发布之后，商家发现汉堡的销量并没有增长。他们很困惑，于是开展市场调查，他们问顾客："为什么我们的汉堡打折了，你们却不买呢？"很多美国人的回答居然是:"四分之一比三分之一大呀。"他们认为,因为四比三大,所以四分之一比三分之一大,因此汉堡不是便宜了,而是贵了。

这是真实事件。在这件事情发生的年代,美国的大部分孩子学数学都比较晚,这一定程度上影响了当时美国许多国民的数学水平。学数学一定要趁早,让孩子从小就建立数学逻辑的意识,能够帮助孩子在未来更加胜任数学的学习。

那么,父母如何用语言帮孩子建立数学逻辑呢?

比如,帮孩子系扣子时,可以这么说:"来,我们来系扣子。这是第一颗,这是第二颗,第三颗,第四颗。"一颗一颗地系,每系一颗就跟孩子讲出这个数字:"来,给爸爸指指哪个是第二颗?"

所以,如果一个妈妈或爸爸愿意跟孩子在说话的过程当中加入很多数字的概念,加入很多空间的概念,说:"这是一个圆球,对吗?你摸摸圆不圆?""对,这是一个方块,这是一个三角形。"孩子就会从小在大脑中建立数学概念和空间概念。

过去一直有一种说法,认为女孩的数学比男孩学得差。事实证明,确实很多男生的数学成绩比女生的高,但这不代表着男女在这件事上天赋有差异。原因在哪儿呢?

通过观测大量样本后,研究者发现,很多父母跟女孩谈话的时候很少涉及数字和空间,也就是说,他们在培养女孩的时候,潜意识里面就觉得,这是个女孩,所以要和她聊衣服好不好看、颜色漂不漂亮,因此父母每天跟她聊的就是颜色、感受,都是偏感性、细腻的东西。而跟一个小男孩聊天的时候，父母则更喜欢数数。"来，给爸爸数一数这里有几个玩具"，或者说"和爸爸赛跑，看谁跑得快"。父母会用这种数学和空间感的语言方式跟男孩聊天，正是这种潜移默化的培养差异，造成了孩子长大以后数学成绩上的差异。

所以，如果我们能够给女孩同样的语言环境，让女孩从小建立数字概念和空间概念，那么女孩长大后学习数学也会更加游刃有余。事实上，历史上有很多很棒的数学家都是女性，女孩子一样可以把数学学得好。

思维模式

3T 原则对孩子的成长还有一个更重要的影响，那就是思维模式。有一本很棒的书，叫作《终身成长》。这本书的作者认为，一个人有两种可能的思维模式：一种是固定型思维，认为聪明才智等能力是天生的，后天无法改变，我必须不断向别人证明我很强；另一种是成长型思维，就是我现在虽然不行，但是我可以不断地改变，不断努力，让自己变得更好。

成长型思维和固定型思维分别是怎么形成的呢？这要看父母是如何跟孩子互动的。如果父母整天跟孩子讲的话都是"宝贝你真棒""宝贝你真有天赋""宝贝你真了不起""你将来一定会成为一个音乐家"，用这种肯定结果和天赋的方法跟孩子谈话，这个孩子很容易就变成一个固定型思维的人，因为他太希望得到对天赋的肯定。

　　获得对天赋的肯定是一件很棒的事情，但事实上，它并不一定利于孩子的成长。更多能力其实来自刻意练习，来自一次一次的挫折和不断地打拼。因此，在给予孩子肯定的时候，如果我们赞扬的是他努力的过程，比如"你昨天练得特别勤奋，所以今天效果就好了很多"，并且鼓励他建立"不断探索""坚持信念""不放弃"等过程性目标的时候，孩子就能够逐渐形成成长型思维模式，这会影响到孩子的终身幸福。

　　固定型思维和成长型思维，是一个人卓越还是普通的重要分水岭。

自控力

　　孩子的自控力是怎么通过父母的语言来帮助实现的呢？如果一个父母整天用命令的语言跟孩子讲话，孩子就会丧失自控力。很多父母可能会认为，你讲的可能都是别人家的孩子，我们家的孩子不是这样的，他就得靠父母盯着。但我得告诉大家，如果你的方法是对的，那你一定能够认同我上面的话。一个孩子如果必须要靠父母去盯，那一定是因为父母一开始就用错了沟通方式。

　　如果父母总是用命令型的语言跟孩子讲话，孩子的自控力就会不断地下降。因为他不认为这些东西需要自己管，他不明白什么是规则，既然父母说不要做，他就不做了，所以他根本不会去探索边界，不会去探索规则，不会去尝试自己掌控这件事情，所以他的自控力就会不断地下降。

自控力对一个人的重要性不需要再多说，所以，父母最好把命令型的语言改成建议提示型。也就是可以提建议，可以提示，可以告诉他事情的因果关系，但是你要让他自己尝试着去控制自己的人生。这样他的自控力才能不断地增强。

善良、同情与道德

如果我们跟孩子说"来帮我扫扫地"，可能孩子并不愿意来帮忙。但是如果我们跟孩子说"我希望你成为我的帮手"，孩子就可能愿意参与进来。

同样的道理，我们想给一个人警告，那么，"不要骗人"和"不要成为一个骗子"，哪一个效果好呢？很明显，第二个的效果更好。

用名词来界定一件事，比如"来做我的帮手""不要做骗子"，比用动词来界定一件事，比如"帮帮我的忙""不要骗人"效果要好。如果你更多地用名词界定的方式来和孩子沟通的话，他就更容易接受这些道德的观念。因为人都不希望自己成为一个骗子，人都希望自己成为一个帮手。在我们批评一个人的时候，要学会基于行为的批评而不是基于人格的批评。"你是一个不负责任的人"，这是基于人格的批评，但如果我们说"这种做法在我看来就叫作不负责任"，这是基于行为的批评。

这些方法都能够快速地帮助孩子建立他的道德底线，让孩子知道善良、同情这些品质都是非常重要的。

父母的语言是非常重要的资源，也是父母给每个孩子的宝贵投资。事实上，孩子最需要的东西不是玩具，也不是文具，他们更需要的是父母的陪伴，是父母高质量的陪伴和系统性的符合 3T 原则的语言。

学会 3T 原则的意义

如果大家都学会 3T 原则的话，有什么意义呢？

首先就是我们今天所看到的日益严重的教育资源的不均衡。在中国我们能够看到这样的现象，但更严重的是在美国。你在美国就会发现，好的学校特别好，差的学校令人担忧。这种日益严重的教育资源不均衡的现象，如果想在一夜之内通过重新分配使它回归到均衡，这是不可能的。但我们能够做到的是什么呢？就是我们要让所有的家长都意识到，父母的语言对于孩子的各个方面都会有重大的影响，孩子与孩子之间更多的不是什么智商的差别，或者是什么基因的差别，而是父母观念和教育方法的差别。如果每个父母都能掌握与孩子说话的原则，那么无论家庭条件、教育资源如何，每个孩子在上小学之前都能具备非常丰富的大脑神经连接，到了三岁的时候就能够有很强的读写能力，为未来的学习奠定基础。

其次，让大家意识到父母和照顾者是一切教育的决定性因素。

好多人愿意花很多钱给孩子找一所好学校，却不愿意花一点点钱来改造一下自己。其实，父母只要能够稍微拿出一点时间或者是金钱去读书学习，就不至于等到孩子长大后再万分焦虑。

有一次我在车上跟一位出租车司机聊天，说到教育孩子的话题。他跟我说，他的孩子多么多么叛逆。然后我就跟他说，"教育孩子最重要的是三岁以前"。他笑着说，"三岁以前他懂个啥"。他觉得三岁以前孩子根本不用教，扔给孩子的奶奶管就好，等他上学的时候父母再管他也不迟。他那种根深蒂固的观念是，"三岁以前你跟孩子说什么他也听不懂，说了有什么用呢？"他完全不知道三岁以前的经历对一个孩子来讲有多么的重要。

最后，它有利于我们整个社会的成长型思维模式的打造，让整个社会意识到语言的重要性，意识到成长型思维不是碰巧获得的，是我们小时候受到的影响导致了我们今天所产生的变化。

这本书中的统计数字告诉我们，不同的家庭跟孩子互动的时候，词汇量的差别在3000万字以上，这是一个巨大的鸿沟。而弥补这个鸿沟不需要花钱，不需要投入更多的资源，只需要更广泛地传播科学的结果，让更多的人意识到这件事情对于孩子将来的重要性。

当你抱怨孩子没有自控力，没有终身成长的思维，不愿意去努力学习数学的时候，你应该反思在孩子小时候你有没有用过3T原则和孩子讲话，是否帮助过孩子养成与他人对话，去了解他人，建立丰富的神经元连接的习惯。

　　过去很多人反对"不要让孩子输在起跑线上"这句话，觉得它把父母搞得好焦虑，事实上，孩子的起跑线不是幼儿园，不是重点小学，孩子的起跑线是父母愿不愿意跟他多说话，是父母愿不愿意用更加丰富的、科学的、肯定的语言方式帮助孩子去建立足够丰富的大脑神经元连接。

第 3 节　日常生活中的蒙氏教育

崔玉涛解读《让孩子成为他自己》

在孩子成长的过程中，每个父母都希望自己的孩子能够独立、成才和成功。那么，作为父母，要如何当好孩子成长的协助者和灵魂的服务者呢？蒙氏家庭教育专家吴晓玲在《让孩子成为他自己》这本书中给了我们答案。

这本书总结了三个关于孩子成长的"真相"。

第一，孩子只想成为他自己。如果留心观察就会发现，"妈妈，让我来"是孩子的标志性语言。孩子的天然成长模式是"自助式成长"，每个孩子都渴望施展自己的天赋，成为"真正的自己"。

第二，有一种说法是"父母是孩子的第一任老师"，但这本书的观点很独特："孩子的第一任老师是他自己，而不是父母"。

第三，"伟大的教育服务灵魂，平凡的教育服务身躯"，父母不仅要关注孩子身体的成长，更要重视灵魂的养育。

人的成长过程中有好多个六年，但 0~6 岁尤其关键，这个时间段对人的一生都有着重要影响。让我们跟随这本《让孩子成为他自己》，学习成为孩子的引领者和协助者，帮助孩子成就更好的自己。

孩子成长的协助者

我们第一个要讨论的问题就是父母的角色定位。父母究竟应该"帮助"孩子长大，还是"协助"孩子长大呢？

没有满分的父母

在养育孩子的过程中，我们都希望尽善尽美，但这其中也一定夹杂着遗憾。这时候我们要告诉自己"球掉了，捡起来就行"，意思就是犯了一些无关紧要的错误时不要纠结，改过来就好了。

养育孩子的过程中可能会出现很多问题，这很正常。有些问题过去就过去了，不要过于纠结。比如孩子在生长过程中遇到了挫折，孩子生病了，父母认为都怪自己没有照顾好孩子……这些事情在已经过去之后就不要一直放在心上。

有时候，我们在照顾孩子时出了点纰漏或者孩子在发育中有些问题我们没及时发现，后来专家帮我们纠正了这些问题。纠正以后，就要重新开始。千万不要沉浸在以前的问题中，把大好时光浪费在遗憾上。

培养孩子的安全感

父母从容自信，才能使孩子对父母有信任感，才能让他产生安全感。很多因素会导致孩子安全感不足。在安全感不足时，我们要怎么训练孩子，才能增强他的信任感和安全感呢？

最简单的方法之一就是让他玩好。因为孩子的天性就是爱玩。

问大家一个小问题，吃饭算不算玩呢？很多人的答案是否定的，觉得吃饭仅仅就是吃饭。但是，如果一个人在吃饭过程感受到愉悦的话，是不是跟玩的效果是一样的？我们不妨把"让孩子玩好"这种思想带入生活的各种事情中。

比如，藏猫猫就是一个训练孩子的信任感、安全感的方法。拿手绢挡上了脸、又拿下来了，孩子看不见爸爸了，然后爸爸又迅速出现了，慢慢他就觉得："我对你有信任，即使一时半会儿看不见爸爸也没关系，我是安全的。"

我们可以从简简单单的用手绢遮挡或躲在一个物体后边又出来这种藏猫猫游戏，慢慢过渡到短暂的分离。比如爸爸去厨房倒杯水，让孩子在这儿不要哭，爸爸马上就回来。如果很快爸爸就回来了，孩子就会觉得："我不用哭，也不用叫，爸爸真的回来了。"然后就可以再逐步延长分离时间。

这可以为父母们恢复正常工作做好准备。否则，很多家长，特别是妈妈们，总处于这种状态：趁孩子没醒赶快离开家，怕孩子发现妈妈没在，回家以后第一件事就是赶快抱孩子，让孩子总在惊讶中发现妈妈回来了。

其实这是不对的。应该让孩子知道，虽然妈妈暂时离开，但妈妈保证在说好的时间回来。

要注意的是，哪怕孩子还很小，只有两个月大，父母跟孩子许诺之后也要讲诚信。不能跟孩子说一会儿就回来，结果过了一天才回来。父母一定要有责任感，因为很多时候影响孩子对父母的信任感或者他自身安全感的，就是这种不规律的承诺。

我在医院门诊就发现过这种情况，有些父母跟孩子说："今天只要你打针不哭，我一会儿出去给你买冰激凌。"孩子一听很高兴，打针时坚持没有哭。结果打完针了，父母却说："噢，今天太晚了，以后再给你买吧。"孩子立刻开始在地上打滚、哭闹。这对于孩子建立对父母的信任感是一个非常大的破坏。

很多父母都觉得孩子是能任由父母摆布的，这是很大的错误。如果孩子在 0~6 岁没有对父母建立信任感，自身缺乏安全感，我们设想一下，等他长大了，会对社会、对亲朋好友信任吗？他会觉得在这种生活环境中自己是安全的吗？

另外，我们要格外重视孩子 0~6 岁这个阶段各个方面的培养。

一是学习。对于这个阶段的孩子，其实我们要把学习和玩等同。至于他玩什么，要根据他的月龄、年龄来判断，不断地往相对复杂、符合成长发育规律的方向引导。

二是习惯。面对一个习惯的事物，人会相对感到更安全，如果面对不习惯的事物，就可能会比较紧张。比如，我打电话告诉你，以后我每天早晨叫你起床，但是并不告诉你我会几点叫你，那你是不是就很紧张？如果我告诉你我每天 6 点叫你起床，你是不是会踏实很多？

三是处理情绪。孩子遇到的问题对于父母来说也许并不算什么。但对孩子来说，可能是个天大的事情。他可能会有情绪失控的时候，父母能做到理解他吗？孩子当众哭的时候，作为父母可能第一时间想到的是自己有点丢面子，但是孩子为什么哭父母知道吗？父母只有在理解他、了解他的情绪后，才能引导他正确地排解，告诉他遇到事情的时候该怎么样去做。如果父母仅仅是制止、压制孩子，就会对他以后的情绪表达产生影响。

作者吴晓玲告诉我们，要做"忙得有章法，闲得有情调"的蒙氏父母。

该自己做的事情，父母一定要自己做；该让孩子做的事情，父母要协助他去做。比如，孩子在地上爬，父母不用推着他爬，可以给他找一个空旷安全的空间，或者找一个地垫让他自己爬即可，这就叫协助。

我在接诊过程中，有些父母跟我说，他家孩子现在五个月了，可以满床爬。我觉得稍微有点不太符合常理，五个月的婴儿自己能满床爬吗？后来我才知道是父母推着孩子满床爬。这次是父母推着孩子爬，那么其他事情呢？如果孩子的所有事情都让父母"推"着做，长此以往，孩子还会不会自己努力地去做一件事呢？

父母应该是孩子成长的协助者。协助的意思，就是帮他提供适当的成长的环境。我们再举个生活中的例子，比如刷牙。如果想让孩子学会刷牙，父母最好不要直接帮孩子刷牙，而要和孩子同时刷牙，孩子可以通过观察父母刷牙的动作，学到该怎么刷牙。

孩子灵魂的服务者

什么叫灵魂的服务者？最直白的解释就是：父母不只要关心孩子的吃穿，还要关注孩子的精神世界。当孩子意识到父母是自己灵魂的服务者时，心里会特别踏实。

做向导，而不做主导

许多父母都习惯了做主导而不是做向导，主导和向导是有区别的，前者有决定权，后者没有决定权。向导是如何尽到职责的呢？向导只是给出指导，而不是手把手教对方来做事。

这和读书时"老师"和"导师"的概念有点像，在我读本科的时候，老师会手把手教我们做手术的时候怎么拿刀、怎么用力、怎么缝线、怎么打结、怎么消毒、怎么处理伤口……他会一点一点告诉我们，并主导整个过程。但是在读研究生的时候，我的导师只是在一些关键问题上给出指导，更多的时候是鼓励我们在感兴趣的领域中自主探索。从这种角度来看，父母只需要做孩子的"研究生导师"，鼓励孩子自主探索，并在必要的时候做向导即可。

那么，父母如何判断孩子愿意不愿意接受自己的指导呢？

一要看他的精神状态是否饱满；二要观察以后再做这件事的时候他是不是特别热情；三要看他的情绪是否平静，孩子在面对乐于接受的事情时，不会特别急躁，而会慢慢沉浸其中；四要看他对这件事情是否感兴趣，孩子面对感兴趣的事时眼睛是会发光的。

另外，还要看他是不是有自主学习的劲头。如果你能发现孩子有这些特质的话，那他在这件事情或这类事情上一定可以取得好成绩。

如果我们说，父母扮演的角色一直是协助者，可能有人就会问："那从什么时候开始教育孩子呢？"我想说的是，父母在教育孩子之前，首先自己要接受教育。

我们要通过学习来了解自己的孩子的生长发育过程。比如，根据孩子的身高、体重、头围来了解孩子的成长发育情况，如果孩子的实际发育程度与这个成长阶段的一般发育程度存在差距，应该及时发现并科学应对，等等。

我在工作中见过有的婴儿已经四个月大了，但是还不会翻身，趴着的时候也会不抬头。因为婴儿的父母认为这么小月龄的孩子趴着会压迫心肺，对孩子会有极大的不良影响，所以从来没让他趴过。在我看来，这对父母对孩子的发育过程了解得其实还不够。

教育孩子，要从接受教育开始，这样父母才能知道如何正确协助孩子。协助和帮助看似只有一个字的区别，实际却相差甚远。帮助，是帮助他人完成；协助，是配合他人完成。想要协助好他人，你对这件事的了解就要比做这件事的本人多得多。

呵护孩子 0~6 岁的发展

在孩子 0~6 岁的阶段，父母有什么特别需要注意的呢？吴晓玲在书中提到了七个方面，这里我简单跟大家介绍以下两个方面。

一是做"健康"的父母。抚养者精神上的强大和健康（坚强、乐观、正直、善良）有益于哺育不平凡的生命。

二是给孩子足够的精神食粮。学龄前的儿童有两大精神营养需求："爱"和"玩（工作）"。父母在关注孩子身体健康的同时，要关心孩子的心灵需求，给孩子足够的爱，让孩子感受到自己是被接纳的。

那么如何让孩子"玩"好呢？这听起来很容易，做起来其实很难。孩子是不是真的喜欢玩游戏？是不是看到游戏眼就发亮？在玩的过程中，是不是能自己克服困难？这些都很重要。

很多父母对孩子的"玩"有所误解，有的父母让孩子玩这个，孩子不玩，非要玩另一个，他们就觉得这是不对的，是"瞎玩"，甚至怀疑孩子专注力有问题。比如有位家长抱怨道："我让孩子辨认颜色，他不听我的，自己去玩玩具了，玩了半小时。"但实际上，孩子能够专注地玩半小时玩具，恰恰说明了他有很好的专注力。

曾经有位家长跟我说，他的孩子可能有孤独症。我问他是怎么给孩子诊断的，他说："因为孩子画出来的画我无法理解。"

我看了他孩子的画，孩子画了一栋楼，那栋楼是倒三角形的。我问孩子为什么楼是倒三角形的，孩子的答案令我震惊："出去不晒。"

原来孩子认为，真实世界中大多数的楼都是方方正正的，阳光好的时候出门会被晒到，但如果楼房是倒三角形的，就到处都是阴影了，他可以在阴凉处待着。

这位家长觉得孩子患了孤独症，是因为他在用自己的想法来要求孩子，如果孩子不听，他就觉得孩子跟他交流有障碍，并且问题出在孩子身上。但实际情况却是家长没有用心观察，没有控制好自我的意识。

蒙氏父母基本功

蒙氏教育由教育家玛利亚·蒙台梭利开创，已经风靡世界百年，得到了国际幼儿教育界的普遍推崇和认同，但实际上，仍然有很多父母对蒙氏教育不甚了解。吴晓玲在书中把蒙氏教育思想和日常家庭生活进行了很好的融合。

在她看来，蒙氏教育充满了对生命的崇敬和信任，它更像一种精神、一种信念，而不是只有教具和操作方法。做好蒙氏父母需要有一定的基本功，我从书中挑出了以下五个方面为大家简单介绍。

遵循成长的自然法则

父母应该给孩子机会，让孩子自由地活动，自主发展他们的各项身体机能。比如，在保证安全的情况下，当孩子对某个东西好奇、想坐在地上玩、想在地上爬、想摸某样东西时，父母可以放手让孩子试一试。孩子需要通过自己的行动来获得属于自己的生活经验，成人代替孩子做得越多，就越不利于孩子自主性的发展。

抓住孩子的敏感期

在不同的敏感期，孩子会重点发育不同的能力，所以我们要从孩子的兴趣、专注、耐心、自发性、创造性和实效性等多方面来关注。

比如，语言敏感期在还不到一岁时就开始了。很多人会说："不是一岁才开始说话吗？就算发育早一点的孩子，也得八个月才学会叫爸爸妈妈吧？"但实际上，孩子咿呀学语的阶段，就已经是在说话了。

孩子在发出"嗯啊"声音的时候，就已经是在交流了。很多孩子不到一个半月就开始发出"嗯啊"的声音了，很多父母刚开始时很兴奋，但是到孩子四个月大的时候，却发现孩子反而很少发声了。这是为什么呢？因为刚开始的时候，孩子对这件事很兴奋，但是后来没有得到充分的回应，兴趣就没那么大了。如果父母能静下心来倾听孩子，尝试与孩子交流，慢慢地就会发现他"嗯啊"的次数越来越多，逐渐地就能够说话。

还有一些现象不在少数：很多孩子在八九个月大的时候，就会叫爸爸妈妈了，但是到一岁半的时候，依然只会说"爸爸""妈妈"，其他的什么都不会说。这是为什么呢？这是因为很多父母都不用语言和孩子交流，常常是孩子还没说要喝水，水就递过去了，孩子上厕所、吃饭、睡觉都被提前安排好了，很少有交流的机会。

那么，在孩子的语言敏感期，父母到底应该怎么做呢？是不是应该多和孩子说话，多教孩子语言知识，甚至把未来需要学习的一些外语，也让他一起学习了呢？其实不一定。

孩子最能接受的是父母对自己说母语。比如我是中国人，我的母语是汉语，或者说我是四川人，我的方言是四川话，这个时候就可以跟孩子说普通话或者是四川话，他都比较容易接受。至于是否能和孩子说外语，就要根据实际情况。如果父母的外语水平很高，熟练到几乎是母语的水平，那跟孩子说外语就没问题。但是我们见过太多家长，为了让孩子学外语而刻意跟他说外语，其实家长的外语水平并不高，这样会让孩子在语言敏感时期接收到许多错误信号，很可能会对他以后的语言发育有消极的影响。

抓住语言敏感期，更多的是让孩子学会用语言工具进行交流，能够精准地表达自己的需求，细致地表达自己的感受，将语言与实际物品相对应。这些才是孩子在语言敏感期的重要任务。

成就孩子的专注力

其实大家都知道，我们要是认真做一件事情，效率就会很高。效率低的原因是自己内心抗拒做这件事，于是就有各种各样的借口：天气不好、家里太热、环境太吵、笔没墨了，等等。所以，我们想让孩子学习好，首先要让他对这件事保持专注。

如何判断孩子是否专注呢？第一，可以观察孩子的情绪，孩子在做这件事情的时候是不是能够静下心来；第二，看孩子的眼睛是否明亮，孩子在做自己感兴趣的事情时眼睛是会放光的；第三，看他是不是在动脑筋，如果他在思考，他可能会反复地拿起笔又放下，反复地琢磨。

有的父母可能会问："对于有些我觉得很重要的事情，孩子就是无法保持专注，该怎么办呢？"我认为比较有效的方法是父母以身作则，比如父母想让孩子认真看书，那自己就要先认真看书。我们一定不要低估榜样的作用。

　　另外父母要注意，不要做破坏孩子专注性的事情。比如，有位家长说孩子不认真上网课。我问他："你怎么知道他没有认真上课？"家长说："因为我去他的房间看他了。"我说："你为什么要进去看他？"家长说："我怕他渴，想给他送杯水。"请问，这到底是孩子不认真上网课，还是家长阻止了他认真上网课呢？很多成年人都没有意识到，自己在用自己的爱和无知的关心，打断孩子的专注。

　　类似的事情还有很多，比如给孩子提供过多的玩具，让孩子不知道该玩哪个；让孩子过度使用智能化的电子产品；让孩子进行频繁且没有规律的家庭活动等，这些都不利于孩子专注力的培养。

　　不过，虽然专注是件好事，但是不能要求孩子对所有你希望他做的事情都保持专注。专注力是一种"有限资源"，要学会取舍。比如，应该尽量减少孩子对电子产品的使用，但完全禁止在当下的环境来说是不现实的。

　　禁止行为不是解决人性问题最好的方法，越是禁止的东西，人越想尝试。所以在孩子三岁以后可以有约定地限制性使用电子产品。除了和孩子约定使用的时间，还要控制孩子和电子产品的距离。以手机为例，孩子的眼睛到手机的距离最好是手机对角线长度的 5 倍。

　　3~6 岁的孩子可能会需要电子设备来辅助学习，这时候我们也要注意把电子设备静止地放在屏幕对角线长度五倍的距离。还要注意的是，这些电子设备的亮度要与周围环境的亮度相匹配，不然可能会对孩子的眼睛造成伤害。

给孩子自由

在不破坏环境、不伤害他人、不伤害自己的前提下，可以尽可能地让孩子自由地学习和玩耍。教育孩子不能完全按照父母的想法来，要善于给予孩子自由，让他在自由中学会自律，换句话说就是，父母把自由用得越到位，孩子的自律性就越强。因为他知道只要做到不破坏环境、不伤害他人、不伤害自己，就可以按照自己的想法自由地探索世界，同时也会用这个标准来要求自己，久而久之，就会成为一个自律的人。

尊重孩子

尊重孩子，就是要拿他当一个真正的人。这句话是不是听起来让人觉得不是很舒服？其实很多父母在一定程度上都是把孩子当成了"机器"，一个任由父母摆弄的"机器"。这是不对的。孩子是个有自己的思想，有自己好恶的人，孩子拥有自己的人生，也有权利为自己的人生负责。尊重孩子，就要尊重他所做的选择，成功的也好，失败的也罢，都要学会尊重。如何适当地引导孩子，把握好这个度，才是父母要学习的必修课。

蒙氏家庭工作原则

想要成为蒙氏父母，我们就要学会在家庭中实践，这就要求我们注意家庭环境的营造。我们要根据孩子不同的年龄段，在家里不同的地方设置不同的环境。

很多父母都希望给孩子营造出在哪儿都能玩、在哪儿都能看书的氛围和环境，不过为孩子创造一个这样的环境并不是件容易的事，作者在书中为我们提出了一些原则和建议。比如，工作材料的难易程度必须符合孩子的发展情况，太简单和太难都不能吸引孩子的注意力；给孩子准备的工作材料的尺寸、大小要符合孩子的年龄阶段；每次只取一个工作用具，归位后再取下一个；父母只做示范，要懂得适时离开，不参与也不要帮助孩子完成工作。

为孩子创造环境是十分重要的，在整个家庭布置中，最好能有工作区、卫浴区、阅读区、艺术区、换鞋区、收纳区、厨房区等，要让孩子能够在舒适的环境中做自己想做的事情。

家庭环境当然也包括家庭氛围。作为父母，要学会量化情绪。很多时候，我们确实会感到相当的愤怒。这个时候应该怎么办呢？我们可以问自己："我现在的愤怒到了什么程度？我能不能用自己的能力缓解？如果不能的话，我应该借助什么外力？"出去遛遛弯也是外力，购物消费也是外力，跟朋友聊聊天也是外力，但是一定不要把情绪发泄到孩子身上。

吴晓玲的这本《让孩子成为他自己》为父母提供了很多知识，从了解孩子开始，到怎么关注孩子的成长特性，再到父母认识自己，都提供了丰富的讲解。

想成为优秀的养育者，父母就要愿意让出孩子成长的主导权，从让孩子自己吃饭这样一个微不足道的事情开始，让他走向能够自由选择人生的尊严之路，使他能够从实践中而不是从他人的口中领悟生命的责任。父母要愿意以协助者的身份，把自己浓烈的、甚至有点超标的爱，化为孩子可以吸收和接受的"浓度"，通过生命之流默默地传递给他，把原本该还给孩子的自由，真正地交给孩子，让他能够自由且自律地长大。

3

第三章

用爱浇灌
孩子的心灵

在认识儿童发展规律的基础上，呵护与陪伴孩子的心灵也是父母的必修课。

除了看到孩子的外在，父母更要看到孩子内心的发展，关注孩子的情感世界。只有忘掉"高高在上"的家长身份，与孩子平等互动，建立情感联结，才能帮助孩子建立起内心的价值感，形成健全的心灵，走向幸福的人生。

第 1 节   看见孩子的心

张泓美解读《每个孩子都需要被看见》

在从事儿童心理学教育的这些年里，我发现很多家长经常为孩子不爱读书、不爱写作业、不愿意和他们沟通等问题所困扰，在这些问题背后，每个家长都有自己不一样的解释。本节给大家介绍的这本书——《每个孩子都需要被看见》，恰好能够根据不同家长的需求，提供解决这些问题的底层逻辑。

这本书的作者是加拿大著名儿童发展心理学家戈登·诺伊费尔德博士，他通过研究发现，面对孩子的问题，很多父母只看到了问题的表面，却没有看到问题背后孩子内心的渴求。当孩子的真实想法被隐藏和忽视，这样的缺失感会对孩子造成很大的负面影响。父母需要真正地看见孩子，跟孩子建立良好的依恋关系，只有在被父母主动看见并积极回应的环境中，孩子的内心才能得到全然的满足，从而发展出健全的人格和获得幸福的能力。

母亲与孩子的依恋关系

关系是孩子和父母的心理脐带

有的时候孩子和父母的沟通是不同频的，每当孩子想要把自己的真实想法告诉我们时，我们总会以自己的评判标准来判断孩子的表述或行为是对还是错、是否应该被允许。但是，孩子每一次和我们沟通其实都是在寻求某一种关系的联结，如果我们能够认识到这一点，是不是会不一样呢？

这本书名为《每个孩子都需要被看见》，什么是"看见"？本书第一章给出了答案。看见就是给予孩子回应。

回应是关系中最容易被忽视的环节。举个例子，我们平常和孩子进行沟通，会选择一个自己时间富裕或者心情好的时候。当我们工作一天回到家感觉疲惫不堪，孩子跑过来向我们寻求帮助时，我们却拿着手机看视频或者回复消息，这种回应是孩子需要的吗？显然不是的。

还有当我们一心二用，一边忙着工作，一边听孩子在说什么的时候，其实对孩子来说，这样的回应是无法让他们感到满足的，因为及时的、有效率的、真正给予感情互动的回应并没有发生。

所以，是否真正地看见了孩子，要看父母的回应给予得好不好、及不及时，有没有真正与孩子发生了情感互动。明白了这一点，我们就能明白为什么孩子时时刻刻都想要向我们寻求这种回应了。

有的孩子会时不时地过来摸妈妈一下，叫一声"妈妈"，过了一会儿，又跑过来叫一声"妈妈"。如果母亲和孩子关系好，就会和他有共鸣，知道这个时候有些事情是他想要表达的，但又不知道该如何表达。这时候，母亲就可以说："宝贝，你现在是不是特别开心，想叫一下妈妈？"孩子会回答："嗯，是的！"这样就是很及时的回应。父母和孩子的关系良好与否会决定父母的回应效率，也会决定父母和孩子之间黏性的互动有多同频。

孩子始终把父母当成神明一样的存在，但随着时间慢慢流逝，他们会发现心目中像神一样的人也许并不像他想象的那样万能，而这种挫败感会使得孩子越来越疏远父母。这虽然是一件让人感觉遗憾的事，但始终存在。我们会发现，如果孩子与父母之间的关系出现了问题，最终都会带来行为上的矛盾。

孩子在牙牙学语时，或者说话还没有成年人那么有逻辑时，只要孩子和父母之间连接紧密，父母总能猜出来孩子想要表达什么，意识到孩子的需求。父母与孩子之间关系的好坏，决定了孩子用什么样的行为来向父母寻求帮助，或用什么样的行为来向父母展示自己。而父母有时候只会评价孩子现在变得越来越淘气了、没有以前听话了、又有什么小毛病了……作为家长，我们有没有思考过为什么孩子不再听话、跟我们有矛盾了呢？其实就是因为我们和孩子之间的关系在慢慢疏远。

　　这本书想要告诉大家的就是，如果我们没有发现家庭关系中的缝隙，就会一直在解决各种各样的问题上花费大量的时间。孩子每冒出一个问题，我们就为了解决这个问题兜兜转转，却一直找不出能根除所有问题的办法。

透过问题，看见需求

　　很多家长给我发消息说，"老师，孩子又不写作业了""老师，我跟他沟通了，他又不听话了""老师，我上次明明和他达成共识的，制定好了规则，他又不遵守了"……

　　这种出现一个问题解决一个问题，不知道下一步应该如何做的亲子关系会让父母感到非常紧张和焦虑。其实，孩子和父母之间该如何相处，并没有一个标准答案，当爱意在亲子间流动的时候，父母只需要遵从自己爱孩子的方式来设定规则即可。比如，当孩子说："妈妈，我想要一个……""爸爸，我想这样做，为什么不可以呢？"当我们注意到孩子的需求时，总会先将孩子的需求进行评估，判断孩子想要的东西值不值、应不应该买、现在这个时候能不能给孩子买……但在判断这些事情之前，我们是不是可以先让孩子试着表达出这个需求背后的真实愿望呢？

　　比如，有时候孩子要的东西很简单，当他看到小伙伴使用手机时，他就也想要一部手机。这个时候，我们就可以询问："宝贝，你为什么想要一部手机呢？"孩子会说："我想用手机和同学聊天。"你可以接着问："和同学聊天一定要用手机吗？可以选择别的方式吗？"这个时候，问题就从到底要不要给孩子买手机或者要给孩子买什么手机变成了讨论孩子和同学聊天的方式。

然后孩子回答："别人都是用手机聊天的，如果我没有，我怎么和同学在一起玩儿呢？同学也都会觉得我很奇怪，只能面对面地聊天。"我们经常会在和孩子的沟通中，被孩子的思路带偏。比如，我们问孩子："你为什么不写作业？"孩子回答说："隔壁小王也没写。"你就会接着问："隔壁小王不写，你就不写啊？"此时，我们的问题就从"孩子为什么不写作业"变成了"隔壁小王为什么不写作业"。

孩子的思维是非常活跃的，他可能会跳出我们的逻辑给我们一个措手不及的答案。如果这个时候，我们没有关注到孩子需求背后的原因，或是我们与孩子的关系没有亲密到让他们把真实需求展现给我们，那么我们就会始终认为孩子的行为有问题。

还是刚才的例子，当孩子说他想要和朋友聊天的时候，你可以问："你觉得沟通是一件快乐的事情，对吗？"

孩子说："是的，因为我跟同学聊天，就能够知道现在发生了什么。"

"那你觉得是只用手机聊天好，还是转天到学校的时候聊天好呢？"

"我觉得都需要。"

这个时候我们可以和孩子商量:"好的。那你每天大概需要使用手机多长时间呢?"

如果我们可以始终关注孩子需求背后的原因,就会和孩子产生共鸣和共情,孩子也会更加信任我们,把原因告诉我们。这个时候如果想和孩子达成共识,就变得非常简单了。当我们将与孩子的关系放在首位时,一切问题都可以迎刃而解。

依恋关系的重要性

书中还强调的一点就是,孩子需要在与父母的关系中寻找人生的方向。当父母忙碌于某件事情,无法将精力放在孩子身上的时候,会失去很多和孩子沟通的机会。如果父母没有时间和精力与孩子沟通,那么孩子就会选择向其他信任的人倾诉。

之所以说孩子和父母之间的依恋关系非常重要,是因为孩子如果和父母建立了良好的依恋关系,依恋关系就不会被其他关系替代而导致方向错位。父母始终是孩子的向导,为孩子指引正确的方向。如果父母和孩子的依恋关系不够好,会导致孩子去寻求同伴的帮助,或是被其他事物夺去注意力,将主要的依恋关系放在一些无关紧要的人和事上。

作者认为,当我们发现一个孩子跟其他同伴建立了依恋关系的时候,那往往是他跟父母之间的依恋关系淡化或薄弱的时候。而这时候的孩子，为了更加吸引同伴的注意力，会故意去说父母的坏话，而使得自己融入圈子。这时候，反抗父母看上去是一件非常有趣的事情。所以，如果孩子突然变得叛逆，可能是因为父母和孩子的关系疏远了。

如果孩子和同伴的沟通可以得到非常及时的回应，这段关系就有可能会代替父母和孩子低频率的互动，导致孩子无法在关系中找到正确的方向。比如，当他遇到问题，会问一个跟自己关系很好的小伙伴"这件事情你妈妈是怎么说的呀？"或者"上次你不是也遇到这个事吗？你怎么做的？"不过，他们都是年龄相仿的孩子，同伴给的答案真的能成为孩子正确的参考吗？所以，当孩子真的需要一个方向指引时，最需要的还是父母。

孩子小的时候，我们会给他讲如果走丢了要找警察叔叔，在走丢这件事情没有发生的时候，我们已经告诉了孩子解决的办法，这就叫作预设。孩子即将上学，即将面对的情况也是我们无法预测的，所以这个时候我们要和孩子说的是："宝贝，如果你真的遇到了什么事情，你觉得自己解决不了，也许爸爸妈妈那时候也不能想到解决方案，但你要记得，一定要过来找爸爸妈妈商量。"这样做会增加孩子内心的安全感。

我们发现，青少年是有群体效应的。群体效应有时候很让人头疼，很多儿童极端行为的案例都扎堆出现，就是因为群体效应。比如有三个孩子走得比较近，其中有一个孩子因为学习问题抑郁了，这种抑郁情绪就有可能传递给另外两个孩子。我们不要认为每个孩子的想法不同、成长环境不同，不会轻易被其他孩子的抑郁情绪影响。由于孩子惧怕被同伴抛弃，或者担心"他看上去很痛苦，而我很开心"，内心会产生愧疚感，如果孩子与同伴的关系过于紧密，很有可能会被同伴的负能量影响。如果家长没有给孩子预设过遇到棘手的事情要找父母商量，那么当这种事情发生时，孩子可能会选择和他的同伴相同的解决方式。

关系其实解决了很多心理学中没有办法解决的问题，一旦关系变得明了，我们就会理解孩子的所作所为。孩子刚出生的时候，我们总是夸奖孩子"宝贝好可爱""宝贝好有活力"，渐渐地，到孩子三四岁时，父母对孩子就像"热恋期"过了，开始正视孩子的缺点：玩具乱放、经常大哭不止……一改之前的夸奖，只剩给孩子提各种各样的要求，孩子对这种变化的理解就是父母不爱他了，关系就会逐渐走向疏离和破裂。因此，我们遇到问题的时候要先试着去分析我们和孩子的关系究竟出了哪些问题。

教养，是一种权利关系

父母拥有教养孩子的权利，不在于孩子自身的需求，而在于孩子对父母的依恋。我们经常认为我们有教养孩子的权利，也有教养孩子的责任，所以当我们发现孩子出现问题的时候，最先想到的就是如何解决问题，如何承担责任。

但不顾方式方法地急于解决问题，只会让孩子站在我们的对立面，与我们针锋相对，这个时候，我们不是在行使教养的权利，只是在承担我们教养的责任罢了。

权利又是如何才能行使的呢？如果孩子对我们依赖感不强，那么我们在孩子面前就毫无威信可言。让孩子喜欢我们很重要，因为没有一个孩子喜欢跟自己不喜欢的父母、老师学习。如果我们的孩子感受不到父母对他的关心和爱护，要与我们断开联结，那当我们想要行使教养的权利时，孩子会认可吗？

很多父母都不明白，为什么自己给了孩子这么多物质上和精神上的爱，孩子还是不给予自己想要的回应呢？在讲这本书之前，我做了一个调研，我让好几位老师都在朋友圈里发了一个问题："在育儿过程中，让你最头疼的问题是什么？"大部分家长的回答都是"不听劝""不听话""跟我顶嘴、吵架""有自己的想法，特别有个性"。

每个人都有自己独立的思考方式，这很正常。而教育的本质，就是当我们和孩子的亲密关系达到了一定程度后，孩子愿意去参考我们认为正确的建议，并将此作为自己的人生方向。如果我们和孩子的亲密程度不够，孩子自然会认为我们的好意都是无意义的指手画脚，根本听不进去。

此外，每个父母都应该做好心理准备，我们虽然付出了爱，但有可能得不到孩子的回应。当我们想给孩子更多我们认为正确的建议，或者想和孩子达成共识时，孩子总会反馈给我们更多的想法。而如果我们和孩子的关系足够亲密，他可能会说"我参考一下""你这样说好像也有道理，但我不是这么想的，我再琢磨一下"。

当我们分析我们与孩子之间出现的问题时，首先要考虑的就是关系。孩子最喜欢什么颜色？孩子最喜欢穿什么类型的衣服？孩子最喜欢吃什么？孩子最感兴趣的是什么？这些很常见的问题，总有一些父母回答不上来。这样我们能说我们和孩子之间的关系紧密吗？

另外，现在有个词叫作"丧偶式育儿"，父亲或母亲一方始终处在家庭之外，不承担或很少承担孩子的养育工作。这种情况下，处在家庭之内的一方和孩子就很容易成为某一种情绪的被害者，或想要帮助对方脱离这种情绪的保护者。比如，有的父亲长时间不在家，却时常指责孩子的母亲哪方面做得不好，而孩子的母亲则会因为这种指责情绪低落。当孩子发现母亲难过，很可能会慢慢转变成母亲的保护者，和父亲针锋相对。常年不在家的父亲工作结束后再回到家里，就会发现孩子成了母亲的保护者，他会希望母亲更开心、更快乐，对父亲却充满敌对情绪。这种情结在心理学上被称为"俄狄浦斯情结"。

在这样的关系下，父亲再想行使教育的权利，对孩子的成长提出建议时，孩子根本不会去探究父亲是不是为自己好，而是对父亲的言行充满抵触或畏惧。

关系问题导致的行为问题

　　书中第二个关键点，就是提示各位父母，如果孩子没有得到关注和回应会出现哪些问题。这里列举几个大家比较关心的问题。

成绩不佳

　　身为父母，应该看见：

　　1. 只有依恋关系安全稳固了，孩子才会有多余的精力去勇敢探索未知世界。

　　2. 想要调和孩子厌学念头的因素，同样需要培养健康的亲子关系，这样孩子才能感受深层的情感和脆弱感。

　　3. 依恋是最强大的学习动力，即使没有好奇心或者吸取教训的能力，依恋也能完成任务。[①]

　　简单地说，一个孩子的成绩或许与他的智商有一定关系，但更重要的是对学习的兴趣。依恋关系很大程度上会影响孩子的兴趣，父母与孩子之间的互动、父母对学习的态度、父母经常看手机还是看书，多多少少都会影响孩子探究世界的方式。

　　父母如果可以从孩子小的时候就陪孩子一起阅读，陪孩子在知识的海洋和想象的世界里遨游，那么不仅可以培养孩子良好的阅读

---

① 　戈登·诺伊费尔德，加博尔·马泰. 每个孩子都需要被看见 [M]. 北京：北京联合出版公司，2019.

习惯，还可以建立亲密的依恋关系。

如果孩子对学习失去兴趣，学习成绩不佳，很有可能是因为父母对孩子的引导不正确。有一些父母总是对孩子说："你身为学生的任务就是学习，我的任务就是工作赚钱，帮你交学费，你完成你的，我完成我的，咱们各司其职。"这样的做法，不仅会让孩子失去对父母的依恋，产生疏离感，还会让孩子惧怕学习，认为父母只要一提到学习就会疾言厉色，不再爱自己。

老师也会影响孩子的学习兴趣，孩子因为喜欢某个老师而特别喜欢某个学科，因为讨厌某个老师而排斥某个学科，这种情况是不是很常见？其实这并不代表孩子对某个学科有偏见，而是与老师的关系没有处理好。处理好关系，一切都会变得简单。

校园霸凌

校园霸凌从何而来？上文说过，依恋关系是可以转移的，强制要求某个人按照自己说的做，并控制整个环境，让某个人做某件事情，也是依恋关系的一种表现。

这是一种非常可怕的情况，当一个人能够调动身边其他人，针对一个矛盾点，一同进行攻击时，霸凌就产生了。当我们发现孩子被欺负了，或者孩子欺负了别人，就需要回想一下，是不是我们和孩子之间的关系已经疏离了呢？孩子是否像一根草漂浮在大海上，没有安全感，想要寻求父母帮助的时候，父母也没有给出及时的回应？如果父母和孩子的关系非常亲密、互动特别多，孩子大概率不会遭遇校园霸凌；反之，如果父母状态不好，无法及时给出孩子希望得到的回应，孩子就会渐渐地把自己包裹起来，独自沮丧地面对自己的人生。

如果你也担心自己的孩子会遭遇校园霸凌，请务必关注你与孩子之间的关系。

叛逆问题

叛逆问题也与亲子关系息息相关。当发现自己说东、孩子非要往西时，父母就该重视自己与孩子的关系了。有些父母解决问题时，总是想跳过关系直接改变结果，这种方式很容易使孩子产生叛逆心理。

举个例子，父母总是说学习很重要，因为父母知道学习成绩影响着孩子未来所接触的人群和所处的平台，但孩子没有这种认知，他无法设想放弃学业之后的处境是怎样的。如果父母和孩子的关系很好，他就会接受父母对自己过去的经历分享；相反，如果关系不好，他就会觉得唠叨，仿佛父母反复述说过去的不容易和辛苦就是为了给他提要求，自然就想用逆反的方式来应对。

还有一些孩子会逃避感受。逃避感受是指当孩子无法和父母建立足够的联结时，拒绝把自己脆弱的一面展示给父母看。即使他非常难过和痛苦，也仍然觉得跟父母说了父母也不能理解，还会指责一切都是他的错，所以孩子自然就不会和父母分享他的感受了。

性意识扭曲

还有一个比较特别的问题，就是孩子的性教育。

其实性也是依恋关系的一种体现，当孩子想去靠近某一个人，赋予这个人特别的意义，他就想要和这个人发生某种关系。

现在有一些五六岁的孩子就会互相称"老公""老婆"，为什么呢？因为很多父母会当着孩子的面这样称呼另一半，父母通过这种称呼展示了夫妻间的亲密状态。如果父母与孩子的关系不够亲密，孩子会不会在心底渴望父母所展示的这种关系呢？一旦有想法，就会有行为，如果父母再因为对性关系难以启齿，选择避而不谈，孩子从其他渠道了解到性知识，性教育就会更加艰难。

所以，当我们发现孩子有了早恋的倾向，不要不加了解就制止，也许孩子认为这段关系对他来说非常重要，制止、破坏这段关系的效果只能适得其反，还有可能引发孩子的极端行为。

社交问题

孩子的社交问题，就是孩子如何和同伴建立联结、如何和他人建立联系、是外向还是内向，等等。

我认为，内向或外向只是一个伪概念，内向或外向只是代表着孩子针对某一类固定的人群，会做出某种固定的反应，或运用某种固定的展现形式。所以需要分析的是，孩子针对哪一类人群有什么样的行为方式。无须给孩子贴上内向或外向的标签，他只是为了适应不同的环境、不同的人群会用不同的方式罢了。

当你遇到熟人，要求孩子打招呼，喊"阿姨"，孩子却迟迟不叫的时候，你可能会生气地和孩子说："你这个孩子太内向了，一点都不活泼。"这会让孩子给自己的性格下一个内向的定义。其实有可能孩子只是因为对方对父母的回应不是很热情，因此判断对方和父母的关系不是很好，所以不想和与父母关系平平的人建立关系而已。如果父母和对方的关系非常好，或给予了对方认可，让孩子产生了安全感，认为自己应该主动去跟对方建立关系，孩子可能会更情愿与之交往。这种社交来得比较迟缓，很多父母没有给孩子足够的时间，就断言孩子性格不好、太内向，做得不对。

社交过程中还存在一个问题，就是孩子对"合群"的理解。很多孩子会误以为合群就是同意对方的观点，但其实合群是什么呢？合群是能够以一个成熟的身份，与他人建立成熟的交往关系。简单地说，就是我有我的观点，他人不会因为我的观点不同而伤害我；他人也有他人的观点，不会因为观点与我的不同，就不做朋友了。

但孩子的想法很简单，他们会非常重视朋友的看法，觉得想要建立依恋关系，就要满足对方所有的需求和条件，一旦无法和对方达成共识，关系就会破裂。同时孩子也会观察父母如何与他人建立关系，并据此调整自己对关系的认识。所以如果发现孩子不合群，就要观察是否孩子太过于在意他人的想法，或父母是否给予了孩子一个良好的参考呢？

如何修复关系

让孩子归巢

这本书最重要的部分，就是教家长如何修复亲子关系，并通过修复亲子关系解决各种教育问题。作者也针对修复关系的方式给出了参考。

父母要想让孩子归巢，自己要先归巢。当父母回归家庭，回归到正常的亲子关系中，父母也会为回到这段关系中而感到身心愉悦，孩子更会因为回到这段关系中而安全感倍增，拥有面对挑战的勇气。

但如果亲子关系已经出现破裂，该如何让孩子归巢呢？针对长久以来不敢询问、不敢触碰的话题，父母可以更多地阐述自己的感受，而不是需求；更多地关注孩子的成长经历，试着让孩子主动分享……简单来说，就是先强化关系，再考虑教育。

这是一个很艰难的过程，可能会处处碰壁，也许父母不停地向孩子伸出手，却一次又一次地被孩子推开，但不能因此灰心丧气。

孩子能否归巢取决于父母张开了多大的胸怀去迎接这只离开巢穴已久的鸟儿。

让孩子知道自己被看见

孩子刚出生的时候，不知道怎么穿衣服、怎么叠被子，只知道半夜哭着要奶吃，让父母无法安睡整夜。那时，父母对孩子的爱是无条件的，孩子不需要做出什么令人骄傲的事，也不需要懂事听话，可能只是因为很可爱，就可以让父母全心全意地爱他。而当孩子渐渐长大，父母能否继续给予孩子这种无条件的爱呢？

如果父母将孩子的缺点作为他的特点，无关对与错、可以或不可以，全然地接纳，就能够加深与孩子之间的联结。关系，没有接纳就没有改善，没有改善就无法修复，修复不了关系就无法得到任何父母想要的结果。

很多家长问我："是不是修复了与孩子的关系，孩子就一定会按照我说的去做？"我就会提示他："你这样想，追求的还是条件，是关系修复后的结果，而不是在追求亲密的亲子关系，就像在恋爱关系中的一方只图另一方腰缠万贯一样。"

每个孩子都是一个独立的个体，只有父母愿意尊重孩子的想法，挖掘孩子的闪光点，孩子才愿意和父母亲近，和父母说真心话。

自然管教的七条原则

对于如何修复亲子关系，作者还针对如何走进孩子的世界、如何让家庭关系回归本源提出了七条原则。

1. 联系法，而不是分离法。分离代表着不接纳，不应该时时刻刻去区分孩子的想法和行为好还是不好、应该还是不应该、对还是错……这样做会忽略孩子内心的需求，堵塞亲子沟通的通道。

2. 出现问题的时候，处理的是关系，而不是问题。

3. 鼓励孩子流泪倾诉，而不是急着让他吸取教训。比如，当孩子摔倒了，不要急于指责孩子"跑得那么快，摔倒了吧"，而是应该先关注孩子的情绪，体谅孩子的挫败感。

4. 积极的意愿，比好的行为更宝贵。比如，教孩子玩魔方时，有的家长就会计算孩子还原魔方所用的时间。有一次，有一个孩子超常发挥，他平常需要一分多钟还原魔方，那次只用了50多秒就还原了。他非常开心，就和他的妈妈说他进步了。他的妈妈就让他再表演一次，结果这一次孩子又是一分多钟才还原了魔方。然后他的妈妈说："也没有变快啊。"

很多父母都把事情的结果放在首位，却忽略了过程。孩子积极主动地去做一件事情，无论这中间他多辛苦、付出了多少，只要结果不好，父母就不会给出好的评价。时间长了，孩子为了不让父母评价，就选择不做。考试交白卷、兴趣班逃课等问题的出现都可能是因为父母总是强调结果，而不重视孩子积极的意愿。

5. 鼓励孩子感受复杂的情绪，而不是急着去制止冲动行为。父母试图制止孩子冲动的行为，就好像站在火车前命令火车停下来一样，孩子根本听不进去。孩子的冲动行为，是受本能和情感驱使的，很难通过对峙或者大声命令来强行制止。父母要做的是让孩子关注可以缓解冲动的意识，而不是提醒他去留意酿成错误的失控情绪。

6. 要正面引导，不要错误示范。我之前去一个跆拳道馆讲课，有一个家长误以为我是跆拳道馆的老板，就来问我："之前孩子在家从不跷二郎腿的，为什么到了你们这里就学会了跷二郎腿？"说话的同时，这个家长就坐下并跷起了二郎腿。没有一面镜子能24小时悬在面前，所以父母没有办法意识到自己到底在孩子面前展现了什么。但父母展现出来的，无论好坏，都会被孩子复制，父母更应该以身作则，给予孩子正确的示范和引导。

7. 改变不了孩子，就尝试改变孩子所处的环境。我们都听过"孟母三迁"的故事，环境在一定程度上会影响人的行为。之前有一位非常有钱的家长对我说："老师，我给你钱，你帮我把孩子调教好了，再给我送回来。"我就劝他："你这是浪费钱。因为孩子回到同样的环境，看到同样的你，还是会变回去。"所以如果尝试了很多方法都不能让孩子成长，就应该关注一下孩子所处的环境对他的影响是好是坏。

数字时代的关系问题

书的第四部分主要介绍了数字时代下的亲子关系问题。手机、电脑、电视等电子产品在生活中随处可见，如何能让这些电子产品不影响亲子关系呢？

我经常对家长们说，不要总是陪着孩子一起看电视，而要陪着孩子一起读书。这样不仅可以培养孩子的阅读习惯，还可以增加亲子互动。在读书的过程中，父母可以向孩子提出一些问题，让孩子回答。即使他回答的让人听不懂，也要坚持交流和沟通，慢慢培养孩子的表达能力。但电子产品展现出来的东西永远都是"消息"，"消息"是一种单方面的通知，无须对方回应和反馈。持续单方面地得到"消息"，对孩子的负面影响很大。

比如，孩子爱看动画片《喜羊羊和灰太狼》，红太狼经常会拿着平底锅把灰太狼拍扁，但是灰太狼什么事也没有，能继续跑去抓羊。如果没有正确的引导，孩子就会认为自己可以推倒其他小朋友，可以打其他小朋友，反正对方也不会有什么事。

有一些家庭看待游戏的观点很值得学习，他们没有明令禁止孩子玩游戏，反而父母带着孩子一起玩游戏，父母与孩子一起参与活动，在活动中互动、交流、建立关系，这样孩子也不容易沉溺于游戏中不能自拔。

我在前文中说过，关系是可以被替代的。数字时代来临，所有的电子产品都在争抢孩子的注意力，如果孩子在父母那儿无法得到想要的回应和关注，自然就会在别的地方寻求亲密的关系。打游戏、网上聊天、看短视频等都会成为影响亲子关系的"毒药"。

育儿一直以来都是一个难题，当我们觉得和孩子的关系不是那么亲密的时候，请告诉自己，我只是还不知道如何去养育孩子，但我始终都有机会。没有一个父母是天生就会教养下一代的，所以不要认为是我们不够专业、不够努力，这种心理压力会束缚住我们，使得我们无法前行。我们需要看清孩子每一次行为和每一个问题背后的关系，看到孩子身上闪闪发光的优点，与孩子产生共鸣，这样才能建立更亲密的亲子关系，协助孩子更好地成长与发展。

第 2 节　一个小学生一学年的故事

夏磊解读《爱的教育》

本节为大家解读一本著名的小说，《爱的教育》。[①]

它成书于 1886 年，距今已经有一百多年的历史，是意大利作家埃德蒙多·德·亚米契斯的作品。埃德蒙多·德·亚米契斯一生的著作不多，能够广泛流传的就是这本书。因为这本在儿童文学史上著名的作品，亚米契斯被更多人记住。

《爱的教育》影响深远。很多评论家认为，如果没有《爱的教育》，就没有当代的意大利语言和文字，它为意大利文化的统一做出了杰出的贡献。这本书的意大利原著名更加简单，就一个字——"心"。 一百多年来，它被翻译成了多种语言。1926 年，由我国著名的教育家夏丏尊先生翻译的《爱的教育》进入中国，为中国的读

---

① 本节采用的人名译法及引文均来自 2018 年 9 月由上海译文出版社出版的《爱的教育》。

者所喜爱。丰子恺先生还为 1926 年版《爱的教育》设计了封面。

　　作为一名教育工作者，我首先被书名"爱的教育"所触动。我对教育的理解是：没有爱就没有教育，爱是教育的本质。当下教育中的很多痛点，都是我们停留于知识灌输，缺少真正的爱的教育造成的。让我们来看看一百多年前的亚米契斯是如何诠释爱的教育的。

给父母和老师的教育参考书

　　埃德蒙多·德·亚米契斯将这本书献给九岁到十三岁的小学生，但是我阅读之后有一个非常大的感受：这本书不仅是写给孩子的。它的文字非常流畅、清新，提供了一个青少年写作的典范，它不仅是一部儿童文学，更是写给所有父母的，因为通过阅读，父母能真正地了解孩子，知道怎么和孩子交流。它还是写给所有老师的，当老师面对在不同环境下成长的不同性格的孩子时，《爱的教育》将会让老师心中有爱，将会让他们知道，作为一个老师，是多么幸福和幸运。

　　《爱的教育》中的故事对我们来说不会有太多陌生感，尽管这是 1886 年的意大利作品，写的是一个四年级小学生恩里科在一个学年中的经历。意大利孩子身上所展现的美德、所存在的问题，他们的困惑、父母的担心、老师的烦恼……与我们所经历的都并无不同。

在《爱的教育》中，亚米契斯提出了非常多的问题，我们至今仍旧为此困惑：作为学生，我们为什么要到学校里学习？学校到底是一个什么样的地方？我们应该怎样学习？怎样面对校园霸凌？作为老师，我们应该怎样让不同阶层、不同家庭背景的同学和睦相处？怎样对待孩子们的那些错误？怎样做一个有爱的教育者、一个有心的人？作为父母，我们应该怎样面对教育？怎样面对弱者？怎样真诚地道歉？怎样感恩？

这些问题重要吗？非常重要。在《爱的教育》中，这些问题全都化为一篇又一篇美文，一个又一个小故事。这部名著太好读了，没有任何阅读障碍。

分享开篇的一小段，以便大家感受这本书的语言风格。全书以一个小学四年级的小朋友的口吻展开，从开学的第一天开始：

今天是开学的第一天。三个月的假期一转眼就过去了。日子在乡下过得飞快，简直就像做梦一样。今天早晨，妈妈带着我去巴雷蒂学校注册——我念小学四年级了！可是，我还留恋着美好的暑假生活，一点都不愿意去。通往学校的每一条路上都熙熙攘攘；两家文具店里生意兴隆，挤满了给孩子添置学习用品的学生家长。

　　好清新的文字！而且好像不是在说意大利的事，在中国、在今天，当一个学年开始的时候，在任何一个城市也都在上演着同样的故事。甚至恩里科说的好留恋假期，好不愿意上学，是不是也说出了大家的心声？真诚，让孩子像孩子，是亚米契斯最伟大的地方。

　　在《爱的教育》中，亚米契斯塑造了太多鲜活的孩子的形象、父母的形象、兄弟姐妹的形象，甚至是那个时代的意大利不同阶层的众生相。人物塑造对一本小说来说非常重要，在我们品读《爱的教育》的时候，我也想带着大家认识几个小朋友。他们会在接下来的故事中频繁地出现，或许会让你想起身边的那些好朋友。

　　阅读《爱的教育》时，你好像看到了一个又一个的小朋友在你的面前出现，你看到他们成长、看到他们犯错、看到他们相处、看到他们彼此冲撞，也看到他们心里最美好的那一部分。

恩里科（主人公）

　　人物出场了！主人公——恩里科，来自意大利都灵的一个中产之家。他是一个敏感、善于观察的孩子，正是因为这样，全书才能通过他的视角和口吻把一个学年的见闻与所思所想说出来。

　　恩里科能和性格各不相同的同学和睦相处，十分"百搭"，跟谁都要好，他的爸爸是一位文字工作者。一位会给自己的孩子写信的爸爸，一定是一位不错的爸爸。恩里科的妈妈也是爱的教育当中非常重要的一员，她从很多细节中把爱的种子传递给了恩里科。恩里科还有一个姐姐、一个弟弟，他们家是一个非常幸福和睦的大家庭。

罗贝蒂（小英雄）

这本书的开篇讲到了一个三年级的孩子罗贝蒂，他可是一个勇敢的小英雄，他从马车车轮下救了一个一年级同学，大家都很佩服他。

德罗西（小学霸）

每个孩子都有着与众不同的地方，亚米契斯妙笔生花，把一个又一个孩子的形象写活了。恩里科班上也有许多有趣的孩子。一个班上一定会有一个学霸，这个学霸就是"别人家的孩子"，他的名字叫作德罗西。德罗西来自一个绅士之家，他也是一个小绅士，衣着得体、相貌俊朗，而且学习成绩一骑绝尘。老师的任何一个提问，他都能够对答如流。

加罗内（热心肠）

他们班上还有一个大哥，这个人叫加罗内，加罗内是恩里科班上年龄最大的孩子。因为他上学比较晚，14岁才上四年级。他很强壮，长着一颗大头，却有着一颗温柔的心，他乐于助人，是这个班上的热心肠，他保护着弱小的同学，也是恩里科非常好的朋友。

许多读者都会感叹，在自己的成长经历里，如果能有加罗内这样的好朋友就好了。

科雷蒂（好同桌）

在每个人成长的过程当中，可能同桌都会是和我们建立美好关系的伙伴，恩里科也不例外。他有一位同桌科雷蒂，科雷蒂成长在一个卖柴火的小杂货铺，他是一个柴火店小哥。他的家庭需要他做更多学习之外的事情，他要帮着家里做家务、照顾母亲、照顾家里的生意，还要照顾老人，还要完成学业。他和恩里科是最好的朋友。

拉布科（小泥瓦匠）

小泥瓦匠来自普通的劳动家庭。他很调皮，长着圆圆的脸，经常在课堂上搞怪，做出"兔子"脸这种奇怪的表情，把大家逗得哄堂大笑，也让老师哭笑不得。小泥瓦匠很有趣，是恩里科较为亲近的朋友。恩里科很喜欢他，也经常请他到家里来。

内利（小驼背）

还有一个经常会被忽略掉的人，叫内利。他因为驼背，经常会成为同学们嘲笑的对象。那么这种被边缘化、弱小的同学，恩里科是怎么和他相处的？爱的种子是怎样在和各个同学相处的过程当中发芽的呢？下文会展开来说。

新同学（来自卡拉布里亚）

还有一个没有提及名字的同学，他来自卡拉布里亚。亚米契斯设计得很巧妙，他没有说新同学的名字，只是说"来自卡拉布里亚"。因为 1886 年意大利刚刚完成统一，不同地区文化各异，人际往来仍有隔阂。一个外乡人要融入一所都灵的学校，学校怎么让孩子们去接纳一个外乡人？这也是《爱的教育》非常重要的一部分。

《爱的教育》中有许多让我心动、有感触的故事，它就像一面镜子，让我们看到不同的孩子；让我们看到家长在面对孩子时，不同的表达方式所完成的爱的传递；看到老师们与孩子们之间的爱；看到同学之间的爱。接下来，我将从亲子之爱、同窗之爱、师生之爱、社会之爱这几个不同的层次，把这些能够打动我的小故事和大家分享。

亲子之爱

学校

最早进入我的眼帘、最早打动我的是恩里科的爸爸写给恩里科的一封信，这封信的主旨就是告诉恩里科要读四年级了，为什么要去上学，学校到底是一个什么样的地方。每个父母都会面对孩子问的这些问题。当孩子上一年级的时候，孩子就会问："爸爸妈妈，我为什么要上学，为什么要到学校里，和同学们一起学习？"你会怎么回答？我们来看看恩里科的爸爸是怎么回答的，这体现了做父母应有的格局。

这篇书信冠名为《学校》，亚米契斯是用恩里科的日记的"日记体"来完成所有的写作的。

二十八日，星期五

亲爱的恩里科，正如你母亲说的那样，学习是件辛苦的事。我多么希望看到你每天兴高采烈，自觉自愿地去上学啊！可是，迄今为止，你还是一听到要上学就头疼。你不是个听话的乖孩子。但是，你想想，如果你不去上学，一天会过得多么没有意义啊！整天无所事事的日子，我相信你不出一个星期就会厌倦的。

之后爸爸又在信中告诉恩里科：

恩里科，我的孩子，现在所有的人都在学习。工人们在工厂劳累了一天之后，晚上还要去夜校读书；妇女和穷人家的女孩子在劳动了整整一个星期之后，礼拜天也要去学校补习；士兵艰苦训练回营后，还照样看书写字……你想想，每天早上，你出门上学的时候，在这个城市里，还有近三万个小孩子跟你一样也要到学校去，在一间间小小的教室里整整待上三小时。你想想，如果不是为了获取知识，又是为了什么？想想在这个世界上，在差不多的时间段里，有多少孩子正走在上学的路上吧！想象一下他们的身影——他们有的走在寂静的乡间小路上，有的走在喧嚣的城市大道上。在湖滨，在海边，他们有的走在炎炎的烈日下，有的走在茫茫的大雾中。他们乘着船在河道密集的小镇上穿梭，他们骑着马在广阔的平原上飞驰；他们翻过雪山，沿着丘陵和山谷走来；他们穿过树林，踩着湍流走来。在寂静的山林中，他们或独自一人，或结伴而行，或成群结队。

接下来的这段，就能看出恩里科爸爸的格局了，看看一个父亲是怎样看待学习这件事情的，我觉得写得太妙了！

你们所有人的努力将成就一项伟大的事业。一旦你们的努力停止了，整个人类就会回到原始的野蛮状态。你们的努力是世界的进步、希望和光辉。勇敢一些，奋起直追吧！要知道，你也是这支庞大队伍里的一名小小的士兵啊！你的书籍就是你的武器，你的班级就是你的队伍，整个大地都是你的战场，因为人类的文明就在你们的手中。我亲爱的恩里科，绝对不能做一名胆小的士兵啊！

这封信点燃了恩里科的学习热情。除了爸爸的引导，恩里科还体会着妈妈的爱。第一天上学的时候，恩里科有一点厌学，他说："我为什么要去上学呀？好烦！我想……我想……我想放假！"然后他跟妈妈说："我不想上学，我有点害怕。"

在第一天放学，恩里科和妈妈相见的那一刻，他去抱了抱妈妈。妈妈能够看出恩里科的焦虑，就摸了摸他的头说："孩子，没关系，我们一起来面对这一年的学习，好不好？我们一起来完成它。"妈妈对孩子有一种深切的关心和鼓励，恩里科在妈妈的爱中，在父亲宏大的人类文明格局中，渐渐地放下了对学习的恐惧和焦虑。

铁匠的儿子

《爱的教育》中的许多故事都涉及父母和孩子之间的关系。在恩里科的班上有着来自不同社会阶层的小伙伴，其中有一个铁匠的孩子普雷科西。普雷科西非常懂事，学习认真努力，但不幸的是，他有一个和恩里科的爸爸完全不同的爸爸。

普雷科西的爸爸没有上过几年学，脾气暴躁，还会酗酒，回到家就喝酒，喝完酒就打孩子。普雷科西长期生活在家暴的阴影中，他带着伤去上学，小伙伴问他："你怎么受伤了？你的作业本为什么被烧掉了？"普雷科西极力地掩饰："是我不小心摔的，是我不小心用火把这个作业本给烧坏了。"

普雷科西和爸爸的关系有一个非常重要的转折。一次，普雷科西考了全班第二名，他的爸爸到学校来接他，普雷科西的老师对他的爸爸说："你的孩子太棒了！你的孩子应该让你骄傲！"他的爸爸开始深深反省："我的孩子这么棒，我有这么好的儿子，他通过努力考了全班第二名，而我平时是这么对他的，他还替我隐瞒。"

这位爸爸发自内心地觉得，自己对儿子有所亏欠，从此以后渐渐地改变。他不再使用暴力，不再喝酒，开始追求上进，到夜校去读书，和普雷科西一起进步。这是一个儿子身体力行，用行动改变爸爸的故事。

佛罗伦萨的小抄写员

爱是双向的。孩子对父母的关心也是《爱的教育》中非常动人的部分。《佛罗伦萨的小抄写员》深深地打动了我，它讲的是佛罗伦萨的一个孩子是如何通过自己的行动帮助父亲的。

这个孩子名叫朱利奥，已经 12 岁了，上小学五年级。他住在佛罗伦萨，是一个很漂亮的小男孩，他的父亲是一个铁路职员，薪水微薄。作为一个要养活一大家子人的男人，他有很强的责任感，也希望朱利奥能够安心学习，于是他就找了一份兼职，为出版社写订单，在订单上用正规的大字写上订户的姓名和地址。这是一份非常枯燥乏味的、重复性极强的工作，写五百张寄送的订单，才能够获得三个里拉。

　　朱利奥的爸爸每天都要在深夜加班，结束一天的工作之后，回到家还要伏案一直写到十二点。小朱利奥觉得爸爸太辛苦了，担心爸爸的身体健康，他是家中的长子，也想替弟弟妹妹为爸爸分担。他想到了一个办法，每天晚上十二点，当听到自己的闹钟轻轻响起，听到爸爸离开书房的时候，他就会偷偷地起来，然后溜到父亲的书房里头，用爸爸的字体，为爸爸写这些书的订单，就这么一个月一个月地写下去。

　　其实之前小朱利奥向爸爸提出过要写订单的要求，他说："爸爸，我可以跟你写得一样好。"但是他的父亲严词拒绝了，他说："你应该好好地读书，就像现在这样。"我们中国的爸爸妈妈也一样，常对孩子说，"你什么都不用管，读好书就可以了"。爸爸拒绝了朱利奥，但是朱利奥想为爸爸做事，于是他就开始了夜间小小抄写员的工作。

　　一个月过去了，爸爸很高兴，在吃饭的时候还向朱利奥炫耀："朱利奥啊，你爸爸还行！昨天晚上的两小时里，我干的活儿比从前多出三分之一。看来，我的手脚还麻利，眼睛嘛也还能对付！"看到爸爸很自豪，觉得自己更年轻了，小朱利奥发自内心地替爸爸高兴。

　　但是随着时间的推移，两个月、三个月的时间过去了，就出问题了。朱利奥每天都大晚上起来工作很长时间，精力不够了。他上课开始打瞌睡，学习内容听不进去，上学心不在焉。他是一个勤奋的孩子，回家做作业的时候却睡着了。当爸爸看到这样的情况的时候，就非常着急，和朱利奥谈话。

当孩子有一个异常的行为，父母很容易从反对、批评的角度看待。爸爸对朱利奥非常失望。他不理解，朱利奥原来是那样一个勤奋的孩子，今天为什么变成了这样？他认为朱利奥根本就不能体会爸爸的苦心，自己每天晚上工作这么晚，打两份工，为了什么？就是要朱利奥和兄弟姐妹好好学习，朱利奥不好好学习，他觉得他做的一切都白费了。朱利奥很委屈。

朱利奥的妈妈提醒爸爸，孩子是不是生病了。他的爸爸却认为不用管他，他们应该放弃这孩子了，朱利奥应该发生了非常重大的转变，不再是以前的那个朱利奥了。我们可以想想，朱利奥听到爸爸这样的反应，他有多么伤心。但是就是这样一个 12 岁的孩子，在压力之下，在不被理解，甚至是被误解的状况下，仍然持续地在夜间帮爸爸抄写。

直到有一天晚上，爸爸深夜回到了卧室，他又来到了爸爸的书桌，非常认真地伏案写订单，可是爸爸听到声音之后醒了，默默地站在朱利奥的身旁，他看到了一切，他明白了孩子这几个月来为什么渐渐消瘦，为什么会注意力涣散，为什么会学习成绩下降。爸爸都懂了，他抱住自己的孩子，说："爸爸错了。"他真诚地向自己的孩子道歉。

然后他把妈妈叫起来，说："我们有一个像天使一样的孩子。"

那天晚上，朱利奥获得了爸爸最大的疼爱，就是爸爸把朱利奥抱到了卧室，陪着他睡觉。朱利奥已经很累了，他很快入睡，当第二天醒来的时候，爸爸还在他的身旁，额头枕在床边，爸爸一夜陪着自己的孩子。

这个故事好像稀松平常，用最简单的语言讲述生活中平常的事情，却充满爱，充满父亲对孩子的爱、母亲对孩子的爱。更难得的是孩子对父亲的理解，这就是爱的教育。这就是亚米契斯了不起的地方，这就是亚米契斯用平白的语言传递出的爱。

同窗之爱

我的同学科雷蒂

有一天，恩里科早早地做完了作业，散步来到附近的科雷蒂家。科雷蒂正在忙着给一个装柴火的大货车卸货，卸完货之后科雷蒂跟老板说："老板，我爸爸晚上会回来，你到这儿来取钱就可以了。"他像一个成熟的经营者，说完之后回到了自己的小店，坐在小板凳上做作业。恩里科看到这一幕，深深被震撼：自己有独立的房间写作业，科雷蒂却没有，科雷蒂要在这样的环境中写作业。

恩里科进了店铺，跟科雷蒂说："我到你这儿来玩，来参观一下你们家，可以吧？"科雷蒂非常高兴，此时有顾客来了，他一边做生意，一边和恩里科说着今天的学习情况，背今天的新单词，讨论着今天的数学题。说着的时候，又一辆马车来了，他要忙着卸货。不仅如此，科雷蒂的奶奶生病了，他还负责给奶奶端药送水，一个人忙得团团转。恩里科看到自己的同学需要争分夺秒才能学习，他发自内心地敬佩。他在自己的日记里写道："科雷蒂比我要强几十倍，我一定要好好地学习，向科雷蒂学习。"

许多父母让孩子除了学习，其余的事情都不用在意，只要认真学习就行了。这是不是一个好的成长方式？我们要不要让孩子参与家务劳动，让他们参与大人的生活？这是《爱的教育》给我们的一个反思。

烧炭工人和绅士

学校是一个可以让不同社会阶层、不同家庭背景的孩子一起学习、玩耍的地方，他们在其中产生交流，并且收获成长。恩里科班上有一个特别骄傲的孩子诺比斯，他来自一个非常有教养的绅士家庭，他的爸爸是都灵当地有地位的乡绅。

诺比斯在所有孩子面前都表现出一种优越感：你们什么都没见过，你们什么都没吃过。我是公子哥，你们看我穿得多得体，我是小绅士。只要别人和他坐到一起，他就会挪一挪，觉得同桌会把自己的衣服弄脏。他是这样一个傲慢的孩子。

贝蒂是一个烧炭工人的孩子。有一天，诺比斯和贝蒂发生了口角，于是诺比斯说："你为什么这么跟我说话？你凭什么跟我坐得这么近？你爸爸是干什么的？你爸爸是烧炭工人。我爸爸是干什么的？我爸爸是有头有脸的议员。你爸爸是个'叫花子'。"贝蒂听到这些话后便愣住了，他从来没有受到过这样的羞辱，眼泪夺眶而出。贝蒂把这件事情告诉了老师，老师并没有马上做出反应，他说会跟家长沟通。

贝蒂回家把这件事告诉了爸爸，第二天一大早，他来学校送贝蒂上学，并跟老师说起孩子们的冲突。此时，诺比斯的爸爸也来到学校，他是一个绅士，非常威严，穿着非常得体，留着大胡子，而贝蒂的爸爸其貌不扬，个子很矮，形成了鲜明的对比。所有人的目光都投向了诺比斯的爸爸，等待着他的反应。

诺比斯的爸爸紧紧地拽住了诺比斯的胳膊，把他推到贝蒂的面前，对他说："快说对不起！"他对自己的儿子说："赶快向你的同学道歉，说'请你原谅，我说了一个无知的、不理智的人说的不正确的话，侮辱了你的父亲，如果你的父亲同意，我的父亲会和他握手致歉，并且为此感到非常荣幸。'"

烧炭工人在旁边做了一个手势，说："先生不用了，我们只要让他们知道这件事情错了，就可以了。"可是绅士坚持说："一定要道歉！"他那个高傲的儿子，平时用鼻孔看别人的儿子，现在不得不低下高傲的头，垂着眼睛，吞吞吐吐地说出了刚才父亲的那段话："请……请你原谅我，我说了一个无知的、不理智的人说的不正确的话，侮辱了你的父亲。如果……如果你的父亲同意，我的父亲会和他握手致歉，并且为此感到非常荣幸。"

然后，这位绅士伸出手和烧炭工人握手，他们的手紧紧地握在一起。然后烧炭工人把他儿子推了一把，让两个孩子紧紧地拥抱在一起。而且这位绅士转头，对老师说："从今以后，能不能让这两个孩子坐在一起，我希望他们能够成为朋友。"向别人真诚地道歉的人，才是真正的绅士。这难道不是爱的教育吗？

在现今社会中，孩子之间的冲撞常常演变成家长之间的冲突，但是在亚米契斯的笔下，这位绅士的反应为所有的家长树立了一个榜样，我们不能让孩子之间的矛盾延续到家长这里，家长的反应恰恰是孩子们最好的表率。

家长们离开之后，老师在讲台上对孩子们说："孩子们，今天你们看到的事情要牢牢记住，这是本学期你们上的最好的一课。"

有的时候，孩子会问我们为什么一定要到学校里去上学。长大后，在学校里学到的知识可能会被忘记，而真正的教育就是经历岁月涤荡，离开校园后还留在身上的那些东西。

吵架

恩里科和他最好的朋友科雷蒂是同桌，他们因为一点小事而发生了矛盾。恩里科不小心把一滴墨水滴到了科雷蒂的书本上，科雷蒂生气了。

一阵争执后两个男孩决定课后"约架"。下课后，两人走出教室，恩里科摆出架势，看样子想要重拳出击。这个时候，科雷蒂做了一件很棒的事，他说："恩里科，我们是好朋友，我们不要再争吵了，好不好？我们能不能不打架，还做好朋友？"当听到科雷蒂这么说的时候，恩里科好像有一点不好意思了，他说："可以，我们不再打架了。"

恩里科回家后把这件事告诉爸爸，爸爸说："今天这件事，你错在先。虽然你不是故意把墨汁弄到了科雷蒂的作业本上，但我觉得你应该先道歉。"恩里科当时心里想的是：我道歉不是很没面子吗？但是爸爸告诉他，能够先道歉的那个人，更值得表扬。这就是爱的教育，爸爸告诉他们应该怎样面对一次争吵，解决一个矛盾。

体操课

怎样看待比自己弱小的孩子，这是孩子重要的一课。内利的妈妈因为孩子要上体育课十分忐忑，她甚至跟校长说："能不能让我的孩子不要上体育课？他马上要上体操课了，要爬很高很高的杆子。我的孩子是个驼背，他会被所有的孩子嘲笑的，他会变成所有孩子眼中的笑柄的。"内利却很有骨气，他说："妈妈，我愿意上体育课，我不愿意和别的孩子不一样。"作为一个妈妈，你会尊重孩子的选择吗？那天，内利的妈妈选择了远远地看着自己有一点驼背的孩子去上体操课。

体操课开展了爬横杆的游戏，孩子们要直直地爬上去，爬到一个横杆上。动作灵活的孩子像猴子一样爬到横杆，而这对内利来说是一个几乎不可能完成的任务。他不断爬上去，又滑下来，但体育老师和所有孩子都在鼓励内利爬上去。

这个身体有缺陷的瘦弱男孩，在大家的鼓励下，一次又一次地尝试，最终碰到了横杆。滑下来的那一刻，所有人都去拥抱内利，为他鼓掌。学校不是一个让孩子们一次又一次感受到挫折的地方，学校是要让孩子们有成就的地方，就算受挫，就算犯错，最终也会收获成长。这是学校应该给孩子的，这是爱的教育。能够站在旁边为别人鼓掌的孩子，他们很棒，这也是爱的教育。

我们能从这些孩子身上学到什么呢？其实现在许多家长都因为择校问题有着各种各样的焦虑，家长希望把家庭条件、背景相似的孩子聚到一所学校里，甚至非常畸形地催生了"学区房"这种匪夷所思的东西。

恩里科的爸爸的一句话深深地印在我的心中，他说："一个只让自己的孩子和同阶层的孩子相处的人，就像是一个只读一本书的学者一样，他永远不会知道这个世界的全貌。"只有来自不同地方的人在一起，这个世界才是真实的。学校就应该还原这样一个真实社会的样子，让孩子渐渐地走向社会，变成一个独立的人。这是学校的重要的功能，这是爱的教育。

师生之爱

二年级时教过我的女老师

　　《爱的教育》不仅仅是写给孩子、父母的，更是写给老师的。恩里科在他的生命里遇到的不同的老师，虽然在书中只是一笔带过，却给读者留下了深刻的印象。比如恩里科在刚刚开学的时候，他在走道上遇到了二年级教过自己的女老师，这位女老师看着恩里科的眼睛说："我可记得你哪科成绩比较好，哪科成绩比较差。你现在已经是四年级的孩子了，老师现在不能够再教你了，我很遗憾。但是老师会一直关注你的成绩，你可不要忘记老师哦！"就是这句话让恩里科非常感动，恩里科觉得她就如同母亲，不仅从来不大声地批评任何一个孩子，而且会记住每一个孩子的名字，会在这个孩子毕业以后继续关注他。甚至他看到过有很多高中毕业生会回到学校来看她。她会利用自己的休息时间，带孩子们走进博物馆。

　　《爱的教育》中的重要角色就是老师，老师和学生之间的关系，以及师生之爱，浸润在这本充满了爱意的小说当中。

我们的班主任

　　恩里科在上四年级时迎来了新的班主任，这位班主任不苟言笑，没有之前那位女老师的温柔，他非常严厉。

在开学第一课的时候，班级里最调皮的小泥瓦匠又开始做鬼脸了。他在班主任进门之后，对着所有的同学做了一个"兔子"脸，把同学们逗得哄堂大笑。老师板着脸，但是没说：你为什么要做这样的鬼脸，为什么在我说话的时候逗得大家哄堂大笑。

老师并没有严厉地批评小泥瓦匠，只是告诉他："在课堂上，你不应该在老师说话的时候，做这样的表情。但是老师觉得，你是一个很有趣的孩子，你刚才的鬼脸我看了也想笑。"这位严肃的班主任向小泥瓦匠说了这句话，小泥瓦匠当时愣了一下。

直到放学的时候，小泥瓦匠才向班主任说："老师，对不起，我今天做了一件不应该做的事情。"然后班主任摸摸他的头，说："没关系，玩去吧。"

老师对一个孩子恩威并用，其实更多的是一种关心和宽容。在开学第一课上，班主任对同学们说了一句让人感动的话："我没有亲人，你们就是我的亲人。"其他老师都下班后，班主任还在班上巡视，继续工作，这是一个全心全意投入教学的老师。

师生之间的感情让爱的教育充满了温暖，孩子在学校学习如何融入社会，学会社会的规则，学会宽容，学会道歉，学会不去嫉妒，学会去帮助别人，也是这本书令人感到温馨的地方。

每一个孩子在和老师相处时，都在学习社会的边界，都在学习自己身上应该要具有的美好的品质。包括那些小英雄的故事，也都在教会孩子们怎么热爱自己的祖国，怎么热爱脚下的土地，怎么勇敢，怎么合作，怎么赢得胜利。

社会之爱

不幸的事件

马车小英雄是个三年级的孩子，他在上学的第一天看到一个一年级的小朋友愣在路中间，一辆马车向小朋友飞驰过来，于是他扑了过去，把小朋友拉过来，但是他自己的腿被马车给轧伤了。从那以后，他很长时间都需要拄着拐杖。

那一天，小英雄的妈妈失声痛哭，但是她又发自内心地为自己的孩子能够做这件见义勇为的事情感到骄傲。那一天，所有的孩子都在向马车小英雄行注目礼。而且很多女人去亲吻了这个孩子，仿佛他是一个小天使。

马戏团的小艺人

在都灵这个小镇热闹的事情不多，所有的公共活动都在一个广场上进行。一个周末，这里来了一个马戏团。那时，马戏团还是非常重要的一个娱乐活动，就像现在的好莱坞大片要上演了，是很重要的公众文化活动。

这次来的马戏团一开始没有得到大家的关注，他们有马戏、小丑表演、魔术，但是去看的人少，门可罗雀。恩里科的爸爸看过他们的演出，他觉得马戏团里有一个孩子扮演的小丑十分可爱。

他和"小丑"聊过几句，觉得他这么小，却有这么高超的技巧，表现力这么强，是值得向大家推荐的。于是爸爸就和恩里科商量："我们能够为这个马戏团做点什么事呢？"他们商量好为马戏团写一篇报道，向当地的报纸投稿。在一百多年前，一个城镇当地的报纸影响很大，居民都能看见。恩里科的爸爸为马戏团报道，说马戏团里的小丑非常有意思，建议大家一起来看马戏团精彩的小艺人表演，他是一个小天才。文章发表后，都灵的居民都对马戏团的表演趋之若鹜，大家带着自己的孩子，全家结伴，如同参与盛事般地观看表演。

恩里科的爸爸和恩里科坐在马戏团，看着因为自己的帮助，马戏团的演出受到大家的喜爱，他们的辛苦工作得到了回报，父子相视一笑。

这位父亲教会孩子努力地向他人伸出援手，并因为帮助他人而获得了巨大的快乐。恩里科的父亲身体力行，用身教胜过了所有的言传。

教育是终生的事业

《爱的教育》中有太多感人的故事，挂一漏万，我只说了其中的可能非常小的一个部分。但是那些打动我的瞬间，以及作为一个父亲、一个教育工作者能够感受到的：关于如何理解孩子；关于我们如何感恩；关于我们如何与他人合作；关于我们如何平等地对待所有人……这些似乎已经被我们忘记的品质，都在我的心底，被爱的教育所唤醒。

距离《爱的教育》首次出版已经过了一百多年，其中包含的许多问题，今天我们还在寻找答案，比如什么是真正的教育？我们到底要一个什么样的孩子？在孩子的一生当中，教育究竟扮演着怎样的角色？

透过亚米契斯一个又一个隽永的故事，我看到家庭教育、学校教育和社会教育，在不同的层面塑造和改变一个人。在这样的环境下，长大后的恩里科一定是一个有爱心、有责任感、能够平等对待不同的人，一个爱国、敬业、感恩的人。

这本书的意大利文版的名字叫《心》。教育是一个终生的事业，一个关于人的事业。没有爱，就没有教育，而没有心，也就不会有人。在我们离开学校漫长的时间里，那些真正留在我们心里的东西，才是教育留给我们最有养分的东西。

第3节　儿童友好与善意养育

李小萌解读《你好，小孩》

可能很多人都觉得，养育孩子就是父母或家庭的事。但是，当我用十年时间把我的孩子渐渐养大后，我发现教育并不是靠一对父母或一个家庭就能顺利完成的事。当你的孩子从家庭逐渐走向学校、社会以及更广阔的世界，除了感受到父母、家庭对待他的态度之外，他还会感知到整个社会、世界给予他的是一个什么样的态度，这决定着未来他将以什么样的态度对待他人、回馈社会。这一整套关系，其实包含了孩子与自我、与他人、与社会、与世界的多重关系。你的孩子不只是你的孩子，他也是这个社会的孩子；别人的孩子也不只是别人的孩子，他们还是你的孩子未来的社会伙伴。

所以，在成长过程中，如果孩子能够从与父母、家庭、学校和社会的种种关系中获得很多的爱、友好、尊重和善意，那么他反馈给他人、给这个社会的，也一定是满满的善意。这是一个良性循环。

我结合了自己的养育经历与采访过程中积累的经验，写了一本书，名为《你好，小孩》，本节内容也围绕这本书展开。接下来，我将从孩子成长的五个关键维度——自我、父母、家庭、学校、社会，介绍"儿童友好"和"善意养育"两个概念。在养育孩子过程中，我们要让孩子感受到父母、家庭、学校与社会的友好和善意，从"家长式管教"向"合作式养育"转变，把对孩子的尊重放在重要位置上，开启一种全新的良性家庭模式。在这个基础之上，我们才能运用合理的教育方法，帮助孩子获得精神独立与天赋自由，感受到这个世界给予他的满满的爱与善意。

友好小孩，成就最棒的自己

如果我问：幸福人生的密码是什么？有的人可能会回答：拥有财富、名誉、地位……但是，拥有这些是不是就能拥有幸福的人生呢？我认为不是。在我看来，幸福最重要的是爱自己、发现自己的天赋，知道自己在这个社会和这个世界中的位置，并能够用自己的视角观察或改变这个世界。这才是最重要的。

所以，"儿童友好"的第一步，是帮助孩子学会爱自己、对自己友好。这种友好不是吃好、喝好、玩好，而是建立与内心自我的良好关系，获得精神独立与天赋自由。

我在山区采访时，在那里见到过很多父母常年外出工作，平时与祖辈一起生活的孩子。在他们的学校里，我也看到了很多孩子写的作文，教室内墙上贴着的高分作文通常都是"苦情式"的，充满对父母的想念。但是有一次，我在这些孩子中发现了一个眼睛亮亮的男孩，就走过去问他："你爸爸妈妈也在外地工作吗？"他点点头。我指着墙上的作文，又问他："你写的作文也是这样吗？"他摇摇头，我很好奇地问他为什么，他告诉我："因为我知道爸爸妈妈在干什么。每个假期，爸爸妈妈都会把我接到他们在上海工作的地方，带我出去玩，参观博物馆，还一起拍照。"我又问他："那你希望他们辞掉工作回来陪你吗？"他说："不，爸爸告诉我，我们各自努力，他们负责挣钱，我负责好好学习。"

这件事让我印象很深刻，也让我意识到孩子内心的安全感与强大对于成长多么重要。每个孩子在成长过程中都多多少少地会遇到困难和不如意的事情，如果想获得安全感，变得内心强大，孩子就要学会爱自己，而爱自己的前提是先要得到父母的爱。即使父母不能时刻陪伴在孩子身边，也要能够让孩子在心里觉得自己是被爱、被重视的。只有爱才能真正驱动孩子成长，发掘出自己的内在价值。

爱是驱动孩子成长最大的力量

儿童心理学专家艾莉森·高普尼克在《园丁与木匠》一书中说，来自发展心理学的育儿建议就是：关注你的孩子，并爱他们。

很多人可能觉得这都是"空话""鸡汤"，父母哪有不爱自己孩子的呢？但我觉得，绝大部分父母对于"爱"的理解都会体现在各种养育的细节中，比如怎么让孩子吃好、穿好，怎么让孩子听话、有礼貌，怎么让孩子上个好学校，等等。可是如果不弄清做父母的本质究竟是什么，很有可能会越努力错得越多。

那么，父母的本质是什么呢？父母给予孩子最有营养的爱又是什么样的呢？

我曾经跟某新闻媒体合作录制过一期节目，在录制节目时，我认识了一位湖北的妈妈。她有一个儿子，在儿子 18 岁以前，她一直在家乡陪伴孩子，直到孩子考上大学，这期间家中开销全都靠她的丈夫一个人在外地务工，生活比较拮据。

我问她："您觉得陪伴在孩子身边，最重要的是要做什么？"

她毫不犹豫地告诉我："我主要照顾他的情绪，负责让他开心。他高考时，我就逗他笑，让他发泄情绪，给他解压，绝不跟他说'妈妈以后就靠你了'这类话。他唱歌爱跑调，我知道邻居们能听到，但我不许他们说他，因为我知道他唱歌是在减压。"

你看，理解孩子的压力，照顾孩子的情绪，这就是一种出于本能的爱与善意。对孩子的爱与善意并不需要我们读多少育儿书、听多少专家课，它就是一种本能。但正是这种本能，滋养了孩子最初的生命底色，给予了他们最强大的内在力量。

也有家长不认同这种教育方式，他们觉得对孩子严格要求，"打磨"孩子，才能让孩子成才。如果现在自己不"打磨"孩子，那么以后他到社会上就会被别人"打磨"。在这种心态下，很多家长在陪孩子学习、写作业时经常大吼大叫，孩子稍微犯点错，就会严厉地体罚孩子。

我个人并不认同这种教育方式，原因在于，严格甚至专制的教育方式只能培养出低自尊的孩子，让他们觉得自己不如其他孩子，这种低认同感会给孩子造成很大的童年创伤，甚至可能会影响孩子一生。

让孩子远离童年创伤

心理咨询师黄仕明说：一个人尊严感、身份感的一道防线就是自己的身体。侵犯身体，是对一个人身份感的巨大打击。身体的界线是一个人自我认知中最牢固、最强的一个界线。

当你在体罚孩子时，就像在告诉孩子：在这个世界上，我怎么对你都是可以的，你没有权利反抗。这就是在无意识地贬低孩子的身份感。不论你是出于什么原因体罚孩子，对孩子来说都与友好和善意相背离。

那么，当孩子犯了错，我们该怎么做呢？难道放任不管吗？

当然不是。如果你想让孩子吸取教训，主动做出改变，就要用更有效的方法代替体罚。这里分享一种比较有效的方法："设定有效限制"。它的关键是同理心，简单来说，就是我们先承认孩子的感受和需求，让孩子说出自己的愿望，给孩子一个选择，用做游戏的口吻要求孩子配合，以行动捍卫你的边界，邀请孩子与你共商双赢的解决方案。

比如，孩子在写作业，弟弟在一旁哭闹，孩子可能就会对弟弟大吼大叫，让弟弟哭得更凶了。这时，有的父母马上就会斥责孩子："不要对着弟弟大喊大叫，你看他哭得更厉害了！你哪有当哥哥的样子！"这种批评方式会让孩子更加愤怒，甚至对弟弟产生恨意。

但是，如果你善于利用同理心，对孩子说："我知道弟弟哭声让你很难受，我也难受。不过你大声吼他，只会让他哭得更厉害。"

先理解孩子的感受，再进行善意的提醒，指出孩子行为上的问题，才不会激起孩子的愤怒。如果你只用打骂来管教孩子，对孩子进行人身攻击，只会事与愿违，不但不能让孩子改正错误，还可能让孩子的内心很受伤，对你产生怨恨。如果经常如此，孩子的自我评价就会慢慢降低，认为真的是自己不够好、太差劲，才会不断遭到父母的批评、责骂，这对孩子的伤害是很大的。

教育从来不是父母与孩子之间的较量，而更多的是父母与自己内心恐惧、不安的搏斗。如果父母能放下焦虑，放下对孩子过高的期待，多给予孩子发自内心本能的爱，尊重和理解孩子的感受，就能让孩子少一些伤害和自我贬低，对自己多一些友好和认同。这对于孩子来说，才是一份恰如其分的爱。

友好父母，成就幸福的孩子

一个人与父母、家庭的关系，就是他与整个世界的关系的最初投射。尤其是与父母的关系，更是直接影响到孩子对这个世界的感知。如果父母在养育孩子的过程中，能够与孩子建立亲密、融洽的亲子关系，用温柔、善意和充满爱的方式与孩子沟通，孩子就会有更多的幸福感，以及来自外界的温度与能量，对世界也会充满友好和善意。

但是，现在很多家庭中最常见的一种养育模式是：焦虑的妈妈、缺位的爸爸、失控的孩子。很多妈妈从怀孕起，就铆足劲儿要做个完美妈妈，我当初也是如此。我们想用最科学的育儿理念、最好的家庭氛围、最强的学习资源、最完美的母爱，来为孩子的一生保驾护航。可是很快你会发现，你的内心开始被各种各样的焦虑和隐忧充斥，很容易陷入自我怀疑的困境。

当妈妈在努力学习，成为"全能妈妈""一百分妈妈"的同时，一些爸爸却借着各种各样的原因缺席了孩子的成长。或者即使陪在孩子身边，爱护着孩子，也因为不擅长表达自己，不好意思展现自己的爱，出现了困惑和焦虑。

我们怎样才能成为合格的父母，与孩子建立亲密的关系，给予孩子真正友好的、充满善意的养育呢？

我认为，妈妈其实不必做一百分的妈妈，六十分就足够；而爸爸也不一定做一百分的爸爸，要求自己事无巨细地照顾孩子，但父母一定要起到对孩子的引领作用，为孩子做个好榜样。

妈妈做到六十分就足够

英国精神分析学家温尼科特有一个著名理论——"good-enough mother"。这个理论很早时被翻译为"足够好的妈妈"，甚至是"一百分妈妈"，但其实温尼科特的原意是：做妈妈，足够好就行了，不需要一百分。现在，这句话就被翻译为"做六十分的妈妈"。而当你不再执着于成为完美的"一百分妈妈"，主动降低目标到"六十分"时，你的孩子就多出了四十分的自我成长空间，这就让孩子获得了很多做自己，以及学会与他人相处的机会。

我女儿前几天跟我说，她不喜欢别人说她是"李小萌的女儿"，我问她为什么，她说："因为我就是我自己呀！"

在那一刻我相信，女儿在心中是完全属于她自己的，这让我感到很欣慰。其实做六十分妈妈，就是要区分社会对孩子的评价和对父母的评价，父母的角色只是孩子人生中的一个阶段性角色，不可能凌驾于孩子的人生之上。即使是亲子关系，也需要与其他社会关系产生联结，才具有真实的生命力。如果一个人因为父母的过度保护、干涉而不能做自己，那么生活对他来说就毫无价值。

有的妈妈可能会担心，这样会不会太纵容孩子，不利于孩子成长？

其实，做"六十分妈妈"并不是不管孩子，而是有策略地管。我在书中举了一个例子：我的一个女同事，从小就是学霸，但她弟弟是个"学渣"，一直活在她的光环下。高三那年，她弟弟怎么都不愿参加高考，要直接去找工作。他们的妈妈刚开始也极力劝说，后来见拗不过，忽然就想通了，答应了儿子的要求，但让他写了一个字据："我自愿放弃高考，与妈妈无关。"工作几年后，他感到了低学历给自己带来的障碍，苦笑着说都怪自己，随后痛下决心，继续学习，从大专一路读到在职研究生。

我认为这位妈妈就很了不起，她没有要求自己做到一百分，而是给了孩子自己选择、承担责任的机会。虽然这期间孩子吃了很多苦，但也让他实实在在地活出了自己的人生。

作为父母，不要过分插手孩子的生活，或代替他做本该由他自己来做的事情。养育本就是一个不断寻找平衡的过程，过度的干涉、保护和代劳都不可取，倒不如把那四十分的自我成长机会还给孩子，这既能让你获得一份舒适的亲子关系，又不会剥夺孩子自由成长的机会。

爸爸要对孩子起到引领作用

有了孩子，就能自然地意识到自己已经成为妈妈或爸爸了吗？

对于这个问题，爸爸和妈妈的答案往往相差甚远。大部分妈妈在怀孕过程中就完成了角色认知，孩子出生后，她们也很自然地过渡到妈妈的角色。但很多爸爸做不到这点，所以在最初照顾孩子时，他们可能做得并不到位，这也是有"丧偶式育儿""缺位的爸爸"之说的主要原因。

事实上，父亲的角色是多维而复杂的，作为孩子的照料者，父亲和母亲一样承担着沟通、支持、鼓励、回应等教养类的职责，父亲同样要对孩子的成长起到引领作用。我在做《你好爸爸》这档节目时，本意是想让爸爸们反思自己的教育方式，但当我跟上百位爸爸沟通后，发现在孩子面对困难或遇到一些比较重要的时刻时，爸爸往往能"一战成功"。这时，男性的引领作用和决断力便以一种无所畏惧的气概显现出来。

我在书中举了复旦大学教授钱文忠先生的一个例子。钱文忠的父亲一辈子几乎没有表扬过他，更别说陪伴和教育了，但钱文忠先生仍然认为自己的父亲是称职的。当年钱文忠考大学时，选择的是不好就业的历史专业，当时大家都反对他，包括他的妈妈，而钱爸爸却说："只要儿子能考上，以后没工作我养他。"这件事让钱文忠记忆深刻,他说,当孩子遇到困难,不断向后退缩时,退到最后发现有一堵墙挡住了他,这堵墙就应该是父亲。

在养育过程中,爸爸的优势在于发挥"父性优势",从另一个角度为妈妈的养育做补充。

蒙特利尔大学丹尼尔·帕克特教授认为,有一个词可以贴切地形容爸爸与孩子之间的依恋关系,就是"激活"关系。他认为,爸爸与孩子之间的关系,在引领孩子走向世界的部分表现更为突出。良好的父子/父女关系,有助于激发和唤起孩子的积极情绪,帮助孩子超越极限,勇敢地面对危险,在陌生的环境中无所畏惧,敢于独立生存。

丹尼尔·帕克特教授认为,养育孩子的过程从来不存在唯一"对"的标准。不管是父亲还是母亲,如果精力有限,只要在孩子的一些重大时刻"在场",给予孩子最大的支持和理解,引领他们走向宽阔的人生,同样能与孩子建立有效连接,给予孩子充足的安全感和力量感,这也是一种很好的养育方式。

友好家庭,成就健康的孩子

以前,家庭成员之间的关系更多是利他的,很多人会为了家庭做出巨大的付出和牺牲,尤其会为了孩子放弃自己的工作和事业。

现如今，家庭必须留出更多的个人空间，利己需求变得直接和顺理成章。在这种变化下，孩子的养育就需要家庭成员的多边合作。这种合作既包括父母之间的合作，也包括父母与孩子之间的合作，还包括与长辈之间的合作，虽然没有契约上的约束，但大家仍然需要有共同的目标和统一的认识，以及相互依赖的合作氛围。

父母之间要积极合作

著名心理学家李子勋曾说：孩子的一半来自父亲，另一半来自母亲。孩子内心最大的渴望，就是与父母连接的归属感，那是超越一切的渴望。如果孩子与其中一方连接有缺陷，就会让孩子感到不安、空虚、遗憾。而最令孩子难以忍受的，是父母其中一方否定另一方，这等于无意识中否定了孩子的另一半。孩子会因此产生自我否定或逆反式否定，造成心理上的分裂。

那么，父母要怎样合作呢？

第一，彼此之间学会表达爱。

以我自己为例，我经常会跟女儿说，她身上的很多优点分别来自爸爸和妈妈，比如，她的善于表达像妈妈，但逻辑思维强就很像爸爸。这样是让女儿知道，她的到来是得到爸爸妈妈两个人的祝福和付出的，是因为爱才浇灌出她这朵美丽而宝贵的生命之花。

第二，能够看到对方的优点。

父母在孩子面前，不但要经常称赞孩子的优点，还要称赞伴侣的优点。比如，我们可以经常这样对孩子表达："宝贝，你知道出门帮奶奶拎东西，和爸爸一样孝顺。""你把书桌收拾得这么干净，跟妈妈一样做事有条理。"通过这种方式，孩子不但能与父母建立更好的正向连接，还会让孩子对父母更有善意，对家庭更有归属感。

第三，父母要做彼此的"替补队员"。

中国双薪家庭中，妈妈照顾孩子、承担家务的工作量往往更多。当然，也有一些妈妈过分操心、挑剔，或者控制感过强，无意中也打击了爸爸照顾孩子、分担家务的积极性。这种情况下，妈妈要学会放手，鼓励爸爸去带孩子。在爸爸带孩子时，妈妈尽量不要干涉，以增加爸爸带孩子的积极性。即使爸爸一开始做得不够好，多做几次，自然就能找到更好的处理办法了。

养育孩子是一件很辛苦的事，想把这件事做好，就需要父母之间通力合作，互相成为对方的"替补队员"。这种合作受益的不仅仅是父母双方，更重要的是孩子，因为父母身体力行地教会了孩子平等、互助、合作，对另一半充满信任、欣赏与善意，这对孩子以后的人际交往、恋爱、婚姻等，都会产生积极的影响。

父母要把孩子当成合作者

心理学专家赵旭东曾说，近年来，他在自己的临床病例中发现，青少年自伤案例成倍增长。有的孩子来找他咨询，胳膊上都是自己用裁纸刀划的划痕。而孩子出现这些行为，有些并不是真的想轻生，只是因为家长把他们盯得太紧、管得太严了，孩子是想通过这种自伤的方式，在密不透风的生活中让自己"清醒"。

这种现象令人心痛！怎样才能避免这种情况出现呢？

父母只是孩子来到这个世界的一座桥梁，在孩子成年前给予帮助和扶持，但最终孩子还是要独立完成自己的人生。所以，我们应该与孩子相互依赖、相互合作，唯有这样，我们才能有机会与孩子建立良性的亲子关系，帮助孩子达成他的使命。

要实现与孩子之间的合作，父母在面对日常事务时应一直秉持平等的原则，充分尊重孩子的见解和期待，给孩子时间和空间，激活孩子的动力、潜力与创造力，让孩子最大限度地发挥自己的聪明才智。在建立合作之后，即使孩子出现问题，我们也能和孩子站在一起、共同面对。

当然，能否与孩子实现良好的合作，关键还取决于你如何看待孩子。如果你认为孩子天生就该像大人那样懂事，经常对孩子说："你怎么还是不明白！""你就是不听话！""看看人家某某，多懂事！"那么孩子是很难跟你合作的。在合作时，父母应该带着平等的心态，用倾听代替指导、用提问代替倡议、用回应代替回答等一系列沟通技巧，让孩子感受到父母的关心和善意，从而坦然、自然地做自己。

长辈应把家庭主场让给小两口

有一次，我参加了一次主题为"重男轻女的爷爷"的谈话节目，节目中请来的是一家三代：爷爷奶奶、爸爸妈妈和两个孩子。这两个孩子是姐弟俩，其中，姐姐一出生就交给了爷爷奶奶带，弟弟则是在父母身边长到四岁，才由爷爷奶奶来带的。我发现，姐姐每次看爷爷时都显得很紧张、很委屈，而弟弟则一副毫不在意的样子。孩子的父母认为，爷爷重男轻女，经常打骂姐姐，但爷爷说，弟弟淘气时，自己也会打他，怎么能说他重男轻女呢？

对孩子打骂肯定是不对的，但我认为更严重的问题是：在这个家庭中父母有所缺位。姐姐一出生就交由长辈照顾，在她最需要建立安全感和与父母间的依恋关系时，父母不在身边，还经常遭到爷爷的打骂，这就导致了姐姐的敏感脆弱，缺乏安全感；而弟弟在父母身边生活四年，建立了较好的安全依恋，再面对爷爷的打骂时，他的安全感、抗压性也更好。

《必要的丧失》一书中提到：在生命的最初阶段，尤其是六岁以前，如果我们太长时间离开我们需要并渴望的母亲，就会在情感上受到伤害，而且这种伤害很可能是永久的。

所以，案例中姐姐出现的问题，根源并不在于爷爷的重男轻女，而在于父母忽视了对孩子的陪伴和关爱。这也提醒那些家中由长辈帮忙照顾孩子的年轻父母，要想让孩子健康成长，就一定要承担起自己作为父母的责任，同时长辈也要把家庭主场让给小两口。具体来说，父母与长辈之间要确认养育界限，分工合作。这里跟大家分享三点：

第一，学会制定规则，尊重界限。

在家庭中，长辈养育孩子的原则应是：负责爱，不负责教。比如，长辈只负责照顾孩子的日常起居，但教育孩子的问题要由父母来决定，长辈不要干涉。当然，父母也要积极承担起教育孩子的责任，不要事事都推给长辈。为了避免矛盾，你可以提前与长辈约定好，把"丑话"说在前面。既然都是为了孩子好，合作就是最好的方式。

第二，遇到问题时，要学会沟通和表达。

如果长辈比较开明，愿意接受新事物，你要多与他们分享科学的养育方法，而不是断然否定他们。但若非涉及养育原则的问题，你也要尽量多包容，并尽可能地站在长辈的角度思考如何与他们沟通，争取长辈的理解和支持。

第三，把自己能做的做好。

如果长辈确实干涉过多，那你就把自己该为孩子做的事情做好，在孩子与你单独相处时，按照你的方式来教育他。孩子在长辈身边时，你不必为他们的教育方式而烦恼，自己尽力就好，也要相信孩子的成长能力。随着孩子的长大，有了自主意识，他自然会选择接受自己认同的一方的意见。

总之，在家庭关系中，父母之间、父母与长辈之间，对孩子的教育出现分歧都是很正常的，关键在于，家庭成员之间要多理解、多包容、多沟通，只有都抱着合作的心态，才能最大限度地磨平分歧，从而让孩子感受到家人之间的友好、和睦与善意，帮助孩子建立儿童友好的核心认知。

友好学校，成就优秀的孩子

一般来说，孩子到三岁左右就要上幼儿园了，这是孩子第一次与父母、家庭分离。从此以后，孩子就要逐渐适应家庭之外的生活，开始更加自由成长的旅程。

如果说孩子终将从家庭走向社会，那么学校就是中转地、演练场。从孩子进入幼儿园第一天起，父母便逐渐有了各种各样的焦虑，比如，有的父母觉得自己的孩子太弱小，害怕别的孩子欺负他，每天提心吊胆的。其实大可不必，孩子要获得真正的成长，就必须通过实践去了解世界，通过与人合作、分享、争执、化解矛盾等，一点点学会如何应付外面的世界，解决自己遇到的问题。

与孩子能不能适应学校生活相比，父母还有两个更焦虑的问题。一个是孩子在学校里与老师的相处情况，另一个是家长如何与老师打交道。

遇到好老师是孩子的幸运

孩子进入一所学校后，父母最期待的事情之一就是孩子能遇到一个好老师。

那么，什么样的老师是好老师呢？

第一，好老师不会给孩子随便贴标签，尤其会谨慎地使用负面评价。

于丹老师给我讲过一个"问题小孩"的故事。

有个一年级的男孩，上课时总是坐不住，注意力也难以集中，很多老师都给他贴了个标签——多动症。但是，他幸运地遇到了一位好班主任。

有一天，班主任正在讲课，男孩站起来就往外走，班主任叫住他，问他为什么走，他说："因为你讲课太难听了。"这时，班主任不但没生气，还对着全班同学说："你们看，他特别棒，没有编造一个理由，而是敢于说出自己的真实想法。来，现在请你来给大家讲五分钟课吧。"这个男孩就真的上去讲了，班主任还带动大家一起为他鼓掌。

就这样，班主任一直教了这个男孩五年，到五年级时，男孩突然"开窍"，成了"学霸"，各科成绩都非常好。他之前之所以坐不住，不过是因为个体差异，心智尚未成熟到能够控制自己遵守纪律而已。

当然，故事不一定要孩子成为"学霸"才完美，但如果老师能够尊重孩子的发展规律，充满善意、耐心地对待孩子，给予孩子恰如其分的教育，那么给孩子带来的可能就是影响一生的改变和力量。

第二，好老师会谨慎地引入竞争机制。

很多老师都相信竞争的效果，但其实孩子在 16 岁以前，并不适合承担太多的竞争压力，甚至无法正确理解竞争的意义。个体心理学创始人阿德勒在《自卑与超越》一书中提到，学校过分强化了孩子之间的竞争意识而非合作意识，不管孩子们在竞争中处于领先还是落后地位，这都会让他们过度关注自身而罔顾他人。即使那些在竞争中领先的孩子，也会因为只关心自己而难以为社会做出杰出的贡献。

一个孩子的优势不仅体现在学习上，还体现在很多方面，如正直善良、有创造力、有同理心、懂得合作等。老师应该看到孩子身上不同的优势，同时引导孩子认识到自己和他人的优势，鼓励孩子学会合作，而不是让孩子之间以成绩论输赢、分优劣。

有一段时间，我女儿不想去上游泳课，我很着急，就把这种情况反映给了她的游泳老师。老师对我说："可能你们给她的评价太多，她太想要做好了。但跟别人一比，她发现自己又游得比较慢，就会很焦虑，想要放弃。你们应该多鼓励她跟自己比，看到自己的进步。"我听后特别感动。的确，当孩子跟自己比，为自己鼓掌，学会看到自己的进步时，他们的内心才会更积极、更自信。

第三，好老师不会把纪律当成管教的目的。

现在，很多学校仍然用死板的管教方式来要求孩子，很多老师对待孩子的态度也并不友好。比如有一次，我去一所小学采访，到那时正赶上课间操，孩子们站到操场上准备做操。体育老师拿着麦克风站在队伍前面，用非常情绪化的语气喊着："一班的那个同学，站直了！""二班的，不准再说话了，把手放在裤线上！"孩子们小脸都绷得紧紧的，毫无生气地站在那里。

虽然当前要实现个性化教育还很难，但学校和老师不能因为现实的困难就忘记事物本来的面貌，忘记教育本身的意义。纪律只是一种管教孩子的手段，并不是目的。孩子的成长需要爱、鼓励和耐心，需要感受到周围人的善意，尤其是学校和老师的善意。如果教育让孩子感受不到友好和善意，那么纪律再好、再严明，也是舍本逐末。

做高自尊的父母

父母要想帮助孩子更好地适应学校，就要理解学校的教学目标和实际困难，对自己的孩子有明确的养育风格和诉求，积极与老师平等交流，永远支持自己的孩子，尽量避免和老师一同站在孩子的对立面，维护好孩子的自尊心。

这里分享以下三点建议：

第一，积极关注孩子的情绪，一旦发现孩子情绪低落或有反常行为，要及时与学校沟通，不要错过最佳处理时间。

第二，周围的教育环境越不理想，越要关注孩子、善待孩子、好好爱孩子。

第三，在决定介入孩子的学校生活之前，先征求孩子的意见，并与孩子沟通你准备怎么做，保护孩子的知情权。

总之，对于教育孩子这件事，家长首先要在心里有一些明确而坚定的价值判断，这样在与老师相处和沟通的过程中，才不至于唯命是从或刚愎自用，影响孩子与学校、老师之间的关系。

友好社会，成就友好的孩子

现在，很多人看到一个在公众场所跑跑跳跳、大声喧哗、精力充沛的孩子，就会称其为"熊孩子"，并且"熊孩子"这个称呼越来越带着批评、讨伐甚至仇恨的意味。

确实，人类社会有着各种成文或不成文的行为规范，在什么场合要说什么话、做什么事，但任何人都不是生下来就什么都会的，而是在不断学习、试探、互动、试错中一点点认识规范的。孩子的社会化程度相对较低，没有习得相应的行为规范，当他们的行为打破了这些规范时，就会给人一种"熊"的感觉。可是也正因为孩子尚未习得相应的行为规范，我们才更应该带着更多的善意、友好和包容来对待他们，让他们对社会形成最初的良好印象，继而带着爱、信心与美好的期望去面对自己未来的人生。

对待"熊孩子"，多一些宽容

一个一两岁的孩子在公共场合哭闹，大人怎么哄也哄不好，遇到这种情况，你会怎么办？

很多人可能会感到厌烦，对孩子的父母冷眼相待，殊不知，面对一个用语言无法沟通和控制的孩子，父母已经心急如焚了。此时，我们如果能多一些宽容，少一些指责，就算是给予已经手忙脚乱的父母最大的理解了。而如果孩子已经到了懂得基本礼仪的年龄，仍然打扰到了你，孩子的父母也没有采取制止的措施，这时，你可以用温和的方式表达你的态度，比如告诉孩子："你这样会吵到阿姨哦！可以小声一点吗？"或者跟他的父母沟通："请您让孩子小声一点好吗？"如果孩子看到自己和父母在社会上能够被这样温柔对待，他也能慢慢学会该怎么与人相处，去适应外面的社会。

还有这样一个故事：在高铁上，一个人用手机拍下了坐在他前座的一个小朋友的行为，这个小朋友当时正伸出肉乎乎的小手，拔拍摄者的腿毛。小朋友明显还很小，不知道这种行为不好，也没有意识到腿毛的主人正在拍摄他。这条视频在网上收获了大量的转发和评论，但几乎没有人对这个"熊孩子"口诛笔伐，更多的是暖心、友爱和忍俊不禁。

希望更多的人能够用一种充满友爱的心态看待儿童，而不是只要稍微有点淘气或表现出格时，就用"三岁看大"的口气对他们做出评判。而当这些孩子感受到社会上更多的友爱和善意后，他们也会更加爱自己所生活的社会，愿意去为社会付出，做出更多的贡献。

帮孩子在社会规范中建立导航

几年前，我们曾专门组织孩子去参观了一次法院，一群五六岁的小孩子旁听了一次酒驾审判。审判结束后，审判长就走到听审席跟孩子们愉快地互动，笑着跟孩子们聊天。孩子们还在那里吃了午餐，模拟了一次法庭审判。

这个活动的意义是什么呢？我认为就是让孩子更加全面地了解社会中温情的一面。不管是严肃的法官，还是"吓人"的警察，或者是孩子们害怕的给自己打针的医生，他们都不是一个可怕的符号，而是能给孩子带来安全、解除痛苦的保护者。我们就是希望孩子在自己走出家门后，能够相信社会系统是支持和保护他们安全前行的。他们需要先有这样的心态，才能摆正自己在社会上的地位，以及未来如何贡献自己的价值。

我曾看过一个新闻，一个小男孩被监控拍到，好像蹭坏了一辆车，车主找到男孩家。男孩爸爸为了息事宁人，就主动赔了钱。但是，办案民警却用了三天时间，看了几十小时的监控录像，最后认定，这个小男孩是被冤枉的。后来有人问这位民警，为什么要费劲去做这件事？他说，如果这个孩子被冤枉了，那对他的负面影响可能就是一生的。

我们每一个生活在社会上的人，不论我们职业是什么、身份是什么，都可以成为善意养育的参与者。在面对一个孩子的某些行为时，如果能稍微控制一下自己的言行，对孩子多一份包容和善意，对孩子来说都可能是一件影响至深的事。

总之，教育从来都不是父母、家庭、学校、社会与孩子之间的对抗，而是彼此之间的相互合作与相互成就。我们给予孩子爱、陪伴、宽容、友好、善意，与此同时，孩子也会回馈给我们更多的美好，为社会创造更多的价值。这，不就是一场充满了爱与友好的双向奔赴吗？

4

第四章

让孩子掌握
自己人生的方向盘

随着时代的发展，越来越多的父母开始接纳孩子独特的个性，不再为了自己年少时的梦想逼迫孩子走上一条不适合他的路，也不再因为自己的执念自私地为孩子做一切决定。

　　将孩子作为独立的个体来对待，是新父母的正确心态。只有明确边界，尊重个性，自我调整，沟通一致，才能让教育发挥最大效能。

第1节　在远远的背后带领

安心解读《在远远的背后带领》

本节为大家介绍我所写的一本书，名为《在远远的背后带领》。

在与樊登老师对谈的时候，他曾问我这本书的名字有什么深意。出版一本书的过程中，选哪个书名往往是至关重要的，当时出版社的编辑提供了许多书名方案，我都不太满意。

直到有一天，我问自己：养育孩子到底应该用怎样的方式？在回顾了自己养育孩子的过程和十几年来与各位父母打交道的过程后，我发现，但凡父母把自己放在主导的位置，希望自己引领孩子，教育就很容易出现问题，父母也更容易焦头烂额；而当父母愿意置身其后，观察孩子，跟随孩子，同时和孩子保持连接，这样的养育姿态反倒能让养育孩子的过程变得轻松。

突然，我的内心就冒出了一句话：父母虽然要带领孩子，但是要在远远的背后带领。我立刻把这个想法发给编辑，我们很快就确定了这个书名——在远远的背后带领。

父母不要站在孩子面前对孩子指手画脚，不必让孩子遵照自己的要求和期望成长，而要退至孩子身后，给孩子自由成长的空间，让孩子成为自己人生的主角，同时又与孩子保持连接，给予孩子支持。这才是最好的带领。

在生活中，很多父母容易走入两个极端，要么想完全控制孩子，要求孩子按照自己的想法做事，使得父母和孩子都很累，相处得也不愉快；另一类父母选择"放养"，完全放弃带领孩子，放任孩子的不当行为，也没有对孩子的价值观做出引导，使得孩子变得没有规矩。如果父母只是简单化地处理亲子关系，很容易走入这两个极端。但如果能够做到"在远远的背后带领"，就能帮助孩子更好地成长。

其实这种教育方式在教育界广受认同，还有着相应的课程，叫作 P.E.T.（父母效能训练），它所传递的理念就是父母要在与孩子的沟通中建立界限感，不去评判孩子的对与错，鼓励关系中的各方自己负起责任，不要产生攻击性。接下来，我们就从不越界、不评判、负责任、无伤害、一致性五个方面分享，到底要怎样在孩子的背后带领，才能让孩子成为最好的自己，发挥更大的潜能。

不越界：与孩子建立界限

"界限"这个词总是给人一种冰冷的感觉，似乎你是你、我是我，彼此是有距离的。为了不让亲密的家人之间产生这种"界限感"，大家都在刻意维护着彼此的"亲密关系"。比如，长辈给你夹菜时，你明明不喜欢吃，却不好意思拒绝；孩子明明说自己吃饱了，父母却认为他没吃饱，非要再让他吃一碗；妈妈让你多穿件衣服，你明明不冷，却为了不伤她的心，只好多穿一件。凡此种种，总被赋予"爱"的名义，一旦被关心的那一方想反抗时，身边就会传来一个声音："这是因为爱你啊！"暗示他理应接受。其实这些都属于越界行为，即使亲人之间也不例外。

那么，怎样才算是不越界呢？

面对孩子，要尊重他的独立性，信任他，不要剥夺他的成长机会，不要妨碍他发展自己面对问题的能力，要意识到有些事是他自己的事，耐心地做一个陪伴者和倾听者即可。

同时，父母也要尊重自己的独立性，收回对孩子的过高期待，学会对自己的人生负责。当孩子侵犯了你的界限时，你要做的不是评判和指责孩子的行为，而是坦诚地与孩子主动沟通。

关于不越界，这里介绍以下三条原则。

尊重与孩子的界限

很多父母与孩子相处时都很缺乏界限感，比如，有的父母看到孩子自己穿衣服很慢时，就会上去直接帮孩子穿好；觉得孩子很可爱，不管孩子是否同意，就去捏一下他的小脸蛋；为了逗弄孩子而对孩子说，"有弟弟后，妈妈就不爱你了"；在给孩子换衣服时，边换边对孩子说"羞羞"，等等。这些都是缺乏界限的表现，也是对孩子不够尊重的表现。

孩子如果具有反抗能力，能够反抗父母的这些操控和越界行为，他也许能在这样的"荆棘"中长出自己的模样。但大多数孩子都会在挣扎中屈服，渐渐失去自我，关闭自己的感受，甚至放弃自己的梦想，活成了大人期待中的样子。

想要与孩子彼此界限分明地生活，首先就要知道如何找到问题的归属。很多人看到某个人不开心，就会下意识地认为是自己影响了他，觉得"都是因为我，他才会这样"。有了这样的心理魔咒，出于防备，他们又会演变出另一种想法——"都是因为你"。

比如，孩子考试成绩不好，可能父母的第一反应就是："都是因为我没照顾好他，没好好关心他的学习。"当这种想法让父母感到很痛苦时，就会产生另一个反应："都是因为这孩子太贪玩，太不懂事了，他才考得这么差！"于是，父母跟孩子之间就会因为这件事产生矛盾。

其实，孩子的一些问题可能与父母有关，但大多数时候是与父母无关的。就算与父母有关，此刻被困扰的人也不是父母，而是孩子，是孩子处在"问题区"，是孩子有困扰。我们只有先找到问题的归属，分辨出这是谁的问题区，才能选择适当的方法与孩子沟通。

谁的麻烦，谁来解决

讨论问题的归属，其实与评判好坏、对错无关。沟通的本质不在于讨论谁对谁错，而在于尊重彼此，坦诚相告，共同面对当下的情况，寻求帮助或者给予帮助。

这里介绍一个概念，叫作"面质性我信息"，意思是当他人的行为干扰到我们时，我们要向对方描述这一行为带给我们的感受及影响。

比如，孩子看电视时把声音开得很大，影响了正在休息的父母。这时父母就进入了问题区，可以向孩子发送面质性我信息。这时可能会产生两种结果。

第一种结果是孩子也意识到电视声音太大了，主动调小了声音，这种情况自始至终都只有父母处于问题区，孩子并未进入问题区。

第二种结果是孩子开始抗拒，与父母发生了冲突，双方都进入问题区。如果孩子只是抗拒，父母可以倾听孩子，让孩子表达自己，再次发送面质性我信息；如果是需求冲突，比如孩子必须放很大声才能听到，那就需要另外的方法来处理了。

在这种情况下，处于问题区的孩子虽然没有给父母带来具体的影响，却触动了父母内在的情绪。这时，父母可能会选择几种不同的处理方法。

选择一，直接朝孩子发脾气，说："你已经看很久了，怎么还要看起来没完没了！"这时孩子就受了委屈。

选择二，孩子处于问题区，需要父母的倾听和陪伴，而不是让本身就处于情绪中的孩子再受父母情绪的干扰。作为父母，你要觉察到自己的情绪与孩子无关，可以先把自己的情绪搁置，继续倾听孩子，之后再去处理自己的情绪。

选择三，当你的感受比较强烈，无法继续倾听时，可以选择先表达面质性我信息，但重点是表达自己的感受，而非责备孩子。比如，对孩子说："你的电视声吵得我头痛，我听不清你在说什么。"然后倾听孩子的表达，再对孩子说："我们让你把声音调小，你觉得调小就听不见了，感到很着急，是吗？"

选择四，父母情绪高涨，甚至无法倾听孩子的想法，此时最好先找个房间处理一下自己的情绪，调整好后再来倾听孩子的想法。

以上几种处理方式都在提醒我们，如果孩子遇到麻烦，父母可以做个协助者；如果是自己的问题，就要学会为自己的情绪负责，而不是把自己的情绪投射到孩子身上，让孩子承担父母压抑的情绪或伤痛。如果是双方共同的问题，那就一起来面对和解决。这才是父母与孩子之间良好的界限。

相信孩子的自我修复力

有一次，我带着妹妹的孩子小满格去参加工作坊，三岁的小满格开心、快乐又自在的模样，几乎俘获了全场人的心。其实小满格以前并不是这样，她也曾害怕冲突，会跟小朋友抢玩具，面对陌生人会哭，但我的妹妹总是会尽全力地接纳她的各种情绪，并且告诉对方，我的孩子还需要一点时间。正因为这种无条件的爱，让孩子逐渐走出谨小慎微的状态，变得越来越有力量。

面对成长过程中的矛盾和冲突，孩子是有自我修复能力的，只要父母不把自己的焦虑和恐惧投射到孩子身上，相信孩子自身的应对能力，孩子内在本能的智慧就会指引他进行自发性地自我修复。

孩子进行自我修复的方法一般有三种。

第一，表达和倾诉。这是婴幼儿早期的自我修复机制，如果父母能允许和接纳孩子表达感受，孩子的情绪就能自由流动，自我构建就有了坚硬的基石。

第二，游戏和故事。孩子经常会通过游戏，或者一些与自己情绪有关的故事，来释放自己的各种情绪，进行自我修复。比如有的孩子怕打针，他就喜欢听一些与打针有关的故事，以此缓解对打针的恐惧。如果父母能经常借此机会，配合孩子进行这类游戏或讲故事，就能协助孩子进行自我修复。

第三，角色扮演。当孩子面对一个新环境时，比如幼儿园，他们感到恐惧、不安、焦虑是很正常的事，父母可以与孩子玩一些角色扮演游戏，由父母来扮演孩子，让孩子扮演幼儿园的老师，在游戏过程中，孩子就能释放出面对幼儿园、面对陌生的老师和同学时的那种不安情绪。

婴幼儿阶段是一个人人生中非常重要和关键的时期，在这个阶段，如果孩子被允许表达自己的感受，被看见、被理解，与父母建立联结，他就能不断构建真正的、独立的自我，并且有足够的空间去发展自我修复能力，借此发展自己的内在力量。

不评判：善于倾听孩子的表达

在很多时候，让孩子发生改变的并非评判，而是接纳。当你停止对孩子进行评判时，就会看到更多真相，发现问题的真正答案，给予孩子更多的理解。

但是，很多家长习惯于对孩子的行为进行评判，其中最常见的评判就是"不乖"，但是我认为，其实没有不乖这回事。孩子不是真的不乖，也不存在所谓的行为偏差，存在的只有大人还未了解的真相和孩子一些未被满足的需求，这些需求可能是安全需求，也可能是生理需求或其他需求。而当你对孩子进行评判时，就忽略了孩子的这些内在需求，并且是带着不平等和不尊重的。

怎么做才是不评判呢？我认为答案就在于倾听。只有倾听孩子的表达，才能给予孩子同频的回应，孩子处于问题区时，最需要的就是同频的回应。

我呼你应，便是倾听

倾听就是把自己的频道调到与孩子相同的频道上。父母要先在心态上做到不评判，接纳孩子当下的状态，理解孩子的感受，再描述事实，表达孩子可能有的感受。

比如，孩子跟父母说数学题好难，父母最好不要说："上小学就觉得题难，上了高中怎么办？"可以简单地回应孩子："是的，是挺难的。"这样就足够了。

当孩子被倾听、被看见后，他们通常会改变行为或重新做出选择，而不是执着于原来的选择或想法。

问题是用来了解的，而不只是解决

通常当孩子出现一些我们难以接受或理解的行为时，我们总会急着去告诉孩子对错与好坏，又或者下意识地否定孩子当时的状况，从而错过一个深入了解孩子的机会，也让某些真相石沉大海，成为孩子不被看见的委屈。

比如，孩子的小伙伴想玩他的玩具，但孩子说什么都不让玩。其实孩子本来对这个玩具没什么兴趣，但小伙伴一拿他就立刻要抢回来。妈妈想让孩子学会分享，但说了半天，孩子仍然不肯分享。这时，妈妈该怎么办？

这种情况在很多家庭都发生过，父母往往觉得孩子的这种行为不好、不乖，有时父母出于客套，甚至会直接从孩子手里抢过玩具，拿给另一个孩子玩。但是，父母不妨想一想，倾听一下孩子的想法，为什么他们会出现这种行为？

父母要做的不是急着问怎么办，而是弄清楚发生了什么。只有通过倾听孩子的想法，才能弄清原因，才能知道到底该怎么办。上面案例中的孩子，只是因为他具有了物权意识，觉得所有东西都是"我的"，才会出现不想分享的行为。而物权意识是孩子发展安全感很重要的部分，明白了这一点后，属于孩子的东西如何处置，要不要分享，父母都要尊重孩子。当孩子得到充分的尊重并感觉安全时，自然就会去分享。

可见，通过孩子表面的行为了解孩子更深层的动机或需求，往往比停留在问题表面更有助于解决问题。问题是用来了解的，不只是用来解决的。当真正了解并弄清了问题，才能找到最对症的解决方法。

负责任：每个人都为自己负责

我们经常能看到这样的矛盾行为：很多父母一边责备孩子不够独立自主，一边却在剥夺孩子的自主权。为什么会这样呢？

很多父母习惯替孩子做决定，小到吃喝拉撒，大到孩子的所思所想。于是，孩子渐渐发现，自己不需要为自己负责，反正都是父母说了算。"他人会为我负责"的惯性一旦养成，孩子就会变得依赖他人，这时父母又开始埋怨孩子缺乏自主性了。

孩子是完全独立的个体，作为父母，如果越界为孩子负责任，就是在扼杀孩子的自主性和独立性，阻碍孩子发展自己的力量。虽然美其名曰"负责任"，其实是在控制，这是出于父母的恐惧，而不是孩子的需要。

很多父母混淆了责任与爱，最好的状态是父母爱孩子，责任留给孩子自己承担。而父母也要为自己负责任，当孩子有行为干扰了我们满足自己的需求时，也要负责任地与孩子表达感受和需求，并且积极寻找令双方满意的解决方法。

能自我负责就能自律

父母在教育孩子时，总想运用外部力量来规范孩子的行为，很多时候带着不信任和恐惧，不信任孩子有自我管理能力，害怕孩子会变坏，所以便不停地说教、命令、威胁，甚至使用暴力，或者隐性操控。

孩子需要父母的信任与理解。当孩子被父母信任和理解时，他就会知道为自己负责，继而产生自律行为。应该说，自律的产生，就来自孩子的内在动力。

比如，孩子对妈妈说："妈妈，积木倒了，我不要积木倒掉。"妈妈说："哦，积木倒了，你很难过。"孩子点点头。但是过了一会儿，孩子却说："妈妈，我把积木重新搭起来吧！"

这就是理解和信任的结果。

当然，让孩子自我负责并不意味着放纵孩子，当孩子的行为出现严重的错误，父母也要适时地教育孩子。但这种教育不是直接告诉或命令他该怎么做，而是敞开心扉，坦陈孩子的行为带来的影响，用面质性我信息告诉孩子，哪些行为可以被接受，哪些行为不能被接受，有时态度强硬一些也没关系。如果孩子的行为是完全不能被接受、完全不能再发生的，父母要坚定、强硬、内外一致地表达，重点是要让孩子对自己的行为负起改变的责任。

父母要为自己的情绪负责

父母要积极引导孩子对自己的行为负责，同时，父母也要为自己的情绪负责，这样才能更好地与孩子沟通，表达当下感受，而不是释放压抑的情绪。

这里举一个例子。有一位妈妈说，每当儿子做一些可能受伤的行为时，如拿着玻璃杯跑，把筷子放在嘴里玩时，她就不能平静地跟孩子说话，而是瞬间由担心变为愤怒。

后来，她慢慢去思考自己为什么不能好好跟孩子说话，她意识到，原来她的潜意识认为，即使与孩子说了，孩子也不会听，更不会改变自己的行为。因为她一开始就断定结果不会改变，所以一开口就已经发怒了。

她继续问自己，为什么会断定孩子不会改变自己的行为呢？原因是她认为孩子不会听。而当她再继续思考自己为什么认为孩子不会听时，她马上明白了。这是她长期以来的一个想法，是她在自己幼儿时期就在潜意识中下的一个结论：我说什么，他们（自己的父母）都不会听。

意识到这点后，她明白了，原来是她把自己幼年时期与父母相处的模式投射到了孩子身上，才造成自己总是带着情绪与孩子沟通。从那后，她再与孩子沟通时，便开始尽量避免从前的模式，而是真诚地与孩子沟通。

这位妈妈的情绪转变过程，对于孩子来说是多么幸运！当父母能为自己的情绪负责时，就是在让自己不断成长，让自己更加完整。当我们自己越来越成熟时，才能以生命影响生命，成为孩子的榜样。

无伤害：给予孩子尊重和理解

很多父母经常带着攻击性与孩子相处，比如会对孩子说："你怎么这么笨！""都是因为你！""你再这样我就不管你了。"……殊不知，这些话对于孩子有着巨大的"杀伤力"。心理学上有个词叫"投射性认同"，就是孩子会相信父母的话，最后成为父母说的那个样子。

其实父母可以换一种表达方法，那就是无伤害地表达，把语言中的攻击性去掉，带着尊重和理解的态度与孩子沟通，这样沟通的有效性也会提高。

怎么说才能无伤害

当孩子的一些行为父母无法接纳的时候，需要向孩子发送面质性我信息。如果父母的语言是无伤害的，孩子就愿意调整自己的行为，父母与孩子的关系也不会遭到破坏，孩子也会有所成长，学会为自己的行为负责。

那么，怎么说才是无伤害的呢？

有段时间，我女儿中午放学回家时，经常会带几个同学来玩，快两点她们才出门去上学，而中午这段时间恰好是我的午睡时间。于是，我就跟女儿说："午睡对妈妈很重要，当你们发出很大声音时，妈妈就没办法睡好觉，感觉好苦恼。"女儿想了想，说："那能不能在你午睡时，把你的房门关上，我们也到我的房间，关上房门，这样就不会吵到你了。"

在这段沟通中，我并没有提供任何解决方案，只是如实表达了我的困扰，而孩子主动做出了调整，并且有一次她的朋友在掀开钢琴想要弹时，她赶紧"嘘"了一声，说："我妈妈在睡觉，不要吵到她。"

一条恰当的面质性我信息，呈现的是非责备、无伤害、负责任、一致性的沟通，这就是无伤害性的表达。简而言之，就是直接告诉孩子，他的行为对我们的影响，以及我们的感受。了解自己的行为对他人造成的影响，就会让孩子由内产生一种责任感。而内外一致地表达我们的感受，也让孩子有机会感知和了解他人的需求，而不会变成一个只关注自己需求的人。

对孩子实施零惩罚、零奖赏

很多父母认为，孩子做错了事，就要惩罚；孩子表现好，也应该奖赏。实际上，任何惩罚和奖赏都是父母运用自身权威来操作的，惩罚和奖赏也不过是权威的两种表现形式而已。在使用权威的过程中，短期内可以满足父母的需求，比如打孩子一顿，孩子就听话了，但这只是外部动力促使孩子做出的改变。如果你重视孩子的内在动力和长远发展，就要摒弃权威的使用。

比如，一位女士总是被自己的体重困扰，觉得自己太胖了，怎么都不好看，也不敢去买衣服，但其实她并不胖。当深入了解后才知道，原来在她小时候，每次表现好时，她的妈妈就会奖励她一颗糖。就为了这颗糖，她平时极力地在妈妈面前表现，让自己做得更多、更好，不管自己多完美，都觉得不够。

这就是奖赏教育带来的焦虑，让一个人无法享受当下的美好，仿佛一刻都不能放松。这时，父母对孩子的爱就是有条件的，孩子只有表现好，才会觉得自己值得被爱，否则就不值得。在这种操控下，孩子也无法尽情地欣赏自己原本的样子，只想成为父母期待的样子。

如果你对孩子不惩罚，也不奖赏，那么孩子就会顺应自己的内心成长，无须害怕父母不满意，也无须刻意讨好父母。这样的养育，才能让孩子拥有健康的身心，保持孩子本有的灵性。

孩子需要尊重和理解

网上曾经有一段视频，视频中，孩子从超市偷拿了一块巧克力，爸爸发现后，便拉着孩子到超市道歉。孩子非常羞愧，但爸爸一定要孩子道歉。

你认同这位爸爸的做法吗？

相信很多家长都觉得这位爸爸是"好样的"，却很少有人关注孩子的情绪。视频的孩子感到非常难堪，他甚至一直捂着脸，难过地小声啜泣。我们不妨把自己代入孩子的角色，假如自己被那样对待，会是什么感受？这位爸爸的本意绝非有意羞辱孩子，只是希望孩子记住教训，不要偷东西，却让孩子在那一刻感受到了害怕、惊恐、无助和随之产生的罪恶感，以及面对他人抬不起头的低自我价值感。

其实，这位爸爸完全可以换一种更尊重孩子的做法，比如直接跟孩子表达，自己接受不了孩子这样的行为，然后倾听孩子的想法，跟孩子一起商量该怎么解决此事。在照顾孩子感受的同时，协助孩子把东西还回去。或者跟孩子分享一下，他的做法给超市带来的麻烦和损失，让孩子了解事情的后果。这样，孩子心中产生的将会是责任感，而不是深深的罪恶感。责任感可养人，而罪恶感会毁人。孩子长大后，面对别人的错误，也可能会用同样的方式去指责和攻击对方。

孩子需要尊重和理解，而不是惩戒，无伤害地养育孩子，就是面对孩子的错误，也要用更善意的方法来替代伤害，帮助孩子纠正错误。在父母这里获得了尊重和理解的孩子，才更容易知道对错，并且友善地对待外界。

道歉不需要强迫

对于上面的案例，也许你会说：孩子犯了错，让孩子道歉不是天经地义的吗？但你忘记了，问题不是出在道歉上，而是出在父母不尊重孩子上。很多父母都习惯于站在道德的制高点，理所当然地侵犯孩子的界限，似乎只要孩子说一句"我错了"，自己的教育才是有价值的。

殊不知，不是发自内心的、缺乏诚意的道歉只是一种操控的产物，目的只是让父母自己好过一点。比如，孩子打了人，有的父母宁可不去寻找孩子打人的原因，也要让孩子道歉，因为这样就能消除自己的不安，让大家认为自己并不是不教育孩子。至于孩子在这件事上到底有没有过错，那都不重要。

另外，如果是孩子们之间的矛盾，最好交给孩子们自己处理。如果你非得介入，就从表达自己的感受开始，比如这样跟孩子表达："宝宝，你打了小朋友，他难过地哭了。我想他一定很痛，妈妈看了也很难过。"然后听听孩子怎么说，或观察孩子的肢体语言，弄清孩子打人的原因，帮助孩子表达他想表达的，比如跟孩子说："你也想要这个玩具，那有什么办法能让你们俩一起玩呢？"

让孩子们了解彼此的感受，也启发孩子应对冲突的能力，这才是积极有效的做法。至于要不要道歉，可以等孩子情绪平复后再分享你想要的做法，如："妈妈觉得，把别人打疼了是需要给对方道歉的。"

当然，最好的做法是父母平时对孩子言传身教，活出自己的价值观，成为孩子的榜样。如果你认为孩子必须为做错的事道歉，那么你也要做到真诚地跟他人道歉，言行一致。

一致性：做个坚守初心的父母

父母效能训练中始终向父母倡导一致性沟通，在养育孩子的过程中，一致性就是做真实的父母，承认自己的不完美，承认自己也会犯错，承认自己能够接纳孩子的哪些行为，不能接纳孩子的哪些行为。

一位妈妈发现自己九岁的孩子总是咬手指，多次纠正都无效。在参加了父母效能训练之后，她突然意识到，孩子在六岁以前，她经常对孩子有排斥心理，觉得孩子妨碍了自己。直到近两年，生活逐渐安定下来，她才开始接纳孩子。于是，她就把自己的心路历程一五一十地告诉孩子，让孩子了解自己当初为什么会排斥他，但现在很爱他。让她惊讶和感动的是，那次后，孩子咬手指的问题竟然消失了。

妈妈对孩子不接纳，孩子是能够感受到的，那些不安也一直横亘在他心里。而当妈妈坦诚地与孩子沟通后，孩子的那份不安终于得到了释放，妈妈的真实也带给了孩子安全感。于是，孩子也不再需要通过咬手指来平息自己内心的焦虑了。

这就是父母展现真实的自己，并带着一致性的态度与孩子沟通后，孩子所发生的改变。可以说，父母的反省和行动不但帮助自己与自己达成了和解，更疗愈了孩子，让孩子变得越来越好。

关于一致性，这里再为大家分享两个要点。

无条件养育是邀请，而非要求

《无条件养育》的作者艾尔菲·科恩说，父母给予孩子的爱，不需要任何意义上的回报，它只是一个礼物，是所有孩子都应该得到的礼物。

无条件养育，就是在无条件的爱的基础上衍生的养育行为。简单来说，是父母不怀有任何目的地养育孩子。既然没有目的，那就不会对孩子进行控制和预设；不控制、无预设，就会尊重孩子本来的样子，尊重孩子的独特性，而不是让孩子按照父母的期望去活，或者活出父母曾经想要的样子。孩子能够在自己的世界里尽情地成长，享受属于自己的自由，继而在安全的养育环境下，迸发出自然向上和向善的内在成长动力。这样的孩子，才能成长为他自己。

养育的初心是爱，而非恐惧

关于养育孩子的方法，父母之间也会彼此分享经验，比如有的父母说，孩子在家总是去摸一些危险的东西，如热水、火等，这时有父母就出主意说："你就让他碰一下，他感到危险后，下次就不碰了。"

听起来好有道理。但你有没有想过，孩子停下来不敢再碰的原因是什么？显然是因为恐惧。

在我看来，养育的初心应该是爱，而不是恐惧。要判断一种养育方式是不是适合自己，就要衡量一下，如果你想选择爱，那么你会发现，哭声免疫法、延迟满足需求、自然后果等养育方式的背后，都是出于恐惧。正因为恐惧，你才会通过这些方式对孩子实施隐形的权威和操控。而这些方式，无一例外都是外在的驱动力，即使孩子因此接受了你的要求，也不是发自内心的。

养育孩子原本是件简单的事，就看你在对孩子说话、为孩子做事时是不是出于发自内心的爱。如果是出于爱，那就不会错；但如果这些背后是恐惧、焦虑、担忧等情绪，那么你使用的就是权威，你所调动的也只能是孩子外在的驱动力。孩子听你的话，按照你的期望做事，也只是屈服于你的权威，而不是发自他的本心。

只有当我们做回真实的自己，挣脱错误观念的束缚，才更有能力在无问题区与孩子相处，并且传递给孩子同样的信念，让孩子能够始终坚守初心地成长。

自我调整：改变固有的认知与信念

在这本书的最后一部分，我讲了一些关于自我调整的内容，它其实是让我们学会面对自己压抑或逃避的情绪，审视自己固有的信念，走出错误观念，活在当下。之所以把这部分作为收尾，是因为在引导家长学习养育心态和沟通技巧时，我发现，一开始大家都觉得很好用，但慢慢地，有一部分人就又回到了原位，原因是他们认知层面的东西太牢固了。

那要怎样改变这种认知层面的固有信念呢？

这里分享一个工具，叫作转念。这个工具来自拜伦·凯蒂的《一念之转》，通过转念，我们既可以走出头脑中固有的意识，也可以从过往的限制性信念中解脱。

比如，你认为自己的孩子应该去上个补习班，针对这个念头，你先问自己四个问题：

- 这是真的吗？
- 这对孩子是最好的吗？
- 当你持有这个想法时，你会怎样反应？
- 如果没有这个想法，你会怎样反应？

当你这样深入地剖析这个问题后，你就会挖掘出自己头脑中出现那个念头的根源是什么，它往往源于你自己陷入了自己的角色之中，是因为你内心深处的焦虑、恐惧。而要解决这个问题，就要先从根源上去处理自己的情绪。情绪处理好了，你面对的问题才能真正得到解决。

学会这个方法后，当孩子遇到问题时，我们也可以带着孩子一起转念。比如，如果孩子午睡时说话，被老师请出了休息室，于是第二天哭着不想上幼儿园，他的妈妈应该如何帮助他？

孩子不想上学的原因是害怕这天也会有这样的遭遇。妈妈可以问孩子："你真的认为今天幼儿园还会发生这样让你不开心的事吗？"

在孩子表示肯定之后，妈妈可以继续问："你真的确定还会这样吗？"

这时候孩子可能会自己想一想，然后说："咦，我不说话不就行了嘛，就算旁边的小朋友找我说话，我也不说，老师就不会请我出去了！"

当孩子被念头卡住时，转念就帮助他看到了事实，从而走出了困境。

要注意的是，让孩子进行转念，并不是让孩子放下他的念头或想法，而是带着好奇和尊重的态度，和孩子一起去探索。孩子的某些念头和想法就如同困扰他的情绪一样，只有被看见、被了解、被理解，才有转化的可能。

总而言之，养育孩子是一段与孩子共同成长的旅程，我们首先要做一个负责任的大人，坚定内心，管理情绪，不求完美，但求真实。在此基础上，带着爱的初衷去养育孩子，尊重孩子、理解孩子，明确与孩子之间的界限；对孩子的言行不评判，也不伤害，而是在远远的背后带领。唯有如此，孩子才能自由生长，才能行者无疆。

第 2 节　不管教的勇气

樊登解读《不管教的勇气》

很多家庭经常上演这样的一幕：父母苦口婆心地告诉孩子许多道理，孩子非但不听，还会表现出各种各样令人头疼的问题来，这时父母便忍不住脱口而出："我这都是为你好！"

这话是不是很熟悉？

相信不少父母在自己年少时都听过父母对自己说类似的话。那时的你可能对此不屑一顾，不想按部就班地做父母心目中的"完美小孩"，甚至会故意跟父母对着干。而如今，你很可能在用同样的方法教育自己的孩子，以爱的名义支配自己的孩子。

为什么大量家庭一代又一代都重复着同样的教育方式？为什么你明明并不认同，却依然把父母曾经使用的方法原封不动地用到孩子身上，并希望在你的孩子身上发生奇迹？

很多人在长大后，并不曾深入反思当年父母教育自己的方式是否合适，甚至有些人会认为都怪自己年少无知，没听父母的话，才变成如今的样子。所以，为了让自己的孩子不重蹈覆辙，就会使用上一辈的教育方式，希望孩子比自己当年更"懂事"，不要走自己走过的弯路。但事实上，这种想法是不切实际的。

在《不管教的勇气》这本书中，日本作者岸见一郎依据人本主义心理学先驱、个体心理学创始人阿尔弗雷德·阿德勒的个体心理学理论，对这种现象进行了分析和解读。他提出了一个观点，认为父母应该用既不批评也不表扬的方式与孩子建立良好的关系，在此基础上，再对孩子进行有效的指导。不过，岸见一郎并不是教父母做个"甩锅侠"、对孩子放任自流，而是认为管教是有边界的，父母应该严守边界，不能越过界限去教育孩子。如果越界了，对孩子的指导效果就会很差，根本达不到帮助孩子成长的目的。本节就来解读一下这本《不管教的勇气》，希望能够对大家有所帮助。

教育的目标是让孩子"自立"

岸见一郎认为，要想教育好孩子，首先需要明确教育的目标，而教育的目标就是让孩子"自立"。

尽管孩子在很小的时候离开父母的帮助根本无法生存，但这种状态不会持续太久，很多时候，孩子的独立期比父母想象中来得更早。如果父母不注意这一点，总认为孩子太小、什么都做不了，孩子就可能会装作无法自立，而对父母过于依靠，结果就会妨碍孩子的正常自立。

当然，孩子自立也是有标准的，需要满足以下三个条件。

1. 能够独立地做出选择。

能够独立地做选择，说明一个人已经成长为自立的人，有了自己的选择标准，也能够去承担自己选择的后果。

为了说明这一点，岸见一郎举了个例子。在他上小学时，放学回家接到了朋友的电话，朋友问他要不要出去玩，因为他从没有单独和朋友出去玩过，于是他去问了妈妈，妈妈对他说："这种事情自己决定就好了。"听了妈妈的话的那一瞬间，他惊喜万分，突然意识到自己长大了，可以自己做选择、做决定了。

"独立地做出选择"听起来容易，做起来却很难，很多人甚至一辈子都做不到这一步。很多人直到七八十岁，内心依然像个尚未自立的孩子，他们会把所有不如意都归咎于外部世界，认为所有的错都与自己无关，一切都是自己被迫的选择。但实际上，任何人的人生都是自己选择的结果。

2. 能够独立判断自己的价值。

有些人无法独立判断自己的价值，得到别人的表扬、赞美就很开心，被人批评就会马上改变自己的言行。这都是无法自立的表现。他们可能从小就经常被成人表扬或批评，并且以此来判断自己的言行或选择是不是对的、有价值的。那些被表扬的行为，他们就认为是对的、有价值的；反之就是错的、无价值的，却从来没有自己独立的判断。

孩子们都喜欢被表扬，不喜欢被批评，为了满足大人的期望，获得更多的表扬，他们就会好好表现。但是，这些好好表现的想法一旦无法达成，比如自己明明做了一件对的事情，却没有得到大人的表扬和赞赏，他们就有可能改变自己的言行，做出一些不好的行为。

3. 摆脱自我中心主义。

孩子小时候需要父母的帮助，但有些孩子即使长大了、能自立了，也依然假装什么都不会，继续理所当然地从身边的人那里获取帮助。这样的孩子就是错误地把自己当成了身边所有人的中心，认为自己是众人关注的焦点，并期望周围的人所做的一切都是为了自己。如果得不到理想的关注，就会想方设法引起他人的关注。有这种想法和行为的人，也代表他还没有自立。

以上三种标准，如果深挖一下就会发现，很多人都会或多或少地表现出一些迹象来，比如有时无法独立地做出选择和判断，喜欢以自我为中心去考虑问题等。如果你不希望孩子未来也出现这些问题，就要运用恰当的方法教育孩子，帮助孩子成为一个自立的人。

对待孩子既不批评也不表扬

为什么父母不应该批评孩子呢?

岸见一郎认为,如果一个人从小到大总是被批评,那么他很可能会成为一个懦弱的人,因为批评不可能真正改变一个人,只会增加他的挫败感。很多孩子在被批评的时候,即使知道自己为什么被批评,也不愿意改变自己的行为,因为他们想借此获得父母的关注。

根据阿德勒的理论,每个孩子在从小到大的成长过程中,都在努力争取一件事,就是让父母关注自己。如果父母从来不关注孩子表现好的言行,孩子就一定会想方设法做一些让父母能够关注他们的事情,比如玩游戏、赌博、打架等。父母的关注是孩子本能的需要,批评也是父母的一种关注。所以,并不是孩子被批评还不停止问题行为,而正因为被批评了,他们才不会停止问题行为。有些孩子被批评后,可能也会暂停问题行为,但也仅仅是因为害怕父母。即使照着父母的话去做了,孩子最终也会为了逃避父母的批评而不去积极做事。

那么,为什么表扬也不行呢?

如果父母经常表扬孩子,并用表扬去驱动一个孩子做事,最后的结果很可能是:得不到表扬的事孩子不肯做,孩子做一件事的衡量标准也变成了是否能够得到表扬、获得奖励。如果没有这些,他就会觉得做事没有动力，这就是表扬可能带来的后果。

那么，父母到底该怎么办呢？难道对孩子听之任之，完全不管吗？当然不是。书中就这个问题给出了以下三点建议。

1. 愉快地接纳孩子的真实面。

很多父母总认为孩子经验不足，让人不放心，因此动不动就对孩子的行为横加干涉，不断催促孩子去做事。

实际上，孩子自己的事情本应由他们自己负责。当孩子知道自己所做事情的意义时，他自然就会去做了，而失败的经验恰恰也是孩子成长最好的机会。很多孩子认为听父母的话才去做事就等于"输给了父母"，所以如果父母不停唠叨、催促，反倒会大大降低孩子做事的积极性，催生了孩子和父母对着干的决心，最终害了孩子。

所以，书中提出，父母要调整好自己的心态，愉快地接纳孩子的真实面，不批评、不表扬、不唠叨，并且要意识到：虽然孩子跟自己理想中的样子有差距，但这个孩子是无可替代的、对我们非常重要的人。父母能够愉快地接纳孩子的真实面，孩子才不会被父母左右，勇敢地为自己而活。

2. 让孩子自己承担失败的结果。

父母担心孩子，这是很正常的事，但当父母对孩子的期望与孩子自己想要的人生不同时，要懂得尊重孩子的选择，毕竟那是孩子自己的人生。只要不是致命的失败或错误，父母都尽量不要阻止和干涉，否则就转移了本应由孩子自己面对的课题。

很多时候，父母之所以喜欢替孩子做事，干涉孩子的人生，是因为他们认为孩子无力承担失败的责任，不相信孩子可以把自己的人生经营得很好。但岸见一郎认为，决定自己的人生对于孩子来说并不是什么严峻的课题，反而能让孩子感受到被父母信任的幸福。

3. 构建良好的亲子关系。

当孩子的表现不尽如人意时，父母应不批评、不训斥，让孩子自己承担失败的后果，但当孩子表现得好时，如果父母也不表扬、不赞美，是不是意味着对孩子的言行缺少反馈呢？并非如此。

书中提出，当孩子表现出良好的行为时，父母要给出相应的反馈，这种反馈就是对孩子说"谢谢你"。比如，孩子在乘坐飞机时没有吵闹，而是一直安静地待着，我们就可以对孩子说："谢谢你这么安静！"这是一种平等的、带有尊重的沟通，可以让孩子立刻感知到自己做的事是对的，并且还能让孩子获得一定的价值感。当孩子从一件事中获得价值感和对他人的贡献感时，他们就不会再做一些令父母头疼的事，也不再盲目地渴望获得父母的表扬了。

之前我们也提到过，阿德勒在《自卑与超越》一书中指出，一个孩子终生所寻求的就是两种东西：一种是归属感，一种是价值感。其实归属感来自爱，而感谢则会让孩子产生价值感。孩子会感知到自己能够为身边的人带来价值，这样孩子内心也会非常满足和充实。

书中还提到了一个家庭教育中普遍存在的问题，就是对孩子进行体罚。岸见一郎的观点是：对孩子的体罚不是教育，只是报复，是父母在报复孩子让自己失望、生气、愤怒的行为，父母只是在发泄自己的不满情绪而已，这对教育毫无意义。所以，面对孩子的一些问题，父母还是要多花些时间教会孩子用语言来表达诉求，解决问题，而不是将自己的愤怒情绪正当化。

帮助孩子成为会学习的孩子

学习是父母和孩子都非常关注的事情，很多家长为了孩子学习的事情焦头烂额，还有很多家长常这样劝孩子："你要好好学习，等考上了大学就轻松了。"这其实是对孩子的欺骗和利诱。人生并不会因为考上一所好中学、好大学就从此一帆风顺，这一点父母明明非常清楚，却不对孩子说实话。

对此，岸见一郎的观点是：学习是必须由孩子自己来解决的课题，孩子学习不是为任何人而学，谁都无法代替。如果父母经常用欺骗和利诱的方法来督促孩子学习，孩子就不会认识到学习是他自己的事，并且还可能会为了考试结果做出作弊等不良行为。而一旦孩子感觉自己学习跟不上，前途无望时，就可能会彻底放弃自己，觉得反正也考不上大学了，干脆就不学了。这时，孩子的学习问题就会越来越多。

怎样引导孩子，才能让孩子意识到学习是自己的事，并且学会学习呢？岸见一郎在书中给出的方法主要有四点。

1. 教会孩子感受学习的喜悦。

学习的喜悦与是否能通过学习获得有形的回报无关，而纯粹是为了追求和获得知识所带来的快乐。比如，列奥纳多·达·芬奇就是一个能够感知到学习乐趣的人。他跟其他人不一样的地方在于，他纯粹追求知识所带来的快乐，这个知识对他有什么用不重要，但是知不知道这个知识对他来讲很重要，他必须知道它、学会它。

父母也要帮助孩子获得这种快乐，当然这个过程可能很辛苦，但父母要有耐心。当孩子真正体会到学习的喜悦和获取新知识的快乐时，即使无人强制，他也会主动学习。

2. 引导孩子通过学习奉献社会。

对于大部分的孩子来说，不管他们是爱学习还是不爱学习，学习时可能都只会看到眼前的利益，也就是怎么提高成绩，怎么考上大学。但是，这显然不能让孩子形成持久的学习力。

想让孩子持之以恒地为学习付出努力，过程可能很辛苦，要让孩子做到也不容易。对此，书中给出的建议是，父母要经常告诉孩子：学习绝不仅是为了自己，也不是为了未来自己可以开豪车、住别墅，而是为了让自己成为一个更好的人，成为一个对社会有价值、有贡献的人。这是父母为了让孩子获得学习方面的贡献感所能做的事情。

阿德勒在《自卑与超越》一书中提出：如果你想超越自卑，唯一正确有效的方法，就是把你的价值与社会价值融合在一起。

教育孩子也是这样，父母只有把孩子的价值和社会价值结合在一起，鼓励孩子奉献社会，孩子才能找到求知的快乐和学习的喜悦。在这个过程中，父母还要注意，不要瞧不起你的孩子，更不要用自身的优越感来贬低孩子的价值，认为孩子不如自己。虽然孩子的知识和经验目前可能的确不如父母，但作为人，孩子和父母是绝对平等的。否则，一旦孩子感觉到父母看不起自己，他也不会再听父母的话，只盼着快点长大离开你、离开这个家。

3. 不要只跟孩子谈学习，而是让孩子产生存在感和价值感。

在孩子看来，开口只谈学习的父母是很烦人的，即使孩子真的遇到问题、需要帮助，也不愿意向这样的父母求助，这对孩子的学习有百害而无一利，因为会让孩子没有存在感。孩子会觉得，自己除学习之外，在家庭中、在父母眼里都是无足轻重的，自己就是学习的工具。家庭的幸福、父母的情绪，完全取决于自己学习成绩的好坏，至于自己怎么样都无关紧要。

在家庭或学校里获得存在感是孩子最基本的心理需求之一，书中举了这样一个例子：一位家长找他咨询，说自己的孩子不好好学习，经常捣乱，做了很多让自己头疼的事。岸见一郎仔细了解后非常吃惊，这个孩子的父母白天都要上班，祖母卧病在床，孩子每天

放学回家后都要负责照顾生病的祖母，这是件很了不起的事。当岸
见一郎问这位家长，为什么不看到孩子的这些贡献呢？孩子的妈妈
却说："但是这孩子不怎么学习呀！"

孩子为家庭做了很多事，却只因为不怎么学习就不断地被父母
指责，这会让孩子找不到自己在家庭中的位置和存在感，同样，孩
子也难以产生价值感。没有价值感就没有自控力，没有自控力孩子
就不会好好学习。为了寻找存在感，孩子可能会故意做一些让父母
生气或头疼的事，甚至故意不学习。

因此父母要让孩子明白，他不需要通过故意捣乱的方式吸引父
母的注意，因为他不是为了满足父母的期待活着。当然，父母也要
多关注孩子表现好的方面，并且多对孩子说"谢谢你"或者"多亏
你帮忙做家务，我才能安心工作"等表示感谢的话，让孩子知道自
己除了学习之外，还有很多其他的优点和价值。

4. 对孩子表达信任并耐心等待。

如果孩子的学习积极性没有被调动起来，该怎么办呢？

岸见一郎认为，孩子总会学习的。而父母唯一能做的，就是对
孩子信任、等待、感谢。有的孩子会早早地爱上学习，有的孩子会
较晚才爱上学习，这都没关系，关键是父母要对孩子有耐心，相信
孩子可以独立地解决问题。事实上，即使你不相信，孩子日后也必
须学会独立地解决问题。唯有对孩子有耐心、有信任，父母才能与
孩子构筑良好的亲子关系，孩子也才愿意接受父母关于学习方面的

建议。

　　同时，父母还要看到孩子表现出来的一些好的意图，即使孩子做错了事，也要看到错误背后的缘由。比如，孩子故意捣乱，惹你心烦，但可能就是想引起你的关注，这就是好的意图。如果看不到这一点，父母就会表现出对孩子的不信任，而不信任又会引发亲子矛盾，导致孩子再次陷入不好好学习的恶性循环。

　　有的父母可能会对孩子表现出的不好好学习的行为感到焦虑，甚至对着孩子大发脾气。对此，可以先回避孩子，让自己冷静一下。等心情好一些后，再与孩子沟通，比如告诉孩子："如果你在学习方面有什么需要帮忙的，尽管跟我说。"或者说："这么多天以来我看你都在玩游戏，我有些担心，这是我的感受。"让孩子意识到父母对他的关注和担忧，但最终学习这件事还是孩子自己的事，需要孩子自己去克服困难，面对学习。

　　总之，孩子学习不学习都是孩子自己的事，即使因为不学习而导致成绩下滑，责任也只能由孩子自己承担。同样，父母因为孩子的学习问题而产生的焦虑也只能由自己来解决。将自己的焦虑转嫁给孩子，等于让孩子来解决父母的课题，这是不公平的。父母只需要心平气和地陪在孩子身边，就是对孩子最大的帮助了。

给孩子面对人生的勇气

阿德勒有一个重要的观点，那就是任何人都可以做到所有事。虽然很多人都从遗传或才能差异等方面对这一观点进行了批判，但阿德勒关注的问题是：认为自己不行的这种想法会成为伴随一生的固定观念。

如果一个人在很小的时候就被植入"自己不行"的观念，那么他就会认为自己是没有价值的，也无法树立自信，在学习方面缺乏信心，在所有需要由自己解决的课题面前都无法鼓起勇气。

比如，一些家长经常当着孩子的面说"这孩子就是管不住自己""你就是太缺乏自控力""你就是做什么都做不好"……也就是给孩子"贴标签"，久而久之，孩子就会真的认为这些是事实，并且无法改变。以后再遇到问题时，他们也会马上联想到父母的话，继而认为自己就是做不到、做不好，从而缺乏勇气去面对和解决问题，甚至故意回避这些本来该由自己面对的人生课题。

就拿学习来说，这是孩子必须自己去面对和解决的人生课题，但如果孩子感觉很难，不想好好学习，父母就想要干涉，比如批评孩子、给孩子报辅导班等。如此一来，孩子就更找到了不好好学习的借口：因为我没有一对好父母，因为父母逼着我学习，是父母把我变成这个样子，所以我没办法好好学习。也就是说，孩子会借由他人而认为自己没有价值，并逃避自己人生中最重要的责任。

但是，如果你能接受阿德勒的"任何人都可以做到所有事"的观点，并把这种观点和勇气赋予你的孩子，让孩子知道：哪怕生活环境是糟糕的，父母是错误的，我依然可以做到我想做的事情。这也是这本书所特别强调的，教育必须赋予孩子面对人生的勇气。

父母如何赋予孩子这样的勇气呢？书中主要总结出了以下两种方法。

1. 父母要学会把孩子的缺点当成优点看待。

很多父母在跟我沟通时，往往会滔滔不绝地说一大堆孩子的缺点，比如：孩子注意力不集中、做事拖拉、喜欢发脾气等。但如果问他们孩子有哪些优点时，他们想半天也想不出来，似乎孩子一无是处。

岸见一郎也提到了这种现象，对此他认为，这些都是家长在跟他"诉苦"，并且希望得到他的理解，比如期望他能跟他们说"你真是不容易""那一定很辛苦"之类的，那样他们就会非常满足，认为自己之前所做的一切都是正确的，犯错的是孩子。但是，岸见一郎却表示自己绝对不可以这样说，因为一旦他这样说了，就意味着认同了家长的做法，同时也认同了孩子是错误的。而事实上，无论家长有多少抱怨、痛苦，原因都在于他们自己先做错了，把本该由孩子自己解决的问题统统揽到了自己身上，丝毫看不到孩子的努力。这是在博同情，但却一点也不值得同情。

如果家长能够多关注孩子的长处和好的行为，把孩子看成与自己平等的存在，并且心怀尊重地与孩子交流，不但亲子关系能发生极大的变化，自己感觉轻松、愉快，孩子的言行也会朝着越来越好的方向发展。在这个过程中，即使孩子犯了错或者学习成绩不好也没关系，你只需要告诉孩子：下一次好好学习就可以了。并且告诉孩子，他不必认为自己辜负了他人的期待，更没有必要就此消沉或内疚。

作为父母，我们只需要等待孩子的下一次；而作为孩子，他也需要知道，学习绝不是为了满足父母的期待，也不是为了将来出人头地，而是为了自己能够对他人和社会有所贡献。父母一定要理解这一点，并在平日里把这个观念传递给孩子。如果孩子也能很好地理解这一点，就能够激发起自己的学习积极性，并且不再认为学习是一件辛苦的事了。

2.父母不要帮助孩子走捷径。

阿德勒把朝着更高的目标努力的过程称为是"优越性追求"，但有的人想要有"优越性追求"，自己却不愿意付出努力，总是试图通过轻松的方法或捷径来达到目标，表现出比其他人更优秀。这种做法是非常不可取的。要想让孩子有成绩感和价值感，必须让孩子通过自己的努力去解决问题、获得成就，而不是帮助他们走捷径。他认为：没有经过真正努力而获得的成功会转瞬即逝，并且毫无意义。

岸见一郎还讲了一个自己的例子：在读高中时，他看到老师发的试卷，认为这不是老师自己出的题，于是就到书店去寻找。很快，他就找到了老师出题用的问题集。他当时认为，自己只要不抄答案，只是在做完后对照一下答案，看看自己做得对不对，就不算是作弊。没想到，一看到答案，他就无法控制自己了。虽然自己提前做了一遍，最终他还是把做错的地方对照答案改了过来。更重要的是，第二天被老师提问时，他回答得非常完美，还得到了老师的表扬。而这也意味着，自己以后必须一直做个好学生，获得老师的认可才行。

但是，把获得老师认可当成是学习目的，显然这属于动机不纯，毕竟我们需要的是真正的学习好，而不是"看上去"学习好。所以，如果你本来学习不好，即使通过捷径被人认为学习好，对自己来说也毫无意义。

所以，父母一定要让孩子明白，做事不应该老想走捷径，也不应该只看重结果，否则就会忽略一些最重要的成长过程。要知道，孩子正是在成长的某些弯路上，或是面对一些难题时，才能真正体会到人生是什么样的。当孩子通过自己的努力克服一个个难题时，他们才会更有勇气面对未来更多的挑战。

同样，在面对一些选择时，父母也不要替孩子做决定，即使是孩子明明再努力一些就可以取得好成绩，却不愿意再付出应有的努力的时候，也必须由孩子自己想办法来解决。父母能做的就是：关注眼前这个真实的孩子，而不是拿他与自己理想中的孩子做对比。

因为父母不能决定孩子的人生，孩子必须靠自己的判断来决定人生。在这个过程中，父母和孩子之间可能会出现一些冲突和矛盾，记住，尊重孩子自己的选择和决定。即使是面对孩子要选择的人生道路问题，父母也不应该把自己的理想强加给孩子。没有万无一失的人生，所以，父母也不可以毫无根据地许给孩子一个"充满希望"的未来。

有一次，我与李中莹老师聊天，李老师跟我说的一句话，让我至今都记忆深刻。他说，每一个孩子在人生成长的过程中，都会跟自己的父母有一场战争。在这场战争当中，如果父母赢了，就是悲剧；如果孩子赢了，就是喜剧。

事实也的确如此。如果孩子明明已经有了自己想过的人生，父母却非要把自己的想法强加给孩子，如此一来，孩子就有可能认为自己不被认可，继而产生抵触心理，并且孩子还可能会因为抵触父母而无法冷静思考。因此，作为父母，我们能做的只有帮助孩子靠自己的判断来决定人生。

以上内容就是《不管教的勇气》一书中的主要内容和观点。简而言之，为了孩子的幸福，父母最应该做的就是赋予孩子勇敢面对人生中诸多课题的勇气。只有这样，才能让孩子真正树立面对生活的自信，找到自我价值感和认同感，而孩子的学习等令父母头痛的问题也会迎刃而解。如果让我用一句话总结的话，就是：父母要有不管教的勇气，用尊重、合作和感谢来塑造孩子，赋予孩子面对自己人生的勇气。

第 3 节　培养成功的孩子

樊登解读《硅谷超级家长课》

在美国硅谷，有一位相当了不起的妈妈，她的三个女儿都是传奇人物。大女儿苏珊·沃西基，是谷歌的高级副总裁，曾任YouTube 的首席执行官（Chief Executive Officer, CEO），位列 2011 年度"世界百强女性风云榜"第 16 位，于 2019 年被评为"全球科技业最鼓舞人心的领导者"，排名第八；二女儿珍妮特·沃西基走了学术道路，是"富布莱特奖学金"的获得者，现为加州大学旧金山分校教授，长期在非洲从事人类学和艾滋病研究，救助了许多非洲人；小女儿安妮·沃西基，毕业于耶鲁大学，创办了估值数十亿美元的基因检测公司 23andMe，2019 年被评为"全球科技业最鼓舞人心的领导者"，排名第十。

更重要的是，这位了不起的妈妈并不是只教自己的孩子，她还是帕洛阿托高中的老师。她的学生有篮球明星林书豪、美国演员詹姆斯·弗兰科、伦敦大学学院神经科学教授珍妮弗·林登、斯坦福儿童医院儿童心理学家克雷格·沃恩等。乔布斯甚至让自己的孩子从私立学校退学，进入她所在的公立学校，只为让孩子有机会跟着她学习。不少人评价她，"如果有诺贝尔教育奖，应该颁给她"。

她就是被大家称为"硅谷教母"的"美国最酷、最美的母亲"——埃丝特·沃西基。

父母总是有很多的焦虑和压力，担心自己不能给孩子提供最好的教育，担心孩子输在起跑线上，担心孩子在社会中遇到挫折，无法拥有幸福人生。很多父母都希望复制成功家长教育孩子的路径，比如让孩子几点起床、几点吃早餐、接下来再做什么。其实，这种想法的出发点就是错的，因为它把孩子当作一个学习机器，但孩子跟孩子是不一样的，适合其他孩子的方法，未必适合你的孩子。

埃丝特·沃西基的理念非常与众不同，她认为要培养出成功的孩子很简单，只需要掌握五个原则，这与我写的《陪孩子终身成长》中的"三根支柱"异曲同工，越是复杂的东西，越要聚焦简单的抓手。

埃丝特把这五个原则，总结为 TRICK 教养法——Trust（信任）、Respect（尊重）、Independence（独立）、Collaboration（合作）和Kindness（善意），并把这些经验写进了《硅谷超级家长课》中。不过，我更喜欢这本书的英文原名"如何养育成功的人"（How to Raise Successful People）。

如果我们跟孩子之间能够有信任、有尊重，能够允许孩子独立，让他们学会合作，内心充满善意，他们就会非常开放地对待这个世界，会有抱负、有理想、有好奇心，而所谓"成功"，只是早晚的事。

信任：让孩子做自己的 CEO

李小萌老师在《你好，小孩》这本书中提到：我们要做孩子的"副驾驶"，只负责帮孩子看看路，扮演好教练的角色就好。但是真正掌握方向盘、开车的应该是孩子自己。这与埃丝特的观点不谋而合——让孩子做自己的 CEO。

孩子需要学会信任

既然要让孩子做自己人生的 CEO，就要教会他们信任。

怎么培养孩子的信任能力呢？最重要的是父母要信任孩子，从最简单的吃饭、睡觉、购物这样的小事开始做起。我们要相信孩子自己能够吃饭，能够知道自己想吃什么、不想吃什么，不必过于拘泥于孩子必须吃多少青菜，必须吃多少肉，必须喝多少汤。我们不能用吃饭这件事来塑造自己的权威，不尊重、不信任孩子。我们要相信孩子自己能够睡觉，他可能半夜会醒来，也可能会哭两声，但是慢慢地就会适应了，这是他必须经历的过程。我们要相信孩子有一定的理财能力，可以给孩子一点钱，让他来决定用这些钱买什么东西。或者我们在买东西时，可以询问孩子的意见，让他来做决策。孩子会非常认真地思考，因为对于孩子来说，他会觉得"天哪，这么大的一个事交给我来决定了，我要好好想想"。

有一次我带儿子去一所大学里逛，为了锻炼他的方向感，我说："今天我就跟着你走。"他说："我不认识路。"我说："你努力想想咱们从哪儿来的，然后怎么走回去。走错了没关系，我也跟着你，你尽管在前面走，大不了就是多走点路。"然后，他就很认真地找路。

父母要适时给孩子主动尝试、做主的机会，就算绕远走了冤枉路，也是值得的。因为要培养一个人对自己的信任，就不要在意走错路。

孩子撒谎怎么办

我们随时随地都可以展示对孩子的信任，让孩子感受到自身的价值。有的家长可能会担心：如果孩子撒谎该怎么办呢？如果孩子没有那么值得信任呢？

埃丝特是一位高中老师，她一定见过很多撒谎的孩子，也经历过很多孩子撒谎的事件。她给出的答案是：撒谎要分情况来探讨。

第一种是撒谎不严重时。面对孩子撒谎，父母很容易上纲上线地对孩子说："骗人是很严重的事情，你知道什么是骗子吗？你现在撒谎，长大就会成为骗子，你的一辈子就完蛋了。"孩子就会因此感到恐惧，自我价值感不断下降。更重要的是，孩子以后不是不撒谎，而是撒谎后想方设法不被家长和老师发现。所以用恐吓的方法，往往是无效的。

那么，应该怎么办呢？埃丝特在书中举了一个很有意思的例子。

有一次，埃丝特发现某个孩子撒了一个小谎，于是把孩子叫过来故作严肃地说："你被我抓到了。"那个孩子很紧张，局促、不知所措。

埃丝特告诉他，解决这件事的办法就是去商场帮她买一块饼干。原来，这个孩子之所以撒谎，是因为他偷偷去商场玩了，埃丝特以此表示"我知道你做了什么，但是这次我原谅你了"。

惩罚的目的是强化信任，而非收回信任。如果我们把握不好这个度，无论遇见什么事都上纲上线，最后导致的结果就是，孩子有什么事都不会跟我们说，孩子就对我们失去了最基本的信任。

第二种是撒谎严重时。什么是比较严重的情况呢？比如埃丝特提到的，有些孩子背着家长抽烟喝酒、抄袭别人的作业。针对这种比较严重的事情，她会跟孩子严肃地沟通这个行为会造成什么样的影响，最终会导致什么样的后果，但同时也会告诉孩子：我依然会保持对你的信任，我只是希望你对错误的行为进行改正。

整件事的方法和目的就是让孩子知道：老师和父母对这件事很认真，但是并没有因为这件事改变了对你本质的判断，更没有收回对你的信任。

很多时候，我们内心安全感的缺失会迫使我们追求安全性的结果，从而不断地在孩子身上挑毛病，不断地为他预告风险。孩子也会不断地批评自己、反思自己，最终既没有信任自己的勇气，也没有信任他人的能力。

尊重：孩子不是父母的"复制品"

埃丝特的小女儿安妮在耶鲁大学拿到了生物学的学位后，决定当一个专职的保姆。埃丝特知道之后很惊讶，问她："你在大学苦读了四年后，就想当个保姆？你不喜欢生物学了吗？"

很快，安妮真的开始从事保姆的工作，而埃丝特并没有阻止，她想给女儿足够的时间让她想清楚自己真正想要什么。后来，埃丝给安妮推荐了一个招聘会，虽然她并非抱着求职的目的去的，但是遇到了一个有趣的投资人，还获得了一个面试邀约。虽然面试得很顺利，但是安妮还是更喜欢之前的工作，于是拒绝了这份工作邀约。埃丝特虽然知道之后非常生气，但还是告诫自己要尊重她的选择。

　　几周之后，也许是听了朋友们和埃丝特的一些想法，安妮开始怀疑自己的选择是否正确。她又联系了那家公司，最终获得了这份在瓦伦堡家族的银瑞达生物科技基金的工作，开启了她在华尔街的职业生涯。

　　安妮的事情如果出现在我们大多数家庭里，父母可能早就抓狂了。"我花了那么大的力气供你上学，你就当个保姆？"类似的话可能脱口而出，几乎没有父母可以像埃丝特一样有耐心，尊重孩子的意愿。

　　有一种说法是"孩子是家长的复制品"，但是埃丝特不这样认为。如果简单地把孩子当作自己的复制品，父母就会希望孩子按照父母的思路去发展。但是实际上，孩子未来会发展成什么样子是不能预知的，父母不可能清楚地安排好他将来的发展方向。

　　很多人会轻易地放弃自己的工作，是因为那根本不是自己想要的工作。很多父母根本没有尊重过孩子，仅凭自己的兴趣和经验就给孩子定下了一生的目标，并且认为，做一些保险的选择总比开辟一条全新的道路要好。可是，孩子才是自己人生的主宰。当父母和老师释放了对孩子的尊重和善意后，他们的热情才会被激发出来。然后，我们可以跟孩子讨论什么是更好的生活，如何把他们的天赋发挥出来，如何让他们的生命力被看到。

　　要想获得尊重，首先要学会尊重他人。我们希望得到来自孩子的尊重，但前提是父母要先主动成为尊重他的人。我们是比孩子受过更多教育的、更懂事的人，应该承担更多的责任，并通过言传身教教会孩子。

独立：不做"老虎妈妈"，也不做"熊猫妈妈"

TRICK 教养法的第三个原则是"独立"。我们要让孩子知道，他可以有独立的人格，可以有自己的世界，也可以有自己的选择。

拒绝直升机式育儿

先给大家介绍一位"老虎妈妈"的代表人物——蔡美儿。

蔡美儿是一位华裔女性，是《虎妈战歌》的作者。她有一句振聋发聩的口号："我才不在意那些所谓的善意和尊重，我只要我的女儿得第一。"她习惯通过强硬的手段和吼叫的方法来教育女儿，因为她小时候就是被这样教育的。小时候的她有一次参加比赛得了第二名，父亲却对她说："以后不要让我再经历这样的羞辱。"在父亲的心目中，除了第一名，剩下的都是羞辱。所以现在，她的理念也是这样，最重要的是得第一。

在蔡美儿教她三岁的女儿弹钢琴时，女儿只想用拳头砸钢琴。蔡美儿很沮丧，把家里的后门打开。当时是一个冬天，她让女儿做出选择：要么服从妈妈的要求，要么去门外待着。三岁的女儿考虑了一会儿，宁愿选择在外面待着。

埃丝特无法认同蔡美儿的做法。为什么呢？因为这种方式或许可以让孩子得第一名，但是没有培养出孩子的独立性和对事物的热爱。

如果一个孩子没有独立性，当没有人管他和约束他的时候，他就恢复原样了。如果孩子对事情本身没有热爱，弹钢琴也好，学英语也罢，都没有热爱，只是为了能够得奖，那没有意义。

如何帮助孩子独立地获得这种热情呢？埃丝特告诉大家，从日常小事开始，从睡觉开始，从应对孩子发脾气开始，父母要和孩子制定好规则，也要从内心告诉自己，孩子并没有那么好管。埃丝特和女儿们有一条规则：不允许在公共场合发脾气。

有一次，埃丝特带着珍妮特去商场，珍妮特看上了一个玩具，非要不可。埃丝特不同意买，她就开始尖叫。这种情况之下，很多家长是抓狂的。但是对于埃丝特来说，守住规则更重要。既然说过这件事不行，那就是不行。她最后把孩子带到停车场，告诉她可以继续喊叫，在这里不会打扰到别人。

在日常生活的互动中，我们通过跟孩子达成一致，制定好规则，和孩子一起遵守这些规则来培养孩子的独立性。当然，也可以犯错，犯错之后，按照规则惩罚就好了。不需要过度的惩罚，更不需要过度的伤害。

埃丝特还提到了一个关于坚持和变化的悖论。很多家长喜欢替孩子做决定的原因之一，就是觉得孩子必须得坚持做一些事。我们习惯性地认为坚持代表着毅力，没有毅力，什么事都干不成，所以不管是弹钢琴，还是学英语，都必须把这事坚持下来。

我们只看到了坚持，但是没有看到发展和变化。如果孩子不放弃弹钢琴这件自己不喜欢做的事，那么如何接触到自己真正喜欢的事情呢？孩子真正喜欢什么，真正擅长什么，其实孩子自己是最清楚的。所以，坚持还是放弃，要让孩子来把握。

有一些父母热衷于竞争和控制，甚至会替孩子完成作业。无独有偶，埃丝特就遇见过同样的情况。加州的四年级学生都会参加"加州使命项目"。他们的任务是用方糖块制作手工制品。孩子们最后都交上来精心制作的工艺品——拱形走廊、钟楼、倾斜的瓦片屋顶，很明显这些不是学生自己做的，而是学生家长为了让孩子得奖替他们做的。

教育为什么会演变成作秀呢？为了让孩子有一个更高的分数，为了让孩子得奖弄虚作假，完全没有必要。埃丝特的闺密——梅耶·马斯克，就是埃隆·马斯克的母亲，她的做法则截然不同。

当孩子的作业需要家长签字时，梅耶·马斯克总是让孩子好好模仿她的签名，自己在作业上签字。埃丝特问她为什么要让孩子这么做骗老师呢？她回答道："我哪有时间管他们呀，我要养家糊口，一个人做好几份工作，一天到晚忙得要命。他们也应该为自己负一些责任吧？"

我们要知道，模仿签名不是这件事的重点，重点是父母知道孩子模仿。这意味着是父母授权孩子做这件事的，孩子要为自己的学习负责。这或许解释了为何埃隆·马斯克是那么"奇怪"的一个人，又为何做了那么多奇怪又了不起的事情。

在这一点上，我们应该反思：我们究竟是做那个替孩子写作业的家长，还是做那个放开手、让孩子自己承担没交作业后果的家长。

科技十诫

不少父母都在担心和抱怨自己孩子的自制力差，影响自制力的一个很大的因素就是手机等科技产品的使用。这现在已经成了大家最头疼的事情，不但影响孩子的视力，还会影响到孩子学习的专注度。在这个问题上，埃丝特建议我们跟孩子制定一个"科技十诫"。无论在家里还是学校，她都制定了"科技十诫"。这是她经过多年摸索，跟大量孩子共同探讨出来的结果。

首先，我们可以告诉孩子们，手机会有什么问题和危害。比如，对视力的影响、对专注度的影响、对深入思考问题的影响、对人际关系的影响。举个例子，大家都在一张桌子上吃饭，有三个人看手机，这饭肯定吃得就很没意思。中国古人讲"一人向隅，举座不欢"，一个人冲着墙角坐，剩下的人也都不高兴，讲的就是这个道理。

其次，我们再跟孩子一起讨论使用手机的规则。我们会发现孩子讨论制定出来的规则，比我们预先想的要严厉的多。

"科技十诫"具体内容是什么呢？包括这么几项：

第一，我们可以跟孩子一起制订手机的使用计划，不要替孩子制订计划。

第二，吃饭的时候不使用手机。

第三，上床后不使用手机。

第四，为年纪比较小的孩子规定使用手机的合理范围。要让小孩子知道，手机可以用来报警，用来找爸爸妈妈，我们可以教给孩子如何在紧急情况下用手机求助。

第五，带孩子一起参加社交活动时，让孩子自己制定手机使用的规则和违背规则的惩罚措施。

第六，孩子越小，对其管教应该越严格，在孩子八岁以后，可以适当放手，让孩子自我控制。

第七，父母在使用手机方面以身作则。

第八，与孩子讨论哪些照片可以拍，哪些声音可以录。要让孩子知道有网络暴力的存在，有的声音和图片传播出去会给自己或者别人带来很大的伤害。

第九，跟孩子解释什么是网络暴力，帮助孩子理解网络暴力的负面影响，不仅包括对他人的影响，还包括对自己的影响。帮助孩子理解幽默的界线。

第十，告诉孩子不要泄露个人信息。

这些就是"科技十诫"，也是帮助孩子独立的一个方法。

两种类型的坚毅

独立能够带来好奇心。我们允许孩子独立判断，独立探索，他们就会遇到很多很有趣的事情。埃丝特的三个女儿用亲身经历证明了这一点。

她们很小的时候有一个外号，叫作"柠檬姑娘"。有一次，她们跑去跟邻居商量，想把邻居的柠檬树给包下来，然后把柠檬卖出去。她们挎着篮子挨家挨户地推销柠檬，甚至还卖给柠檬树的主人。这种探索的过程往往能给孩子们留下很美好的回忆，对于独立性也有了更强的感受。

一个真正有独立性的孩子，会更加容易拥有坚毅的品质。我之前讲过一本书叫《坚毅：培养热情、毅力和设立目标的实用方法》，坚毅不是指任何事情都要迎难而上，不是什么事难就干什么事，什么事痛苦就干什么事，不是把吃苦当作成功的一部分，这不叫坚毅。

真正的坚毅是拥有成长型思维。遇见困难不会被击倒，而是思考能够从挫折中学到些什么，在该放弃的时候也要学会放弃，但也会反思这次的放弃教会了自己什么，永远在成长。

埃丝特认为，"直升机父母"最容易培养出平庸的孩子。什么是"直升机父母"呢？这类父母像直升机一样悬停在孩子的头顶，孩子无论做什么，父母都在旁边观察；孩子一旦出现了问题，父母就第一时间出现，替孩子把所有问题处理掉。这些孩子每天在父母的庇佑下学习和生活，很有可能考上斯坦福、耶鲁这样的名校。但是在进入社会工作后，他们经常从事的是没有挑战性的工作，而且无法长期从事。因为他们没有自己做过人生的决定，没有体会过独立的感觉，所以很容易放弃。

坚毅分为两种，一种是为父母而生的坚毅，就像刚才提到的孩子，他们的坚毅是假的，是做给父母看的；另一种是因热情而生的坚毅，这类孩子喜欢一件事物会自主探索，为之努力。无论发生什么，他们都会勇往直前，因为推动他们的是热情而不是恐惧。

这才是我们想要在孩子身上激发出来的品质：真正的坚毅源于不可动摇的强烈热情，父母要追求的，也是孩子人生意义上的成功。

合作：实施合作型教养

合作的前提是相互信任、尊重和独立。如果这三项都有了，那么合作就是顺理成章的事情。哪怕三项中只缺一项，合作也会变得非常困难。

在成为老师的第一年，埃丝特要负责五个班的课程，这意味着同样的内容要重复五遍，这对于她来说是件令人崩溃的事情。当时校长对每个老师的要求就是"管好自己的课堂"，也就是要求学生都认真地坐着听讲。

但是她的想法是：能不能让孩子参与到课堂里来？于是她开始做教学实验，让孩子们分组讨论，并上台分享，也就是我们所了解的讨论式教学、翻转课堂。

但是她的教学方式并不被校长接受，于是，她想出一个办法：跟这些孩子合作，校长来旁听的时候，他们就安静认真地听课，校长走了以后就恢复到讨论的状态。

随着埃丝特的教学成果愈发进步，她的胆子渐渐大了起来。

1986 年，她路过购物中心的一家店铺，橱窗里摆着一台麦金塔电脑。屏幕上出现了"你好"两个字，好像在跟她说话一样。她从来没见过这样的东西，但是她确定这比她的学生们用的老式打字机要好。于是，她就通过学校向政府申请经费。虽然被学校提醒经费申请的竞争非常激烈，但还是得到了政府的拨款。收到电脑以后，没人知道怎么用。但是她坚信，孩子们能找到使用方法，后来，孩子们很快摸索出了怎么用电脑排版、打字。埃丝特还为自己的课程定制 T 恤，组织学生办校报，办出了一份甚至可以批评校长的报纸。

埃丝特把教养方式分为两种：专制型教养和合作型教养。过去学校所流行的通常是专制型教养，告诉孩子要听话，要听老师和家长的。但是现在更倡导的是合作型教养，要让孩子成为老师和家长的合作者。作为父母，我们要怎样做呢？

第一，我们要改变自己的语言方式。跟孩子说话的时候，不能以高高在上的姿态，用自己一定对、孩子一定错的方式，而要用一种探讨的、尊重的，把孩子当作有独立思考能力的对象的方式。

第二，要让孩子能够找到机会去为家庭和社会做贡献，这也是培养他们合作能力的一个非常有效的入口。

第三，多组织团队活动，让他们参加各种比赛等。如果犯错了，要进行反思性的写作，写自己犯了什么错，打算怎么去改正。

当然，有时候孩子们之间"合作"得过头了，会互相抄袭作业或者去别的地方抄作文。埃丝特发现以后，她的办法是给这个孩子打一个 0 分。

孩子们都很害怕打 0 分，因为 0 分会对后续升学产生很大的影响。她会把孩子找来谈话，"你害怕 0 分吗？""害怕。""那我为什么给你打 0 分呢？因为你抄袭了，我想知道的是你的想法，我并不想知道那个人的想法。你愿不愿意改？你愿不愿意把这个 0 分改成 A？如果你愿意，我可以等你。"

老师给孩子机会，孩子一定会非常认真地回去重新写作文。写完了以后再拿来给老师看，然后再改，一直改到能够得到 A 为止。

她更希望能够给孩子 A，不是说一定要用具体分数来量化这些孩子的能力，教会孩子们怎么从 0 分到得 A，这才是最重要的。

我们也不用担心孩子在合作的过程中犯错，因为犯错本身就是学习的一个过程。我们作为家长也无须焦虑，否则我们可能会把自己的焦虑传染给孩子。

有的家长可能会问："如果父母自身不足以成为孩子理想的榜样，该怎么办呢？"埃丝特给出了这个问题的答案。她说："如果你不是孩子理想的榜样更好。那你正好可以给孩子示范你是如何改正的，爸爸妈妈是怎么进步的。"我们改变自己，归根结底要遵守三个原则。

一是留意自己的行为，然后下决心改变。我们要不断地留心自己的行为，意识到自己什么地方有问题，然后不断地改变。二是把目标分享给孩子，让孩子跟我们一起使劲，让孩子帮助我们进步。三是用灵活的思路去处理自己的问题，改变自己的行为模式绝不是一朝一夕就可以的。如果不指望自己一开始就做到完美，那么感觉就会好很多。虽然我们要坚持自己的目标，但也要懂得灵活应变。

善意：培养同理心和感恩之心

善意可以让孩子有温情、懂得关爱、有同理心，能够理解和关心别人。我们如果只教孩子追求第一，只看成绩，不管孩子是否有善意，导致的结果就是，你会培养出一个自恋的孩子，自恋的孩子缺乏善意和同理心。

善意有多重要呢？善意才是真正的软实力。一个人的善意是他在这个社会上生存、拼搏最重要的软实力，这比学科融合的综合教育更重要。

我们很多家长认为善意并不重要，认为孩子要活得更坚韧一点，更凶悍一点。

其实不是这样的，我们应该从对家人的礼貌问候开始，培养孩子好的习惯，教育他们对人尊重和感恩。感恩能够让人快乐，埃丝特会倡导大家写感恩日记，来感谢生活中遇到的人。

埃丝特家有个非常有意思的传统，每年圣诞节的时候都要去商场里面买一棵"最可悲"的树。我们大部分人肯定会买又直又大的圣诞树，回家布置起来也会更容易，那就总会有几棵"其貌不扬"的树被剩下。埃丝特就会和家人把这棵没人要的"最可悲"的树带回家，一起过圣诞节。

她用这种有趣的方式来帮助孩子培养同理心，培养善意，培养内心柔软的感觉。我们也可以学习这种方式，养宠物也是一个很好的办法。让孩子养只小猫、小狗或者小鸭子，自己照顾它，体会这种充满爱心的感觉。

埃丝特作为老师，在学校的时候又通过另一种有趣的方法让孩子感受到善意。

每次在带一个新班的时候，埃丝特都会要求这个班上的同学重新分组。怎么分组呢？她让每个孩子写一个小纸条，上边写上最希望在一起的三个人。然后她把纸条收到一起。最后总有几个孩子是没被人写到的，她不会让大家知道这几个学生没被人写到，而是直接把这几个孩子组成一组。她用这样的方法让每个孩子都觉得自己有人关心、有人喜欢。

这些没有人写名字的孩子往往都很孤僻胆小，他们在班级中常感觉有压力。所以这些孩子在过了几十年后还会给她写信，感谢她当年这个举措，让他们的内心变得更加强大。

如果每一个老师都能够不排斥孩子，花一点小心思去帮助每个孩子找到归属感，学校就会变得更温暖。

所谓的善意，就是对整个社会的奉献精神。例如，珍妮特到非洲做艾滋病的研究，去帮助处于危险境地的穷人。我们普通人能拥有的奉献精神就是：不要把工作当成一件很糟糕的事情，我们可以永远为这个社会散发光和热。这种精神就是一种更大范围的善意。

史蒂夫·乔布斯有一句著名的话："正是那些疯狂到以为自己能够改变世界的人，最终真正地改变了这个世界。"对于传统的教育体制而言，TRICK 教养法也是"疯狂"的。尽管父母总想把最好的东西给孩子，但正是看似"慈爱"与"充满支持"的教养方式在扼杀孩子学习与成长的内在能力。我们要信任孩子、尊重孩子，让他们学会独立、合作和善意，我们将用这种方式来改变世界。

光尘
LUXOPUS

樊登读书
育儿指南

面向未来的养育

樊登读书

编著

国文出版社

·北京·

图书在版编目（CIP）数据

樊登读书育儿指南．面向未来的养育／樊登读书
编著．——北京：国文出版社有限责任公司，2024.4
（2024.5重印）
　ISBN 978-7-5125-1624-3

Ⅰ．①樊…　Ⅱ．①樊…　Ⅲ．①家庭教育　Ⅳ．①G78

中国国家版本馆CIP数据核字（2024）第074519号

樊登读书育儿指南

作　　者	樊登读书	
责任编辑	侯娟雅　张　茜　戴　婕	
责任校对	姜　山	
出版发行	国文出版社	
经　　销	国文润华文化传媒（北京）有限责任公司	
印　　刷	文畅阁印刷有限公司	
开　　本	880毫米×1230毫米	32开
	26印张	508千字
版　　次	2024年4月第1版	
	2024年5月第2次印刷	
书　　号	ISBN 978-7-5125-1624-3	
定　　价	177.00元（全三册）	

国文出版社
北京市朝阳区东土城路乙9号　　　　邮编：100013
总编室：（010）64270995　　　　传真：（010）64270995
销售热线：（010）64271187
传真：（010）64271187-800
E-mail：icpc@95777.sina.net

推荐序

积极教育，培养孩子面向未来的能力

彭凯平

到底应该给孩子怎样的教育，才能让孩子发展出健全的人格和受益一生的心态？

传统的教育方式是通过"苦学"让孩子增强学习技能，补习班、课外班轮流参加，"头悬梁，锥刺股"不间断学。这种方式培养出来的孩子，学习成绩是提高了，其他方面却问题频出：在上学阶段，由于一直处于高压状态，孩子很容易产生抑郁、焦虑、厌学等负面情绪，和同学、老师、家人也时常发生矛盾；步入社会之后，面对从学校到职场的环境转变，孩子找不准自己的角色定位，过去在课堂上学到的知识不适用于职场，成人之间的社交规则也没有掌握到位，孩子因此产生巨大的心理落差，一旦遇到挫折，就容易一蹶不振。

越来越多的事实和数据证明，仅仅重视孩子的学习成绩是不够的，还要培养他们积极健康的心态和终身成长的能力。孩子的人生是一个动态变化的过程，未来的社会也更需要具备多项能力的综合型人才，如果父母不早早引导孩子做好准备，那么孩子会很难应对未来的剧变。不仅如此，在竞争日趋激烈的当下，每个人承受的压力都越来越大，心理问题也层出不穷。面对这样的现状，父母如果仅仅因为孩子年纪小就认为孩子什么都不懂，从而忽视孩子的心理健康和人格建设，很容易造成培养的失衡，甚至引发不可挽回的后果。

我曾在一次分享中提到："人一定要具备积极的能力，在面对挫折、打击、失败、痛苦时，要能够坚韧不拔，能够扛得住，能够受得了，能够挺得过去。"我一直认为，孩子只有拥有了乐观、阳光、向上的心态，才能有效提高自我效能，最大程度地发挥天赋优势；孩子只有具备了与他人交流、交往和交换的能力，才能在适应社会的同时发展，迎接光明美好的未来。

樊登读书编著的这套书，就很好地立足当下，从孩子应该具备的道德品质出发，分享了父母如何从点滴小事做起，从生活细节入手，培养孩子的自立能力、学习能力、社会能力和幸福能力。这与我所倡导的积极教育理念不谋而合。

教，从最通常的习惯性角度理解，侧重于对孩子社会性的引导，也就是后天使然的主导意识，包括如何理解知识、获取知识，如何建立经验、评价经验，如何建立非孤立的社会价值观，等等。因为人的存在感中有一部分内容建立在与宇宙和社会的关系层面上，人存在于社会之中，所以我们需要社会的认可并被社会给予相应的存在位置，也要让自己能够适应并且积极地融入社会环境。

育，侧重于对孩子天性与个性的引导，包括如何理解情绪、控制情绪，如何对待身体，如何唤起同理心，如何理解别人的情绪与感受等源自自我习性层面上的东西。当然，这也体现了与建立存在感有关的另一个领域：人与自己的关系。

大量的科学研究与教育研究已经证明，在0~6岁，也就是孩子处于早期发展的阶段，考虑到大脑的发育，家长应该更多地呵护孩子的自然属性，尽量避免将成年人的生存压力与能力焦虑投射到孩子身上。

随着孩子的成长，以"先天自然"为主导的"育"，与以"后天使然"为主导的"教"在内容与投入上会发生一些改变。但无论是"教"还是"育"，都是向"理想的孩子"进发，都是为了孩子全面地成长。

理解教育，要考虑到人的自然发展规律与社会发展规律。教育不是一条直达目标的直线，那样的教育太缺乏弹性与柔性了。教育是一条随着孩子自身的成长规律和社会发展的要求而变化的动态的S曲线。

我们可以这样理解：在孩子小的时候，要侧重于性格与人格的培养，越小越要把"育"放在前面；在中小学阶段要开始加强对孩子智力与学习技能的训练，但是一定要以人格发展与积极天性为前提；高中时期与大学阶段是孩子智力飞速发展后全面收割知识与经验的最佳时期，发展各方面的能力开始变得十分重要，这时"教"就显得不可或缺，而且自律开始成为成材的关键要素。上大学之后，很多孩子的个性开始稳定，人生观、价值观也已经建立起来，那么终身学习就在事实上成为人生的重要任务，至于会到达什么样的高度，更多的是依靠坚持不懈的精神、成长中的机遇或个人运气。但毋庸置疑的是，一个能够持续获得成功的人，一定以自我驱动来主导其生命成长的过程。

我更主张教育是一条 S 曲线，反对不考虑实际情况，甚至扼杀孩子积极天性与美好心灵的功利主义。两千多年前，古希腊哲学家柏拉图坚定地认为，"教育的首要任务是教给年轻人从正确的事情中寻找乐趣。"中国近代的大文豪胡适也说过，"学校固然不是造就人才的唯一地方，但在学生时代的青年却应该充分地利用学校的环境与设备把自己铸造成个东西。"比尔·盖茨也表示，"在学校里可能有赢家和输家，在人生中却还言之过早。学校可能会不断给你机会找到正确答案，真实人生却完全不是这么回事。"可见，无论是古代还是现代，无论是哪个领域的顶尖人物，都提倡基于人性与人格光辉接受教育、进行学习。

无论是拔苗助长，还是纵容溺爱，从本质上都是错误的。从小就逼孩子学这学那、无所不用其极是错误的；从小放任孩子、任其随心所欲也是错误的。一旦教育者对儿童的定位不准确，就会直接造成教育上的巨大鸿沟。

教育对所有人来说都是通向终极幸福的动力源泉。在教育中，我们体验着作为人类所特别的爱的流动、心灵的温度、求知的坚韧与面对未知的勇敢。而既然是通往幸福，又何必非要以痛苦为根？

积极教育不是为了培养出一个学习成绩好到考入名校的孩子，也不是很多人误以为的"快乐教育"或"心灵鸡汤"。积极教育的最终目的是提高孩子的幸福感，培养孩子的韧性、抗压力、同理心、审美能力等，通过挖掘孩子内心的善良天性、正向能量和优秀品德，从旁进行正确的引导和培育，将这颗小小的种子培养成茁壮的参天大树，让孩子拥有一个幸福且有意义的人生。

人类社会的进步和发展，靠的是面向共同命运的善意和互动。什么是共同命运？就是我们要为了共同的幸福和其他人合作、交往、交流。大规模的文化交流、技术交流、货物交流、财富更替都是人类社会发展很重要的密码，这些密码背后的核心就是人类关于幸福的体验。

而积极的教育，是打开幸福密码唯一的万能钥匙。

相信每一位看完这本书的父母都会有所启发，在之后培养孩子的过程中，能够把眼界打开，动态、客观地看待孩子的成长，从只关注孩子的学习成绩到关注孩子的社会能力、自立能力等外在能力，帮助孩子建设一个健康的大脑、顺利构建面对未来的勇气和信心，活出独特的自我，收获真正的成功与幸福。

本书源起

樊登读书

樊登读书自创办以来，对育儿问题的关注从未间断。我们不仅自己在不断挑选好书、挑选好的内容与大家分享，还邀请了许多经验丰富的教育学、心理学专家参与其中。越来越多的专家学者在我们的邀请下，或以专题课的形式探讨育儿话题，或选取他们所推崇的育儿图书，融合自己的思考解读与大家分享。

樊登读书还有一个专门为父母提供知识方法的栏目，叫作"新父母"。"新父母"这个栏目的创立，承载着我们对社会上父母这个角色的共情和期待。社会上每个身份都有与其相对应的责任，但是父母这个身份并不像职业身份那样，有着比较明确的要求、门槛及考核的标准，甚至做得不合格也不会有失去该身份的风险。因此，社会上始终存在着这么一种现象：许多人成了父母，却没有尽到父母的责任。当父母没有能力"尽职尽责"的时候，受到影响的不仅

是他们的孩子，还有整个社会。

在过去，很少有人会去专门学习怎么当好父母，而随着育儿知识的普及和公民素质的提升，越来越多的人开始注重这方面的学习，并已经开始从心态和观念上逐渐转变，更加能够接受科学的养育方法和知识，注重成长和反思。这些父母与那些固守错误认知的父母相比，何尝不是值得期待和鼓励的"新父母"呢？

"新父母"这个概念给了我们更加明确的方向，那就是为大家提供更多更优质的内容，帮助更多家长胜任父母的角色，出版图书的想法也就此产生。

育儿领域的图书种类非常多，很多父母都是遇到什么问题就买哪一方面的书，这就如同"语文不行就补语文，数学不行就补数学"，不能解决根本问题，反而容易在焦虑中自乱阵脚。但是父母如果能够掌握一幅知识的"地图"，就能让育儿这个复杂体系尽量变得有章可循。

那么，能不能出一幅"一站式解决育儿难题"的"知识地图"？这幅"地图"最好既脉络清晰，又话题全面，能够涵盖育儿过程中的大多数问题；既能指点迷津，让读者更便捷地去理解专业的育儿观点，又能够为读者指路，让大家在看书学习的时候不焦虑、不盲从，选书时有一个正确的方向。

于是，我们成立了项目组，启动了专业的编辑团队，开始对育儿领域普遍受认可的理论知识、专家思想、实践方法进行全盘梳

理，终于搭建出了思路清晰、话题全面的知识脉络。遵循这样的脉络，我们精选了国内多位教育专家的育儿专题课程及多位专家对经典育儿图书的解读内容，以及我们对一些优秀育儿图书的解读和思考，按照不同的话题进行了统合和精编，最终，形成了这套"樊登读书育儿指南"。

本系列图书共三册，分别为《给孩子一个幸福的家》《唤醒孩子的内在成长》《面向未来的养育》。推荐大家按照从第一册到第三册的顺序来看，因为它们的内在逻辑层层递进，同时对应樊登读书亲子教育的三个支柱理念：无条件的爱、价值感和终身成长的心态。

第一册：《给孩子一个幸福的家》

成长当中最重要的力量源自坚信自己被爱着，而这种信念是父母能给予孩子的最好的礼物。给予孩子无条件的爱，意味着采用一种更具有人文关怀、更受主流教育理念认可的亲子相处方式。这是由"新父母"所创造的"新亲子关系"，更是教育本质的回归。

很多写亲子关系的育儿图书往往只注重父母与孩子之间的关系，这虽然很重要，但并不算全面。亲子关系不只与亲子间如何相处有关，还和父母如何与自己相处，如何与彼此相处，甚至如何与原生家庭相处有关。无条件的爱，只有在这样广义的"亲子关系"概念下才能真正发挥作用。我们不仅要爱孩子，更要爱自己，爱自

己的伴侣，爱这个家，这样才能让孩子真正感受到爱的氛围。

本书从自我疗愈、和谐家庭、亲子沟通、高质量亲子陪伴等话题出发，希望可以帮助大家获得认知方面的提升，找到亲子关系的幸福密码，给孩子一个幸福的家。

第二册：《唤醒孩子的内在成长》

要想在一个新领域得心应手，底层认知非常重要，育儿的底层认知便是儿童发展心理学。什么是儿童发展关键期？父母的很多行为究竟是帮助了孩子还是影响了孩子的发展？作为"新父母"，如果不了解这些，何谈育儿？

很多父母无法帮孩子建立价值感，原因就在于他们依然遵循着所谓"多少代传下来"的育儿方式，沉迷于当一个"高高在上"的"绝对权威"，而忽视了孩子的发展规律。更重要的是，他们往往只看到了孩子的外在，却不重视孩子精神的存在。

本书从父母的认知觉醒、儿童发展规律、儿童内心发展、尊重孩子自主成长等话题出发，希望可以帮助大家成为拥有先进、科学观念的父母，培养出拥有健全心灵和完整人格的孩子。

第三册：《面向未来的养育》

教育孩子，一方面要注重培养孩子终身成长的心态；另一方面，我们也要用动态的眼光看待孩子，用开放的眼光看待社会的

发展。

随着科技的高速发展，未来社会的竞争环境注定更加复杂多变，自立能力、学习能力、社会能力和创造幸福的能力变得愈发重要。我们要给孩子怎样的教育，才能让他们有信心、有力量、有期待地面对未来的世界？

本书立足当下，放眼未来，呈现多位教育界学者的独到观点和理论实践精华，帮助孩子以积极的心态快乐而高效地学习和成长，以卓越的姿态面向未来。

以上就是"樊登读书育儿指南"三册图书的核心思想。

真心希望本系列图书——这幅为所有"新父母"设计的"知识地图"，能够成为您实用的索引工具和贴心的朋友，陪伴您开启一段珍贵而难忘的育儿旅程。

目 录

第一章

自立能力，在社会中立足

孩子从出生那日起，便是一个独立的个体，他们一天天长大，有一天会离开家，独自走入社会。尽管作为家长，我们总想将最好的条件和无私的爱全部奉献给孩子，希望为他们遮风挡雨，为他们创造更好的生活，但孩子们总要自立，在社会中立足。

　　本章将从自我驱动、独立思考和对自己负责三个方面，帮助孩子对世界保有发自内心的好奇与热爱，拥有自我成长的欲望与力量，按照自己的轨迹长大，有信心与勇气面对不确定的未来。

第1节　自我驱动

樊登解读《自驱型成长》

　　自驱力的缺乏已经成为一个普遍的社会现象。进入工作阶段后，没有自驱力的人大多只能以奖金和期权作为工作的动力，他们往往很难坚持下来。在《自驱型成长》一书中，作者威廉·斯蒂克斯鲁德和奈德·约翰逊讲述了一种自驱型儿童（self-driven child），明确的内部动机让他们拥有自我驱动的能力，这种能力是一个人终身成长所需要的。

　　父母悉心呵护孩子成长，但总有一天，孩子会离开父母。如果孩子在失去外部约束时就彻底放纵自我，说明他没能成为一个自驱型孩子。我们应该思考，难道让孩子上大学就是我们教育的终点吗？把孩子送进理想的名校，家长就真的能心满意足地结束养育任务了吗？我们都知道，大学之后还有更加漫长的人生，在孩子面对未来更加复杂的学习、工作、生活的过程中，如果他自己没有参与感，就会成为一个"空心人"，不知道自己想要什么，随波逐流。那么我们不得不反思，让孩子上大学的目的到底是什么？

现代家长的教育中，有常见的四个错误观念。

第一，"通往成功的途径是一座独木桥，而孩子万万不能被别人挤下来。"这就是大家拼命地让孩子上名校，拼命地买学区房，让孩子去参加补习班的原因。这个观念很明显是不对的，因为人生是一个复杂的过程，孩子不能像汽车一样拼凑起来就能跑。

第二，"如果你想过上好生活，在学校里就得有上佳的表现。"太多的孩子不是被逼得太紧，就是自己破罐子破摔，放弃了所有能尝试的机会。就是因为被逼急了，所以这些孩子说"随便吧"。

第三，"催得越紧、逼得越狠，我们的孩子就能越成功，长大后就越有出息。"像《虎妈战歌》这样的书传达的观念，让人只看短期内孩子拿到了多少个证，但是往十年、二十年以后看，你会发现，家长许多过激的做法给孩子的内心和内驱力造成的损伤是无法计算的。

第四，"今天的世界比以往要凶险得多，家长必须一直紧紧盯着孩子，才能确保他们不被伤害，也不至于让孩子闯祸。"现在的城市里到处都是摄像头，按理说社会整体的安全性是在不断提高的，只不过我们因为视觉窄化，被一些新闻吓坏了，所以才会变成"直升机父母"，天天在孩子的头顶盘旋。

这四个错误观念在目前的家长教育中普遍存在，希望我们通过

《自驱型成长》这本书，回归教育的本质，了解如何让孩子产生内驱力，拥有自律的能力。

压力对大脑的影响

关键脑组织

人类大脑中有三个部分在做决策、调节压力、控制冲动中起到重要的作用，分别是前额皮质、杏仁核和海马体。

前额皮质是人类区别于其他动物的关键所在，与组织规划、判断决策等一系列认知功能相关，是如同"领航员"般的存在。健全的前额皮质能够帮助我们进行决策，引领我们的生活，让我们有能力控制和约束自己，保持理智、冷静。但压力过大时，前额皮质就容易"掉线"，难以发挥功能。人在吵架或者生气时说不出话，就是这个原因：前额皮质感知到人的压力过大而"掉线"。

领航员"掉线"之后就由杏仁核接手，杏仁核是一位"斗狮战士"，是人类大脑中最早存在的部分，特点是情绪化。

书里提到：当孩子压力过大的时候，前额皮质放弃管控，孩子就会变得易怒、大喊大叫、躲避，陷入暴力或沉默的状态中，原因就是此刻掌控他的大脑的是杏仁核。如果他长期处在压力中，这些压力就会促使大脑分泌更多的皮质醇，即"压力荷尔蒙"。

皮质醇迅速上升，随后又能迅速恢复，这是健康的压力状况。如果压力持续存在，肾上腺就会进一步分泌皮质醇。皮质醇就像是身体为了长期作战而引入的援军，它的浓度在人体内慢慢上升，以帮助身体应对压力。一匹斑马遭遇狮子的袭击，但有幸逃脱，没有命丧狮口，它的皮质醇水平会在 45 分钟之内恢复正常。高浓度皮质醇在人体内出现后则会保留几天、几周，甚至几个月。长期较高的皮质醇水平会损害海马体的细胞并最终杀死它们，而海马体是创造与储存记忆的地方。这就是为什么在急性压力下，孩子在学习上会有种种困难。

许多家长向我咨询为什么孩子的成绩会突然下滑，我猜测是家里有人吵架，事实也往往如此。家里只要有人吵架，就会增加孩子的压力，压力水平一高，皮质醇分泌得多，就会伤害海马体，而海马体正是负责记忆和学习的脑组织。

人的大脑是会受伤的，天天在孩子身边不停地指责和唠叨，对孩子会造成极大的伤害。很多家长对自己给孩子造成的伤害不以为意，认为唠叨几句是很正常的，但是换位思考，假如领导天天在我们身边唠叨，我们也会感到极其痛苦。这是一种慢性压力，会伤害孩子的大脑，导致皮质醇分泌过多，最严重的后果是使得前额皮质发展缓慢、停滞。

压力影响大脑

大脑前额皮质的发展水平与儿童对自身的掌控感、拥有的选择权密切相关。1~2岁时，孩子就可以对很多事做出选择，3岁以前，大脑前额皮质就会发育得较为完善。孩子冷静、理智、成熟，看起来像个大人，得益于大脑前额皮质发育良好。

然而，如果一个孩子经常被呵斥，被威胁"不听话就把你送人"，甚至被关到门外，他一定会长期处于紧张之中。紧张会导致大脑前额皮质停止工作、发育缓慢乃至停滞，于是大脑把所有的决策权都交给了杏仁核。杏仁核的应对之道就是要么斗争，要么服软。服软的孩子会迎合家长，装出一副乖巧的模样，实际上只是为了能够平稳度过和家长在一起的时间。这些都让前额皮质失去了充分发育的可能性。

书里提到，孩子的自控力需要发育良好的前额皮质作为支撑，只有给孩子足够的选择空间和掌控感，前额皮质才能不断得到强化。令人痛心的是，青少年自杀已经成为当下非常严重的问题，而青少年自杀的根源是掌控感缺失。孩子觉得在哪儿说的话都没人当回事，自己在家说了话没什么用，到学校说了话更没什么用。我们往往会把一个人的自杀归咎于急性压力，认为某某事件导致某个孩子自杀，然而心理学研究表明，大部分自杀不是由于急性压力，而是由于慢性压力。

三类压力及其由来

既然压力对大脑的影响如此之大，我们是否需要杜绝压力的存在，为孩子打造一个"无压"环境呢？要知道，人是不能没有压力的。压力分为正向压力、可承受压力和毒性压力三类，不同类别的压力需要区别对待。

正向压力就好像斑马在跟狮子做斗争的过程中没有被狮子咬到，反而得到了锻炼。皮质醇快速上升，快速下降，可承受压力在一定范围内对身体造成损害，但也是可以复原的。比如把很多刚出生的小鼠从母鼠身边拿开，这对小鼠来说是不小的压力，如果在15分钟之内，让小鼠回到母鼠身边，就会发现母鼠在舔小鼠，安慰小鼠，随后小鼠的行为慢慢变得正常，那么这种压力对小鼠来说就是可承受的压力。但是，如果这个小鼠离开母鼠超过3小时，它很可能就不会再理会母鼠，它们之间的联结断了。这种状态下的小鼠是完全受到了伤害，这种压力就是毒性压力。

青少年面对的压力是毒性压力的可能性更大，比如来自学校课业的压力、竞争的压力，还有学校对竞争的过度渲染。大人总是威胁孩子"你必须得考上大学""你必须得比他们强很多""你只要考上大学了就一切都好了"，然而这并不是真相。这类威胁会给孩子带来长期的毒性压力，导致他们大脑受损，自控力丧失。

作者总结了青少年压力的四个主要来源。第一种压力来源"N"

（novelty），指新情况，比如搬到一个新的城市，需要融入一个新环境就是一种新情况；第二种压力来源"U"（unpredictability），指没想到的、没有预见到会发生的问题；第三种压力来源"T"（threat to the ego），指可能被伤害，即某件事有一定威胁，让孩子受到了恐吓；第四种压力来源"S"（sense of control），指难以把控的，即某个事件超出了孩子的把控范围，其无法承受能力范围之外的压力。

让孩子自己做主

顾问型父母怎么做

　　书中有句话非常有价值：做顾问型父母，家长们只需要学会说"我那么爱你，才不要跟你吵作业的事"。

　　很多家长因为作业问题和孩子吵架，抱怨孩子不主动、不按时做作业，总是磨蹭到第二天早上。我们要想想，做作业和爱他这件事比起来，哪个更重要？那一定是爱他更重要。每当家长跟我抱怨孩子，我都会问他们："想想看，如果你的孩子现在生病了，你会怎么想？假如他躺在病床上，你会怎么想？你会想他没有交作业吗？"他说："那不会，我只希望他身体好。"对，孩子身体健康才是最重要的。所以我们也要学会说这句话："我那么爱你,才不要跟你吵作业的事。"

假如一位母亲一身疲惫地下班回家,然后儿子在家里坐着等她,说:"今天在单位里表现怎么样?挣了多少钱?有奖金吗?奖金比别人高还是低呀?"我们是不是只要想一下这个场景就觉得很荒谬?但父母每天对孩子就是这样做的。所以,不要为了作业的事情跟孩子吵架,因为孩子只是借由父母来到这个世界的,他们并不是父母的私人财产,也不是父母的某个物品。

《不管教的勇气》一书提到,家长教育孩子最重要的工具就是耐心。如果孩子不知道自己需要学习,再强迫他学习都没用,他会学完就忘,甚至考上大学以后就不学了,所以,家长只有耐心地等待有一天他自己突然明白。相反,如果家长没有给孩子过多压力,孩子就会保持好奇的、求知的天性。但是为什么许多父母不能顺其自然,淡定、平和地面对孩子不主动的情况呢?因为父母有两个误区:第一个误区是专制,第二个误区是纵容。其实专制和纵容之间还有一个合适的位置,叫作权威型的管理,权威型的管理是支持而非控制。父母不断地介入会形成恶性循环,父母学会放手、不专制,也不是完全纵容,就会形成良性循环。

所以父母要做的事是什么呢?

第一,退一步。不用让孩子所有事都按照父母的想法来办,孩子过的是他的人生,要为自己的选择负责。父母有责任让孩子知道，不同的选择会带来不同的结果，不用威胁或夸大，只需讲明白，孩子有自己决策的权利。

第二，无条件地爱孩子。有人说："我看篮球教练就特别专制，但训练出来的结果都很好。"首先要搞清楚，教练不是父母，教练是专业的工作人员，他们要做的是把技能教给孩子，而父母最重要的责任是给孩子爱。所以，如果孩子从父母那儿得到了足够多的爱，哪怕遇到一个非常专制的教练，他也能坚强面对。最怕遇到的情况是教练专制，父母也专制，导致孩子得不到爱。父母可以借助社会力量来解决部分学习的问题，但是首先要保证自己给了孩子足够的无条件的爱，然后保持关注、支持，而不是不管不顾。父母要让孩子知道，父母很关心这件事情，但是只能从旁帮助，最后做决策的人是他自己。

第三，学会让孩子做主。在让孩子做主的时候，父母要学会讲三句话。第一句话："你特别懂你自己，你可是自己的专家。"孩子是更懂他自己的，这句话能帮助孩子建立自信心，帮助孩子认识到自己对自己的责任。第二句话："你脖子上长着你自己的脑袋。"这句话意味着尊重孩子有自己独立的判断。第三句话："你想要让生活中的一切都有条不紊。"很多父母觉得如果把决定权交给了孩子，孩子肯定会 24 小时不间断地玩游戏。事实上，孩子并不会这样，因为他也希望自己的生活井井有条。所以，这句话给了孩子非常强烈的心理暗示，让孩子明白，他既有意愿也有能力管理好自己的生活。事实上，在父母一直想要掌控孩子的情况下，孩子更渴望玩游戏，这时如果父母突然说"今天不管你了"，那孩子在接下来的 24小时里反而不会争分夺秒地玩游戏。

帮助孩子建立自信心和责任感的同时，还有一句话要叮嘱："我不能因为爱你就放纵你的决定，因为你的这个决定听起来实在不大靠谱。"如果孩子做出了特别不靠谱、自私或者危险的行为，父母要及时站出来阻止他。"温柔但是有边界"，家长要帮孩子设立好足够的边界，让孩子觉得有安全感，知道父母是关注他、爱他的，同时在这个边界之内，他可以自己决定很多事情。这样，他的前额皮质就会越来越完善，他会冷静地自己做出判断。

让孩子自己做主的六个原因

为什么让孩子自己做主如此重要，有六个原因。

第一，前文提到的大脑前额皮质发展需要一定的经验。

第二，让孩子自己做主，让他不觉得自己是个"空心人"。如果一个人在什么事上都没有做决定的权利，就会变成一个"空心人"。

第三，让孩子从拥有控制感到获得胜任力，这是唯一的法则。要想让这个孩子有胜任力，能够独当一面地解决问题，就必须让他获得控制感，没有控制感就没有胜任力。同时，没有控制感会带来大量的伤害，自杀最主要的原因是控制感缺失。

第四，其实父母也并不是每次都知道什么样是最好的，我们很难说自己的生活就过得多么好，所以我们怎么就能够认为，我们为孩子所做的决定都是对的呢？所以父母要谦虚一点，我们并不是什么都是对的。

第五，孩子们都很能干。当父母放手让孩子做决定的时候，惊喜就会一个一个地冒出来。核心是父母要调整自己的眼光，要更多地发现孩子的亮点。最怕的是父母虽说放手，却站在旁边使劲地挑毛病，毛病是挑不完的。

第六，让孩子自己做主可以培养孩子的情绪智能。情绪智能优秀的表现就是情商高，一个人能够管控自己的情绪，得益于从小就有管理自己的情绪的机会。

非焦虑临在

有高达 50% 的患焦虑症的孩子有焦虑的父母。表观遗传是父母将焦虑传递给孩子的方式之一，即经验通过开关特定基因的功能来对基因加以影响。

孩子的压力来源往往是父母发脾气，父母会出于各种原因发脾气，可能是钱不够，可能是工作不顺，可能是邻里关系不好，可能是孩子作业没写完……这些对孩子来说就是"二手压力"，二手压力会开启孩子基因中的焦虑功能。父母挑剔、怀疑、控制的行为，也会开启孩子跟焦虑有关的基因功能，导致孩子越发叛逆。

同样地，父母的平静也会"传染"给孩子，书中有一个词叫
"非焦虑临在"。

一些父母出现的时候，能让孩子感到安心，这种父母就叫作
"非焦虑临在"。所以父母应该给自己定一个小目标，要成为孩子的
"非焦虑临在"，要让孩子见到父母就觉得安心、高兴，愿意扑到父
母的怀里，而不是见到父母就紧张、躲避、出汗。

父母如何成为"非焦虑临在"呢？那就是让家变成一个安全的
地方。比如小孩子玩追逐游戏，都会跑回一个安全的地方，这样就
不会被抓到，他们把这个地方叫作"家"。要想让家变得安全，父
母就要做到以下三点。

第一，要学会欣赏自己的孩子。

第二，别惧怕未来，未来肯定有很多不确定性，但是对未来感
到焦虑和痛苦并没有什么好处，所以当父母坦然地面对未来时，孩
子就会发现这个家变得更安全了。

第三，管理好自己的情绪。许多家长都想培养孩子读书的习
惯，但不是买一堆绘本扔给他就可以，而是要经常在他面前读书。
孩子的眼睛总是非常敏锐，父母真的爱读书，孩子才会慢慢受到
影响。

父母还要学会接受现实，淡定面对内心最大的恐惧。书中提到
了 ACT 心理疗法（Acceptance and Commitment Therapy，接受承
诺疗法）。《幸福的陷阱》《跳出头脑，融入生活》这两本关于 ACT

疗法的书都值得一读。父母得学会接受、选择、行动，用 ACT 疗法来改善自身的生活，成为一个"非焦虑临在"，这样孩子才会觉得无论出了什么事，只要见到爸爸妈妈就很安全。

培养孩子的内驱力

动机与需求

人类有三种基本需求：自主需求、胜任需求、归属需求。

曾经有一位父亲对我说："樊老师，你说的那些我觉得特别好，我女儿别的事我都不管她，但是只有一件事我不能放手，弹钢琴这件事我必须盯死她。"我问："为什么呢？"他说："我觉得弹钢琴代表着毅力，如果她放弃弹钢琴，就代表她没有毅力，她将来会一事无成，所以她必须坚持弹钢琴。"我相信有着这样的理念的家长太多了。

对此，《自驱型成长》的作者解释，凡是因为弹钢琴、吹笛子、学奥数这类事跟孩子较劲的人，都只知道胜任需求，他们认为克服困难、把乐器学会的能力很重要。但是，还有另外两个更基础、更重要的需求，就是自主需求和归属需求。许多家长因为追求胜任需求，破坏了孩子的自主需求和归属需求。归属需求缺失，孩子就会觉得"我爸爸不爱我，我妈妈不爱我，这个家里没有温暖"。自主需求缺失，孩子就会觉得"我说的话不算数，我不喜欢弹钢琴，爸爸妈妈非得让我弹"。父母应该更多地考虑孩子的自主需求和归属需求。听过我讲《心流》这本书的人知道，当一个人做一个事做得很投入，进入心流状态以后，他的头脑中会分泌大量的多巴胺，他就会愿意坚持、热爱做这件事，内驱力得到提高。

孩子身上有四种常见的动机问题。

第一种，破坏者。破坏者的经典案例就是电影《心灵捕手》，它讲述了一个叛逆的天才儿童如何逐渐被引导成为一个正常人的故事。破坏者的特点是患有多巴胺缺乏症，觉得很多东西都很无趣，于是故意从事危险的工作，表现得不合群、很暴力。破坏者需要有一个导师帮他发现正向的力量，在他做对的时候，给他足够的肯定，让他知道自己内在的生命力有多么旺盛，从而意识到自身的价值。

第二种，爱好者。爱好者的特点是只对学习之外的事有动力，只要不学习，干什么都特别来劲。

对于这个问题，书中提出建议：如果他完全没有去上学的动机，那就要进行学习障碍、抑郁症、焦虑症或注意缺陷多动障碍症的评估。倘若事态没那么严重，那么请尊重孩子，同时也要帮他建立一种更好地去认识真实世界的认知模型。如果你真的好好跟孩子说话，那你就会惊讶地发现，真的有很多孩子能听取你的建议。支持孩子去追求与学业无关的兴趣，这没问题，相应地，要是将这些兴趣视为一种惩罚的原因，那问题可就大了。

作者说的"视为惩罚的原因"就类似于如果孩子不写作业，就把他的魔方没收了这类的惩罚。

很多家长会克扣孩子体育活动与课外活动的时间，一天就那么多时间，如果你家的高中生因为些杂七杂八的事儿找不到时间做功课，或者累得根本就学不进去，那你在向他传达一种什么信息呢？难道不会让他认为课外活动要比学习更优先吗？

假如父母拼命地把孩子带到学习的路上，严格地要求他，甚至去管控课外活动的时间，导致的结果就是孩子会更加珍惜课外活动，因为稀缺性带来珍贵。所以爱好者的父母可以放松一点，尊重孩子的要求，让他去体验，孩子放松之后说不定就会把注意力转回到学习上来了。

第三种，无力者。无力者的特点是对什么都没兴趣，看起来乖乖的，但是让他做什么都提不起劲来。

对于这样的孩子，父母需要冷静对待，多跟孩子交流，问问他的想法，启发他多说话，然后告诉他父母的想法。要告诉孩子，你是怎么看待生活和学习的，而不是喊那个虚假的口号："这个社会可是很拼命的，如果你考不上大学，你将来就没救了。"需要让孩子知道，学习是我们的权利，学习带给我们乐趣，作为人有可以学习的大脑，这是很珍贵的，同时父母也会尊重他的兴趣和节奏。然后要多带孩子运动，因为这些孩子可能体内分泌的多巴胺不足。

第四种，完美者。完美者每次一到考试就紧张、压力大。这些孩子看似努力，其实并不依靠内驱力，而是靠外在的压力，他觉得自己必须得表现好。

对于这样的孩子，我们需要告诉他真相，真相就是没有哪门课的好成绩能够保证他一辈子一定过得好，没有哪个大学的文凭能够保证他一辈子一定一帆风顺。人生是一个综合力的结果，今后他还会遇到各种各样的困难，所以放松、尽量做就好了，不需要跟自己较劲，不需要咬牙切齿。发自内心地喜欢学习、喜欢探索，才是一生最重要的力量来源。

休息的时间

除此之外，要给孩子安排彻底的停工期，也就是给大脑留出暂停的休息时间。我们的大脑一直在进行基础运算，即使是什么都不想、什么都不做，大脑依然在耗能，所以孩子要保持至少八小时的睡眠。

需要注意的是，很多孩子的睡眠是假性睡眠，说要睡觉了，但是关门之后就开始玩手机，所以父母必须得保证孩子在说要睡觉后不会玩手机、看电视，真的能够睡够八小时。研究表明，在对记忆力和理解力的损伤上，连续一周睡眠不足的人和前一天晚上通宵熬夜的人一样严重，也就是说，长期睡眠不足和通宵熬夜对大脑产生的损害一样。

把控制感带到学校

　　让孩子把控制感带到学校并不容易，学校的标准化考试把学生之间的关系变成竞争关系。很多标准化考试的佼佼者后来并没有成为社会上的佼佼者，因为社会上的佼佼者靠的是合作，而考试中的佼佼者靠的是独立，是自己要比别人好。因此，父母不要只用成绩来评价孩子，无须为了成绩太过焦虑，因为我们无法预测孩子长大了会成为一个什么样的人。社会不是简单的工业化模型社会，不是学什么专业的孩子就会从事什么工作，也不是成绩越好的孩子就工作得越好。让孩子健康、阳光、爱学习、有内驱力，这才是教育的本质。

驯服技术野兽

　　技术野兽是人们都很关注的话题，现在的孩子从小看电视、手机、电脑。用16个字形容技术野兽就是"威力巨大，不用不行；伤害明显，不管不行"。家长不应该把手机彻底拿走，而是应该驯服它。假如人驯服了一头狮子，那么狮子就能发挥它保护人的作用，而不会对人造成伤害。驯服技术野兽也是如此，作者给出了六点建议：

　　第一，作为家长，管好自己。不要让孩子一回家就看到一家人都在低着头看手机，要让自己拥有更多的无手机时间。

第二，对孩子使用手机表示理解。家长甚至可以跟孩子一起看看游戏，表现出对游戏的理解，对于手机时代的理解。

第三，回归自然。大部分孩子在森林、沙漠、海边玩的时候想不起来手机，孩子没有想用手机做的事就会开始对手机疏远，所以要给孩子创造接触自然的机会。

第四，告知而非说教。说教、恐吓、抢手机、把手机摔烂，都是愚蠢且无用的，父母要做的是告知，让孩子知道玩手机对大脑、眼睛的伤害，缺乏自控力的人会遇见怎样的问题。告知后，让孩子自己做出选择，让他自己承担后果。

第五，和孩子一起制订合作计划，商量怎么解决使用手机的问题。如果计划被打破，就重新制订。父母千万不要对孩子说："你说话不算数，你是一个没有诚信的人，妈妈以后再也不相信你了。"每个人都有不能完成计划的时候，不断改进，制订更加实际、合适的计划才可行。对孩子小小的失误上纲上线，说"辜负了妈妈的信任"这样的话是不可取的，要跟孩子合作达成解决方案，这其实就是一个学习的过程。

第六，父母要有底线。父母要经常检查孩子的手机，因为孩子还没有成年，父母要确保孩子没有浏览血腥、色情、赌博相关的内容，这是底线。有些家庭并不富裕，但是孩子偷偷花几千元钱买游戏装备，这是绝对不能允许的。

判断孩子是否游戏成瘾有一些标准：

1. 在花了多长时间玩游戏这件事上说谎；

2. 为了获得兴奋感，花费越来越多的时间和金钱；

3. 玩游戏的时间减少时会烦躁不安；

4. 通过游戏来逃避其他问题；

5. 为了能玩游戏，不完成作业；

6. 偷钱买游戏里的装备。

出现这些情形表明孩子真的对游戏上瘾了，父母需要帮助他一起来驯服技术怪兽。

大脑训练

《自驱型成长》的最后一章建议父母要学会训练孩子的大脑，有以下五个方法：

第一，列出目标，找到障碍，找到克服的方法。鼓励和引导孩子把目标写下来，一个人把目标写下来或者说出来，就是在头脑里演示了一次。所以当孩子写下目标时，他会更加认真地对待这个目标。之后，父母可以和孩子讨论实现目标的过程中会遇到什么困难，怎么解决。

第二，让孩子注意到大脑的信号有助于让他冷静下来。让孩子学会注意大脑的信号，比如疲倦、愤怒、恐惧。家长可以试着给孩子讲一些脑科学知识，比如大脑的形状就像一个拳头一样，大脑中间是杏仁核，杏仁核被大脑皮质包裹着。当孩子愤怒的时候可以告诉他，现在是杏仁核在起作用，一旦孩子开始关注自己的大脑发生了什么，他就会逐渐冷静下来。

第三，学会备选计划思维。如果孩子特别想考上某个学校，可以问问他，如果上不了这个学校该怎么办？这就是备选计划思维。想要买一样东西时，想想万一买不到或者太贵无法承受怎么办？帮助孩子增加思维的弹性，让他自己做出选择，在选择之前想好备选的这种可能性。

第四，培养对自己的同情心，不要过度自责。一个孩子总是喜欢自责，很可能是因为家里总有人批评他，慢慢地他就养成了自我批评的习惯。对自己有同情心是知道自己的价值，在犯错时能对自己说："我知道这次没有做好，但是我会努力的；我知道这次没有做好，但是我依然是一个有自律能力的人。"

第五，练习重构问题。如果我们看到车厢里有几个孩子调皮捣蛋，孩子的爸爸无动于衷，我们很容易想："这是什么爸爸，一点儿教养都没有，这都不管！"假如我们让他管管孩子，然后他说"对不起，他们的妈妈刚去世，孩子和我都有点无所适从。"这时我们脑海当中的故事立刻就变了，这就是重构问题。有时候，我们给别人发了一条微信信息，对方没有回复却发了朋友圈，我们会觉得被忽略。有没有可能重构一下这个问题呢？或许是信息被淹没了，或许这条信息对他来说难以回答。当脑海当中只有一种结果，思维缺乏弹性，情绪就会轻易被调动，而重构问题的练习可以不断地锻炼大脑皮质，使孩子更习惯于寻找问题的多种可能性。

第六，动起来，多玩耍。运动有益于培养自我调节能力，锻炼对大脑和身体都很有益处。运动可以增加多巴胺、血清素和去甲肾上腺素的水平，让人集中注意力；运动还会刺激 BDNF 蛋白质脑源性神经营养因子的产生，为大脑添加"肥料"；运动还可以为大脑提供更多的葡萄糖和氧气，促进神经系统发育，促进大脑细胞生长。要通过玩耍让孩子强化他们的小脑，并学着掌控自己的世界。

特殊儿童的自控

书里还有一个关于孤独症和学习障碍的章节。作者认为，哪怕是对于有孤独症和学习障碍的孩子，也要给他们足够的自控的空间，也要尽可能地让他们做自控的动作，这样才能缓解病情，帮助孩子在未来更好地适应社会。父母还要帮助孩子寻找各种各样的替代路线，让事情有更多可能性，让孩子可以通过更多的路径达成目标。只有增加大脑的弹性，选择权才会变得更多。选择权往往不是来自能力、金钱，而是来自大脑的弹性，所以要给孩子创造一个更加令人惊喜的世界。

当父母整天盯着孩子的成绩、排名、入学这些问题的时候，他们已经把孩子引向自私，让孩子也只会盯着自己的这一点事，但如果父母能让孩子看到整个世界，看到那么多不同职业的人为这个世界所做的各种各样的贡献，孩子的世界会变得更大，同样地，父母也不会那么焦虑。孩子考得好，父母很高兴；孩子考得不好，父母也依然很淡定。这就是父母能够给孩子的最好的礼物，父母要帮助孩子去关心这个世界，而不仅仅是关心他一个人。

希望大家能够帮助孩子自律，让每一个孩子都能够发自内心地热爱和愿意自己成长，成为自己的主人。

第 2 节　独立思考

樊登解读《我会独立思考》

　　网络上充斥着吸引眼球、耸人听闻的谣言；生活中无处不在的广告和推销，让人防不胜防；人们人云亦云、随波逐流……真相是什么？我们应该怎样辨明真相？这个世界充斥着太多误导性的信息，我们该相信谁？这时，能够独立思考就很重要。想要培养孩子独立思考的能力，必须从小抓起，循序渐进，合理引导，一步一步塑造孩子的批判性思维。

　　线下常有很多书友跟我说："樊老师你说得特别对，我现在就听你的，你说什么我都信。"我赶紧说："千万不要这样，我讲这么多书的目的就是希望你能够不要谁都信。"我们讲书、做樊登读书，一本一本地介绍科学、心理学的书，就是希望大家能独立思考，不要依赖任何一个人，不要觉得最好直接知道答案。美国知名童书作家安德里亚·戴宾克在《我会独立思考》里，就说明了这一观点，并为此提供了思路。

独立思考是一件稀缺品

独立思考的重要性

我们每时每刻都在思考中，比如思考如何计算一道数学题、如何安排一天的计划，我们会对一些事情感到焦虑，会回忆过去，还会做白日梦，在脑海中幻想一个奇幻世界……但这些都不是我所想讨论的思考，我想讨论的不是思考的"内容"，而是思考的"方式"，特别是独立思考的方式。在信息时代里，独立思考对每一个人，特别是我们的孩子，比以往任何时候都更加重要。

独立思考为什么如此重要？

首先，在网络发达的今天，许多人为了自己的目的会造谣、歪曲事实，独立思考能帮助我们冷静、客观地分析问题、明辨是非，这样就不会以讹传讹，甚至成为网络骗局的受害者。

其次，互联网有着海量信息，我们探索未知领域时，需要有思考和反思的能力。移动互联网带来了非常方便的算法，但也带来了信息茧房的消极社会效应。算法根据用户的喜好，推荐他们所感兴趣的东西，但也让用户受限于茧房，只看到他们喜欢看到的。所以，我会讲各种各样的书，希望用户与不同知识偶遇，我希望发掘每个人身上的潜力，让不同激发改变。比如，你是个在家带孩子的妈妈，但你同样可以了解哲学和物理学，也可以有自己的创业计划，这就是孔子所说的"君子不器"。

最后，独立思考意味着独立的人格，从小养成独立思考习惯的孩子，长大后会更容易拥有健全的人格，不会轻易被他人左右，真正掌握人生的主动权。

独立思考的技术

当然，独立思考是一件稀缺品，它是一项技术，需要学习和练习。

第一，我们要能分清楚事实和观点。有时候我们的负面情绪只是来自他人的观点和大脑不自觉的加工。事实是什么，也许我们根本就不知道。在不知道事实的情况下任意发表意见，只是因为我们不必为自己发表的意见负责而已。

第二，需要分辨事实的可靠性。我们要能分清楚事实和观点，能大致判断事实的可靠性。很多事情眼见未必为实。伽利略曾在写给开普勒的信中嘲讽了那些只能通过肉眼观察世界的人。要知道人类肉眼所看到的，已经是自己的头脑筛选过的了。更何况，现在的互联网上，被刻意扭曲的"事实"太多了，很多人一不小心就被鼓动了情绪，害人害己。

第三，需要学会不预设立场。预设立场会妨碍对事实的判断。比如，在讨论健身房对健康到底有没有帮助时，有的人上来就全盘否定健身房的存在，给出的理由是"原始人就没有健身房，所以健身房没有用"，哪怕可以亲身体验再得出结论，他们也不愿意参与，这其实就是预设立场。

第四，要跟自己的大脑作战。我们的大脑容易夸张，容易想象，容易讨好，就是不容易冷静。我们需要认识到思考过程中的各种陷阱，明确一条完整闭环的思维分析路径以帮助我们独立思考。

那么，我们应该如何独立思考呢？在我看来，独立思考中最关键的其实就是批判性思维。

批判性思维

什么是批判性思维

说到批判性思维，我相信很多人都曾经无数次听过，但是当我跟身边很多受过良好教育的人聊批判性思维时，我发现他们和从前的我一样，都对批判性思维有很大的误解。

我问什么是批判性思维，他们说是不要轻易接受别人的意见。

当别人说一件事的时候，你需要批判性地去接受，需要思考，需要看他的说法有没有逻辑上的漏洞。所以，大多数的人"理解"批判性思维之后，就把自己变成了一个特别喜欢抬杠、找缺点、找毛病的人。

我讲过《思辨与立场》《这才是心理学》，甚至还讲过《机械宇宙》，它们都表现了批判性思维。我读这些书的最大收获是，了解了批判性思维不是用来批判别人的。批判性思维中最重要的是批判自己，我们要不断反思自己的想法——这样想对不对，公平不公平，科学不科学？一生中，骗我们最多的人绝对不是别人，而是我们自己，我们骗自己的次数要远多于别人骗我们的。所以，批判性思维最重要的批判目标是我们自身的头脑，要警惕头脑中所产生的各种谬误。

《我会独立思考》一书提到："批判性思维是通过仔细评估想法与事实，来决定应该相信什么、做些什么的过程。"批判性思维其实和学习滑雪、解数学题一样，是一种技能，需要学习、练习。

安德里亚·戴宾克在书中举了一个例子。比如，我们可以问孩子，该不该把灰狼移出濒危物种名录。一百年前，灰狼因为人类的滥捕数量急剧下降，在美国被列入保护动物名录。此后，灰狼繁衍生息，数量开始慢慢恢复。关于这个话题应该怎么讨论呢？

面对一个话题，我们可以鼓励孩子不要凭借自己的感受来判断。比如，我害怕、讨厌灰狼，灰狼是坏的，所以就要把它移出名单；或者有人说我喜欢灰狼，也没有被灰狼咬过，所以要把它继续保留在里面，这些都不对。

我们先要学会提出问题。为什么灰狼要被列入保护名单？列入保护名单的标准是什么？之前被列入的动物有哪些？接着再根据问题需要收集相关证据。我们可以采访灰狼的研究者，去图书馆找相关书籍做调研等。再接着，评估收集的证据是否准确，来源是否可靠，数据是否需要更新，等等。然后，验证假设，验证我们提出来的想法，能不能够用这些数据和事实支撑，可以问问孩子，灰狼经常杀害牲畜吗？它什么情况下是危险的？最后，再得出一个结论。这就是一个非常简单的需要批判性思维的例子。

在整个过程中，我们要始终保持开明思想。开明思想，就是两派的观点可能不一样，收集的事实也不同，但可以和对方交流。交流的过程中不要给对方贴标签，说你是"爱狼派"，我是"恨狼派"，凡是爱狼的都是我的敌人，结果大家就没法辩论。开明的思想意味着，虽然我们的意见不同，但是我们可以互相交流，说一说你获得的支持性的观点和事实是什么，我获得的是什么。这就是《论语》中所说的"君子和而不同，小人同而不和"。

需要运用批判性思维的事情每天都在我们周围发生，比如阅读、评论网上的大量新闻。你要发表意见，要表扬这个人，要批评那个人，要为某一方站队……参与公共话题的讨论，肯定需要批判性思维。

同样，家庭建设也需要批判性思维。我们要不要买房子？要不要投资理财？该不该给孩子报培训班？报什么班？这些都需要用批判性思维来判断，否则只能随大流：别的孩子都在学跆拳道，那我家孩子也学；别的孩子都学钢琴，那我家孩子也学。

除了家庭建设，我们在工作中也离不开批判性思维，我们该不该创业？应该怎么领导团队？怎么面对自己的情绪，该不该生气？愤怒之后应该怎么解决问题？这全都是批判性思维的话题。可想而知，这件事有多么重要。

思维"捷径"

我们每天都在运用批判性思维，但运用批判性思维并非总是轻而易举。我们常听到父母抱怨自己的孩子不爱动脑筋，懒得思考，这其实不是因为孩子"懒"，懒是大脑的天性，毕竟思考非常耗费能量。人类大脑的使用过程，并不是一个增加耗能的过程，而是一个更加节能的过程。比如，一旦不断练习某项看似复杂的技能，大脑便会"不假思索"地自动执行，这就是我们常说的"熟能生巧"。此时，需要"主动思考"的工作已经极少了，也就无需太多的能量供给，所以，我们才说"万事开头难"。大脑希望最好直接知道答案，或者应该怎么样做，这样最简单。

正是因为我们的大脑常常喜欢走"捷径"，这种捷径比经历一个完整的思考路径再得出结论更加简单，所以它也容易导致错误的认知，以下是五种思考时会常犯的错误。

1. 刻板印象。当我们说起某一类人，某一地区的人，某种长相的人，甚至从哪儿毕业的人时，都会有不同的刻板印象。这种刻板印象会导致我们非常轻率地得出结论。我们的头脑就是想省力气，只要看到几个能够验证的案例，就会对此深信不疑。

2. 恐惧。有些时候我们害怕是基于曾经的经历，但有时引起恐惧情绪的场景是我们想象出来的，现实中并未发生，它也会妨碍我们清晰地思考。

3. 盲目相信。这时我们会以为自己一切已经尽在掌握，不会花时间好好思考可能出现的问题和风险。

4. 无知。当我们缺乏相关信息和知识时，是很难做出正确的判断或者得到深思熟虑的结论的。

5. 妄下结论。如果我们对一件事完全没了解，就轻易得出一个结论，那就是妄下结论。如果你的观点全部来自一个狭小的范围，就会很容易得出不准确，甚至完全错误的结论。

批判性思维的过程

事实上，批判性思维需要一个过程。有些时候，针对某一观点或行为，也许需要很多年才能得出结论，甚至在不同的人生阶段、有了更丰富的人生阅历，我们的观念也会发生改变。这颇有"初闻不知曲中意，再听已是曲中人"的意味。对于孩子更是如此，有些道理也许他暂时还无法理解，但随着阅历的增长，他会有自己的见解。

接下来，我们就来看看，一个完整的批判性思维的过程是怎么构造的。

第一步：提出问题

批判性思维的第一步叫作提出问题。看到一个话题，或者看到别人的一种意见、观点的时候，我们得能够提出问题，问题往往来自我们的好奇心，而纵观历史，人类的进步、发展就是被一个一个问题所推动的。

比如，爱因斯坦提出过一个伟大的问题：在一束光中旅行是什么感觉？没有人会想出这么离经叛道的问题，但是爱因斯坦提出来了，他由此开创了相对论。所以，问题比答案更能令我们受教，因为能够提出好的问题，意味着你承认自己还有不知道的，并非无所不知。

很多人在讨论话题的时候，从来不愿意承认自己不知道，只愿意第一时间表态，发表自己的观点或者指责某个人，因为他们不愿意承认自己不知道，承认自己对此没有研究。

提出问题，至少分成三个层次。最基本的层次，是能够提出一个反映好奇心的问题，就是你真的不知道这事。然后，比这个层次再高一点的，是要提出一个有趣的问题——大家会关心，觉得好玩。第三个层次，是要能够提出一个明智的问题——能够引发大家进一步的思考，并且这个问题还能够延伸出更多的问题。像爱因斯坦、牛顿提的这些问题，明显是超级明智的问题。

　　怎么判断你提的问题到底属于哪个层次呢？请看下面的一些问题。

- 你是否不确定问题的答案？
- 你的问题有什么目的吗？
- 你的问题需要不止一个"是"或"不是"的答案吗？
- 你的问题深刻吗？
- 你的问题具体吗？
- 你的问题能够引发对话吗？
- 你的问题简短吗？
- 你的问题容易理解吗？
- 你的问题是否不包含任何的信仰或偏见？
- 你的问题会引发更多的问题吗？

可以看出，随着提问的深入，问题的水平也在不断提高。所以，进行批判性思维、独立思考的第一步，就是要学会对各种各样的命题提出你的新问题。

第二步：收集证据

　　所谓证据，就是能帮助你寻找答案或做出决定的信息。在收集证据的过程中，又要遵循三步，即寻找信息、建立联系、从联系中得出结论。

举一个比较容易理解的例子。古人观察天上的星星，第一步，长时间地观察，就像第谷（丹麦天文学家，曾在汶岛建造天堡观象台，观测星星20年）那样，每天不断地观察，看哪几颗星星在哪些地方是固定的，哪几颗星星在哪些地方是变动的。这就是收集数据。

第二步，建立联系。当观察者看到有几颗星星永远都不动，相对位置永远不变时，用线把它们连起来，在这些星星之间建立了联系。

第三步，从联系中得出结论。给这些连线的星星命名，这个叫大熊星座，这个叫小熊星座，那个叫仙女星座，然后就建立了星座的概念。

这就是我们说的，收集证据的一个基本过程。

收集到证据后，还需要给证据分类。证据主要有两大类，一类是定性的，一类是定量的。定性就是用你的语言描述出某事物。定量就是拿出数据，量化你的证据。

此外，至少有八种完全不同的获得数据的方法：观察、采访专家、阅读与该主题相关的内容、上网进行搜索、找人进行调查或者投票、举行专项讨论会、进行试验、调查历史记录或文档，等等。

随便一列，就有这么多的获得数据的方法，但是我们平常在网上相信的那些结论，往往可能只来自其中的某一个方法，比如"我调查过了""问了多少个人""亲眼看到了一个什么样的事实"。大部分人只是简单地从一个角度看到了一个现象，就轻易得出了结论，缺乏完整研究的过程。

获得数据时，我们还需要研究信源，也就是评估所获得的这些证据是不是可靠。调查者有三种类型，一种叫研究者，一种叫社会科学家，还有一种叫数据控。

1. 研究者。如果需要信息的时候，该调查者的第一直觉是去翻书，或者上网查阅能读到的一切资料，仔细核实信息来源，不会读到什么就相信什么，那这名调查者就是一个典型的研究者。

2. 社会科学家。这类调查者寻求答案的时候，知道该向何人求助，不管是朋友、家人，还是专家，他们依赖于从别人那里获取有用的信息，这是社会科学家的研究方法。

3. 数据控。数据控们喜欢选取定量数据、数字、统计数据和概率，这能为他们带来坚实的基础。但要记住，数字并不代表事情的全貌。

这三种调查者哪种更好呢？他们之间没有好坏之分，也不是非此即彼。一个人既可以是研究者，也可以是社会科学家，还可以是数据控。一个真正好的调查者，应该把这三种信源评估方法结合起来。

第三步：评估证据

收集了这么多的证据以后，接下来要评估证据了。评估证据有三个非常重要的指标，第一个叫作重要性，就是这个证据重要不重要，证据的来源值不值得被认真对待；第二个叫作准确性，要看这个证据是不是做了非常严肃的研究，有没有经过多方验证、同行评议等；第三个叫相关性，就是看这个证据和我们要论证的这件事，有没有关系。

《我会独立思考》里举了一个特别有意思的例子。有人在网上看到了一个消息，说猫能够像狗一样叫，只是猫懒得这么叫，只有在被逼急的时候，它才会用自己的"第二语言"学狗叫的声音。大家说太有意思了，猫竟然能够学狗叫。请问如何判断猫能学狗叫这件事是真的还是假的？怎么判断？作者在书中给我们演示了一遍过程。

1. 你要知道信息的来源是哪里，在这个例子里，信息的来源是推特，所以可靠性不大。

2. 信息的来源是一手的还是二手的？这个人是自己亲耳听到猫学狗叫或者拍到了这个视频，还是他听别人说的？如果信息的来源是二手的，那就更危险了。

3. 如果信息的来源不是一手的，你能找到其他一手来源吗？假如你发现这个人是转发的别人的信息，能不能找到他从哪转发的，一手信息的来源到底是哪儿？要搞清楚一手信息的来源。

4. 信息的一手来源和二手来源告诉你的一致吗？现在很多信息，转着转着就变形了，一开始说的是一种状况，到最后变成一种完全不一样的情形。因为每一个转发的人，都会忍不住"添油加醋"，改动一点点，最终信息会面目全非，所以要去判断它们是不是一致。

5. 再去研究一下，信息的一手来源和二手来源可靠吗？在这个案例当中，他们发现，一手来源是兽医，那这个人是不是真的兽医呢？我们还需要继续研究。

6. 能否找到可以支持这条一手信息的其他信息来源？如果猫真的能够学狗叫，一定不会只有一个人这么说，能不能够找到别的兽医的说法呢？后来孩子们就沿着这条路径不断研究，结果真的有其他专家也发过这样的文章和消息。

这时候基本可以相信，这是真的：猫有时候被逼急了，真的会像狗一样叫。

通过这个例子，我们知道了验证信息来源的基本过程。那么，如何辨识一个新闻是不是虚假新闻呢？作者列出了一系列步骤。

1. 文章是谁写的？与验证猫会狗叫一样，首先要搞明白文章是谁写的。广告或者虚假的报道会删除作者的姓名。

2. 能找到作者的个人简历吗？发表这么一篇文章，意味着作者需要对所说的内容负责。可以试着寻找更多与作者有关的信息，看看他的身份是否真实可信。

3. 这名作者是否写过其他你能找到的文章？

4. 文章提出的核心主张是什么？

5. 文章发表在什么地方？为什么说传统媒体的价值依然存在，因为很多传统媒体起到了把关人的作用，这代表其对发布的内容有审核。

6. 文章带给你的感受如何？为什么会有这一条呢？所有耸人听闻的假新闻，它的目的就是要撩拨你的情绪，可能是愤怒，可能是恐惧。我讲过《疯传》，愤怒和恐惧是最容易带来流量的。

大家千万不要小看你的愤怒，你的愤怒对于某些人来讲就是"生意"。所以，我们作为"吃瓜群众"，不要随便把自己交给那些想要撩拨你情绪的写手。如果他的文章只是为了激发各式各样的情绪，尤其是恐惧和愤怒，一定要警惕，这里很有可能会有虚假的成分。

除了辨别虚假信息，评估证据还有一个非常重要的方面就是避免各种谬误，这也是我最想分享给大家的。什么是谬误？通俗地讲，就是在看到很多证据，或者筛选这些证据的过程当中，每一个人都容易犯的错误。这里列举了八种谬误。

第一种，人身攻击谬误。你跟他讨论一个话题，他说你就是坏人，你说话他就是不信。他不跟你讨论问题，而是讨论你的背景、出身，你之前还干过什么坏事，并用这种方式得出所讨论问题的结论，这就是人身攻击谬误。

第二种，稻草人谬误。这种谬误是歪曲或者夸大人们在讨论时所持的观点。比如，我告诉大家要少吃糖分过高的食物，如面条、米饭，如果你要减肥就要控制，这种东西要少吃。然后，就会有人站出来批评说，你竟然不让大家吃面条。我没有不让大家吃面条，我只是说糖分吃多了，对身体不好，但是被夸张成号召大家不要吃面条。所以，不要树立一个稻草人，非常生气地攻击歪曲、夸大。以上就是稻草人谬误。

第三种，乐队花车谬误。你可能发现，只要走到一个狂欢节的现场，看到别人在举行乐队花车游行的时候，你就禁不住手舞足蹈地跟着走，随大溜。这种谬误会使人倾向于认为受欢迎的观点或者众人都相信的观点肯定是真的。你不是通过自己的判断得出结论，你是通过看有没有人跟你一样得出结论。

第四种，滑坡谬误。滑坡谬误是指一个人认为如果允许一件事情发生，它就会引起连锁反应。比如父母看到孩子玩手机，会说如果孩子一直玩，今后一辈子都这样怎么办。遇到这种情况，我就问这些妈妈，你小时候有没有偷看过小说，有没有偷偷骗过家里人，你后来一辈子都这样了吗？事实上这些都是想象中的场景，并没有发生，而父母会表现得非常焦虑、生气、恐惧。

第五种，逃避话题谬误。逃避话题很有趣，在这种逻辑谬误中，发言者不是谈论原本的论点，而是会故意引入新的论点或主张，以转移话题。比如在讨论每天该摄入多少糖时，有人评论：

"吃什么都不重要，最重要的是锻炼。"没有人说锻炼重要或不重要，我们讨论的是糖的摄入量问题，话题就这样被转移了。

第六种，虚假两难谬误。陷入虚假两难谬误的人会错误地推测某件事只存在两种可能的结论，这种思维也被称为"非黑即白"。有这种思维的大多是孩子，比如孩子和其他小伙伴发生争执，他会生气地说："他是大坏蛋，我不和他玩了！"在孩子的眼里，区分好人与坏人的，往往只是一个小小的表现。这个谬误点就在于，世界上没有那么多非黑即白的事。有些事可以简单地进行判断，比如这个是汽车，那个是自行车，这也叫作汇聚性问题。然而这个世界上大量的问题是发散性问题，有各式各样可能的答案，比如创业、与孩子相处都是无法被简单定义的问题。

第七种，诉诸主观情感谬误。陷入这种谬误的人不会针对问题进行反驳，而是会发表操控其他人情绪的观点。此时讨论的问题变得不重要了，重要的是个人的感受。所以，很多辩论的套路是先说一个笑话，把你逗乐，这样你的警惕心就会下降，也特别容易相信别人说的话。这就是孔夫子在《论语》中讲"巧言令色，鲜矣仁"的原因。一个人叙述时的最好状态，就是老老实实、冷冷静静。

第八种，假性因果谬误。这种谬误是指当两件事情同时发生的时候，我们很容易认为其中一件肯定是由另一件引发的。实际上，它们只是同时发生，没有相关关系，我们却简单地得出结论，认为就是一件事导致了另一件事。

以上是八个特别典型的思维谬误。针对孩子，我们可以找常见的或者有趣的话题，让孩子参与讨论，培养他们自我审视的思考习惯。比如以下几点。

- "如果我完成不了这份作业，我就考不上大学，那我就永远找不到好工作。"（滑坡谬误）
- "昨天我头疼，但后来喝了些果汁就不疼了。果汁是治疗头疼的好东西。"（假性因果谬误）
- "你没入选体操社团所以很难过，但想想那些连戏剧社都没有的学校吧。"（逃避话题谬误）
……

第四步：验证观点

当你拥有了这些证据以后，先不要着急做出决定，在完成评估证据、得出结论之前，还有一个非常重要的阶段——验证观点。

首先，思考其他的观点。验证观点时，要注意很多事情都是证据相同，却能推导出不同的观点，这个很正常。生活中，我们经常觉得一定是因为证据作假，才会导向不同的结论，其实不是。选择证据的角度不同，或者解读这个证据的方式不同，就会使我们得出一个完全不同的结论。

比如，佛罗里达州的死亡率在全美国最高，你会怎么解读这一事实，从而决定要不要搬到佛罗里达州去住？事实上，佛罗里达州的死亡率确实是美国最高的。从正常的角度想，大家一定避而远之，但实际上有大量美国人搬去居住，因为那里气候好，温暖、有海岸，适合度假，大量老年人退休后，会选择搬去那里，这也解释了为什么那里死亡率最高。这就是对于相同的证据，如果解读方式不一样，完全可以得出不同的结论。

其次，检验自己的观点。我们在得出结论的时候，往往经过两步，一步叫假设，一步叫推理。假设是一个人认可的真实的信念，他不怀疑它的真实性。推理是一个基于收集到的证据或所做的假设得出的结论。

比如，你看到朋友进了医院，得出他肯定生病的结论。你的假设是一个人没病就不会进医院。你的推理是，朋友去了医院，所以他肯定生病了。但大家仔细想想，有没有可能是朋友的家人生病了，或者他就是在医院工作呢？所以，要检验自己的观点，需要反思你的假设以及推理过程。

再次，明白情绪的力量。快乐、悲伤、愤怒、希望等情绪本身并没有好坏之分，但它们可以被用来改变人们的心意、控制人们的想法。这也是前面提到的"诉诸主观情感的谬误"。很多没进行过这种思维训练的人，容易被情绪引导，却得出了一个简单的结论。所以，哲学家的重要性在于，要能够冷静客观地提出不同的意见。而我们也要时刻对网上那些挑动大众情绪的"热文"保持警惕。

最后，培养同理心。明白了情绪的力量之后，还要培养同理心。同理心就是想象和理解他人的思维、情绪和经历的能力，也就是站在别人的立场上思考问题。它可以帮助我们理解观念、论点和新闻故事背后的人。如何培养同理心？戴宾克在书中建议多读历史上不同的人物传记和自传，比如，读过卢梭的《忏悔录》以后，听到别人对卢梭的诋毁，你可能会有另外一种想法。读过《张爱玲传》后，了解了她的一生，慢慢地就会多一分理解，因为理解，所以宽容。

第五步：得出结论

验证了各种不同的观点之后，批判性思维的最后一步叫得出结论。得出结论是以推理和证据为基础的。在得出结论的过程中，有几点非常重要：重温原先的问题，回顾证据和你学到的内容，以及考虑价值观。

有很多问题是非常复杂的，我们此刻得出的结论未必永远不会改变。重温问题时，我们需要用新的证据，以及学到的内容重新评估。人类的科学事业，也是在不断突破原有理论中不断进步的。比如，牛顿提出万有引力，后来爱因斯坦的相对论证明，引力更像一种几何效应，而非一种力，力学现象的背后有更复杂的原因。所以，我们要能够接受结论被颠覆，因为那只是在有限的空间、时间之内得出的结论。

此外，得出结论的时候，还要考虑价值观。人确实很难做到完全公允，因为你的价值观决定着你愿意得出哪一类结论。比如诚实、善良、健康、守法、守时、信用，这些都是你的价值观，根据价值观，你会得出更愿意支持的结论。

伴随一生的科学思考方式

得出结论后一切就结束了吗？戴宾克说得出结论是批判性思维的结果，却不是一切思维的终点。我们的决定、看法和思想，只是真实世界的一部分。我们无论对自己的结论有多确定，都应该去找与我们结论不同、意见相左的人讨论一下。比如，前面列举的灰狼是否应该被列入动物保护名单的问题，如果你认为应该列入，那就去找认为不应该被列入的人讨论。讨论时，不要只是与持同样观点的人一起讨论，要跟持有不同观点的人讨论。

在讨论、分享观点时，还有件事很重要，那就是礼貌。现在大家在网上留言、发表意见时，似乎忘记了礼貌。移动互联网给了每个人发言的机会，但并没有使我们用更加科学、更加耐心的态度去看待问题，反而让人变得随意、不负责任、急躁，甚至失去理智。很多短视频下面，大部分人就是留一句难听的话，然后转身就走，自认为隐藏在暗处。

这些人的发言虽然宣泄了情绪，但最终还是对自己不利，因为你只是用一个简单的咒骂替代了所有的思考，替代了准确的判断，会错过很多的机会。这就是为什么说礼貌很重要。在意见相左的时候，双方也应该做到彼此尊重，然后友善相处。英语里有一个短语"with all due respect"（恕我直言），就是指我对你非常尊敬，但是我有话要直说。与别人辩论、讨论时，你可以有不同的意见，但需要保留一份尊重。

除了分享观点，倾听他人的想法也很重要。有时候听得多了，我们会发现很多话根本就不用说，因为对方的想法其实跟你差不多。所以，保持好奇、善意、专心、投入地倾听，可以避免不必要的争吵。

我们每一个人，都应该学习和训练批判性思维，这样才不会人云亦云，不会轻易相信一个不靠谱的结果，不会被别人的道德要求裹挟，不会被别人的情绪所压迫，才能够从新问题深入下去，再去钻研，解决问题，最后得出结论。所以，批判性思维的训练应该从孩子很小的时候开始，我们要教会他认识世界，养成终身受益的思维习惯。

运用批判性思维的核心目的是减少你和整个世界之间的摩擦，让你的烦恼变得很少。我们在《思辨与立场》里讲过，如果你还有烦恼，一定是因为思维方式错了，就这么简单。所以，无论是在企业、学校、家庭，还是社区当中，引入批判性思维方式，都能够让我们的生活、工作变得更加顺畅、愉快、科学。

第3节　对自己负责

康妮解读《如何让孩子成年又成人》

我的大儿子之前因为没有选上一节选修课，不得不给辅导员写邮件，问可以选择哪一门课程作为替代，否则辅导员很可能塞给他一门他不喜欢的课程。他当时很不服气地问我，为什么要他来写，我回答他："因为我是不会帮你写的。"我想，如果是一个心急的家长，一定会为了孩子的学分和未来，去和老师沟通，但我不会这么做。我希望一个14岁的男孩子可以为自己的所作所为承担责任，并提出解决方案。类似这样的例子有很多，孩子总是希望家长可以帮助他解决一些棘手的难题。

几年前，我和朋友曾讨论如何教育孩子，她向我推荐了美国作家朱莉·利思科特-海姆斯女士写的《如何让孩子成年又成人》。朱莉·利思科特-海姆斯凭借她在斯坦福大学的十年教务长任职经验，以及多年来对学生细致入微的观察，写出了这部力作。

很多时候，家长都只关注孩子的成绩，忽视了孩子能力和品质的培养，而朱莉·海姆斯认为，我们培养孩子的目的是让孩子成为一个有担当、有责任、有能力而且幸福的成年人。她将这本书分为四个部分来写。

焦虑不堪的当下

焦虑表现

说起家长们的焦虑表现，首先就是对孩子们安全问题的担忧。我们"70后""80后"小时候，通常都是自己上下学，不需要家长接送，写完作业之后，就出去和其他小朋友一起玩。但是，随着时代的变化，机动车越来越普及，偶尔还会有拐卖儿童等恶性事件发生，家长对孩子的监护程度也越来越高了。家庭中至少有一位家长要承担接送孩子上下学的责任，孩子和同学或者其他小朋友出去玩，也要在家长的陪同之下。有些时候，家长没有时间和精力陪同孩子到户外玩耍，只能任由孩子看电视或玩其他电子产品。

除了安全问题之外，家长们的焦虑还体现在不想让孩子错失任何一个机会上。比如，学校里有个演讲比赛，那么家长会对孩子说"你一定要去参加，我给你请一个辅导老师吧"；特长生可能会在之后的升学中有加分，家长就会让孩子去学习体育或者美术。家长希望每一步都可以为孩子计划好、盘算好，让孩子将每一个机会都把握住，尤其是自己小时候没有机会学习和参加的，家长就更希望孩子能代替自己弥补人生的遗憾。

焦虑原因

那么，家长焦虑的原因又是什么呢？很简单，就是家长对孩子特别地疼爱。现在有很多家庭只有一个或者两个孩子，除了父母以外，爷爷奶奶、姥姥姥爷也是照顾孩子的主力。这一个或两个孩子会承接六个成年人全部的爱，但作为家长，我们仍然会担心：我是不是已经给孩子提供了最好的条件；在照顾孩子这件事情上，我是不是已经做到无可挑剔。这种爱加上担心，就塑造了一种"直升机父母"。

何为"直升机父母"？顾名思义，直升机会在空中盘旋，一旦地面上有什么需要或者请求，它会在第一时间降落并提供帮助，用来形容父母是不是非常形象？我们可以想到一个非常熟悉的场景，孩子在学校发现某样东西落在了家里，给家长打电话，家长是不是都会说"好的，我给你送去"？可是"送去"这个行为，是否真的能帮助孩子解决问题呢？

家长除了在孩子生活方面进行无微不至的关照外，在情感方面也希望他们不受伤害。我们经常会夸奖孩子："哇！你真是太棒了！你真是最聪明的孩子！"我在美国观看小区里或者城市里的棒球比赛时，就总是会看见孩子在场上打球，场外的家长不停地加油助威，夸他们的孩子做得好。这可能会让孩子形成一种错误的认知：因为我的父母认为我什么都是最棒的，所以我在各个方面都要拔得头筹。

我的孩子就曾经出现过一种状况。在家里，我们经常因为他的绘画作品夸奖他、鼓励他，有一次在学校的美术课上，老师赞美了另外一个小朋友的作品，没有夸奖他，他回家之后就闷闷不乐，和我说："我什么都做不好，感觉自己什么都不如别人。"

我很纳闷，问他："你怎么会这么想呢？"

他说："今天老师表扬了另一个同学的画，但没有夸奖我的。"

我说："那又怎么样呢？他画得比你好，或者说这一幅画他画得比你好，并不能代表他每一幅画都画得比你好，每一件事都做得比你好，对不对？而且你并不需要和别人比较，你只需要努力做好你想做的事情就可以了。你喜欢画画，就努力画好每一幅画，画出你认为最好的样子，如果不喜欢画画，也可以选择弹琴，没必要在每一件事情上都独占鳌头。"

现在这一代孩子，物质充足，被全家人环绕着长大，着实犹如温室中的花朵一般，但总有那么一天，他们会离开家独立生活，或是上大学，或是结婚生子，那他们有能力照顾好自己吗？他们能作为强者，在职场中拼搏吗？答案肯定是不能。所以作为家长，我们在重视孩子的学习成绩外，更应该锻炼他们的能力和心理素质，帮助他们为以后的生活奠定基础。

过度养育

　　朱莉在书中提出了一个"过度养育"的概念。在讲为什么要停止过度养育之前，我们可以先来了解一下哈佛大学录取学生最看重的三个标准。

　　我作为哈佛大学的校友面试官，每年都要对我所居住的这个城市的高中毕业生进行面试，然后给学校提供我们面试这个孩子的观察报告。那么哈佛大学看重学生的哪些方面呢？

　　关注的第一个方面就是性格、品格。在长达一个小时的面试中，有一个问题非常有意思，就是考察这个学生会不会是一个好室友。我们都知道，大学一年级的学生要开始住宿舍，都会有室友，这个问题就是要通过谈话来判断这个学生是否好接触、好相处。这很有趣，它首先关注的不是学生的学习成绩和学习能力，而是学生的性格。

　　关注的第二个方面是孩子的课外活动。这方面的考察不是说只要你参加过很多项不同的活动（比如滑冰、游泳、画画、弹琴）就可以，还要看你在活动中有什么表现。你是否带领过团队？你有没有创新？你如何开始做一件事情？你做某件事情花费了多长时间？

你参与活动的深度和广度是怎样的？学校会特意让面试官观察，学生参与这项活动的目的是什么，是只为了交出一份漂亮的履历，还是真正想做一件他自己感兴趣的事情，有激情，能够全身心投入？

所以说，学校并不会因为家长带领学生参加过很多活动项目，有一份完美的履历，就录取这个学生，而是会观察这个学生从事某项活动的缘由和成果。

我曾面试过一个学生，他毕业时很多名校都邀请他去面试，最后他面试了哈佛大学，被哈佛大学录取了，但事实上，他并没有参加过任何课外活动，他只是为了帮家里减轻负担，在外打了两份工，平时还要照顾弟弟妹妹。可见，学校录取他是因为格外看重他对自己、对家庭、对社会的责任感，以及他的毅力、耐力。

关注的第三个方面，才是学生在学校的成绩，但学校关注的也并不仅仅是分数，而是要看你的思维和想法有多少是原创的，以及在某一个领域研究的深度。

我希望哈佛大学的录取标准能给你提供一个新思路。书中引用了哲学家歌德的一句话："孩子应该从父母那里得到两样东西，根和翅膀。"所谓翅膀，就是当你的孩子成年，要从父母为他搭建的遮风挡雨的巢穴飞出去的时候，能拥有更好地生活下去的能力。

现在我们说回"过度养育"。海姆斯女士在她任职新生教务长的十年间，观察了上千新生。很多新生入学时，都有家长陪同，父母们忙前忙后，各种安排、打理，而有的孩子，就连让搬运工或者朋友帮忙把行李箱运回宿舍这种小事都没办法自己处理，甚至每次做决定之前都需要打电话问明父母的意见才可以，更不要说自己做饭、坐公交去一个不熟悉的地方或者计划一场旅行了。

海姆斯女士说，18 岁的孩子要具备和陌生人交谈的能力、管理自己任务的能力、为家庭运转做贡献的能力、承担风险的能力。如果父母总是在孩子 18 岁之前，替孩子思考、替孩子做选择、帮孩子解决问题，那么就不要妄想在孩子 18 岁的钟声敲响之时，这些能力会奇迹般地生长出来。

被过度养育的孩子，就像我们所说的"巨婴"，父母的过度干预和过度介入造成他们在心理上不成熟，没有办法脱离父母独立生活或做决策，而父母养育孩子的初衷，绝不是这样。

没有人的一生是一帆风顺的，我们会面对失败、面对恐惧、面对棘手的问题，所以我们必须培养孩子面对外界压力、负面评价的勇气和解决问题的能力。我们作为父母，很多时候不是给孩子的爱太少、忽视孩子，而是给孩子的爱和帮助太多，就像前文提到的"直升机"一样，孩子需要什么，就立刻投递。

如何培养孩子成人

朱莉提到了"自我效能"这个词。自我效能是指一个人对自己所能获得的成就的真实感知，既不夸大，也不低估。其实这就要求家长从孩子小时候就培养他们的自我认知能力。孩子是不是能够不断试错直至成功，与家长在他们童年时期的养育方法关系密切。如果孩子从来没有尝试过一遍一遍试错，一次一次从失败中站起来，那就很难形成自我效能感。

那么如何培养孩子的自我效能感呢？作者给我们提供了以下建议。

让孩子拥有更自由的时间

前一段时间，我总是感觉我的孩子好像做什么事情都不主动，提不起兴趣。我常常和我老公说，感觉孩子好像什么都不想要，什么事情都是我们要求他做的。后来，我也看了一些关于如何增强孩子自驱力的书，其中就提到，家长要给予孩子更多的自由时间。

现在孩子们的学习压力非常大，为了让孩子的人生履历更加闪亮，父母给孩子安排了各种各样的活动课程。但其实，每个孩子都需要一个固定的"玩乐"时间，让他自己去"玩"是非常重要的，因为在这一段时间里，孩子们才能真正找到自己的兴趣，激发自己的创造力。如果所有事情都由家长来安排，"你应该去画画""你应该去搭乐高""你应该去弹琴"，那对孩子来说，不仅没有好处，还有可能产生反作用。你需要给孩子一个自由的时间，哪怕他只是想在床上安静地躺一会，或是随便翻看他自己感兴趣的一本书，都随他去。

　　我的二儿子非常喜欢看动画书。很多时候我会跟他说"你要去读那种章节小说"。他不喜欢，还是想看动画书。后来，我说："好吧，那种精读时间是必须要有的，但是周末你可以拥有自由阅读的时间。你想读动画书、小人书，都可以，或者每天给你一个小时，你可以做一些自己想做的事情。"

　　家长不要过度干预孩子，不要帮他设计一些活动，要让孩子有更多自由的时间，可以和自己的兄弟姐妹或者其他小朋友一起游戏，或是独自享受这段时间。

　　此外，我还引导孩子感受心流。心流，是当你做一件事情时，将精力完全投入这件事情的感觉。你非常享受这个过程，忘记了时间和空间，不希望被打扰，感觉可以做这件事情做很久。这就是一种心流体验。我相信，心流不会出现在你强迫孩子做题或是弹琴的时候，而会出现在孩子心甘情愿地、投入地做某件事情时。

　　我的二儿子就很喜欢做手工，我在家里给他准备了很多破的纸板子、不用的牛奶桶、碎布料等，我会鼓励他用这些东西自己创作。千万不要小瞧孩子的创造力，他真的能"发明"出很多让你意想不到的东西。比如，他就可以用这些材料制造出一台夹娃娃机或是一台自动贩卖机。他挖一个小洞，装一个小的塑料桶放在上面，然后旁边放一个一块钱的硬币，把那个小桶一拉，"哗"地一声他的麦片或者糖果就掉出来了。做手工是一个创造的过程，孩子不会在乎花费了多长时间，他享受这个过程。或许制作一件手工作品确实需要花费很长时间，但请你相信，这是值得的。你不知道在这段时间里到底有多少思维和创造力的火花在孩子的小脑袋中迸发，以及孩子能在这个过程中发展出何种能力。

传授给孩子基本的生活技能

除了让孩子拥有更多的自由时间外，我们还要传授给孩子基本的生活技能。

在我五年级暑假的时候，家里人就让我和我姐姐去菜市场帮忙卖菜。我的父母和菜市场的菜贩说："我家有两个孩子，一个五年级，一个六年级，可不可以趁着她们放暑假，让她们到你这里来帮忙卖卖菜，体会一下工作的辛苦？"那是我第一次去外面干活，我和我姐姐需要每天抬大筐的蔬菜，有时候还需要帮忙装好车，去各个地方送菜。一个暑假下来，我俩一共就赚了七十多块钱，一人三十几块。这个暑假的经历给我留下两点深刻的印象，一个是工作真的很辛苦，另一个是工作真的让人很有成就感。

为什么我们要教给孩子基本的生活技能？因为掌控感是每个人都需要的。只有拥有了掌控感，你才可能拥有自我效能感，有对自己的认知，相信自己有能力完成某件事情。所以父母从孩子小的时候起就让孩子做一些力所能及的事情至关重要。叠被子、刷碗筷、收拾玩具、洗衣服都可以尝试着让孩子自己做。越小、越早让孩子做家务活，他越不会产生抵触情绪。你可以根据孩子的不同年龄阶段制作一些他们能做的事情的清单卡片。比如，2~3 岁的孩子可以自己刷牙、洗脸、收拾玩具；4~5 岁的孩子要记住父母的电话号码、系鞋带、清洗碗筷；7~8 岁的孩子可以开始学习烹饪等技能。把这些孩子掌握的技能小卡片累积起来穿成一串，可以让孩子特别有成就感。

我会带我的小儿子把自家花园里那些长得很长很长的藤和蔓都揪下来，如果是那种很长的根，我就会教他使用剪刀或刀子来割掉那些根。后来，我们收拾出来三大包杂草。第二天早晨他看到花园说："哎呀，我们的花园真是干净又整齐。妈妈，昨天我做得是不是很好？"我说："当然啦！是你的劳动创造出了美丽的花园。"

等到孩子 13~16 岁时，就可以让他独立地做更多事了，比如，自己去商店购物，自己洗床单、床笠。我的孩子就会帮助我用吸尘器打扫卫生，也知道如何使用洗衣机和烘干机、如何进行简单的烹饪和烘焙。

我的大儿子在 11 岁时就可以帮忙照顾小宝宝了。一开始是照看自己的弟弟，然后是帮我的朋友照顾她们的孩子。这时候，我会让他和弟弟一起去照顾那些一两岁或是四五岁的婴幼儿，带孩子们一起玩儿，在培养他们责任感的同时，让他们学会一些基本技能，比如，学会给小宝宝们换尿布，或是解决一些小问题。解决不了的时候，他们会打电话给我请求帮助。

孩子再大一点，就可以做一些更加复杂的事情了，比如换轮胎、预约医生、去银行存取款、清理管道、换灯泡……

你可以想一想自己的孩子现在处于哪一个年龄阶段，哪些事情是他们要学会做的。我在书中还看到一个非常有意思的结论——那些三四岁就开始做家务的孩子，比那些很久之后才开始做家务的孩子更容易成功。那么如何培养孩子做家务的能力呢？这应该分为四步。

第一步，我为你做这件事。

第二步，我和你一起做这件事。

第三步，我看着你做这件事。

第四步，由你独立完成这件事。

我的二儿子现在十岁，我一直在等着他高过案板，不然不敢让他用刀。现在他终于长到这个位置了，我说："你想要做什么？"他说："妈妈，你做的那个泡菜炒饭我很喜欢吃，我想学做这个。"我说："好的，那太容易了。第一次你先看我怎么做。你看，我先在案板底下铺一张纸，这样案板就不会跑来跑去的。然后切香肠和泡菜，你看这个刀是这样用的，用刀一定要小心。然后放一点油，注意控制油温，先放香肠进去炒，然后再放泡菜，泡菜要炒出红色的汁，再把干米饭放进去。用旁边的锅再煎一个蛋，就大功告成了。"后来我又和他一起做了一次。之后，一天早晨我起来，他兴奋地和我说："妈妈，你看！我给你做好了泡菜炒饭！"

所以对于小朋友，如果你耐心地教他怎么做，给他做出示范，再和他一起做，最后由他独立做好某件事，他会非常有成就感。他获得了掌控感，也获得了自信。

家长可以选择一些孩子能做的事情，开始尝试，比如可以从做早餐开始。家长要做的是放弃对完美的追求，因为完美主义是做这些事情的大敌。如果你总是希望孩子的饭做得色香味俱全，希望他们做完饭后还把厨房收拾得一尘不染，那你可能永远没办法开始这件事。允许孩子做得不完美，允许他们把厨房弄脏弄乱，允许他慢慢熟练，他才可以做到更好。家长也不要在孩子刚刚做完之后，就提出改进意见，这会打击孩子的积极性。你可以让孩子先做，在他下一次做这件事的时候，你可以告诉孩子哪些方面可以比上一次做得更好。比如，你可以说："你这次可以尝试像妈妈一样，边做边收拾。"通过这样的激励和鼓励，可以让孩子更爱做家务。

帮孩子做好努力工作的准备

"让孩子成年又成人"，这意味着，家长的任务不仅仅是让孩子做一个好学生，还要让孩子成为一个优秀的成年人。成人很重要的一部分就是要有工作、有责任、有担当。为了孩子将来能更好地适应职场，我们现在就应该帮助他们做好准备。也许你会认为现在孩子还小，工作是很遥远的一件事，但我们之前已经提到过一项研究的结论——那些三四岁就开始做家务的孩子，比那些很久之后才开始做家务的孩子更容易成功。哈佛大学的精神病学家乔治·瓦利恩特所做的一个著名的纵向研究也认为，童年做家务是未来成功的基本要素。这是为什么呢？因为做家务那种"我能做""我会做"的感觉会给孩子带来成就感，让他们觉得自己拥有掌控力，从而提高他们为家庭做贡献的责任感和自觉性。

我们在职场中看重的那些品格，比如主动性、抗挫力、解决问题的能力等，都是从孩子小的时候就需要培养的。比如，孩子在家用吸尘器打扫卫生的时候，可能会因为线太短吸不到某处，这时候他会怎么处理，是就不吸那里了，还是找个插线板使线延长，或是用扫或擦的方式把那里打扫干净？所以我们可以看出，职场中所需要的这些素质，都能够从孩子小时候做的一些力所能及的家务中获得。

那家长需要做些什么呢？家长要给孩子做示范、给他们明确的指示，以及恰当的感谢和反馈。比如，你可以和孩子说："你吃完饭后要把碗筷放进洗碗池中。"当孩子按照你的指示做了的时候，你可以夸奖他说："谢谢你，你把碗筷放进洗碗池帮妈妈减轻了负担。"这样可以让孩子将做家务视为生活中习以为常的事。

让孩子自己规划人生

很多时候我们认为自己比孩子更有经验、更聪明，其实事实未必如此。

我的大儿子上初中时有很多选修课可以选择，比如戏剧课、电子音乐课、舞台布景课等。我听其他家长说，他们学校的戏剧课非常有名，将来在升学的时候可能也会有帮助。于是，我就和他说："你选择戏剧课吧！戏剧课非常好，将来升学的时候也对你有帮助。"他却表示不想学戏剧，对戏剧没有兴趣。我鼓励他报名试一试。上过一节课后，他自己把戏剧课退了，改选了电子音乐课，学习做 DJ。我虽然感觉有些遗憾，但也同意了。后来一次音乐会，我看到他在台上做 DJ，台下的同学都注视着他，他特别投入，特别沉浸其中，很有激情，我真的为他感到骄傲。

这个故事也提醒我们，不要为孩子做我们认为的更聪明的决定，家长要做的就是支持他们去选择和规划自己的人生，以及为他们提供一些资源。我的儿子和我说："我更喜欢做厨师，从事餐饮行业。"那我就不会和他说："我觉得你学习金融更好，有机会去华尔街工作。"我会告诉他："我非常支持你做厨师，你可以多了解一些食材，可以在视频网站上多多学习做法，我也可以带你去见一些厨师，和他们交流。"

教孩子面对挣扎的人生常态

此外，我们还需要让孩子直面挫折。职场也好，人生也好，抗挫力都是非常重要的一项能力。前几天我在健身房听到一位女士在谈论她的女儿，说她的女儿学习非常好，成绩优异，就读于普林斯顿大学，但她说她一直都很担心女儿，因为她的女儿自从上学开始，就从来都没得过 B，每次成绩都是 A，她担心她女儿在上了大学之后会在学业上受挫。后来，在开学第一个学期她的女儿给她打电话说自己得了人生第一个 B 时，她拍手庆祝，她说："我太高兴了。你终于得到了人生中的第一个 B，你要知道得 B 也没那么可怕。"

我们很多时候把注意力放错了地方，总是盯着孩子不足的地方，却忽视了孩子的优势。我希望所有的家长都能发现孩子的优点和长处，即使某些事没有做得尽善尽美，也依然为他们欢呼和喝彩。我们要允许孩子犯错和失败，在他失败的时候对他说："没关系，下次一定会更好。"

另外，你要做他的榜样。怎么做呢？我们的人生中也会有挫折，比如说没能升职、没能加薪，或者一个机会，你没有得到，别人得到了。这个时候的失败，你要展示给孩子看，告诉他"你看，我真的很努力，但我没有争取到这个机会，那又怎么样呢？没关系，下次妈妈再加油"，让他知道任何不好的事情都可以转变成好的事情，所以即使遇到挫折那又怎么样呢？生活照样继续，要用一种积极的心态去面对人生。

给家长的心里话

保持自我

我们的生活中不是只有孩子，我们在做父母之前首先是自己。我们的生活绝对不仅仅是围绕着孩子转。当然，我们是他们的养育者，需要提供爱、帮助和支持，但是我们更要记住如何做自己。你要关注自己的身体是否健康、心灵是否得到滋养、心情是不是愉悦……

我每个星期都会给自己两个小时，做能让自己开心和产生心流的事。对我来讲，画油画就是这样的事。我会和孩子协商，这两个小时不要打扰我，我需要做一些让自己心灵得到滋养的事情。所以你也可以规划一些完全属于你自己的时间，做让你自己感到愉悦的事情，这样不仅能让自己感到放松，对孩子来说也更好。

做你想做的父母

什么叫你想做的父母呢？这就是说你可以选择自己做哪一类型

的父母，比如你不想做"虎妈"，不想做"直升机家长"，你想要做一个可以陪伴孩子成长，能和孩子一起学习和玩耍的"海豚妈"，那你就需要找到一个好的团队作为支持，你和你的伴侣要观念统一，无论其他家庭管理得多么严格，都不会影响你们，因为你想做一个适度放手的家长，让孩子能具备思辨能力，有自己的选择权，能够独立完成任务。

　　愿我们每个人都能做自己想做的家长。我想和所有的家长说一句话："希望你们放心，不要焦虑，我们都是最好的家长。"

2

学习能力，实现终身成长

"学习"不仅是孩子成长路上不可或缺的能力，也是他们长大成人后不断进步的基础。"学海"并非"苦海"，没能享受学习的乐趣也并非孩子的错，只是他们没有掌握适当的方法。

　　本章将从脑力训练、学习技巧、智慧形成这三个方面，引领孩子走上快乐、高效学习之路，让孩子拥有终身成长的学习能力。

第 1 节　脑力训练

杨娟、张玉梅《北师大教授的学业提升课》课程精编

很多家长依赖学校的课程学习和课外班的强化训练来提升孩子的学习成绩，但从实际情况看，效果并不理想，甚至可能导致孩子学习兴趣和学习动力的丧失。

实际上，想要提高孩子的学习成绩和学习能力，关键是解决孩子学习的底层逻辑问题。《北师大教授的学业提升课》这门课程就提出用"BMA 学习轮"的方式帮助孩子，其中包括三个关键点：

第一，B（Brain），从脑科学出发，帮助孩子探索适合他的学习方法，弄清孩子用哪种学习方法更高效；

第二，M（Motivation），关注孩子的学习动力，帮助孩子爱上学习，提高孩子的学习兴趣，让孩子对学习产生良好的情绪；

第三，A（Action），让孩子在实践中学习，帮助孩子养成良好的学习习惯。

为了让这三个关键点成为现实，课程中分享了助力孩子学习的科学知识和方法，主要分为四个部分。

第一部分，分享了脑科学与高效学习之间的关系，从脑科学角度分析了如何让孩子的学习更高效，如何让孩子的大脑发育得更好。

第二部分，分析了与孩子学习动力有关的情绪问题，讨论了如何处理孩子由情绪带来的学业问题。

第三部分，分享了一些学习策略，比如学习流程、记课堂笔记、做练习等科学的方法，帮助孩子提高学习质量。

第四部分，介绍了如何帮助孩子养成良好的学习习惯，重点在于养成思维习惯、设定与管理目标以及提高时间利用效率等，帮助孩子明确学习方向，提高自驱力和自控力。

孩子的学习牵动着家长的心。接下来，我们就从以上四个部分入手，一起探索提升孩子学习能力的奥秘，以及让学习行之有效的好方法。

脑科学与孩子的发展

常常有家长说，在孩子一两岁时，他们觉得孩子简直是聪明过人，以后考名校一定不成问题。可是等孩子上学后，他们就渐渐觉得孩子以后能考上大学就不错了。为此，他们还会感到内疚，认为是自己没好好培养，才耽误了孩子的发展，甚至让孩子"变笨"了。

其实，在绝大多数情况下，孩子并没有变笨，家长也没有耽误孩子发展。我们之所以会觉得孩子在小时候更聪明，一方面是因为面对新生命时的爱与期待让我们放大了孩子的优点。随着孩子年龄的增长，我们的期待也会发生改变。随着孩子逐渐长大，他们要学习的文化知识比幼年时所学的生活本领更复杂、更困难，因此就造成了在家长眼中"变笨"的假象。

另一方面，孩子的大脑发育阶段发生了变化，这种变化与能力发展之间有着密切的联系。因此许多家长就对孩子产生了"小时候聪明，长大后变笨"的误解。

脑科学与能力发展

孩子的大脑发育与能力发展之间的关系主要有两点。

第一，孩子大脑的成长发育具有阶段性特点。

科学研究发现，孩子的成长阶段和大脑神经元连接形成阶段是相对应的。在孩子刚出生时，大部分大脑神经元之间几乎没有连接，大脑皮层的大多数区域也不活跃，这时孩子的大脑所拥有的神经元和连接数量要远多于成人。而随着孩子接受的外部刺激增多，孩子的大脑神经可以达到成人的95%。到了十岁以后，孩子的大脑逐渐成熟，功能也更加稳定，也就能够处理更加复杂多样的问题了。

因此，在孩子小时候，很多能力增长的背后其实是生理的变化，孩子表现出来的"聪明"并不是独树一帜，大部分孩子在这个成长阶段都会有类似的表现。

第二，孩子的大脑成长发育是不均衡的。

孩子到六岁时，虽然大脑体积已接近成人的水平，但他们还不能像成人那样思考，因为他们大脑各个区域的发育水平并不均衡。比如，用来控制视觉信号的枕叶最早成熟，所以孩子在几个月大时就能识别复杂的视觉图案；而负责抽象推理、解决复杂问题、主管控制的前额叶皮质，在孩子青春期或成年后才能发育成熟。

这一点给家长的启示是：孩子表现得没有小时候"聪明"，或者处理不了一些在我们看来很简单的事情，可能是大脑发育不均衡造成的，其实孩子的能力一直都在提高。

了解孩子在成长发育中的这些事实，可以帮助我们以更平和的心态看待和接纳孩子，并且在面对孩子的学习问题时，能够从脑科学的角度帮助孩子。

脑科学与高效学习

有一位家长咨询说不知道该怎么管孩子。她的孩子正在上小学四年级，用她的话来讲，"孩子上课听不懂，作业不会做，讲了不爱听，训了没有用"。老师也向她反映，"孩子上课容易走神儿，写作业时更是能拖就拖"。她特别无助："我该怎么办啊？"

从表面上看，这个孩子表现出很多学习问题，但与这个孩子沟通后可以发现，这些问题其实与他在学习中的习惯有关，他没有掌握更高效的学习方法。我们可以从三个方面帮他进行改善。

第一，听课效率。听课效率是影响孩子学习成绩的重要因素之一，而影响孩子课堂学习效果的主要因素是孩子的注意力发展水平。有研究表明，注意力中的执行功能对孩子的整体课业表现、阅读能力、计算能力等有着深远的影响。尤其到了小学五、六年级，执行功能更是与孩子的课堂整体表现有着显著关联。执行能力低，孩子的听课效率就低。

第二，学习风格。学习风格是孩子在获取知识、处理信息和解决问题时偏爱的认知加工方式。一般来说，使用某种或多种感官的孩子会表现出不同的学习风格偏好。研究者按感觉通道进行分类，将学习风格分为视觉型、听觉型和动觉型三种。

视觉型学习风格的孩子喜欢通过看书、看笔记、看图等方式获取知识。这类孩子自己看懂后，就会潜移默化地吸收知识。

听觉型学习风格的孩子倾向于通过听课、听讲座、听录音等方式获取知识。经过讲解后的知识，他们会更容易理解和记忆。

动觉型学习风格的孩子喜欢通过动手操作、建模型和亲身实验来学习。即使是很复杂的内容，这类孩子自己动手做一遍就能掌握。

在课堂上，老师通常采用单一、固定的教学方法，因此作为家长，要多观察孩子的学习风格，再结合老师的授课情况，在家里有意识地取长补短，帮助孩子提升学习效率。比如，如果孩子属于视觉型学习风格，但老师在课堂上讲得多、写得少，那么课后就要让孩子通过笔记和课本等书面材料来复习课堂内容，弥补课堂上仅靠听课吸收不够的情况。

这里也要注意一点，完善的学习需要调动多感官同时进行，上课时最好听、看、写、发言同时进行。课程越难，越需要孩子的多感官进行协调，从而最大程度地调动孩子的学习参与度，让学习效果更好。

第三，高效学习时间。每个孩子都有自己的高效学习时间，有的孩子早晨学习效率高，有的孩子则是晚上学习效率高，这既与孩子本身的生理特点有关，又与孩子的习惯养成有关。对此，家长要观察孩子的日常学习情况，根据孩子的高效学习时间，有针对性地帮助孩子。比如，有的孩子白天学习效率不高，经常感到困倦，家长就可以帮助孩子养成午睡的习惯；而白天活跃、学习效率高的孩子，家长可以针对性地把作业和练习放在白天，让孩子晚上早点休息。

总之，家长要尊重孩子的特点，引导孩子采用适合自己的方法和风格学习，同时鼓励孩子扬长避短，不单纯偏爱一种学习方法和风格，拓展多样综合的学习方法。在帮助孩子制订学习计划时，要以孩子为主体，倾听孩子的感受和要求。学习本就是孩子通过实践不断试错、不断获取知识和经验的过程，家长的角色是教练，真正上场的永远是孩子。想让孩子更高效地学习，既要遵循科学原理，也要因人而异。

助力孩子的大脑发育

在认识了大脑发育与孩子学习之间的关系后，家长应该如何助力孩子的大脑发育？可以从以下三个方面入手。

第一，睡眠。

睡眠与孩子的记忆力之间有着密切的功能联系。有证据显示，如果孩子在学习了一段时间后没有补充充足的睡眠，记忆效果会变差；相反，有了充足的睡眠，孩子的记忆效果就会更好。另外，睡眠还与孩子的情绪相关。如果孩子睡眠不足或者睡眠质量不好，就容易激动、愤怒以及出现敌对情绪，对身心造成不良影响。

第二，运动。

运动对孩子发展认知能力有着积极的影响。研究表明，运动可以有效提高孩子的注意力等认知能力，相比静坐休息，在进行60%最大心率的有氧运动后，孩子的反应更灵活，身体更放松，专注度也会增加。

第三，饮食。

我们的大脑主要需要氧气、葡萄糖、氨基酸、不饱和脂肪酸、优质蛋白质等，这些物质都能通过日常饮食获得。饮食不规律、摄入营养不均衡、挑食、偏食，都会给大脑发育造成不良影响。研究发现，不吃早饭的学生，注意力水平与记忆力会明显低于吃早饭的学生。所以，家长平时要注意为孩子提供营养丰富、种类均衡的饮食，保障孩子大脑的发育与成长。

改善孩子的学习情绪

一位妈妈曾咨询这样一个问题：她的儿子乐乐读小学四年级，特别爱发脾气、闹情绪。她本人脾气很好，对孩子也有耐心，但乐乐爸爸是个急脾气，看到乐乐学习拖拉、在学校闯祸，就会生气，有时甚至会动手打乐乐。她觉得乐乐遗传了乐乐爸爸的脾气，又不知道怎样才能让乐乐学会管理自己的情绪。

相信很多家长遇到过类似的问题。关于管理孩子情绪的方法，心理学、教育学中的研究成果很多，但作为家长，并不能把每个方法都应用到生活中。这里分享一套帮助孩子管理情绪的简单方法。

帮助孩子管理情绪

结合情绪智力和情绪调节的科学理论，有一套简单的方法可以帮助孩子管理情绪，叫作"一个前提，两个步骤，三种手段"。

首先，"一个前提"是指情绪无罪。情绪是没有好坏之分的，无论是高兴、生气、愤怒、害怕……每种情绪都有存在的价值。明白了这一点，家长就会知道，情绪管理的目的不是让孩子没有情绪、没有脾气，而是学会恰当地运用和表达情绪。

其次，使用"两个步骤"帮孩子合理地运用和表达情绪。

第一步：看一看。所谓"看"，就是家长能在孩子闹情绪时，看到孩子的情绪是什么；能在自己有情绪时，看到自己的情绪是什么。

有位初一的女生，跟她爸爸关系紧张，两人一说话就吵架，吵架原因也都是一些琐事。当问她："你觉得你爸爸和你吵架时在想什么？"她摇摇头说："可能觉得很烦吧！"

于是，她和她爸爸多了一个任务：在吵架时记录一下对方有哪些情绪。后来这个女生拿来她的记录，其中用了十几个词描述了她爸爸的情绪，如生气、委屈、恼羞、自责、嫉妒、希望等，同时她说："我感觉自己的情绪很复杂，有些心疼我爸爸。"从那以后，这对父女吵架的次数越来越少，彼此也越来越理解对方。这就是看到情绪后的改变。

第二步：停一停。当孩子闹情绪时，家长往往想尽快解决问题，让孩子的情绪快点好起来。可是正因为这样，家长更容易失去"理智"，对孩子发一通脾气，之后又感到后悔、自责。所以家长在这时一定要停一停，等自己的情绪平稳下来后，再去处理问题。

以上两个步骤都是对家长的要求，家长也可以和孩子一起学习，共同掌握这两个步骤。

最后，"三种手段"分别为改想法、改表达和会道歉。

第一种手段：改想法。当孩子闹情绪时，家长不妨换个角度思考。有位青春期的男生，经常和他爸爸对着干，后来他爸爸了解到，青春期孩子的前额叶皮质发育不成熟，控制不好自己的情绪，于是就给自己设置了一个暗示："这小子，傻大个，前脑门没长齐！"虽然冲突仍然存在，但他爸爸的心态改变了，也就不会再跟孩子加深矛盾了。

第二种手段：改表达。家长的表达方式也会影响孩子的情绪。比如，对年龄小的孩子不要讲太多道理，要引导孩子表达自己的想法，比如："跟妈妈说说，妈妈做了什么让你生气了？"或者引导孩子冷静一会儿再处理问题，比如："我们需要等五分钟，五分钟后我们再沟通。"这样就可以打破以往无效的情绪处理方式。

第三种手段：会道歉。如果孩子确实做了错事，家长也不是非要忍着不发脾气，因为这样孩子可能就不知道自己的行为边界在哪里。但是要注意，在对孩子发完脾气后，一定要学会道歉。家长可以告诉孩子，自己之所以发脾气，是因为他的行为让自己很伤心、生气，但自己对孩子发脾气的行为是不对的，所以要向孩子真诚地道歉。

　　道歉不仅能减少发脾气带来的负面作用，还能教会孩子对自己的情绪负责，孩子在闹脾气后，也会学着向父母道歉。但要记住，不要在道歉的同时夹杂着"如果不是你这么不听话，我能这么生气吗"这种变相的指责，不然就会适得其反。

青春期孩子的情绪问题

　　随着年级的升高和学习任务的加重，尤其到了初中之后，不少孩子会明显感觉自己花在学习上的时间越来越多，成绩却没有明显提高，因此压力越来越大，情绪也会随之受到影响，不好的情绪反过来又会影响学习，形成恶性循环。

　　面对孩子的这种情况，家长就要帮助孩子减少压力所带来的负面影响，让孩子有更多积极的情绪体验，从而提高学习效率。但是，要解决孩子的压力问题，就要找到压力的根源，再针对性地帮助孩子缓解压力。

　　青春期孩子的压力分为四种类型：生理发展、他人影响、自我评价、社会环境。

　　第一种类型：生理发展。孩子在成长过程中，身体发育迅速，这会让孩子产生许多困惑、矛盾和内心冲突。比如，当女孩来月经、男孩开始遗精时，孩子就会产生一定的心理压力。此时如果得不到有效指导，孩子就容易表现出情绪问题。

　　第二种类型：他人影响。老师、家长及身边的亲戚朋友等人对待孩子的方式、态度，也会影响孩子的情绪。比如当家长或老师对孩子期望过高时，就会增加孩子的心理压力，孩子担心自己考不好会让家长和老师失望，所以容易产生负面情绪。

第三种类型：自我评价。大部分青春期的孩子会对自己产生怀疑，陷入身份认同的危机，不知道自己的成长和发展方向，从而产生心理压力。

第四种类型：社会环境。虽然孩子大部分时间是在学校里，接触社会的时间不多，但他们仍然能通过学校里的竞争、家长的焦虑与期待等，感受到社会竞争带来的压力。家长很清楚社会竞争的激烈程度，也清楚孩子努力学习的重要性，所以要注意，不要把过多的焦虑和期待转嫁到孩子身上，避免增加孩子的压力，要通过恰当的方法引导孩子产生自主学习的动力。

了解了以上四大压力源，家长就能根据孩子的现实状况进行排查，找到孩子的压力源，再运用恰当的方法帮助孩子缓解压力。这里分享一个小方法，叫作"美好未来幻游"，家长和孩子一起做，可以有效缓解孩子的压力。

这个方法的核心是四句话。

第一句："等你大学毕业了，想做什么呢？"引导孩子想象自己大学毕业后的美好生活。要注意的是，不管孩子的想象多么不切实际，都不要评价、打击孩子，只要鼓励孩子多描述即可。

第二句："你想到哪里读大学？"可以先到教育部网站下载一

个大学名单，让孩子从名单上选择，不管孩子选择什么大学，都不要批评指责孩子，也不要鼓励他去考更好的大学。

第三句："你觉得考这个大学难不难？"无论孩子怎么回答，都认真倾听，并且告诉他，你认为他能考上，但需要努力一点点。

第四句："为了你美好的理想，你觉得现在在学习方面要怎么做？"听完孩子的想法后，可以给他一些建议，如："我觉得你规划得很好，我有个建议，我觉得……"如果孩子同意，就把规划和建议写下来；如果不同意，可以一起讨论，最终形成孩子对学习的计划。

这个方法的目的是让孩子对未来有美好想象，所以在实施时要注意两点，一是不要省略中间的步骤，二是要管住自己讲道理、找问题的欲望。

帮助孩子合理归因

很多孩子在遇到学习问题时习惯找借口，这让家长很生气。其实，如果孩子具备了合理归因的能力，能对问题进行合理分析，归纳原因并调整改进，就能改掉找借口的习惯。

关于帮助孩子培养合理归因的能力，这里总结了四个小方法。

第一，找"三个原因"。当孩子又一次为自己学习效率低或考试成绩差找借口时，家长可以让孩子找出三个不一样的原因，比如：考试没考好，是因为题目太难吗？还是因为时间不够？或者其他的什么原因？用这种方法引导孩子主动思考问题。

第二，用提问代替质问。发现孩子在找借口时，家长的询问方式很重要，要学会用提问代替质问。比如，"今天在学校发生了什么事？"这是提问；"你今天在学校是不是跟同学打架了？"这就带有质问的口吻了。一旦家长习惯用质问的方式与孩子沟通，孩子为了逃避批评或惩罚，会越来越习惯为自己找借口，所以家长要尽量避免使用质问的语气。

第三，告诉孩子努力不是万能的。这一点对于青春期的孩子来说很关键。家长自己要明白，努力并不能解决所有问题，尤其当孩子真的努力了，成绩仍然没有达到目标时，孩子会认为自己能力不够。此时，和孩子一起分析学习上的问题，改进学习方法，才是最可行的。

第四，警惕孩子的自我损害倾向。有些孩子看起来很懂事，从不找借口，一出现问题就把原因归结到自己身上，这时家长也要注意，因为这也是不恰当地找借口。合理的归因需要实事求是：是自己的问题，就从自己身上找；不是自己的问题，就要从外部寻找。这样才能找准原因，并运用恰当的方法解决问题。

学习的策略

什么样的孩子学习成绩好？

这应该是家长们经常讨论的问题。有的家长认为聪明的孩子成绩好，有的家长认为自觉自律的孩子成绩好，还有的家长认为老师教得好，孩子成绩就会好……

"学渣"各不相同，但"学霸"自有其规律。成绩好的孩子在学习方面是有一些共性的，最重要的一点就是掌握了学习的规律。因此，家长要想帮助孩子提升学习成绩，也要去了解学习的规律，并从这些规律中找到答案。

第一个规律：学习就像马拉松长跑，而不是百米短跑。

孩子的成长和发展都有快有慢，但总体上说，成长是一个漫长且不停歇的过程。学习也是如此，有的孩子跑得快些，有的孩子跑得慢些，但同样是一生的事。一个人未来成就的高低，取决于持续的学习能力，而不是某一阶段成绩的好坏。明白了这一点，家长就知道关注孩子长远的能力增长远比一时的学习成绩增长更重要。

第二个规律：影响学习成绩的因素是复杂多样的。

孩子的学习情况是多个因素共同作用的结果，任何一个因素发生改变，都可能引起孩子学习上一系列的变化。因此，家长不要期待用"一招灵"的方法解决孩子的学习问题。同时，家长也要对孩子微小进步叠加在一起的效果充满信心。

　　第三个规律：学习是由易到难、由简单到复杂、由量变到质变的过程。

　　这一点启示家长，不要低估长期主义的力量，当孩子遇到学习问题时，家长的目光应该更长远，要思考怎样才能让孩子未来获得更好的发展。

　　第四个规律：学习时间与学习效果并不完全成正比。

　　孩子在学习时，并不是学习时间越长，成绩就越好，家长要重点关注孩子学习策略的改进和学习方法的优化，以及影响学习效果的内外部因素。

　　遵循以上四个规律，把孩子的学习过程当成项目来管理，就会容易得多。

流程管理

　　项目管理要遵循一定的流程，孩子的学习同样如此。如果把学习流程简单分类，可以分为三个模块，分别为学习前、学习中和学习后。

　　这里为大家推荐一个"学习流程分析表"，家长可以针对孩子某一学科的学习情况，按照这三个模块的流程，帮助孩子掌握学习策略、改进学习方法。

　　这张表共包含五部分。

　　第一部分：基础情况。这部分主要填写孩子学习的基础情况和学习状态。比如，孩子的数学成绩不理想，那就在这部分填孩子过去的数学学习情况，说明一下孩子是从什么阶段开始出现问题，是学习哪个部分时出现了问题等。还要填写孩子对这一学科的兴趣程度。

第二部分：学习准备。这部分主要分析孩子在学习某一科目时会做哪些准备，如是否提前预习、如何预习等。

第三部分：学习过程。这部分需要家长与老师进行沟通，了解孩子在课堂上的学习情况。

第四部分：复习练习。这部分主要填写孩子在课后对学习内容的复习和练习情况，包括作业完成情况、孩子在完成作业过程中的体验等。

第五部分：补充知识。这部分主要填写孩子在某一学科的学习中需要补充哪些知识，是基础练习还是课外训练，是背诵定义还是强化某个知识点，等等。

这张流程表可以全面地展现孩子的学习流程，目的是分析孩子在每个环节的学习情况，问题出在哪些地方，以及如何改进和提高等。通过小环节的改进，循序渐进，就能给孩子带来巨大的改变。

像"学霸"那样记笔记

在学习流程中，还有一个重要环节，那就是在听课时记笔记。

有一个学生，初二时听课效果不理想，总是抓不住老师讲课的重点。老师建议他记好随堂笔记，课后复习笔记，再做练习，他照做了一段时间，虽然每次都能记满几页笔记，但效果仍然不好，自己记的笔记也看不懂。

相信遇到这种问题的孩子不在少数，这些孩子也都很困惑，怎么才能既听好课，又记好笔记呢？那些成绩好的孩子都是怎么听课、记笔记的呢？

有一位老师曾给班里同学进行了如何记笔记的培训，效果非常显著。这位老师的培训内容一共有五个要点。

第一，要求孩子记笔记。如果家长或老师没有要求，孩子就会觉得记笔记是可做可不做的事，对课堂笔记也不重视。

第二，告诉孩子，课堂笔记不是记录老师全部的话，而是将重要内容记下来。形式可以不漂亮，但自己要能梳理清楚，便于课后复习。

第三，不同的课要记不同的要点，比如语文、英语要记重点词语、句型；数学主要记老师解题的新思路，或补充的定义、定理、公式、例题等。另外，自己不懂的问题和疑点也要记上，便于课后思考，或向老师请教。

第四，教孩子使用短语、数字、图表、缩写、符号等方法记笔记，这样可以节省时间，不影响听课。

第五，记完笔记后一定要复习，这也是记笔记最关键的一点。

孩子养成记笔记的习惯后，一方面可以提高听课效率，让注意力更集中；另一方面，笔记是在课堂记录、在课后使用的，这也是记笔记的关键点。不管用哪种方式记笔记，都是为了课后复习使用。如果记完不用，那记笔记就失去了意义。

掌握了以上五个要点，相信你的孩子也能高效地听课。

找到最近发展区

最近发展区理论是由苏联教育家维果茨基提出的一种儿童教育发展观。他认为，孩子的学业发展有两种水平：一种是现有水平，即孩子能够独立解决问题的水平，比如不依赖任何指导和资料就能做完的练习；另一种是孩子可能的发展水平，即孩子通过学习和训练所获得的潜力。两者之间的差异，就是孩子的最近发展区。

打个比方，孩子已掌握的知识和技能就像一个蛋黄，而通过学习和训练能达到的水平就是蛋壳，中间的蛋清部分就是最近发展区。关注孩子的最近发展区，能有效地提高孩子的学习成绩。

一般来说，如果孩子在学习过程中遇到问题，家长要么让孩子不停地背公式、背定理、刷题，要么揪着孩子的错误反复练习。其实这些方法都不可取，因为有些题目和知识点是超过孩子的发展区的，只专注于当下的练习很难有成效。

正确的方法是，在发现孩子出现错误时这样问他："你解答这道题目时是怎么思考的？"注意，不要让孩子天马行空地自由回答，而是给他三个选项，这三个选项很重要，一定要让孩子认真选择。

第一，孩子对这道题的感觉是"看见就会，做了就对"。也就是说，孩子看到这道题时就知道怎么做，并且相信自己不会做错。如果孩子选了这个选项，那么这道题就在"蛋黄区域"。

第二，孩子对这道题的感觉是"看见了不知道会不会，但可以尝试去做，有时做对，有时做错"，或者"看了觉得会，但做出来是错的"。这说明，这道题属于孩子最近发展区中的题，也就是"蛋清区域"。

第三，孩子对这道题的感觉是"看到就知道不会，做了也肯定做不对"。那么这道题就超出了孩子的最近发展区，是"蛋壳区域"。

家长要想帮助孩子提高成绩，就要针对孩子的最近发展区进行训练，也就是那些他看起来会，但会做错，讲了可以明白的题，或者看到后不知道会不会，但可以尝试做，有时做对、有时做错的题。

随着孩子最近发展区题目练习的增加和效果的巩固，孩子的自信心会越来越强，学习主动性也会提高，即使是以前那些令他痛苦和抗拒的难题，他也会去慢慢研究。当孩子带着这种态度再去"蛋壳区域"学习时，效果就理想多了。

让孩子养成好的学习习惯

学习习惯对孩子学习能力和成绩的影响不言而喻。孩子学习成绩的好坏，不仅与孩子的大脑发展有关，与良好的学习习惯也密不可分。

学习习惯一般包括孩子在学习时的思维习惯、目标制定与执行习惯、自控力、手机使用习惯等。帮助孩子在这些方面养成良好的习惯，对提升孩子的学习能力和学习成绩大有帮助。

思维习惯

有的孩子看起来非常聪明，但学习不努力，成绩也不理想，无论老师、家长怎样苦口婆心地劝说、鼓励，孩子就是不愿意学习。这通常是因为孩子形成了固定型思维。具有这种思维的孩子，认为人的能力是固定的，并且认为能力强的人不需要努力，如果一件事自己只有努力才能做到，那就是自己能力不强。显然，带着这种思维习惯学习是很难出好成绩的。

与固定型思维相对应的是成长型思维。具有这种思维的孩子认为，努力是取得成功的必要手段。即使面对错误或批评，成长型思维的孩子也会认为，这些负面评价可以为自己提供重要反馈，是帮助自己学习和成长的有效工具，因此他们也更容易从失败中获得成长。

家长可以从三个角度训练孩子的思维习惯，帮助孩子培养成长型思维。

第一，家长要为孩子树立"大脑是可塑的，能力可以培养"的意识，不随便给孩子贴负面标签，要引导孩子看到自己的优势。

第二，告诉孩子"努力比天赋更重要"。无论孩子是否取得成绩，家长都要对孩子的付出表示肯定，可以经常对孩子说，"努力的人都值得敬佩""相比成绩，我更看重你有没有努力"。

第三，训练孩子"不怕犯错，从错误中学习"的思维习惯。进步的过程正是一次次从错误中学习的过程，对待错误的态度不同，养成的思维习惯就不同。只有孩子不怕犯错，才会思考下次如何不再犯，这就代表孩子掌握了不断进步的窍门。

目标制定与执行

家长都知道学习目标的重要性，因此经常会让孩子制定学习目标，以此来激励孩子更加积极主动地学习。但是，拥有目标并不等于能够高枕无忧，想让目标对行动产生促进作用，还要遵循三个步骤和两条原则。

首先是三个步骤。

第一步，帮助孩子确立学习的宏观目标。

孩子的学习目标通常分两种，一种是宏观目标，就是距离当下比较远、不能立刻实现的目标；另一种是微观目标，就是最近的学习目标，比如接下来一周的学习任务。很多家长习惯于关注孩子的微观目标，也就是孩子当下的学习任务，而忽略宏观目标的制定。其实，如果缺乏宏观目标，孩子就不知道学习任务的终点在哪里。就像跑步，如果不知道自己最终要跑向哪里，动力就会下降。而宏观目标起到的就是指向性作用，能告诉孩子学习任务的方向在哪里。制定宏观目标时可以大一点，能够让孩子产生行动的张力。

第二步，帮助孩子把宏观目标分解为微观目标。

不管是学习还是做其他事，我们既要知道终点在哪里，也要知道每个节点在哪里，而微观目标就是一个个节点，可以让孩子知道自己每一步学习的进度，帮助孩子不断树立信心。所以，微观目标的制定原则就是过程导向，任务要具体，容易操作。

第三步，监督孩子完成微观目标并进行反馈。

孩子在执行学习任务时，有时可能会产生怀疑心理：自己这样做，真的能实现那个大目标吗？这时家长就要及时给予孩子支持和鼓励，引导孩子为了宏大的目标而继续坚持。

有时，微观目标可能出现偏差，家长需要及时帮助孩子做出调整，让孩子看到目标完成的可能性，增强孩子的学习信心。另外，在帮孩子制定学习目标时，一定要与孩子充分沟通，因为只有孩子认同的目标，才会对他产生促进作用。

然后是两条原则。

第一条原则：微观目标要同时具备可行性、具体性、有时间限制、与宏观目标相关联、可衡量这五个特点，不能是虚幻空洞的。

第二条原则："孩子是主体"。执行学习任务的主体是孩子，所以制定的目标必须得到孩子的认同，否则，孩子在学习中就容易退缩。只有孩子自己认同的目标，在执行过程中才会更积极、更有动力。家长要做的，就是及时给予孩子正向的反馈和有效的鼓励，让孩子将目标坚定地执行下去。

自控力

很多家长反映，孩子学习时自控力太差，受不了外界的干扰，只要有干扰信息，就会心不在焉，管不住自己。关于如何提高孩子在学习中的自控力，有五个步骤可参考。

第一步：减少诱惑。

要提升孩子的自控力，不能只要求孩子靠毅力战胜一切诱惑，因为在一些诱惑面前，保持毅力是徒劳的。相对而言，更有效的方法是减少外界因素对孩子的诱惑。比如不想让孩子吃零食，那就不要让孩子接触零食。孩子看不到，自然也就不吃了。

第二步：培养孩子等待的能力。

自控力就像我们的肌肉，可以通过练习来增强。如果你经常去健身房，你就会变得越来越强壮；同样，如果经常锻炼孩子等待的能力，孩子也会越来越自律，越来越能控制自己。

第三步：教会孩子一个好用的策略。

这个策略叫作"预想可能"，就是通过与孩子沟通，让孩子知道自己可能面对的诱惑，或者在哪些情况下自控力会变差，接着再教孩子一些有效的策略来应对。比如面对一份美食，可以先让孩子等待几分钟再吃，给自己一个缓冲时间。由于孩子提前预想了可能出现的情况，并想好了应对策略，当事情真正发生时，也就有了一定的自控力。

第四步：积极体验。

孩子的自控力并不是在失败中学习的，而是从能控制的事情中学习的。所以，为孩子创造自主选择的机会，增加孩子的控制体验，要比批评孩子自控力差更有帮助。

第五步：利用习惯的力量。

一个人一旦养成某种习惯，在做事时，大脑就会产生自然反应，而不再需要理智地进行思考和计算。比如想让孩子睡前不玩手机，那就帮助孩子养成这一习惯，开始时可以逐渐减少孩子玩手机的时间，坚持一段时间后，孩子形成习惯，对玩手机这件事自然就会表现出较强的自控力。

合理使用手机

手机的普及给我们带来了前所未有的便利，同时也带来了很多家庭教育的问题。尤其在孩子玩手机这件事上，很多家长很困惑：到底是该完全杜绝孩子玩，还是适当允许孩子玩？

大量研究表明，智能手机和网络的正确使用，可以对孩子的成长产生一定的积极影响。只要正确、合理地使用手机和网络，就能发挥积极作用，比如开阔孩子的视野，提高孩子的学习兴趣，丰富孩子的生活，同时还能促进孩子的创造力和思维力发展，对孩子的社会行为产生一定的积极影响。

但是，手机和网络也给孩子带来了很多负面影响，如沉迷游戏、视力下降，甚至影响孩子大脑的正常发育。

那么，怎样让孩子科学地使用手机呢？这里分享三个实用的小方法。

第一，为孩子补充心理营养。

心理营养包括归属感、成就感、价值感、掌控感和丰富的生活体验等。当孩子的心理营养不足时，就容易沉迷于玩手机，到虚拟世界中寻找心理抚慰。

所以，家长平时要多陪伴孩子，多给孩子创造丰富的现实体验，增强孩子的归属感，挖掘孩子的兴趣爱好。孩子的心理营养丰富了，自然就不容易沉迷玩手机了。

第二，对孩子使用手机"约法三章"。

这一点主要体现在孩子使用手机的时间和时长上，一定要严格限制，一般小学前的孩子连续使用手机等电子产品的时间不应超过15分钟。

第三，对孩子使用手机实行"定位法"。

如果孩子使用手机是为了查阅资料、学习知识，家长当然可以放心。但如果孩子通过手机接触一些不良信息，或是沉迷游戏，家长就要对手机进行"定位"，要求孩子只能在被允许的信息检索范围内使用手机。比如，孩子可以在"学习工具、沟通工具、信息媒体、娱乐工具"等范围内使用手机。当然，家长事先也要认真与孩子沟通，得到孩子的认同，并告知孩子为什么要这样"定位"，鼓励孩子自己控制使用手机的范围。

很多家长在孩子身上投入了大量的时间、金钱、精力，希望能帮助孩子更好地发展，最终却发现，自己越来越不知道怎么教育孩子、怎么帮助孩子。实际上，虽然每个孩子的个性特征、成长路径、发展方向各不相同，但爱孩子、懂孩子、积极地学习和进步，始终是每位父母在家庭教育中帮助孩子的基础，也是助力孩子的不二法则。

理解脑科学与学习的关系，能让家长更科学地关注孩子大脑发育、帮助孩子学习。希望本节内容能对各位有所帮助。

第 2 节 自主学习

付立平解读《给孩子的五顶学习帽》

中国青少年研究中心的一项调查显示，在初中及以上的孩子中，有 60% 失去了学习动力。孩子的学习动力和习惯并非到初中才开始养成，而是需要从小培养。"双减"政策实施后，孩子的学习场景更多地向家庭倾斜，于是孩子学习拖拉、不专心、写作业不认真、严重偏科、沉迷游戏、被家长说几句就"玻璃心"等问题完全暴露在家长面前。表面上看，是孩子不够努力，但学习态度的转变与好成绩的获得远不是靠"努力"二字就能达成的，它需要习惯、自律、情绪等多方面的配合，从系统上调整。

其实，每个孩子都是有学习意愿和学习能力的，他们从"被动学习的学困生"到"自主学习的优等生"，相差的可能只是家长对学习的认知，以及对科学培养孩子自主学习方法的掌握。《给孩子的五顶学习帽》这本书可以帮助家长学会更好地从系统上解决孩子的学习问题，培养孩子的自主学习能力。书中将自主学习力拆分为五个维度来培养，形象地冠以五种颜色的帽子。通过这本书，我们既可以让自己成长为智慧型家长，又可以引导和帮助孩子获得自主学习力，从而有动力、有能力去迎接未来的挑战。

白色学习帽：学习内驱力

如果我们把孩子的人生比喻成一辆车的话，家长首先要解决的就是发动机问题。内驱力就是孩子未来人生的一个发动机，如果发动机不运转，那么无论你施加怎样的外力，孩子的这辆人生之车都行驶不起来。相反，如果孩子具备了学习的内驱力，那也就具备了完全自主学习的能力。这时，他们就能产生强烈的内在愿望，拥有一定的行动力，能够自愿地付出努力，无论是在学习上还是生活中。

解决孩子学习内驱力的问题有几种有效路径，以下是可以立即采取的三种。

培养孩子的成长型思维

很多家长因为孩子的成绩不如同学，而气愤地数落孩子"笨"或者"蠢"。我们都希望孩子能意识到自己与同学的差距，认真学习，下次把成绩提高一些，但遗憾的是，孩子的想法往往与家长背道而驰。每当你说孩子"笨""蠢"，其实都是在给孩子"贴标签"，孩子会真的认为自己就是这样的人，做什么都不行，这就容易导致孩子形成固定型思维，以后很难再通过努力获得进步。

　　要解决孩子的学习问题，家长就要先解决孩子的思维方式问题，培养孩子的成长型思维。只有当孩子觉得自己的内在是有力量的，自己是可以通过努力改变现状的，他才愿意行动，去面对和解决自己在学习中遇到的困难和问题。对此，书中提出了一个有效的工具，就是鼓励，但单纯地对孩子说"你真棒""真厉害"这类话并没有什么效果，属于无效鼓励，真正有效的鼓励应该是为孩子赋能。这里，书中也提供了三个句式。

　　第一个句式是"我看到……"，你需要客观地描述你看到的孩子在学习中的一些细节和具体行为，而不是主观地去评价孩子。比如，当孩子的成绩和班级平均分有差距时，你可以问问孩子有什么想法，这样孩子就会知道，妈妈是在就事论事，跟自己探讨这次成绩不理想的原因，由此也开始思考自己为什么这次没考好，下次该怎么做才能提高成绩。

　　第二个句式是"你通过……所以……"，你要让孩子明白，只有通过自己的努力，才能获得成长的结果。比如，面对试卷上的错题，你可以问问孩子要掌握这个知识点应该怎么做，多练习几遍是不是会有帮助。如果孩子通过练习把错题做对了，就可以肯定他的努力："你通过练习把这些错误都改过来了，你已经熟练掌握了这道题，下次遇到同样的题型，你就知道怎么解答了。"这会让孩子觉得，题目做对或做错，跟自己是否聪明无关，而跟自己的努力程度相关。

第三个句式是"在……这件事情上，是因为……还需要加强"。家长要把对孩子行为的评判跟对孩子本身的评价区别开，充分关注每一件事情本身，做到对事不对人，避免简单地贴标签。比如，当孩子成绩不理想时，家长可以告诉孩子"在成绩不理想这件事情上，是因为某些方面的知识点还需要加强，如果你需要帮助，可以找爸爸妈妈，我们愿意陪你一起巩固"，而不是说他笨、不努力。这样孩子就会觉得，不是自己能力不足，而是没有找到解决问题的方法。

帮助孩子建立目标感

孩子获得了成长型思维后，接下来还需要一个持久的成长动力，这个成长动力就是目标感。想让孩子建立目标感，变被动学习为主动学习，书中提出了"六步走"。

第一步："谁说了算"——激发动机，让孩子自己确立目标

制定目标的目的，是激发孩子的学习动力，这就要求目标必须是孩子发自内心认同的。这是孩子获得行动力，努力去实现目标的基础。

第二步："跳一跳够得着"——把大目标拆解为一个个难度适中的小目标

如果把孩子的目标定得过于宏大，孩子就会对目标产生畏惧感，导致那些原本能实现的目标也很难实现了。但如果我们把大目标分解成一个个让孩子"跳一跳就能够得着"的具体小目标，孩子就能清楚地知道自己每一步该做什么，怎么做可以做好。

第三步："及时提醒"——与孩子约定提醒信号

在执行目标的过程中，孩子会遇到很多困难，一旦泄气了，就会退回原来的模式中，原本可以实现的目标也无法实现了。所以，在分解完目标后，我们还要跟孩子讨论一下，如果他忘记小目标，或者不想坚持时，希望爸爸妈妈怎样提醒他。最好和孩子约定一些有趣的提醒方式，比如孩子某天睡前不想按计划阅读时，我们就可以念出约定的"暗号"，如"巴拉巴拉，赐你智慧"等，这既能提醒孩子，让孩子克服懈怠情绪，又有利于亲子关系的亲密与和谐。

第四步："微小成就感"——让阶段成果清晰可见

孩子每实现一个小目标，我们都要及时鼓励和表扬。书中推荐了一种叫作"目标清单"的方式，就是把孩子要完成的学习任务列成清单，每完成一项，就让孩子在清单中打个勾，既能感受到学习的仪式感，也能时刻看到自己努力后的成果，强化孩子的学习动力。

第五步："及时总结"——根据变化，适时修正目标

孩子的目标不应该是固定不变的，在努力过程中，各种原因都可能造成目标错位，这时我们要协助孩子调整或修正目标，保持目标的灵活性。

第六步："仪式感"——及时鼓励和肯定孩子的努力和成绩

仪式感可以帮助孩子体会到学习的快乐和价值。比如，在孩子取得好成绩时，你可以和孩子一起庆祝一下。保持这种充满仪式感的正向反馈，可以让孩子产生更好的学习体验。

引导孩子获得自我价值感

我曾经在一次聚会中遇到一个 9 岁的小男孩。当时，屋里其他孩子都在玩耍、打闹，只有他拿着手机全神贯注地看。刚开始我以为他在玩手机，走近后才发现，他正在看一个清华大学教授讲的数学网课。我问他："你这么小，能看懂这个吗？"他说："这是我自己找的视频，虽然内容有点难，但听下来也能理解，我觉得很有意思。"

这个男孩的行为，就是具有学习内驱力的明显表现。他在学习中体会到的不是辛苦，而是乐趣，这就是学习带给他的自我价值感。

要让孩子获得价值感，书中提出了三个关键点。

第一个关键点是找到适合孩子认知能力的"学习区"，让孩子感到学习的成就感。这个"学习区"的内容既要包括孩子原本了解的知识点，又要包括一些新的有挑战性的知识点，一般在已学过的知识点占 85%、挑战性的知识点占 15% 的情况下，孩子学习时会感到有一些挑战，但又能克服，这是最能让孩子体会到学习的成就感的。

第二个关键点：帮助孩子找到他的兴趣和能力优势。这一点需要家长认真观察，但最终还是要尊重孩子的选择。

第三个关键点：用成就感和使命感帮孩子提供持久动力。家长可以通过一些行为让孩子感受到"我能行""我可以胜任""我很幸福"等，这些都能转化为孩子源源不断的学习动力。

红色学习帽：情绪自控力

在生活中，很多家长面对孩子的负面情绪，要么逗弄，要么哄骗，要么妥协。这几种方法确实有效，但久而久之，孩子就会缺乏对情绪的感知力。当孩子产生负面情绪时，他的第一反应会是无助、慌张、羞耻等，他还可能刻意地去对抗这些情绪。

如果孩子长期处于一种情绪对抗的状态之中，他自身的很多能量就要用于解决一些安全问题，比如与父母之间的冲突，甚至是与他人之间的冲突。相反，孩子只有在一个情绪稳定的状态下成长，其所有的内在能量才会用于自我成长。

　　要让孩子在一个情绪稳定的状态下成长，书中总结了几种方法，以下是最有效的三种。

培养孩子的情绪自控力

　　根据高兴、紧张、吃惊、生气、失望、暴怒等情绪词汇绘制一幅情绪脸谱图。当孩子不知道自己当下是什么情绪，或是不能准确表达时，我们就让他对照这幅脸谱图，指出自己此刻的感受与图中哪张脸谱是相同的。

　　此外，我们也可以将情绪认知融入日常生活中。比如，吃到美食时，我们就可以尽情地表达出来："好美味呀，太幸福了！"感到难过时，我们也可以试着流露出来："我很难过，想哭一会儿。"

　　家长还可以制作情绪卡片，卡片正面是"伤心""生气""委屈""愤怒"等各种各样的负面情绪，然后让孩子分享和这个情绪相关的故事，并一起讨论解决方案，将感觉舒服的情绪处理方法用"我可以……"的句式写在或者画在卡片背面，让孩子意识到负面情绪并不可怕，有很多方法可以与其和平共处。

　　这些方式都能很好地启发孩子认知情绪。

学会让情绪积极暂停

　　很多家长在教育孩子时，一旦遇到问题就容易爆发。我们形容这种状况是"大脑盖子打开了"，你的原始大脑和你的情绪在工作，而你的理智大脑基本不工作了。在这种状态下，你会特别容易跟孩子起冲突。

举个例子，一位从事家庭教育多年的助教老师曾跟我分享过她的一次情绪爆发的经历。按计划，她女儿9点钟就应该准时上床睡觉，可那天直到9点30分，孩子还在磨蹭，作业也没完成。她几次三番引导和催促孩子，始终没有效果，终于她忍无可忍，冲过去一把将孩子书桌上的文具书本全都推到地上，大声对孩子吼起来："既然你不想写作业，那就都扔掉吧！"

显然，这位妈妈是用情绪爆发的方式来催促孩子端正学习态度，结果事与愿违，不但问题没解决，还让孩子感觉很糟糕。一个感觉糟糕的孩子，是很难产生"我做得很好"的想法的，因为他不得不分出很多精力来消化并对抗父母的坏情绪，无法将全部精力用于解决自己的学习问题。

家长虽然不好控制情绪，但处理情绪的方式是可控的。书中向大家介绍了一种方法，叫作情绪积极暂停。具体来说，就是在与孩子沟通时，家长一旦感觉自己产生不良情绪了，要立刻按下情绪暂停键，及时"合上自己打开的大脑盖子"，确保自己用理性的方式与孩子沟通。

怎么做到这一点呢？

首先，你需要在家中布置一个"积极暂停角"，可以是在卧室、厨房、洗手间，总之是让你或孩子能感觉好起来的一个场所。

接下来，你需要分四步处理自己的情绪。第一步就是情绪识别，比如告诉自己"我现在很生气""我现在很沮丧""我现在很悲伤"等。第二步叫作情绪归因。你可能会因为孩子表现不佳而产生不良情绪，但其实孩子的行为只是你的情绪的诱发事件，产生不良情绪的是你自己。这时，恰当的处理方法是先对孩子说："我现在感觉很生气，但这是我的问题。"当我们进行了正确的情绪归因后，就可以向孩子说明情绪处理的方法，比如"我需要去我的情绪暂停角待一会儿，让我自己好起来"，这也是第三步要做的。第四步叫作安全感确认，就是告诉孩子，等我好起来之后，再来跟你一起解决问题。这就会让孩子以你为榜样，以后也能更好地处理自己的情绪。

引导孩子在错误中获得经验和成长

孩子犯错后被大人批评时，通常会有两种表现：一种是对父母产生抵触情绪，不再信任父母，以后再发生类似问题，孩子会尽力掩盖，不让父母发现；另一种是默默承受，在心里埋下"我不够好，我是不被爱的"的种子。

其实，犯错对于孩子来说是个很好的学习和成长的机会。心理学家马努·卡普尔曾提出一个"有效失败"的概念，他认为孩子如果能从失败中获得经验和教训，这个失败就是"有效失败"。同样，孩子犯错误后，如果家长能引导孩子从错误中吸取教训，获得新的经验与感悟，那么这个错误就是"有效错误"，对孩子来说就是有价值的。更重要的是，这可以让孩子明白，犯错是一件很正常的事，不要害怕，更不必掩饰，从错误中学习和获取经验才是成长的必经之路。

黄色学习帽：习惯自控力

一些家长习惯把孩子的日常生活安排得井井有条，甚至硬生生地把孩子的生活内容从社会生活中分离出去，让孩子的生活中只有学习、写作业和上各种兴趣班。这种做法可能会在一定程度上增长孩子的知识技能，但孩子的基本生活能力完全丢失了。不仅如此，孩子在学习上也越来越拖拉，明明要在规定时间内完成学习任务，却磨磨蹭蹭，经常完不成。

孩子的这些表现大部分是缺乏习惯自控力导致的。书中提到了一个习惯自控力中所包含的重要能力——时间管理能力，也就是让孩子学会管理自己的时间，自己来安排每个时间段该干什么，而不是全部由家长说了算，以此来培养他的习惯自控力。培养时间管理能力也有一个实用有效的办法，也就是制订日常惯例表。

需要注意的是，制订日常惯例表与布置任务不是一回事，简单地给孩子布置任务，不但不能让孩子养成好的学习习惯，还会破坏孩子原本趋于向好的自然天性。

关于如何制订日常惯例表，我跟我女儿刚开始是按以下流程做的。

第一步，我会跟她讨论一下，对于某段时间她打算怎么安排，在这段时间里，她都有哪些事情要完成。我会把这些事情都帮她记录在一页纸上。

第二步，我会问她"你打算做的第一件事是什么？然后再做什么？最后做什么？"，直到她把所有事项按照主次顺序全部编号排好，并写上对应的时间点。

第三步，我会再问她，是否愿意根据每件事来画一幅画，或者她在做每件事时给她拍一张照片，将这幅画或这张照片贴在惯例表上，增加孩子学习和做事的仪式感。

最后一步，就是把这份惯例表贴在家中醒目的位置。

制订日常惯例表时，必须让孩子参与其中。相比于家长的硬性安排，孩子更愿意遵守和执行自己提出的计划。在执行惯例表和习惯养成的过程中，孩子可能会因为年幼而做不到位，或坚持一段时间后，发现有些内容不合适，不利于某些学习习惯的养成，这时还需要家长跟进执行。

在跟进执行时，书中也总结了几种方法。

第一，你要发自内心地信任孩子可以按照惯例表去执行其中的每一项学习任务，而不是像个"监工"一样，不停地提醒孩子、催促孩子。这是不利于惯例表的有效执行的。

第二，在执行过程中，有时候也需要你适当地提醒孩子。比如孩子玩游戏时间过长，已经超过了规定时间，这时就要提醒孩子，该进行下一项任务了。但在提醒时要注意两点。首先，你需要尽量提前一点提醒孩子，不能到点再去提醒他，并要求他马上去执行下一项任务，这会令孩子无法快速进入学习状态中。你可以提前十分钟或五分钟提醒孩子一下，让孩子有个心理准备。其次，在孩子尚未形成习惯的早期，你的提醒态度要坚定，但语气一定要温和，不能因为孩子撒撒娇、耍耍赖就屈从了。

第三，日常惯例表制订好后，还要留出一段时间缓冲和调整。这一点可以与孩子提前约定，比如实施一周或两周后，如果孩子感觉哪些地方不合理，你们可以对其进行调整，直到让孩子逐渐适应惯例表的安排。

第四，在帮助孩子制订日常惯例表时，要把孩子的娱乐、学习和生活等内容都安排在内，对时间进行统一分配，让孩子学会将学习与娱乐均衡搭配。因为孩子的日常行为、娱乐等都属于生活的一部分，也都需要孩子学会自己去安排和管理。只有这样，孩子才能真正养成习惯自控力，做事和学习才能杜绝拖延。

黑色学习帽：学习抗逆力

孩子在学习中遇到问题和困难时，处理方式分为两种。一种是以乐观的心态面对，积极寻找解决方案，并从困难中学到更多的经验。另一种恰恰相反，孩子遇到一点困难就想逃避，"玻璃心"严重，对那些有难度、有挑战性的新活动，更是直接宣告放弃。更糟糕的是，有些孩子遇到一点挫折就崩溃，心理修复能力极差，甚至会走向极端，非常令人痛心。

我们都希望自己的孩子有第一种心态，但家长面对更多的可能是第二种心态的孩子，这些孩子的表现其实就说明其抗逆力差。

抗逆力是一种在逆境中养成的独特能力，包括抗挫折、反脆弱、抗诱惑等多种能力。孩子具备了这种能力，才能更有弹性地应对学习和成长过程中的各种问题和挑战。

书中总结了一些提升孩子学习抗逆力的有效方法，这些方法都是建立在心理学基础之上的。

让孩子能从学习中获得"好的感受"

孩子要坚持一件事，并且克服完成这件事过程中的种种困难，有一个重要前提，就是这件事可以带给他"好的感受"。学习也是一样，当孩子认为学习能让他产生"好的感受"，且这种感受不断积累时，他才具有持久的学习力。

　　所以，要培养孩子的抗逆力，父母就要努力为孩子营造这种"好的感受"，比如给予孩子充分的爱、尊重和接纳，让孩子在内心中建立起安全感；当孩子在学习中遭遇失败时，能够转化思维，多看到孩子进步的方面，多给孩子鼓励和信任，帮助孩子重新获得成就感和面对问题的勇气。孩子知道父母一直都在身后支持自己，才会从学习中积累越来越多的"好的感受"，并在面对挫折时产生超强的抗逆力。

用"ABC 理论"培养孩子乐观的技能

　　"ABC 理论"是由心理学家阿尔伯特·埃利斯和艾伦·贝克提出的一种"理性情绪行为疗法"，目的是培养一个人的乐观心态。它的核心要点是"发生了什么事不重要，重要的是你怎么解读这件事"。

　　A（adversity）代表不好的事情，可以是我们遇到的任何负面事件。

　　B（beliefs）代表想法，就是我们对不幸事件的看法与解释。

　　C（consequence）代表后果，即不愉快的事件发生后，我们的感受和行为是怎样的。

　　通常人们认为，A 事件会自动导致后果 C，但阿尔伯特·埃利斯认为，其实是 B 引发了某种特定的后果。比如，孩子考试失利时，如果他看到的是"自己考得这么差，肯定追不上同学了"，他就会感到很沮丧，甚至丧失继续努力的信心，但如果他看到的是"这次考试把自己不会的问题暴露出来了，可以趁机复习巩固，争取下次考好"，这时他内心就会充满斗志。在这个过程中，考试失利这件事就是 A，是一个不变的事实，但真正影响结果 C 的是人们对 A 的想法和解读，也就是 B。消极的想法和解读自然会导致消极的结果，而积极的想法和解读也会带来积极的结果。

这种积极解读的能力是可以练习的，家长可以自己练习熟练之后，再把它教给孩子，并告诉孩子，他所有的感受都是正常的。如果他感觉生气、害怕或难过，那是因为某个想法 B 触发了感受 C，而一旦他找到了那个想法 B，就可以改变自己的感受 C。

举一个我女儿的例子，她刚上中学时，有时考试考不好，回到家就会很沮丧，这时我并不会批评她，而是跟她说："你感到有些难过是吗？你的感受是正常的，换作我，我也会难过。不过，我也会换个角度来思考，这次考试不理想的原因是什么呢？是因为哪些知识点没掌握，还是因为老师讲的知识没理解？"这时，她就会摆脱原来的情绪，开始思考和寻找原因。多次训练后，她就养成了一个习惯：一旦某次考试考得不理想，她就会先自己找原因，然后告诉我，她是因为哪里没搞明白，或是哪个知识点没理解，得去请教一下老师。

当孩子能够客观积极地解读学习中遇到的问题时，他就能给出更加乐观的解读结果，这就是孩子的抗逆力。

丰富孩子的现实体验，增强孩子的抗虚拟感

如今，计算机、手机等电子产品的普及让孩子在认识世界、增长知识的同时，对电子产品也产生了过度依赖心理。他们时常沉迷于网络上的各种虚拟游戏，从中体验现实世界中无法获得的代入感、成就感和归属感。这会给孩子的成长带来很大的不利影响。

要想让孩子摆脱电子游戏和虚拟网络的诱惑，就要不断丰富孩子的现实体验，让孩子在现实生活中获得更多的愉悦感和价值感。书中为家长提供了两种方法，帮助孩子增加抗虚拟感，抵御网络诱惑。

方法一是家长要适度放手，允许孩子使用电子产品，但要事先和孩子讨论一下，他对哪些东西感兴趣，再结合孩子的兴趣及需要提升的技能，和孩子一起从网络中优选一些资源。这样不但能满足孩子想要接触电子产品的心理，还能让孩子接触一些有趣、有益的内容，激发孩子的学习兴趣。

方法二是和孩子一起订立使用规则，规定有限的屏幕使用时间，比如在一段时间内，孩子只能专注于一两个项目；每次使用时间不能超过多久；每天最好在哪个时间段使用电子产品；等等。

技术和工具本身就是中性的，没有绝对的好与坏。只要我们引

导孩子正确使用电子产品，就能让电子产品发挥正向作用。孩子既能通过适度使用电子产品激发学习兴趣，还能抵抗虚拟网络的诱惑力，从而提升抗虚拟感和抗逆力。

蓝色学习帽：学习竞争力

我们解决了前面"四顶帽子"的问题后，孩子就自动进入一个自我成长的过程之中了，但是，家长仍然要注意对孩子自身竞争力的挖掘，让孩子真正爱上学习，增强学习竞争力。

举个例子，朋友的女儿妞妞上小学三年级，在家长会上，老师告诉朋友，妞妞上课从来不举手提问，即使老师点她的名字，她站起来也经常不说话。回到家后，朋友就问女儿为什么不在课堂上提问，女儿说："我不知道问什么呀，而且要是我问得不好，同学们肯定会笑话我的。"

善于提问和会提问，对于孩子的学习来说十分重要，当孩子对学习内容充满好奇时，他们会提出层出不穷的问题，产生主动学习和探究的内在动力。

书中列举了五个有效激发和挖掘孩子学习动力的策略。

鼓励孩子提问题

很多孩子不爱提问的原因有两个。一个原因是当孩子小时候提问时，父母会无意识地打压，而不是鼓励，比如会嫌孩子烦，觉得孩子的问题很傻，慢慢地，孩子就不想再问了。另一个原因是父母经常以命令的方式安排孩子的生活，而不是询问孩子的意见，比如对孩子说："去刷牙！去洗脸！"这就让孩子习惯于听从命令，而不是主动思考。

孩子在问问题时，大脑也在不停思考，如果我们能正确回应孩子的问题，就能更好地培养孩子的提问思维并激发他们的探索欲望。书中推荐了两个培养孩子提问能力的方法。

一种方法是把问题抛给孩子，引导和启发孩子思考，比如经常问孩子"你觉得这个问题还有其他的解决方法吗？""接下来你打算怎么做？"等等。启发式提问也要讲究方法，书中总结了启发式提问的五大"黄金问句"，分别为："你说呢？""还有吗？""你有什么想法？""你认为呢？""你的选择是……？"。同时要注意，尽量少问孩子"为什么"，因为这更像对孩子的质问，而不是启发。

另一种方法是运用 KWL 提问表格。它一共分三步。

步骤 K：Known，就是（关于学习主题）我已经知道了什么？（What I have known?）

步骤 W：Want，就是（关于学习主题）我想知道什么？（What

I want to know? ）

　　步骤 L：Learned，就是（关于学习主题）我学到了什么？
（ What I learned? ）

　　这个提问表格帮孩子从一开始就设立了清晰的学习目标，但它最精华的部分还是让孩子学会根据一个主题来提问题。掌握这一工具后，孩子在学习过程中就能不断挖掘出问题，并对问题进行深入思考。

培养孩子的深度阅读力

　　很多孩子看了不少书，但输出表达能力并不好，这是为什么呢？原因就在于孩子所做的都是浅阅读，只停留在阅读文字的表面，没有进行深入思考，而深度阅读力是要让孩子将思考贯穿于阅读过程之中，通过提问、思考、讨论、互动等方式，将阅读内容分享给他人后，最终让知识在头脑中留下深刻的印记。这样，孩子的阅读能力才能不断提升。

　　我女儿小时候，我一直引导她进行深度阅读。大约九岁时，她就让我用手机帮她录讲书视频，讲的内容中还会加入自己的一些观点，然后发到网络上，吸引很多小朋友去看。慢慢积累后，她对阅读过的很多内容能做到融会贯通，输出也变得越来越容易。

　　要培养孩子的深度阅读力，书中重点推荐了一个"三步阅读法"。

第一步：阅读前，让孩子带着问题去阅读，比如前文中提到的 KWL 提问表，你就可以在阅读前和孩子一起填写。

第二步：阅读中，让孩子关注情节发展，如其中的主题是什么、人物如何评价等。

第三步：阅读后，和孩子一起概括内容，并且互相分享阅读感受，对内容进行评价。

以《长袜子皮皮》这本书为例，按照上面的步骤来阅读，可以思考以下问题。

第一步，在阅读前，用提问的方式让孩子对内容进行预测，如："书中会发什么样的故事？主人公为什么叫'长袜子皮皮'？"

第二步，在阅读过程中，可以根据故事发展进行理解性提问，如：皮皮为什么自己一个人住？皮皮的力气非常大，她能做哪些不可思议的事？

第三步，阅读结束后，让孩子用自己的话概括一下故事的内容，并问孩子："你觉得这个故事里哪个地方最有趣？你学到了什么？"等等。你也可以问孩子一些联系实际生活的问题，如："皮皮可以举起一匹马，如果换作你，你能做到吗？"最后，让孩子对皮皮这个人物进行评价，如："皮皮是个什么样的人？""你最喜欢她哪一点？"

家长在与孩子进行阅读互动时，一定要保持平等。在孩子想要分享自己的想法和观点时，家长要担任好倾听者的角色，引导孩子深入思考，帮助孩子更好地理解情节发展和人物特点。

训练孩子大脑的思维能力

如果孩子缺乏明确的思考路径，就会在面对问题时无从下手。解决这个问题，要通过思维训练的方式，帮助孩子开拓属于自己的思考路径。

关于如何开拓思考路径，书中推荐了两种方法。第一种方法是构建思维模型，用简单易懂的图形、符号和结构化语言等组成可视化模型，帮助孩子系统、全方位地梳理学过的内容。这种方法最常用的工具就是思维导图。第二种方法是绘制思维训练单，让孩子练习按照从问题到答案、从文本阅读到评估鉴赏的思路进行思考，在纸上对主题一步步拆解，将阅读思考的过程可视化，使孩子看到思考的过程和方式，逐渐学会独立分析和思考。

在这个过程中，家长要做好孩子思维训练的"脚手架"，仔细观察孩子存在的困惑，并及时提供助力，向孩子展示从问题到答案的思考路径，带领孩子拾级而上，引导孩子进行看、学、做、练，一步步搭建自己的思维大厦。

此外，家长还可以利用笔记工具和高效记忆帮助孩子提升学习竞争力，当孩子掌握了科学有效的学习方法之后，学习就不再是一件苦差事了。

　　"五顶学习帽"所对应的五种学习力，共同构成了孩子自主进步的阶梯，帮助孩子获得面对未来世界的勇气和自主学习的能力。希望每个孩子都可以戴着这"五顶学习帽"，在成长和学习中收获强大的精神支撑和内在动力。

第 3 节　面向未来

樊登解读《为未知而教，为未来而学》

市面上有很多教孩子学习的书，其中大部分是教给孩子一些学习方法，告诉孩子怎样能够高效学习。然而，有一个问题我们始终没有解决，那就是我们为什么要学习这些内容。绝大部分孩子甚至家长的认知是，既然学校规定了要学这个东西，考试也考这些，那么我们就要学这些内容。

哈佛大学教育研究生院资深教授戴维·珀金斯用 50 年做了一个项目，叫作"零点计划"，专门研究人类到底应该学习什么知识，又不应该学习什么。他将自己的研究成果写成了一本书，英文名叫作 *Future Wise*，直译的意思是"未来的智慧"，中文版出版时译为《为未知而教，为未来而学》。全书阐述了这个理念：我们教育孩子时要想着未来，也就是让孩子积极、广泛、有远见地追寻有意义的知识，用知识形成切实可行的智慧，以应对未来的世界，这才是学习的本质。

《为未知而教，为未来而学》这本书能够让我们端正对教育的态度，深入思考我们终究想要孩子成为怎样的人。比如，我们需要思考怎样教会孩子科学地讨论问题，以免他们的思维受到操纵，成为一个简单的网络暴民，或者一个无知的吃瓜群众。对每个人来说，这都是特别重要的一种能力，但由于它不在考纲当中，学校里面一般鲜有涉及，这本书的使命就是弥补这种不足。

教育的内容

为什么要关注教育的内容

我们为什么要关注教育的内容，理由有以下几个。

第一个理由是，我们需要重新考量教育投资产生的回报。珀金斯教授曾发问，我们的教育投资产生回报了吗？他把对知识的接触分成三类，就像斯皮尔伯格的经典电影《第三类接触》（*Close Encounters of the Third Kind*）中人类与外星人的不同层次接触那样。第一类接触是人类看到外星人的飞船飞过去；第二类接触是人类发现外星人生活过的痕迹；第三类接触是人类真的遇到外星人，进行面对面的交流。同理，在知识接触的分类中，第一类接触是我学过这个知识；第二类接触是我遇到过某个问题，可以用这个知识来解答；第三类接触就是我真的用我学的东西去解决了问题。

我们需要重新设计我们的教育结构，选择我们的教学内容，让我们今天教给孩子的东西在未来给他带来智慧，也就是让他在人生中和这些知识产生更多的第三类接触。

第二个理由是，我们要重新考量知识学习量。我们学的知识越多越好吗？大多数情况下，我们学习的知识是被挑选好的，老师规定学的，我们也没得挑，只好都学。然而，知识是用进废退的，像小时候学过的对数 log、化学方程式配平等，我们很可能已经毫无头绪，即便当年是学霸，考试中能非常熟练地得出答案，现在遇到这些题也不会做了。所以，学一些根本不会用到的知识，实际上就是对人生的浪费，以及对这个世界物资的浪费。这是应当重新考量知识学习量的原因。

第三个理由是，我们必须考虑知识学习的机会成本问题。我们的时间有限，花时间学某些东西，就是放弃了学习其他内容的时间。这也就是为什么有那么多高学历、高职位但低情商的人。他们可能在自己的岗位上有所建树，却不是一个合格的公民，他们不知道如何尊重别人，因为那些东西并没有在他的知识体系当中体现出来。这就像是，有的理工科学霸解决不了自己家里的给排水问题，甚至不会换灯管。这些人往往分数很高，但他只学考试需要的知识，实践能力一概没有。这是知识的机会成本问题。

就算要继续学习那些看似用不上的知识，我们也可以思索一下，能不能用恰当的方式产生第三类接触，找到更好的方法来教孩子，让这些知识能够更多地出现在我们的生活当中。

教育结构的问题

目前，我们的教育结构存在如下几个问题。

第一，过度关注学业成就，忽略相关性差距。我们往往关注一个人拿到了什么文凭，是中学文凭还是大学文凭，或是硕士、博士文凭，这些是学业成就。相关性差距体现的是学的知识跟生活的关系，与这些知识能否解决生活中的问题有关。

第二，过于关注了解性知识，忽略知识内涵的掌握。了解性知识是指人们对这些知识一知半解，比如说到胆固醇、陶瓷材料、路由器、行星轨道、查理大帝等，你会发现，每一个词你都知道，甚至有一定了解，但你对它基本也就停留在了解的层面。这种情况带来的结果就是，我们的思维没有深度。我曾经讲过一本畅销书《人类简史》，人们听完或者看完那本书都很惊讶，作者尤瓦尔·赫拉利能够把历史上的这些事情联系在一起，以一种很自然的叙述方式让你知道人类就是这样发展到现在的。这就是一种把知识内涵贯通的能力，他完全了解这些历史人物、地理事件在发展过程中都发生了怎样的联系，这就是深入思考的结果。反观我们现在的教育，其更多地停留在了传授了解性知识上，孩子大部分时间在背书，把时间、地点、人物背下来，但没有挖掘内涵。这是很重要的问题。

第三，过于强调专业知识，忽略与生活有关的软知识。例如，我们在物理、化学等领域的学习上已经上升到准科学的高度，但是我们对于怎么讨论问题、怎么投票、怎样对一个小组内产生的不同意见进行决策，甚至男孩到底应该怎么样追女孩、女孩怎样得体地拒绝男孩这样的事情没有过任何学习。这些软知识没有人教过，所以我们很多人，包括我自己，在社交场合中完全不知所措。这也是一个问题。

我们的教育将从迟钝的层级结构过渡到灵活的网状结构，但是我们可能尚未准备好。什么叫层级结构？一个学科，有标准教材，有学科老师，由老师教学生，这就是层级结构。你会发现，想改变这个结构很难，因为普及下来的教材都是一样的，对老师的培训和要求也是一样的。那么什么是网状结构呢？现在，一个科目里交叉着四五个学科；教材有大量相关的辅助资料，可能包含了杂志、视频、录音、采访等；教课的老师可以和很多相关科目的老师互相交流，多位老师可以来指导同一个班学生的课程；学生也会形成他们的社群，会跟别的班学这个内容的同学进行讨论。现在的教育已经逐渐变成这种灵活的网状结构，但是很多学校尚未准备好，还在用过去的层级结构解决问题，这就是我们现在所面临的麻烦和问题所在。

全局性理解

什么是全局性理解

　　有一个珀金斯教授长期运作的项目，叫作"为理解而教"（Teaching for Understanding）。举个例子，珀金斯教授参观"为理解而教"的一个教学实验成果时发现，老师教植物中细胞的有丝分裂时，为了让孩子们更好地记住相关知识，他们给孩子们编了一套舞蹈，叫"有丝分裂之舞"，于是这些孩子们一边跳舞一边深刻地理解了有丝分裂这个过程，还锻炼了身体，练习了舞蹈，这就是一种为理解而教的方法。再比如，教生物的老师让孩子们设计一条鱼，孩子们在设计的过程中，很兴奋地查阅资料，了解鱼的进化、种类、构造、各部分的功能、有什么天敌等，不但学习了生物学，了解了进化论，还知道了生物入侵这些概念，兴致盎然。为理解而教，就是给孩子一个任务，让孩子主动发掘和学习，从而达到对知识的全局性理解。

　　这本书的重点就是全局性理解。教育的目标是追求全局性理解，而不是立即理解。我们现在追求的大多是立即理解，即这些知识我理解了能得分或者拿到学位，要有结果，但这类知识我们往往考完试、拿到学位就忘了。全局性理解不一样。以学习欧姆定律为例，如果你只知道电流等于电压除以电阻，这不是全局性理解，而有一位同学表示他学了欧姆定律后豁然开朗，突然觉得它和我们推算的导热管的气流量也有关系，认为欧姆定律的基本形式至少可以提供一种粗略的范式，比如气流量等于气压除以导管的阻力，他继而用这个知识改造了家里的供暖系统，让家里更暖和了，这就是全局性理解的一种体现。

同样，再延伸一下，让我们想一想传播学中的谣言等于什么。基于欧姆定律的基本形式，谣言可以被认为是编撰谣言的水平除以公众的认知能力，公众的认知能力越低，谣言就传播得越快越广；编撰谣言的能力越强，谣言传播得也越快越广。可见，从欧姆定律的公式可以想出很多东西。

全局性理解的标准

对知识达到全局性理解，要符合四个方面的标准。第一个标准是关于深刻见解方面，就是说这个概念在物理、社会、艺术等不同世界中的反映。就像前文提到的欧姆定律，我们能够在各个世界当中找到印证它的现象，由此不断加深理解。第二个标准是关于行动方面，即全局性理解应能够使我们利用它采取行动，改变日常生活。例如，前文中的孩子学完欧姆定律后可以改造他们家的暖气管，这就是行动。第三个标准是关于伦理道德方面，即对某些知识的理解能够让你的道德品质、观念、人性、同情心或者对社会规范的理解有所升华。第四个标准是关于机会方面，即当所学的知识出现在各种场合、表现为各种各样的形式时，你都可以想到它。如果能够符合这四个方面的标准，那这样的理解就是典型的全局性理解。

举一个现实中的例子，我有一个师弟，他从中央电视台辞职以后，受到这本书的启发，创业做了一个项目，叫"小豆瓣电影学堂"。他发现要让孩子深入地思考某个概念，产生对这个概念的全局性理解，最好的方式就是让他们讨论，但是每个孩子的成长背景不同，很难一起讨论，于是他让孩子们看同一部电影，然后针对这个影片进行延伸性讨论。

比如，我曾经给他推荐过一部电影《印式英语》，这部电影很感人也很幽默，它讲的是一个印度的妈妈，在家里不受爸爸的重视，到了美国以后特别想学英语，全家人都反对她，她老公特别讨厌她学英语，但是她努力地偷偷地学，最后用英语在全家人面前演讲，全家人大吃一惊。这位师弟把《印式英语》给孩子们看完了以后，让孩子们讨论"爱妈妈的方式"，就是我们到底应该怎样爱我们的妈妈。从这个话题开始延伸，最后和孩子们讨论男女平等这个概念。男女平等就是一个典型的需要全局性理解的概念，我们都知道男女平等，但是研究的深入程度各不相同。讨论的时候，他就用提问的方式启发孩子，例如男女该不该平等。有的孩子说不应该，因为男人和女人的力气不一样大，有的小孩就反驳说，尽管大家吃的不一样多，但自助餐收费都一样，这不是钱的事，这是对人的尊重，他们在人格上是平等的。孩子们甚至说出了很多令大人难以想象的话。就在大家一边倒地都认为确实应该男女平等的时候，有一个男孩突然发言说："按照你们说的，如果我是老板，那我就不雇女的了，我只雇男的。"孩子们顿时愣住了，开始进行新的思考。这就是一部电影能够引发的讨论。

我认为，他就是在用电影这种承载方式，帮助孩子学会全局性理解。当他们把这些逻辑的思考过程呈现出来，跟孩子们讨论的时候，孩子们会了解什么是逻辑，什么是大前提、小前提、三段论，深入地理解逻辑，这就是一个创举。

全局性理解的优势

全局性理解并不是要求对生活中说到的每一个词都做到全局性理解，生活中绝大部分时候是用不到全局性理解的，我们只需要用到配方知识，即已习惯的生活内容，例如早上起来洗脸刷牙、开车上班等。但是，在面对一些从来没有遇见过的问题，例如大家在讨论要不要参加一个活动时，你就要调动全局性理解的能力深入思考，决定是人云亦云地跟着去，还是做出自己的判断。

因此，一个具备全局性理解能力的人有三个非常重要的优势。第一个优势叫作"定向"，即遇到任何状况都能做出自己的智力判断，确定方向，不会随大流。第二个优势叫作"慎思"，即审慎地思考问题，而不会轻易得出一个心血来潮的或者特别不具有科学性的、迷信的、用归纳法简单总结的结论。第三个优势叫作"深入学习"，即不会在学习上试图一劳永逸，这样的人知道其所学的知识并不是一成不变的，因此会经常跟踪思考，不断进行知识上的更新。

全局性理解的方法

需要进行全局性理解的概念很多，无法估算，更无法列举，大到社会公平，小到如何克服慵懒，都会涉及。那么，该怎样培养这种能力呢？我们能够使用的方法就是抽样教学。尽管孩子们不可能在语文课上读完四大名著、《鲁迅全集》，但是老师会把其中最具代表性的内容教给他们，让他们学习讨论。其实这就够了，因为有了全局性理解的能力以后，孩子们会自己把它套用在需要学的新知识上，因为他们本身就培养了深入思考的能力。

数学也一样，并不是说二次方程这样的知识就彻底不需要学了，我们可以尝试通过重构来拯救这类知识。例如，有一个教育专家就在研讨会上提出，像二次方程这样的内容，要尽量把它和经济学结合在一起。这就是为什么国外的经济学专业前期都安排数学课的原因，差不多要学到数学系的水平，学生才能够学经济学，因为经济学包含了大量的数学运算。当你能够用经济学的外壳来重构数学知识时，学起来就更有可能在今后跟它发生第三类接触。天文学也是如此，包括机械学，要想办法把它们融合在一起来学习，这就是通过重构拯救这些过去的硬知识的方法。

在这个过程当中，最有效的方法就是用开放式的问题点燃人们的创造力。有这样一个例子，有一个叫亚力的新几内亚人问一个白人，为什么是白人制造出货物再运到新几内亚，而不是黑人制造出自己的货物再销往全球。他问的这个人后来写了一本非常著名的书，就是《枪炮、病菌与钢铁》，这本书专门讲经济发展的规律和差异，凭借这本书，作者贾雷德·戴蒙德得了普利策奖。一个充满好奇心的简单提问，引发了思考，让戴蒙德追根溯源地研究西方发展过程，最终著书获奖。

一个好的开放式问题，一定会得到好奇心的支持。像"引发工业革命的三个因素是什么"这样的问题的确是一个开放式问题，但它不是一个好的开放式问题，因为它已经限定了三个因素，很明显，你要做的是填空，这是最典型的扼杀好奇心的问题。

好奇心是可以被扼杀的。我们的孩子在从小到大的成长过程中原本充满了好奇心，但是你会发现，上到了初中、高中以后，他们慢慢地就没有好奇心了，他们甚至连"我为什么要学这个"都没有兴趣问，他们的习惯已经完全跟老师、家长合拍，让他们学什么他们就学什么，他们想的就是尽量把分考得高一点儿，而好奇心正是被上述这类问题磨灭的，这类问题让孩子们只期待得到课本上已经有的知识，而不是自主地深入研究。

那么，关于工业革命这件事，我们可以怎样提问呢？我们可以提出"引发工业革命的原因可能有哪些"。这显然比问三个原因更开放了，但这个问题的鼓舞性还不够。一个有利的引导问题可以是这样的：

"全世界上下几千年的历史中，有许多文明的成熟程度令人印象深刻，它们也有高度发达的经济体系、杰出的科学成果，甚至有大量巧妙的装置，那么为什么工业革命没有产生在那些文明之中，而是出现在了这个特定时期特定的地区？"

你看，这一段铺垫就具有鼓舞性。教育工作者就是要点燃孩子，就是要让孩子自愿思考事情为什么发生，然后鼓励他们寻找、探索。在这样的方法下，孩子会给出令你非常惊喜的答案。

学习的本质

带有生命力的问题

我特别欣赏书里给出的两个带有生命力的问题。

第一个问题是，"假如不是呢？"这是一个能引人深入思考的万能问题。例如，假如人类的寿命不是 100 岁而是更长呢？人们都坦然地假设我们寿命的上限大致就是 100 岁，我们安排婚姻关系、家庭、存款等人生计划都是基于此，社会的资源配置也是照此来配置的，但是倘若按照那些未来学家所预言的，到 2030 年人的平均寿命能够到 150 岁，那会怎么样呢？同样，我们还可以思考，假如孩子不上学会怎样，假如我们不做大量的教学评估会怎样，等等。

　　第二个有意思的问题是，"真正的问题是什么？"当人们在表面上不断重复一些浅层次的讨论时，担任引导者角色的老师应该问的问题是，真正的问题是什么。这个问题往往可以起到拨云见日的作用，然后让大家深入思考，挖掘其背后的根本冲突，问题会一层层复现出来，人们的思考会变得更加深入。

真正的学习是什么

　　前面我们讨论的是教的问题。那么，真正的学习是什么呢？

　　第一，学习即理解，学习就是要进行全方位的理解。

　　第二，学习即运用，简单说就是学了以后要能用。

　　第三，学习即注意。这一点很有意思，书中提到一句俗语："拿着榔头的人，看所有的问题都是钉子。"它的意思自然很容易理解：如果你提供一项服务，你会觉得所有人都需要这项服务。但是，教育上的问题正相反，珀金斯教授说，教育上的问题往往是，当你是一个榔头的时候，你看什么问题都不是钉子，反映在学习上就是，你根本没有注意到这部分内容跟你所学的是有关的，这才是教育的缺失。例如，很多人明明学过概率知识，却依然认为坐飞机比开车危险。

第四，学习即感兴趣。学习就是要越学越有劲，越学越觉得有意思，学习本身就有探索不完的东西，就像这本书的作者珀金斯研究这件事 50 多年。

第五，学习即融会贯通。当你发现能够把所有知识打通，挖掘出它们背后的联系时，你就真正将知识融会贯通了。例如，在讨论一个社会学问题时，可以引申到经济学、物理学，甚至可以涉及量子力学。埃隆·马斯克就是一个相信第一性原理的人，你会发现，他都是从各种学科的最基础层面来思考问题的，他思考生物学、社会进化、物理学、天体动力等问题，综合思考结果后再去解决一个生活中的复杂问题。在生活中，鲜少有问题是单独由哪个学科来解释的，大部分问题涉及大量相关的交叉学科，所以融会贯通是学习的目的。

认知方式

作者说，在你的工具箱里，一定要放上《尤利西斯》，这话是什么意思呢？这不是说《尤利西斯》这本书特别重要，而是说在选择学科时，文理科不要偏废，最怕的是一个人扎入某一个学科的"兔子洞"。他解释说，每个学科，一旦学进去，肯定会有"兔子洞"，这些人就是专业人才，要钻得很深。但是，对于学生来说，不要过早地钻进"兔子洞"。一个人如果过早地钻进"兔子洞"，他的思维方式就会变窄。我们需要了解不同的认知方式。

这里我们简单介绍一下人类历史上一些典型且非常重要的哲学思维的认知方式，这部分内容在中国尤其重要。为什么我们生活中有一些人，别人说什么都信，别人让干什么就干什么，容易被煽动感情，原因就是我们缺乏哲学思维，缺乏判断事物所依据的思维方式。最常见的错误的思维方式就是简单归纳，列举几个相似的例子，好像就能证明一切。比如，一件产品，王阿姨说好，李叔叔说好，以此就简单归纳出这件产品好。

历史上最典型的认知方式里，第一个出现的是欧几里得的认知方式——推演。欧几里得是古希腊数学家，被称为"几何之父"，他的著作《几何原本》是欧洲数学的基础。我们从初中到高中所学的几何，都是欧几里得在 2000 年以前研究出来的，至今几乎没有什么变化。欧几里得的思维方式是形式化的演绎推理。演绎和归纳不一样，我刚刚举的例子叫"归纳法"，而"演绎法"是广义上的猜想与证明。"猜想"是提出力图证明的观点，"证明"以定义、公理、已证实的定理、广泛概括的各种数学理论和系统为基础，借助于严谨的证明机制得出结论。欧几里得特别强调公理，比如两点之间直线最短、平行线永远不交叉，这是公理，基于几个公理，他推导出后边所有的公式。我们常说"因为……所以……"，一环扣一环，只要这个论证过程是严密的，你就可以信任最后得出的结论，这就叫作"演绎法"。

另一种典型的认知方式是"培根式认知"。培根式认知是从假设开始，也就是基于观察和思考提出一个概括性的命题，并假设它可能是正确的，如果假设可以在许多情景中发挥作用，那么我们可以暂时认可它，再不断修正假设，这是一个迭代循环。要注意的是，我们必须十分谨慎，限制假设的应用范围，就算是确信无疑的结论也会出错，这一点与欧几里得认知方式中的推论结果不同。欧几里得的结论是不容置疑的，推演出来的公式、定理是一定存在的，但是培根认为，我们可以大胆假设，然后小心求证。

卡尔·波普尔给培根式认知做了一个非常好的注解。卡尔·波普尔提出了科学的可证伪性，意思就是，一个理论可证伪，才有可能是科学的，凡是不可证伪的理论，不可能是科学的。比如，我给你算命，你说我算得不灵，我说因为你不够诚心，不信就不灵，这就是不可证伪的，即便你举出一个反面案例，也无法证明这个说法是错的。你可以大胆地假设，也可以罗列很多证据来验证它，但是你要知道，可证伪性是非常重要的。例如，一旦出现黑天鹅，就证明"天鹅是白的"这个说法被推翻了。

还有一种典型的认知方式是"牛顿式认知"。牛顿的认知方法通常是，先创建假设理论的数学模型，然后演绎出可验证（证伪）的观测结果，再用实验验证，修正模型。我们可以将其理解为，先思考，然后提炼出一个数学公式来计算，计算完把实际生活中的情况代入模型中验证，看看模型做得对不对。这也是一种科学的思维方法，牛顿就是用这样的方法通过他发现的几个定律一点点推演出了太阳系的天体轨道。通过数学模型来建立世界观，这就是牛顿式认知的特点。后来人们在观测中发现，天王星没有按照牛顿计算的轨道运转，但是，当时没有人怀疑牛顿，大家甚至认为是天王星转得不对，直到后来有人表示，肯定是有别的星体存在，人们才在观测中发现了海王星。这也从一个侧面证明了人们对牛顿式认知的肯定。

还有一种认知方法叫作"修昔底德式认知"。修昔底德是古希腊历史学家，他研究历史的方法是考证历史史料，以原始史料作为还原、解读历史的基本依据。我们想用可重复性、可证伪性对比实验来了解一个历史事实是做不到的，因为时间不能倒流。在修昔底德之前，荷马也整理过历史资料，但荷马史诗是人神混杂的，其中有大量的想象、抒情成分，这不是真正的历史。

修昔底德参加过伯罗奔尼撒战争，战争失败，他被贬为庶民，但他并没有就此回乡，而是周游列国，还写下了一部伟大的历史巨著《伯罗奔尼撒战争史》。在这本书中，他第一次使用了以他的思维方式构建的历史观。回顾历史，人们往往是看书面的报告文献，而报告文献既容易存在偏见，也容易因记录人感觉和记忆的主观性而存在事实上的歪曲。修昔底德式认知的特点就是要尽量地寻找和对比大量的原始资料，然后对其进行解释，批判性地探讨其中可能存在的偏见，拼接多元资料，进而构建历史的叙事。

　　一个人很难掌握所有的思维方式，但多了解一些思维方式，可以避免我们陷入某种单一的思维陷阱，从而避免我们无法接纳其他的信息。我们可以专注于某个领域成为专家，但我们也需要更多地了解不同的思维方式。教育就是要给予孩子们更多可能的思维方法和方向。

教育的目的

用知识形成智慧

　　这本书的结尾提到了圣雄甘地。

　　圣雄甘地有一次在印度挤火车，把一只鞋子挤掉了。甘地的反应是，立刻把另外一只鞋子脱下来，从窗口扔下去。别人问他为什么这样做，他说自己留着一只鞋子也没用，扔出去的话，捡到的人还能凑成一双。

　　作者对圣雄甘地的这个行为大加赞赏。

　　这就是知识与智慧的差别。知道只有一只鞋是没法穿的，这是知识。知道火车如果开走就很难再去捡这只鞋了，以及捡到一只鞋无法穿，这些都是知识。普通人知道这些知识之后，只是会难过于鞋子没了，或者可能抱着剩下的一只鞋子难过几天最后扔掉。甘地不一样，他将这些知识结合起来，采取了一个利益最大化的行动：把鞋子扔出去让别人凑成一双。

珀金斯认为，甘地发现了机会，并且其对当下情况的理解达到了全局性理解的四个标准。他对当前的情景产生了深刻的见解，抓住了行动的时机，展现了自己的道德品质，在上火车的短短几秒之内能够做到这一切，实在是令人敬仰。这就是知识和智慧的区别。

教育的根本目的

那么，教育的目的到底是什么？在《为未知而教，为未来而学》这本书的最后，珀金斯用了一个特别常见的词来形容教育的目的，即培养一个人的"综合能力"。什么是综合能力？我的理解就是，它能使人更好地适应这个世界，为这个世界做出更多贡献，更具有创造性，而这一切需要把林林总总的、各种各样的知识通过全局性的理解整合起来，变成每一个人脑海当中像甘地一样能快速反应出来的智慧。这就是这本书带给我们的启发。

无论我们是否从事教育工作，面对自己的孩子或这个社会上的任何一个孩子，我们都是一名教育者。即便我们不是老师，我们也可能是一位母亲或者父亲，在教育孩子时，就可以带着这个理念拓展更多的讨论话题，从而帮助孩子形成能够应对现实问题的智慧。

3

社会能力，与他人共同成长

任何一个孩子，作为社会中的一员，都无法脱离群体独立生活，未来他们将面对更加复杂多元的环境。在社会中，孩子们将扮演各种角色，与人沟通合作、与人交友甚至相爱，这都需要他们具有一定的社会能力。

本章将从社会情绪、与人交友、两性关系等角度，帮助孩子融入社会集体，在集体中认识自己和他人，学会理解与同情，拥有爱与被爱的能力。

第1节 社会情绪

安心《教孩子学会社交和情绪管理》课程精编

情绪是人类特有的一种内在体验，所有人都会产生情绪，并且在情绪来临时，会呈现出不同的行为方式。吴维库教授曾将人体比作一驾马车，将情绪比作拉车的马。马是车辆的原动力，没有它车就寸步难行，但同时它也是阻力。如果马受惊失控，车不但无法按照既定路线前行，还可能会翻倒，甚至车毁人亡。因此，马需要好的车夫来照顾、训练和驾驭。

情绪也是如此，管理情绪的能力就是车夫。如果无法觉察、照顾和疏导情绪，情绪就可能令人做出失控的行为。尤其对于孩子来说，他们的大脑发育尚未完全，管理和控制情绪的能力不足，年龄越小的孩子，越无法控制自己的情绪，这也是孩子很容易做出一些失控行为的原因，就像有些人说的，孩子经常"猫一会儿，狗一会儿"的。

　　但是，孩子终将走上社会，独自面对这个世界，这时，孩子如何识别和感受自己与他人的情绪，如何表达自己的情绪、调整自己的情绪、认识情绪之间的差别，并运用这些信息指导自己的行为，与他人建立友好合作等，就变得非常重要。这些能力被统称为"社会情绪技能"。也就是说，从小培养孩子的社会情绪，帮助孩子获得社会情绪技能，不但能让孩子的情绪更稳定，还能使孩子在未来的学业成绩和人际关系中表现得更加出色。

　　在《教孩子学会社交和情绪管理》这一课程中，我从孩子的自我意识、自我管理、社交意识、人际关系和学会负责五个方面，跟家长们分享了如何培养孩子的社会情绪，提高孩子的自信心、自我管理能力和社交能力，从而帮助孩子持续成长，使他们未来更好地适应社会。

自我意识：认识自己才能识别情绪

　　一般来说，孩子在 1~2 岁时，自我意识开始出现并快速发展。这时，孩子会产生一种自我的能力感，什么事都想尝试，希望能够独立自主，这是孩子成长发展过程中的正常表现。

　　但是，一些家长对此并不了解，比如有家长跟我反映："孩子非常不听话，总说'不要'。只要不顺从他的想法，他就哭闹！"

"孩子玩游戏时，一旦不成功就扔玩具、发脾气。""他让我陪他玩，我正忙着，没空陪他，他就大哭大闹！"

其实，这些都是孩子自我意识发展的典型表现，我们常称之为"可怕的两岁"。正因为家长对这个阶段孩子的成长规律不了解，看不到孩子的行为和情绪背后所表达的需求，而孩子也觉察不到自己的行为有哪些不当之处，家长与孩子之间才会沟通不畅。长此以往，家长和孩子就会慢慢走到无法交流的地步。

要想帮助孩子顺利度过这段自我意识发展的关键时期，让孩子学会调整自己的情绪和行为，我们首先要训练孩子自我觉察的能力。这也是孩子学习调整情绪和行为的第一步。

训练孩子的自我察觉力

什么是自我察觉力呢？简单来说，自我觉察力就是知道自己在做什么、说什么。孩子具备这种能力后，才会在情绪产生时正确地认识自己的情绪，然后积极主动地做出应对，而不是以一种盲目、冲动或任性的方式来应对情绪。

孩子的第一个学习对象就是自己的父母，所以父母的行为和语言引导是孩子学习自我察觉最好的模板。在课程中，我分享了一种帮助父母和孩子共同提升自我察觉力的方法，叫作"镜子映射法"。它主要分为两点。

第一，父母要以孩子为镜，提升自己的自我觉察力。父母提升自我觉察力最直接的方法，就是通过孩子的反馈，来修正自己的言行和情绪，从而和孩子培养感情、建立信任。我在课程中举了一个例子。

在吃饭时，妈妈问女儿："宝贝，你觉得妈妈今天做的菜好吃吗？"

女儿回答："非常好吃。"

妈妈又问："那妈妈今天还有哪些表现让你觉得很开心呢？"

女儿回答："妈妈给我买了冰激凌，还亲了我，我很开心。"

妈妈故作惊讶地说："啊，真的吗？原来这让你很开心呀！那妈妈有做得不好的地方吗？"

女儿回答："有，妈妈刚才大声说话，我有点害怕！"

妈妈说："哦，那是妈妈不对。对不起宝贝，吓到你了。"

女儿摇摇头说："没事的妈妈，要开心哦，不要生气！"

父母可以通过孩子对父母行为的描述，了解自己哪些行为给孩子造成了不好的影响，从而反思自己的行为，避免其重复出现，同时也引导孩子去思考自己的行为。

第二，父母要以自己为镜，引导孩子意识到自己的行为。当孩子的一些行为已经被他人性中的许多弱点，如暴力、任性、虚荣等所控制时，父母就可以模仿孩子，让孩子意识到自己在做什么，提升孩子的自我觉察力。比如，孩子闹着要新玩具，坐在地上大哭，这时你就可以模仿他的行为，也坐在地上假装大哭。这能帮助孩子意识到自己的行为问题。

除此之外，父母也可以采取直接沟通的方式帮助孩子发展自我察觉力。比如，当孩子闹情绪时，你就直接问问孩子需要什么、不需要什么、什么对他来说是重要的，也可以跟孩子分享你的感受、想法，然后询问孩子的感受和想法。这些都能使父母和孩子彼此更加了解，增进亲密感，同时提升自我觉察力。孩子具有了较好的自我觉察力后，才能慢慢学会认知自己的情绪。

协助孩子认知自己的情绪

在很多家庭中，孩子一发脾气、哭闹，父母就立刻大声呵斥，想让孩子立即停止，但这是很难的。解决孩子情绪问题的第一步，就是不要站在孩子的对立面。人类的情绪本来就是对客观事物的态度体验和相应的行为反应，每一种情绪背后也都有特定的需求。如果你想平复孩子的情绪，就要帮孩子找到真正困扰他的那些问题，比如下面这个例子。

早晨，孩子对妈妈说："妈妈，我不想上学。"

妈妈问："为什么呢宝贝？"

孩子说："老师要求我做的事我没有做完。"

妈妈问："什么事？"

孩子说："上次举办活动的那种紫色的花，老师让我再带些去，可花店里卖完了。"

妈妈问："你觉得答应老师的事没办到，怕老师埋怨你？"

孩子点点头。

妈妈说："那妈妈跟老师解释一下，下次去那家花店时，咱们再买一些其他的花。"

孩子问："可以吗？"

妈妈说："可以呀，那咱们现在别闹了，赶紧上学好不好？"

孩子说："好。"

你看，想让孩子合作，就要先倾听孩子的需求，再引导他去识别情绪，这样才能从根本上解决问题。

从心理学角度来说，情绪是一种非具象的存在，想让孩子更好地认知自己的情绪，我在课程中推荐了一种方法：彩虹风车法。这种方法是和孩子学习通过颜色来表达情绪，我们可以先用五种颜色来表示不同的情绪。

- 黄色表示开心、愉悦，情绪温度中等偏高；
- 绿色表示平静、放松，情绪温度适中；
- 蓝色表示伤感、脆弱，情绪温度有点低；

- 红色表示生气、伤心，情绪温度较高；
- 黑色表示恐惧、愤怒，情绪温度在最高的状态。

接着，我们和孩子一起制作一个圆盘，把五种颜色的色块大小均等地放在圆盘上。在与孩子沟通情绪时，我们可以转动圆盘来进行情绪描述。它的使用方法主要有两种。

第一种叫"天气预报"，就是像每天的天气预报一样，把转盘指针指向我们想要表达的情绪的颜色。比如，我们可以跟孩子说，"我现在的情绪颜色是绿色，今天感觉很舒畅"，或者"我现在的情绪颜色是黑色，我需要自己静一静"。我们也可以问问孩子，他此刻的情绪颜色是什么，并请孩子描述一下。

第二种叫"风吹麦浪"。你可以将转盘颜色重新四等分，第一份画当下的情绪颜色，第二份画你或孩子喜欢的情绪颜色，第三份画你或孩子希望孩子自己常有的情绪颜色，第四份画大部分时间里你或孩子的情绪颜色，然后转动转盘，去感受不同画面中的情绪状态。一开始可以转慢些，后面逐渐加速，让孩子感受不同情绪的变动。当转动速度越来越快时，我们就能看到一个飞速转动的风车，所有情绪颜色融合在一起，形成一种新的情绪色彩。

以上方法不仅能帮助孩子了解不同的情绪在表达什么，也能让孩子了解父母的情绪在寻求什么。在这种学习和了解中，孩子对情绪的认知水平就会慢慢提高。

需要注意的是，在与孩子一起描述和了解情绪的过程中，我们要承认情绪的客观存在，同时协助孩子学会接纳情绪。无论孩子有什么感受，如害怕、生气、担忧等，你都要承认和接纳，让孩子知道有情绪是一件很正常的事，不要责备他的情绪不恰当。比如，你不允许孩子玩手机，他很生气，这时你不要责怪孩子有生气的情绪，而要接纳他的情绪，再运用恰当的方法去解决问题。这样，你们的情绪才能在彼此间流动起来，继而产生良性的交流互动。我们时刻要记住，在解决孩子的教育问题之前，先要学会解决孩子的情绪问题。情绪问题解决了，教育问题就变得容易多了。

自我管理：相信孩子可以管好自己

在生活中，孩子接触最多的人就是父母，父母的信任是孩子成长最大的动力和支持。但要让父母相信孩子太难了，绝大多数父母都因为担心孩子太小，怕孩子管理不好自己而让自己受到伤害或伤害到别人，习惯事事都帮孩子做。殊不知，这种过度保护会让孩子失去探索和冒险精神，缺乏适应环境的能力和基本的自理能力，甚至对外面的世界充满焦虑和恐惧。美国华盛顿大学的心理学家曾经对200多名孩子和他们的父母进行了长达三年的研究，结果发现，当一个孩子被给予过多指导，缺乏独立自主的空间时，内心的焦虑感和忧郁感都会增加。

所以，我们要相信孩子可以自己管好自己。当然，如前文所述，要解决孩子的教育问题，还是要先解决孩子的情绪问题；要让孩子学会自我管理，同样要先帮助孩子学会管理自己的情绪。

情绪内在观察法，帮孩子学会管理情绪

面对负面情绪时，人们常用的处理方法有两种：一种是自我压抑，但长时间压抑自己的负面情绪，会导致健康出现问题；另一种是发泄出去，但这样负面情绪很可能会发泄到别人身上，或直接发泄到孩子身上。这两种情绪处理方法既容易伤害自己，又可能波及他人，多少亲密关系都因为情绪处理不恰当而开始疏离。我在课程中推荐了一种情绪内在观察法，它既不需要你压抑情绪，也不让你选择随意发泄，不但适合家长使用，还可以用来教孩子学会管理自己的情绪。

这种方法的关键就是"观察"，主要是观察情绪的流动，从情绪出现时开始观察，跟随情绪的流动，到达终点，具体做法如下。

在情绪升起时，做深呼吸。通过深呼吸来到你的内在，观察你的情绪是如何升起的，倾听你内在情绪的声音。比如你生气了，那就观察自己为什么生气，是孩子不听话，还是自己做得不好？找到情绪发起的源头。同时，你还要观察是身体哪个部位感知到了情绪，这个部位是什么状态，是肌肉颤抖，还是呼吸不畅？这些感知

情绪的反应都能帮你观察情绪。

　　在情绪流动时，要与情绪共处。不要去刻意对抗和控制情绪，你只需要跟它在一起，并告诉自己要放松，然后问问自己"这究竟是什么"，以此来了解它，观察它的变化，并耐心等待，看看它何时离开。

　　当你学会观察自己内在的情绪后，你就会把每一次的情绪变化当成一次深入学习与探索的机会，并且慢慢学会如何去面对孩子的负面情绪。当你不再被孩子的情绪左右，你也就更有能力帮助孩子面对和管理他的情绪了。具体来说，你可以按照下面的五步操作。

- 第一步：学会闭嘴，哪怕孩子正在发脾气，或者正在做一件你完全不允许，甚至让你很生气的事时，也不要掉进自己习惯的情绪模式当中，比如愤怒、发火等。
- 第二步：深呼吸，通过深呼吸感知自己的情绪，平衡自己的思绪与情绪之间的能量。
- 第三步：问问自己，孩子是发生什么事了吗？他的情绪为什么爆发？孩子想要表达什么？
- 第四步：认真思考，在这件事上，我们能教会孩子什么，怎样引导孩子去认识情绪，继而学会管理自己的情绪。如果下次还遇到这种问题，他要如何处理？你可以利用情绪内在观察法，引导孩子观察自己的内在，找到自己情绪爆发的原因。

- 第五步：保持连接，保持与孩子分享的态度。

需要注意的是，在这个过程中，不要否定孩子，也不要否定孩子的经验，不论他们的经验是什么。懂得尊重情绪本身，就能够带来一定的变化。当你坚持这样处理自己的情绪和孩子的情绪时，孩子就能学着你的样子，慢慢与他自己的情绪和谐相处。

帮孩子学会管理自己的行为

心理学认为，一个人的行为是受自己的思想信念所支配的。行为背后既有主观因素，也有客观因素，也就是我们的内驱力和外驱力。其中，内驱力是基于一种内在力量而做出的行为，外驱力则是在外力推动之下产生的行为。

那么，我们怎样帮助孩子管理自己的行为呢？我在课程中分享了四种方法。

第一，学会观察并如实反馈。我们要认真观察孩子，并把观察到的信息反馈给孩子，让孩子清楚自己的行为。但要注意，不要做任何主观评价。比如，你可以对孩子说"我注意到你今天刷牙用了20分钟"，而不要说："你刷个牙拖拖拉拉20分钟，一点时间观念也没有！"

在任何情境下，我们都可以观察孩子，看孩子有哪些行为、如何行动，然后思考一下：孩子的这些行为是基于怎样的驱动力，我们怎样帮助孩子建立内在的驱动力呢？

第二，帮孩子建立行为的内在驱动力。我们在教育孩子时，经常会用"未来，我希望你……"给孩子制造压力，希望这样能驱动孩子自动自发地学习、成长。事实上，很少有人的人生道路是按计划或希望的样子进行的，如何将孩子的内在驱动力建立在当下的愉悦中，才是需要我们探索的立足点，也就是我们要思考如何培养和激发孩子当下的创造力，并且无须固化在某个标准上。比如，有的孩子就喜欢边听歌边写作业，你不让他这样做，他就难受，于是学习也变成一件难受的事。

所以，要帮孩子建立内在驱动力，就要让孩子明白，他不需要按照你的期待来活，他完全可以按照自己的想法来活，不论他未来什么样，你都一如既往地爱他。孩子的内在驱动力发展不是基于牺牲、附和、取悦他人，而是基于他天性中的好奇、热爱、探索、善意、爱等。如果孩子在这些动力下产生的行为能得到你的允许和支持，那么你就是在保护和帮助孩子发展他的内在驱动力。

第三，帮孩子分辨善与恶的行为。家长有义务让孩子在朝着善良的道路上行走，帮助他战胜自己人性的弱点，更好地控制自己的不当行为。

一方面，当孩子的行为处于非善状态时，我们除了表达不接纳之外，还要说出内心的不适感，并让他理解那个被他伤害的对象的感受。比如，一位妈妈看到自己的孩子用小刀割家里小狗的脚，导致小狗流血时，就非常坚定地告诉孩子："你把小狗的脚割流血了，这个行为让妈妈很难过，也很生气。假如有人把妈妈的脚割流血了，妈妈一定很痛！"接着，她又与孩子讨论了爱护动物、尊重他人的重要性，帮助孩子认识到伤害动物、伤害他人的行为是错误的。

　　另一方面，人性中都有善与恶的因子，这些因子会根据环境、他人的影响被启动或休眠。教育的意义之一，就是帮助孩子把内在善良的因子激发出来。所以，如果你发现孩子的某些行为是善良的，一定要引导孩子把注意力或焦点放在这些善良的行为上，这也叫"焦点法则"。有一位妈妈带着孩子在小区里散步，当孩子看到一只受伤的小蜜蜂躺在路中央时，便小心地用一片树叶把小蜜蜂运到花丛中，免得它被路人踩死。妈妈见了，就对孩子说："宝贝，妈妈看到你帮助了小蜜蜂，这个行为很棒！看到你这么善良，妈妈很开心！"这就让孩子明白了善良行为给他人或环境带来的影响，由此，孩子也会产生责任感和动力，以后再遇到这种情况时，也会做出相同的行为。

　　第四，用"约定行为"引导孩子。"约定行为"就是在固定时间做一些同样的事情，比如几点到几点要学习或练琴等。这样的约定有利于孩子形成规律的生活习惯，帮助孩子学会管理自己的时间和行为。这里要注意两点：第一，练习的时间不能太长；第二，身教胜于言传。

提升孩子的行动力

要提高孩子的行动力，首先要找到影响孩子行动力的要素，我在课程中列举了几个关键要素，包括需求、渴望、榜样、邀请和鼓励、痛苦和无聊、爱与启示等。有了这几个要素，就可以让孩子对生活、对做事产生目标和热情，继而再寻找合理的方法，制订行动计划，帮助孩子获得行动力。

在制订高效合理的行动计划时，可以分为六步进行。

第一步，设定目标。让孩子描述一下自己希望改善和提升的地方，比如希望提高成绩、提高钢琴水平、提高英语口语水平等，然后写下来。

第二步，头脑风暴，找到方法。在这一步中，你要鼓励孩子提出尽可能多的实现目标的方法，不用考虑这些方法是否可行。

第三步，评估解决方法。对第二步头脑风暴提出的方法进行评估，看看哪些是有效并可执行的。

第四步，制订个人计划。对要实现目标的方法制订详细的行动计划，如第一步先做什么、什么时间完成；第二步做什么，什么时间完成……以此类推。

第五步，行动。要想让孩子的行动能力提升，唯一的办法就是不断行动、不断练习。比如要提升自己的游泳水平，就要不断跳进水里，一次接一次地练习。

　　第六步，检查结果。在分步计划的时间结束后，要及时和孩子一起检查结果，让孩子看看自己的目标达成得怎么样。如果没有达成，就要找出原因，或尝试其他方法；如果达成了，别忘了给予孩子鼓励和表扬，强化孩子的行动力。

　　依照以上"六步走"，你可以在旁边协助孩子一点点达成目标。你可以让孩子先从比较简单的事情开始，多给孩子信心，这样孩子才更愿意自主行动，对自己的目标负责。

社交意识：培养孩子的共情能力

　　不论是在亲子关系中，还是在社交关系里，许多冲突都来自"我想要你的世界符合我的标准，如果你的世界不符合我的标准，我就要努力改变你、修理你、控制你"这种想法。简而言之，就是共情能力差，事事都以自我为中心。

　　在社会交往中，共情能力是一个人情商发展的重要标志之一。共情能力强的孩子，不但容易交到朋友，在同伴中更受欢迎，而且富有同情心，能更好地理解他人、体恤他人，与他人进行良好沟通，善于处理各种矛盾和冲突。因此，这样的孩子未来走向社会后也会更受欢迎，具有良好的社交能力。

要培养孩子的共情能力，提高孩子的社交意识，有三种方法。

教孩子学会观察和读懂他人的情绪

这是社交意识中很重要的一部分。如果学不会这两点，孩子面对问题时可能就会做出一些主观的评判和猜想，继而引发矛盾和冲突。

比如，当孩子打扰到别人，引起别人的不满时，如果孩子看不到对方的情绪变化，可能就会认为自己的行为没什么大不了，结果会引起对方更大的反感。

帮助和引导孩子学会观察和读懂情绪，其真正目的是让他有能力去理解别人。要做到这一点，可以利用下面两个方法。

第一，和孩子玩猜情绪游戏。你可以写一些情绪卡片，包括快乐、喜悦、悲伤、难过、痛苦、愤怒等，让孩子先对情绪有个概念性的了解，然后再选择一张卡片，如"悲伤"卡片，做出悲伤的表情或表演，让孩子来观察，并且猜猜这是什么情绪。你们也可以交换角色，让孩子来表演，你来观察和猜测，帮助孩子加深对不同情绪的理解。

第二，一起探讨情绪背后的原因。你可以和孩子讨论，一个人为什么会悲伤，为什么会生气，爸爸妈妈为什么会不开心。很多孩子会担心父母不高兴，觉得似乎是因为自己做得不好，父母才不高兴的。这样的孩子长大后，只要看到自己在乎的人不高兴，就会觉得自己犯了错，但如果我们教会孩子区别情绪背后的原因，孩子就不会那么容易去承担他人的情绪了。

具体来说，我们可以和孩子探讨：一个人有不同的情绪时，是想要表达什么，这种情绪背后的原因是什么，等等。这样，孩子就有机会通过表层的情绪反应，更深入地了解一个人情绪背后的根源。

引导孩子学会倾听和理解他人

几乎所有的家长都明白，教育的基础是与孩子实现良好沟通，可是在实际生活中，许多家长与孩子的沟通方式都是"单向沟通"，家长一味地给孩子下命令，要求孩子遵守，却不在意孩子想什么、要说什么，沟通中完全没有倾听的过程。这些"单向沟通"主要包括评判、责备、命令、威胁、警告、说教、否定、贴标签、直接给建议或方法。

比如，孩子告诉你，他不喜欢上学、不喜欢老师，这时你可能就会说："你这哪像个好学生的样子？老师是教你知识的，你怎么能不喜欢老师呢？你要保持好的心态，多跟老师交流，这样你就会喜欢老师了。"这就是一种无效的单向沟通，它会直接阻碍你对孩子真实情况的了解，也没有给孩子更多空间去思考他所遇到的问题。更严重的是，长期的单向沟通还会使孩子习惯于暴力式沟通，因为孩子觉得自己没办法用正常方式跟大人沟通，大人总不给自己说话的机会，但孩子心中又有想要表达的意见和情绪，这时，他们就会选择用大喊大叫、争吵、顶撞等"暴力"的方式去沟通。而且，在这种氛围下长大的孩子，也不懂得倾听，与别人沟通时也习惯以单向式、暴力化的方式进行，更不要说倾听别人、理解别人了。

要想让孩子学会与他人进行"双向沟通"，就要引导孩子学会倾听他人、理解他人，为双方提供充分表达的空间和机会。这里，我们可以使用一种"倾听五次元法则"。

第一，专注。专注意味着我们要把注意力放在对方身上，比如，孩子跟你讨论一件他认为很重要的事，你首先要保持一种开放的身体姿态，与孩子保持目光交流，看着孩子表达，而不是一边看手机一边听。这样做是为了让孩子知道，你在很认真地对待他所说的事情。

第二，沉默。有时孩子还未表达完，你就急着给答案，想马上帮孩子找到解决方法，或者立刻进入安慰模式，"没关系，一切都会好的"，这就会打断孩子的表达。在倾听孩子时，最好的方式就是保持沉默，特别是在孩子感到悲伤或生气时，你的沉默恰恰可以给孩子很大的空间去表达他内心想说的话。

第三，理解性应答。所谓理解性的应答，就是表示你对他的话是能理解的，如跟孩子说"嗯，我理解""我明白"之类的话，让孩子知道你正在认真并理解性地倾听。

第四，开放式邀请。开放式邀请就是鼓励对方更加敞开地表达自己，比如："你还能再多说一些吗？""你的意思是……""还有吗？""然后呢？"这些引导下的语言都能让孩子更畅快地表达自己。

第五，核对。把我们听到的、理解到的与对方进行核对。比如，孩子说他不想上学，在倾听完孩子的表达和感受后，你就可以跟孩子进行核对："你不想上学，是因为觉得老师这样批评你，让你没面子吗？"

说出这些你理解的话以及孩子的感受，就是核对的过程。孩子可能同意，也可能不同意，他也许会说"不是因为觉得没面子，而是因为觉得上学很无聊"，这时你可以说"哦，你感觉无聊"。接下来，孩子也许会对无聊进行更多表达，同时认为你是理解他的，你没有让他去改变他的无聊。孩子在表达过程中，其实也可以慢慢探索出自己解决问题的方法，并且也能学着你的样子，去倾听别人，理解别人的感受，跟别人进行充分的沟通。

教孩子学会体恤他人的情感

孩子不会体恤他人，就无法了解他人的情绪，也难以与他人建立良好的关系，而会体恤别人的孩子，则可以看到情绪表象背后的真相，理解某些情绪和行为背后的情感。

那我们要怎样教孩子学会去体恤他人的情感呢？这里有两种

方法。

第一，学会倾听。比如，孩子问你，他最好的朋友被老师批评了，他的朋友很生气，他要怎样做才能帮助朋友？这时你就告诉他，可以运用倾听的方式协助朋友把心里的感受和想法表达出来，而不是使用那些造成沟通障碍，如命令、指责、忠告、建议、嘲讽、说教之类的方式与朋友沟通，因为那些只会给对方传递一个信息：他当下正在经历的东西是不好的。

第二，积极反馈。在反馈时，要注意释放理解性的语言，这意味着你承认对方所讲述的事实和对方的感受，同样也尊重了对方的感受。比如，你孩子的同学被老师批评了，他很生气，很不舒服。事实是什么，就是他被老师批评了，感到很生气，那么生气就是他的感受。当对方把自己的经历和感受说出来后，你的孩子就可以对他的同学说："你被老师批评了，你感到很生气。"这样，他的同学就能感觉自己被体恤、被理解了。

美国著名心理学家、亲子教育专家托马斯·戈登曾说："一个好的倾听者必须对感受较为敏感，而不是单单关注朋友所说的话。"也就是说，我们要教孩子去了解别人的感受，并且保持敏感，然后带着尊重和接纳的态度，去说出事实和对方的感受，以此让对方被听到、被理解到，这对于孩子的共情能力的培养与提升是非常有帮助的。

人际关系：让孩子拥有出色的人缘

　　人际关系对于孩子的身心健康和未来在社会上的发展非常重要。它可以帮助孩子更好地适应周围的环境，适应未来的社会生活，而且孩子只有通过与同伴、成人的友好交往，才能尽早学会在平等的基础上协调各种人际关系，正确处理自己面临的矛盾和问题，并通过这些途径正确地认知和评价自己，形成积极向上的生活态度和生活情感。

　　要帮助孩子获得良好的人际关系，首先就是要让孩子拥有稳定的社会情绪，能够对他人产生同理心，实现有效共情。虽然在与人交往的过程中，也有可能会出现矛盾和冲突，但如果孩子能较好地处理自己和他人的情绪，就会也能处理好这些关系，让自己拥有好人缘。

　　当然，要想让孩子学会处理与他人的关系，我们首先要处理好自己与孩子的关系，为孩子建立一个温馨、和谐的家庭环境，让孩子看到家人之间融洽相处，彼此包容，而不是相互指责、抱怨。当孩子从家庭当中获得充足的爱、安全感和共情力后，他才能在面对外面其他的人时，抱着同样的心态与之融洽相处。

正确地与孩子分享自己的观点

　　很多孩子都给家长分享过一些他喜欢的人或事物的消息，比如跟家长介绍某个运动员、歌手，或者某款游戏，但家长往往不愿意跟孩子"共享"，就像下面例子中的那样。

孩子对妈妈说："妈妈，我最近特别喜欢这个明星，他很棒的！"

妈妈说："这是谁呀？妖里妖气的，有什么值得喜欢的！"

孩子解释："他跳舞很帅的，我给您找找他跳舞的视频……"

妈妈说："别找别找，我可不看！你好好学习，不许学他啊！"

孩子叹了口气："唉，没法跟你沟通……"

你不愿意认真倾听孩子的话，就直接阻断了分享渠道，日久天长，孩子也就不想再跟你分享他们的喜好和观点了。善于分享才能让沟通更顺畅，让彼此更了解，孩子也会从与你之间的分享开始，慢慢学会去与他人分享，良好的人际关系就是这样建立起来的。

在日常跟孩子彼此分享观点时，我们要遵循三个原则。

第一，不要把你的观点强加给孩子，要允许孩子有自己的观点，同样，你也可以有与孩子不同的观点。

第二，不给孩子讲大道理，也不教导孩子应该这样、那样，你只需要分享自己的想法、观点就可以了。

第三，不跟孩子争论对错，我们和孩子可以持不同的意见，意见无所谓对错，只有同意或不同意、认同或不认同。

此外，我们还要多给孩子分享自己观点的空间，鼓励孩子说出他的想法，比如就某个问题可以问问孩子"你觉得呢""你是怎么想的"，这些让孩子把注意力放回自己身上的句子，不仅能给孩子提供向内看的机会，还能让我们与孩子之间有更多了解。

引导孩子坦率地表达自我

在人际关系中，很多误会、不解源于彼此不能坦率地表达各自的期待、想法、需要、感情等。人们总是习惯于隐藏自己的经验、意见、需求等，但越是这样，就越让别人难以了解，也越容易令自己陷入一种"没人理解我、没人懂我、没人在乎我"的负面情绪中。

如果你希望孩子未来走上社会后，能够得到更多人的了解、理解和在乎，就要教他学会在人际交往中坦率地与他人沟通，同时也要懂得倾听他人的观点、感受、需求，这样才能形成畅通的沟通渠道，获得良好的人际关系。要做到这一点，我们需要先为孩子树立一个坦率沟通的榜样，可以从下面三步做起。

第一步，坦率地说出你的观点与想法、需求与感受，但不要用评判、批评的语言。比如，孩子告诉你，他不想继续练琴了，你就可以这样说："你学了两年多了，我觉得现在放弃的话有些可惜。"同时也要允许孩子坦率地表达自己。

第二步，坦率地说出你的肯定与感激。如果孩子说了什么或做了什么，让你心里产生了正向感受，你就坦率地告诉他，如"我很高兴你愿意把学校的事情讲给我听"，或者"很感谢你这么信任我，可以对我说出你的秘密"。当孩子学会这种方式后，他也会在自己的人际关系中表达自己的情感，这会帮他赢得更多人的好感。

第三步，坦率地说出你的期待、需求和不想发生的事。比如，孩子本该写作业了，但他还在看电视，你就可以说"我想知道你什么时候写作业"，或者，如果孩子看的电视节目内容中有暴力情节，你也可以说"我不想你看那么暴力的内容，我认为你这个年龄还不适合看这些"。

以上的沟通方式，可以避免孩子因你的不断要求而产生对抗心理，加深你们之间的联结和亲密关系。

鼓励孩子说出真实想法，解决矛盾冲突

人与人之间的关系本就是一种信息的分享与传递，只有向对方表达出来，才能让关系的情绪流动起来。即使是一些负面感受或情绪，也只有表达出来才能获得他人的理解，这样才能与他人建立起沟通的桥梁，将矛盾和冲突一一化解，让彼此更加靠近。

在表达感受时，我们可以鼓励孩子按照下面的步骤说出自己的真实想法。

第一步，发出邀请，也就是当你想向对方表达感受时，要征得

对方的同意。比如，他可以对他的朋友这样说："虽然我们是好朋友，但我对你有一些负面感受，想向你表达，可以吗？"

第二步，描述具体行为，而不是"贴标签"。比如，孩子的吵闹声影响了你打电话，你就可以对孩子说："宝贝，我听到你的吵闹声有点大哦！"

第三步，描述行为带来的影响。如在第二步的情景中，你可以继续对孩子说："我听不见电话里的声音了，这让我没办法跟别人好好沟通。"

第四步，描述你的感受。你可以继续说："我感觉有些生气。"

第五步，描述你的意图，也就是你想达成的目的、你希望得到的结果、你的期待或意愿等。比如第四步后，你可以继续说："我希望你能稍微小点声"，或者"我希望你可以到隔壁房间去玩游戏，这样就不会吵到我了"。

如果孩子遇到问题时，也能学会按照这样的步骤表达，那么很多问题都可以迎刃而解。这要比单纯地发泄情绪，指责、攻击对方更有益于矛盾与冲突的解决，从而更好地巩固人际关系。

学会负责：做个能对自己负责的人

家长总想教育孩子，运用外部力量来规范孩子的言行，很多时候还带着不信任和恐惧，不相信孩子有自我管理能力，害怕孩子会变坏，于是总是不停地对孩子说教、命令、威胁，甚至使用暴力或隐性操控。

最好的教育从来都不是威胁和控制，而是信任和理解。当一个孩子被信任、被理解时，他就会知道怎样为自己负责，继而通过正确的途径表达自己的需求和感受，遇到问题时，也能积极地寻找令自己和他人都满意的解决方案。

我们自然期望孩子成长为一个能对自己负责的人，拥有积极的社会情绪，那么在培养孩子的过程中，我们就不能通过包办、命令、控制等方式来帮助孩子成长，而是要让孩子学会为自己承担责任，清楚自己需要或不需要的是什么，知道自己开心或不开心的原因是什么，并且学会先从自身找原因，继而勇敢地面对各种冲突，在冲突中学习和成长，而不是一遇到问题就把一切都推给别人、怪罪别人。要知道，很多关系的靠近与亲密是从冲突开始的。通过面对和解决冲突，人与人之间才能增进了解，真正发现自己和他人所需要的都是什么。

怎样帮助孩子成为一个能为自己负责的人呢？我在课程中主要分享了三种方法。

帮孩子学会承担冲突中的责任

要让孩子学会为自己在冲突中的行为负责，就要告诉他什么样的行为是负责任的。

第一，表达感受是自我负责。当孩子告诉你，他与别人发生冲突时，你不要立即进入判官模式，去评判谁对谁错，而要帮助孩子了解在这个冲突中他的需要是什么、感受是什么，并且鼓励孩子表达出来。如果孩子感到害怕，那就鼓励他勇敢面对，因为害怕冲突而不断压抑自己，隐忍自己的想法，反而会阻碍关系的发展。时间久了，孩子就会生对方的气，甚至把自己的痛苦、不满归咎于对方，而不能发现自己的责任。

第二，唤醒天使，摆脱魔鬼是自我负责。你要协同孩子发现他内心善良的部分，孩子要为自己内在的勇气、正直、善良等品质负责，而不是把自己内在的"魔鬼"归罪于别人。如果孩子想打骂、伤害对方，我们可以跟孩子分享和探讨，但不要认同。要鼓励孩子通过冲突战胜自己内心的"魔鬼"——那些想伤害对方的想法，改为用更温和的方式去化解冲突。这样，孩子不但能学会在冲突中自我负责，也能学会在人际关系中负起责任来。

第三，在冲突中保护自己是自我负责。如果孩子不小心遭遇了一些暴力事件，我们要告诉孩子先保护好自己，这是在对自己负责。也就是说，承认自己会害怕、不喜欢受伤、不想被打、打不过很多人，并不是什么丢人的事，这恰恰是一种自我负责的表现。不要让孩子以暴制暴，暴力只会助长孩子内在的"魔鬼"。

帮孩子学会融入集体，在集体中承担自己的责任

人人都有社会属性，孩子慢慢走向社会后，也会不可避免地要在集体中学习、生活、工作，这就需要孩子学会融入集体，并在集体中承担起属于自己的那份责任。课程中分享了一种方法，叫作"意识树培养法"，目的就是帮助孩子意识到自己在集体中的责任，拥有一种整体意识。这种方法分为四步。

第一，除草。我们要剔除孩子那些自私、自我的意识，以及推卸责任的意识等。比如孩子在怪罪老师、指责同学时，我们要问问孩子，他自己在其中承担了什么责任，并且要告诉孩子不要推卸自己的责任。

第二，浇灌。我们可以从日常具象的东西入手，比如告诉孩子，大海是由许多滴水组成的，任何一滴水都必须融入大海，才能永不干涸，从而潜移默化地把整体意识分享给孩子，让孩子树立起整体意识。

第三，除虫。"意识树"成长起来后，也可能遭遇"病虫害"，比如将"自我怪罪"伪装成"自我负责"。如果集体出现问题，孩子会拿"自我负责"来怪罪自己，这是不行的。自我负责不是自我责怪，也不是给自己压力和束缚，我们应该引导孩子如实客观地看到自己的参与和付出，既不缩小，也不夸大。

第四，模范效应。家长做得好，就能成为孩子的优秀模范，所

以家长也要具备责任意识。

协助孩子为自己的幸福负责

很多家长觉得，自己为孩子提供了优越的生活条件，孩子就该心满意足，感到幸福，这其实是个误区。

物质享受从来都不等同于幸福感，幸福应该源于自己的内在感受和满足。要想让孩子真正获得幸福，能够为自己的幸福负责，我们就要注意两点。

第一，不要过多承担孩子幸福的责任。孩子今后做什么样的工作，和什么样的人结婚，选择怎样的道路，过怎样的生活，那都是属于他的道路，你要做的，就是尊重他的道路。即使在这条道路上，他会经历一些风雨、挫折，那也是属于他的道路。你要学会放下为孩子幸福负责的努力，让他明白，他的幸福是属于他自己的。

第二，你要为自己的幸福负责。当孩子意识到，他要为自己的幸福负责，为自己的人生努力，而不是为了父母或其他人努力时，他才会产生努力的动力。也就是说，孩子的这种动力应该来自他自身。你也要意识到，你的责任就是为你自己的幸福负责，既不要把孩子幸福的责任揽到自己身上，也不要把自己幸福的责任交给孩子。如果你完全把自己抛弃了，忽略了自身的责任，那么孩子从你身上也学不会如何对自己的幸福负责。

通过学习这五个方面的内容，有针对性地运用其中的方法，相信你不但能培养自己的社会情绪，更能慢慢培养起孩子的社会情绪，帮助孩子了解和管理自己的情绪，学会更好地表达自己的情绪、感受、需求、期望，理解和共情他人的情绪，从而运用正确的方式解决社交过程中遇到的问题，获得融洽、和谐的人际关系，未来成为一个情绪稳定、同理心强，具有较高"情商"的社会人。

第 2 节　与人交友

康妮解读《朋友还是敌人》

孩子的社交能力是每一个家长都十分关心的话题之一，对此，家长们也常有很多疑问，例如，"是不是孩子天生内向或者害羞，就不会有好的社交能力""孩子在学校经历挫折，还有友谊上的挑战，如何才能不心痛和纠结""作为家长，我们在孩子社交能力的培养中应该扮演怎样的角色"。

就这些话题，著名儿童心理学家迈克尔·汤普森博士领衔撰写了《朋友还是敌人：儿童社交的爱与痛》一书，为家长提供了很多帮助儿童社交的方法和窍门。

自我认知和自信心

我的主业是教成人进行人脉搭建、社会交往，讲解沟通技巧等。但在工作中我发现，很多成人的问题，实际上源于在孩童时期就没有打下一个好的基础，没有一个好的习惯。我们都能感觉到，与人交流时，自信的人更具吸引力，那么，怎样增强自我认知和信心呢？

在孩子幼年时期，要形成安全的依赖感

这是家长的责任，尤其是抚养的第一责任人的责任。一般而言，母亲在孩子成长的最初阶段和孩子最亲近，所以这一依赖感大多由母亲构建形成。让孩子在我们面前能够放松，感觉到被关爱，感觉需求能够得到满足，孩子就会建立非常强大的安全感。只有在家里感受到这样的安全感，他才可能在外面呈现出自信的状态。

父母的言传身教很重要

很多时候大家都说，言传并不重要，关键是你实际怎么做，我不否认身教的重要性，但这里我要特别强调一下言传的作用。例如，在我教育我家两个小孩的过程中，我常常会跟他们说，你们应该怎样做。比如我儿子原来上学一直穿便装，后来我们从美国的明尼苏达州搬到达拉斯，他到新学校报到的时候就说要穿正装，即穿白衬衫打领带上学。我劝他，刚到一个新环境，应该尽量地融入集体，和大家保持一致，但他说他要表态，要有自己的风格，我就默许了，持观望的态度。结果，他真的穿正装去上学了，大概两天后，他说学校里几乎所有人都认识他了，他们管他叫"那个戴领结的男孩"。我问他为何如此，他说："妈妈，你不是说过，作为一个领导者，我不需要管别人怎么说，只要做我认为正确的事情吗？我觉得穿正装，是对老师的尊重，也是我的一个自我形象，我喜欢这样，这样让我觉得舒服，所以我不会管别人怎么说。"这其实就是我平时跟他讲的话。

可见，尽管我们有时认为家长说的话都会被孩子当作耳旁风，但其实他们都是非常留心的。所以，在孩子的社交中，父母的言传身教很重要，要让孩子知道没做好只是暂时的，不断进步总会做好，要给孩子灌输一种成长型思维的模式。即便孩子现在还不能大方、得体地与别人交流，也不要否定他们，继续努力，要用言传身教来鼓励孩子。

教会孩子认清自己的优势

我们很多人其实并不知道自己的优势在哪里，小时候父母总是打击我们，不管我们做什么，他们都觉得不好。有些父母的做法通常是，你考试得 99 分，他们会问你那 1 分是怎么丢的，而不是夸你考得这么好。那么，如今我们成了父母，该怎么帮助孩子认清自己的优势呢？这里我推荐一些亲子互动小游戏。

一个小游戏是"优势链"，你可以把纸叠成细的纸条，然后让孩子在上面写出自己的优势，比如"我很会做手工""我画画很好"

"我唱歌很动听"等，把这些纸条粘成一个个小圆环，然后串起来，就形成了孩子的优势链。孩子可以不断地积累，链条越来越长，他们也会发现自己的优势越来越多。同时，这个游戏也帮助家长不再总是将目光聚焦在孩子的缺点上，为孩子进行积极的心理建设，让他们知道自己的优势在哪里，并利用这些优势帮助别人，或者说为社会做贡献。

　　另一个小游戏是"成就箱"。在家里找一个小容器，比如纸巾盒或者用完的玻璃瓶，把它作为一个成就箱。当孩子做了一件特别好的事情时，就写一个小条记录下来，放入成就箱。做了一件手工、帮助别人完成一件事、比赛得奖或者担任班干部……任何一个小小的成就都可以让孩子写下来，放进去。这个小游戏可以帮助孩子看到自己取得的成就，让他们意识到，点滴小事都是成就，都可以得到鼓励，从而树立自我认知。

恰当地对待孩子的缺点

　　举个例子，我是家里的老二，父母宠我多一些，所以我在小时候会跟姐姐发生冲突，甚至经常攻击我姐姐。我爸爸每两周从矿井回来一次，他听到这些事之后，就会对我说："你现在有很多优点，但是你还有一点做得不好，比如你会打奶奶、打姐姐。你的不好现在就是大拇指这么大，其他都是优点，下次爸爸回来再看看，不好的地方有没有减少。"两周后，我爸就跟我说："你的缺点现在越来越少了，现在只有指甲盖这么大了。"对待孩子的缺点，当然不是说不能讲，但我们的用意是要帮助孩子改变自己。我们也可以给孩子一个直观的、客观的评价，或者让他了解到，虽然我有这么多缺点，但我还可以继续努力和修正。我很感谢父亲在我小时候给我讲的缺点从拇指变成一个指甲盖，再变成指甲尖，这帮助我更好地了解了自己的缺点，知道不足的地方是能够改进的，而不是无法克服的。并且让我知道，我只是有缺点，而不是整个人被否定，从而让我建立起全面的自我认知。

在练习和掌握中获得自信

其实，孩子自信心的树立，并不只是简简单单地源于外界的反馈。家长和老师的表扬，并不是一定会帮助孩子树立自信。真正的自信，来自反复的练习，通过自己的努力做到一件事的过程，才会使孩子有信心。举一个最简单的例子，我家老大练钢琴，老师说他有天赋，心里有音乐，我们说他练得不错，弹出来好听，但实际上，他真正的自信来自他通过反反复复的练习，把一首很难的曲子弹奏出来。在这个过程中，他发现，这个曲子看起来很难，但是他通过自己的努力是可以完成的。在孩子的社交能力和沟通能力的培养上，也需要让孩子在不断的练习当中，在不断的掌握当中，获得自信，要让孩子自己意识到，原来他们是可以跟别人有礼有节地交往的，他们可以做很有礼貌的、善于交际的人。这些都是要在他的练习和掌握当中获得的自信。

高能量姿势

这是一个很小的技巧，是哈佛大学社会心理学家埃米·卡迪女士研究出来的。双腿分开，与肩同宽，双手叉腰或者向上伸，挺胸抬头，将这个姿势保持两分钟。如果孩子看过好莱坞的电影，他们可能会发现超人或者超级女侠也做出过这样的姿势。保持这个姿势两分钟，就可以让人睾丸素水平上升，皮质醇水平下降，从而提高自信心。科学研究表明，在这样的姿势下，我们身体里的激素水平会自动地调节。尤其是在要出门去见朋友，或者要上台表演、演讲，或者参加什么大型活动之前，这个姿势可以帮助孩子拥有自信，用舒展、放松的姿态展示自己。

培养孩子的基本行为规范

我们经常会看到这种现象，大人带着孩子在外面遇到别的小朋友时，如果孩子没有和其他小朋友一起玩，大人就会说"我们家孩子很害羞"或者"他一到外面就不知道怎么说话"。其实，当着孩子的面做这种评论，是对孩子有负面影响的，这样贴标签往往是因为家长要给自己找一个台阶下，寻求个人情感上的解脱，让别人知道，孩子这样不是我的原因，是孩子本身的原因。然而，在我看来，无论孩子的性格怎样，如果他的行为很难符合社交方面基本的行为规范，基本都是家长的问题。

基本的社交行为规范很好理解，包括会不会问好、会不会跟别人进行目光接触、会不会道谢、会不会道别、会不会道歉等。在英文里有一句话：你人生所有要学习的，其实都是在幼儿园里学习的。

曾经有一位网友问我，孩子不能做到像社交达人一样很会聊天，怎么办。我就很好奇，一个五六岁的孩子，为什么要像社交达人一样呢？我们的培养目标，不是必须让孩子做一个"社交达人"，而是让他们能够做到大方得体。

角色扮演

和孩子出门之前，或者在平时的家庭对话中，都可以跟孩子讲解一些基本的行为规范。也可以专门设立一个家庭会议，讨论这个话题。具体内容可以包括哪些呢？比如，可以让孩子说他认为跟别人接触时应该看哪里，是否应该有笑容，或者怎样问好，也可以做角色扮演游戏。和孩子一起讨论，如果见到一个爷爷奶奶这个年龄的人，该如何打招呼；如果见到一个叔叔或者阿姨，又该如何打招呼；如果有小朋友和他们的家长一起到家里来玩，他们临走时，我们应该怎样道别，等等。这些肯定会遇到的实际场景，都是可以在家里做角色扮演的。我们把这些场景跟孩子预演好，那么孩子在生活中真的遇到这些情况时，就不会紧张，而是已经有所准备。

对话练习

如果孩子本身不是一个对话能力很强的人，也是可以在家进行训练的。汤普森博士给我讲过一个训练方法——传球游戏。这个游戏主要针对大一些的孩子，至少是能够和家长进行对话的孩子。在家里找一个球，什么球都可以，你问一个问题，同时把球传到孩子手里，等孩子完整地回答之后，再向你提出一个问题，才能把球传回给你，否则球就要留在他手里。举个例子，我问儿子，最近在读什么书，这时候我把球传给儿子，他说他在读波西·杰克逊系列，但这样不行，他还要说出为什么喜欢或者最喜欢其中的哪些内容，比如他说他最喜欢波西·杰克逊的勇敢。继而，他会问我在读什么书，并把球传回给我。我说最近在读汤普森博士的《朋友还是敌人：儿童社交的爱与痛》，并且告诉他这本书给我最大的启发是什么。然后，我可以再问他，汤普森博士说儿童社交是可以去培养的，你认为呢？他说："我认为确实是可以培养的，你看弟弟，以前他可能不会跟别人眼神接触，通过训练他可以做到。"这是我的例子，如果你的孩子尚小，比如五六岁，那么你们的对话可以更日常一些，例如今天想吃什么、喜欢什么等。根据孩子的年龄阶段的不同而选择不同的问题。通过简单的传球游戏，我们可以跟孩子进行对话能力的训练。其中的关键，是要具体地回答问题，并且提问。如果孩子从小在家进行这种对话训练的话，那么他跟别人讲话的时候，会更游刃有余，这种能力会变成一种本能。

动静结合

经常听到家长说，自己家孩子比较内向，不善于跟别人交往，比较害羞，或者说他们出去社交会觉得很累。其实，一个人是内向还是外向，基本上是天生的。内向的人，任何一点刺激都会让他们觉得很累。比如他们出去参加一个聚会，回来以后会觉得整个人都"耗干"了。而外向的人，需要更多的外界刺激，社交会让他们感觉像充电。所以，社交对于内向和外向的人，是不一样的。所以，对于内向的小朋友，家长最好不要给他们安排特别多的人在一起的聚会。

以我家老大为例，他小时候是偏内向的。但我自己本身是很外向的人，我喜欢呼朋唤友，经常在周日晚上召集一些朋友来家里玩。我慢慢发现，每次我的朋友到家里来，我儿子的情绪波动都会比较大，非常不开心，觉得自己做得不好，没人喜欢他。后来，为了分析他为什么会爆发这种负面情绪，我专门找来了心理医生，医生告诉我，很多小朋友有"周日晚上综合征"，因为周一要上学，他们本身就很紧张，另外，人多的场景会让本身就内向的儿子感觉能量被耗干了，非常不舒服，这两件事加在一起，就造成了他明显的情绪波动。了解这一点之后，我理解了他需要一个独处的环境，于是我把周日的朋友聚会改为自己的家庭聚会，只和家人在一起，营造出一个安全的、平静的、使人愉悦的环境，这样他的情绪就变得非常稳定了。

对于一个内向的小孩，培养社交能力的方法，是一对一的连接。内向的人特别善于建立一对一的联系，因为这对他们的觉醒水平刺激不大，能建立一种更深厚的情感联结。我们可以每次只邀请一个小朋友到家里来，或者让孩子跟一个小朋友一起外出玩耍，建立两个人的谈话，说悄悄话、分享秘密，或者做一些简单的体育活动、娱乐活动，小朋友会很喜欢这种交流。

除了是一对一的交往以外，还要注意动静结合。如果小朋友无法避免地出去参加了一个大型活动，那么回家一定要给他一个独处的时间，让他有个"充电"的机会，自己放松下来。给他一个安静、安全的环境，恢复内心的能量。

教孩子应对外界反馈

无论是成人还是孩子，每天都会收到很多来自外界的反馈，有些是正向的，比如称赞你成绩好、懂礼貌，但也有一些是你根本不愿意听到的负面反馈，比如说你还不够努力、做得不好。对于负面反馈，有一些是建设性的批评建议，有一些则是小朋友之间的恶意说辞。如果孩子无法正确对待正面反馈，他们有可能会沾沾自喜、骄傲自大，给人留下一种骄傲的印象；如果他们无法正确面对负面反馈，则可能会沮丧、抱怨、生气、愤怒，甚至和别人发生冲突。所以说，如何正确地面对反馈，也是家长教给孩子社交技能的关键点。

面对正面反馈

对待正面反馈，我们当然会开心，但谦虚谨慎也是重要的美德。你可能会问，自信和谦虚是不是相悖呢？其实不是的，我们看到很多真正自信的人反而非常谦虚。

举个例子，我带孩子去参加钢琴比赛，他弹了一首莫扎特K545，赛后有一个家长带着自己的孩子过来对他说："我真喜欢听你刚才弹的曲子，这是我听过的最好听的莫扎特 K545。"我儿子听到这句话，回答道："谢谢您！我真的是很努力的，我练了很久。"我很高兴他能这样回复别人，如果他只说谢谢就高兴地走了，会让人感觉有些骄傲，而他的话同时带有自信和谦虚。

这种面对正面反馈的方式，同样适用于成年人。我自己有一个这样的例子，在听到别人说我"法语讲得真好"时，我的回答是"我学了好几年，还在法国生活过半年以做沉浸式的培养，才能讲到今天这样。"这样的回复，能让别人感觉到我的成就不是靠天赋，而是凭借努力。

面对负面反馈

回应正面反馈并不难，难的是面对负面反馈。从孩子的情绪来讲，负面反馈很可能会让他非常沮丧、生气，甚至将整个人封闭起来，不愿再交流，进而可能发展到暴力反击。所以，引导孩子应对负面反馈非常重要。

我认为，应对负面反馈的整体原则就是，有则改之，无则加勉。当别人给孩子负面反馈时，你可以引导孩子，想一想对方说的有没有道理，如果有道理，就想办法改正；如果觉得没有道理，可以一笑置之，不必再理睬；有能力的话，还可以在心里铸造一堵墙，把自己和无理的负面评价隔离开。我就对我儿子说过，想象一堵墙，可以把对方说的脏话反弹回去。慢慢地，孩子就会学会应对负面反馈，不再为此受伤。

孩子间的友谊

每个人在成长过程中，都有不同数量的朋友。对于孩子的友谊，我们首先要明确认识到一点：我们的孩子和我们不一样，不能用我们选择朋友的标准或数量去要求孩子。这一点，家长一定要记住。作为家长，我们要真正地了解孩子，要了解他在交朋友的过程中处于什么状态，这样才能更好地帮助孩子。

孩子没有朋友怎么办

汤普森博士在这本书中写道，学龄儿童平均每人有 5 个亲密的朋友。注意，这只是一个平均数，也就是说正常值范围是很大的，可以是多于 5 个，也可以是只有 1 个。交友的关键在于质量，而不是数量。

对于任何一个小孩来讲，在学校里一定要有至少一个可以谈心的朋友，否则会很孤单，遇到任何问题，都显得孤立无援。那么，如果孩子出现这种孤单的状态，我们应该如何帮助孩子呢？我的一个建议是，逐个击破。

我们要明白，如果在一个集体中，只有你的孩子孤身一人，那么很有可能是这个孩子本身做事的方式超出了其他孩子能接受的范围。这不是说孩子不好，他可能是很特别，比如，他成绩特别好，别的孩子有可能因为嫉妒心而孤立他。当然也有可能是他有一些行为举止不被广大同学接受，比如太娇气，或者太挑剔，等等。对这类孩子，我们可以让孩子自己选择一个他最想交朋友的人，邀请那个孩子到家里做客或者一起参加娱乐活动，慢慢地，他可能会再邀请其他同学，和他们逐渐熟络起来。你也可以通过这些活动，和其他孩子的家长产生联系。

孩子的交友问题

　　我相信，家长其实都很担心孩子在学校的处境。大部分孩子会自然而然地形成自己的小群体。对此，作为家长，我们不要过多地干预，除非看到明显的问题。比如，我家老二小时候在幼儿园里交过一个朋友，那个孩子从年纪很小时就说脏话，还对他的妈妈拳打脚踢，大声吼叫，我就很坦诚地对我儿子说，我不希望他和这样的孩子做朋友，因为这个小朋友的行为举止是我不能接受的。这是我的一次干预，但这样的情况非常少。

　　很多家长面对的另外一个问题是，孩子在学校被霸凌，或者说被别人欺负，包括言语上的和行为上的。我家老大就遇到过这种事，我非常痛心。他是一个比较温和的孩子，有一天晚上，他洗澡的时候突然大哭，在我的追问下，他说学校里有一个小朋友对他特别凶，给他起外号，还说他是笨蛋，所以他觉得自己不被人喜欢，非常伤心，而且不理解为什么对方要这样做。我当时看到他的样子，非常难过，洗完澡，我帮他穿好衣服，努力开导他，他其实一点儿都不笨。我告诉他，听到这些话，你可以想一想他说得对不对，比如你可以问问妈妈、问问老师，你真的笨吗。你不用因为这一个人这样说，就觉得自己被否定，很沮丧。此外，我们也要持续关注孩子的情况，因为孩子一旦被欺负，就很容易形成惯性，对方可能不断地找他麻烦，矛盾甚至会愈演愈烈，上升到肢体冲突。

　　这里，我们可以给孩子三种选择。第一个选择是，让孩子自己解决这个问题。如果孩子觉得自己能够勇敢地站起来保护自己，你可以鼓励孩子，让他知道学校和家长都支持他保护自己，会帮助他。我们可以在家里演练，再出现类似情况时，孩子可以如何解决。第二个选择是，让孩子躲开欺负他的人。孩子有能力远离霸凌，不做反应，从此避而远之，不再过多接触，这也是一个选择。第三个选择是，如果孩子被欺负已经是一个长期的状态，我们可以去学校，向老师、校长反映问题，请校方出面解决。你可以去跟孩子的老师、校长或者是教导主任去反映。

　　作为家长，我们不可能跑到学校直接处理做出霸凌行为的孩子，这是不文明且不理智的做法，我也不建议家长直接出面参与孩子之间的纠纷，但是你可以教给孩子如何自卫、如何寻求帮助，这是必要的。

　　一个孩子如果常常表现得很软弱，就容易被别人欺负，而自信心是要由孩子自己树立起来的。我们肯定不会教孩子如何欺负别人，但我们会在生活中教给他不畏惧的心态和机智的做法。尽管我们不会出手伤人，但我们要懂得如何控制局面，保护自己。

　　当孩子遇到校园霸凌后，我们也要注意孩子的心理变化，通过深度沟通，了解孩子的内心状态，从而帮助孩子做出面对这个问题的选择，是自己处理，还是让家长出面请学校处理。

家长在儿童社交中的角色

汤普森博士在《朋友还是敌人》这本书中，特别给大家提了九点建议。

第一，家长不要过分担心

孩子在我们无微不至的爱中长大，我们已经给孩子提供了这样的社交起点，我们要有信心，相信孩子可以在社交中收获成长和快乐。然而，现实生活中，很多家长的担心跟孩子的实际能力是不成比例的。研究表明，85%的孩子具备独立社交能力，而绝大部分家长担心孩子不能自己完成社交。

事实上，孩子在家庭以外的环境中所表现出的状态，和在家里是完全不同的。有些家长担心孩子无法社交，因为孩子在家很内向，安安静静，带他出门的时候也很少说话，但其实他在学校就像变了一个人，和同学说说笑笑、打打闹闹，可以说如鱼得水。所以，家长不必过于担心，孩子自有其处事方式，等到孩子遇到真正的社交问题，我们再随时与校方沟通。

第二，认识到友谊和受欢迎之间的重要差异

根据统计数据，只有15%的孩子是真正受欢迎的孩子，而在每个孩子的内心深处，对于他们是不是受欢迎这个问题，可能得到肯定答案的概率更低。以我家老大为例，我觉得他已经算是比较受欢迎了，在学校里或者上下学的路上，遇到的老师和同学都会主动跟他打招呼，但在我问他是否觉得自己是受欢迎的孩子时，他却回答"不是"。他在美国读书，他认为，只有那些体育好的孩子才是真正受欢迎的。其实对于孩子来说，受不受欢迎并不重要，能够发展真正的友谊才重要。

孩子有真正的朋友就行了，哪怕只有一个，只要他们能够在学校里互相支持、互相关心和帮助，就足够了。所以，家长不要担心孩子在外面不受欢迎，家长应该关心的是，他们有没有高质量的友谊。

第三，家长要支持孩子的友谊

如果你问孩子，我是否可以在你的友谊里扮演一个角色，孩子很可能会对你说"不用了，谢谢"。那么，作为家长，难道真的就没什么可以做的了吗？当然不是。我们要支持孩子的友谊，给孩子创造环境。比如，当孩子转到一个新学校，面对一个新环境，我们可以积极地认识其他小朋友的家长，给孩子们创造聚会的机会，帮助孩子们发展友谊。

以我为例，我会非常主动地邀请我儿子的朋友们的家长，定期在一起吃饭、聊天，或者一起做运动。在这种群体交往中，我不仅能够了解我的孩子在其他家长眼中的形象，也能更全面地了解孩子在学校里的情况。我常常是每隔一个季度，就会邀请他的几个好朋友的妈妈们一起吃个午餐。另外，遇到和我特别聊得来的家长时，我还会跟她进行一对一的午餐，深入聊一些我们在事业上、家庭上、育儿上的心得。我跟儿子同学家长发展起来的友谊，也会促进孩子们之间的友谊。

第四，让孩子的朋友到家里做客，并且热情招待

小时候同学们到我家来时，我的母亲就是一个非常好的主人，她一会儿端出一盘水果，一会儿拿出零食招待我的朋友。汤普森博士在这本书中说，家长应该做到三点：首先，跟孩子们打招呼；其次，尽量让孩子们自己玩，不要围着他们转来转去，简单地表示一下欢迎就可以了；最后，当对方家长来接孩子时，你可以当面表扬一下他们的孩子，每个孩子都会有自己的长处，不妨用心来发现它。这些方法，都有助于为孩子们提供缔造友谊的环境。

第五，不仅做友谊的榜样，也做友谊的老师

有时候，孩子不一定会自然地懂得如何维护友谊，我们要通过言传身教，成为他们的榜样，教他们怎样待人接物、怎样接受反馈、怎样与人互动。

第六，为孩子提供广泛的社交机会

有时候，我们觉得带孩子参加一些社交活动他们太吵太闹，但对于孩子来说，他们可以从中收获很多感受。参加大家庭的聚会，孩子会有跟年长的人尤其是老年人接触的机会；参加我们和同事、朋友的聚会，他们能够观察到，我们跟同学、朋友是怎样接触的，自然地学会一些社交方法。

举个例子，我有一个在哈佛商学院的同学，她在乐高集团做高管，我去巴黎时，约她在艺术桥见面，我也带上了我的孩子。赴约之前，我告诉孩子，今天他们会见到一个阿姨，她是乐高集团的财务总监，有什么关于乐高的问题，可以准备一下，一起和阿姨聊。他们一听乐高集团，就很开心，因为他们很喜欢搭乐高。见面后，他们问的问题真的很不错，比如新产品什么时候出、某个产品线在哪里生产的、是否可以提前拿到样品，等等。我当时看到这个场景非常开心，他们能够提前准备一些问题，与大人沟通探讨，自然会从中有所收获。

同时，这件事也反映出一个道理，如果我们自己每天宅在家里，不出去社交，又怎么能期待孩子善于沟通交流呢？为孩子提供广泛的交友机会，让他们多参加一些集体活动，他们自然会交到心仪的朋友。

第七，与孩子朋友的父母和"敌人"的父母交朋友

孩子进入一个群体，有自己喜欢的人和不喜欢的人，这是一件很正常的事情。"敌人"的表述有些不妥，但孩子一定会遇到这样的情况：一些孩子对他表示善意，也有一些孩子对他不那么友善。汤普森博士的观点是，作为家长，面对那些对自己孩子没有善意的小朋友，也要主动结识他们的父母，争取和他们的父母做朋友，而不要在孩子打了架或者是闹了别扭以后，怒气冲冲地给对方打电话，或者找对方家长的麻烦。在与家长们的日常沟通中，了解孩子们的日常交流也是很重要的。

第八，要同情孩子的社交痛苦，但也要保持理智的判断

针对这一点，汤普森博士给出了一个非常重要的建议，就是不要做痛苦的追问。首先，孩子的情绪变化非常快，他们和朋友之间的关系好或不好，变化往往就在一瞬间。大部分时候，他们闹了矛盾或者伤心，很快就能够恢复。其次，孩子自己解决问题，其实是更积极的，他们很快就会跟小朋友和解。再次，孩子有时候喜欢把痛苦转嫁给家长，他们看到你为他担心为他痛苦，会故意要跟你多说这方面的事。最后，很多家长在面对孩子的矛盾时，并不是在对孩子的痛苦感同身受，而是会回忆起自己小时候的处境，可能是不好的经历戳中了我们的心，才导致我们异常紧张。

另外，孩子在大部分时间里是坦诚的，但有时候也会编故事。比如，如果他们感受到，自己被欺负时，家长会成为他们的支持者，他们就会为了享受这种被关注和支持的状态，编一些自己被欺负的故事告诉家长。遇到这种情况，我们在了解到孩子没有被欺负后，就不要再往下追问，以后择时再进行引导。

第九，了解孩子在群体中所处的位置

如果孩子在社交方面有困难的话，家长一定要伸出援手，和孩子沟通，或者主动与老师聊一聊。另外，我们要评估一下，自己的孩子是不是缺少像其他孩子一样的社交技能，比如，孩子是不是显得比别人幼稚，总是不知所措，不知道怎么解决问题等。如果遇到这类情况，我们可以向老师求证，并且跟老师讨论一下，如何帮助

孩子，如果问题严重，就需要寻求专业帮助。

　　在孩子成长的过程中，我多次约过心理学家或者心理医生，针对孩子的某个问题和他们交流，寻求办法。这不是什么可耻的事情，而是科学地解决问题的方法。

　　我们每个人培养孩子，并不是希望把孩子培养成一个八面玲珑、人见人爱的样板，而是希望他们独立、自爱、自信、谦虚，有能够独立生活的能力。

　　应该说，我们不是培养孩子，而是培养一个未来的成年人。从这种角度帮助孩子建立自己的社交圈，我们就不会像传统的虎妈虎爸那样，管得非常严，什么事情都要插手，而是应该更像海豚：大海豚和小海豚一起玩耍，大海豚就在小海豚周围陪着它一起游，但不会帮它游。

　　如果你能成为海豚父母，能够陪伴孩子，既能做他的老师、榜样，又能像他的伙伴一样指导孩子的社交，那么我相信，你的孩子未来一定可以成为一个独立的、具备社交能力的、优秀的成年人。

第3节　两性教育

陈一筠《你好，青春期孩子》课程精编

孩子从儿童到成年，要经历十多年的成长期。人口学研究表明，20世纪初期到末期，青少年的性成熟期已经从十六七岁提前到十二三岁。在走向性成熟的过程中，青少年的生理、心理等都会发生巨大的变化，需要家长特别的关注和重视，更需要家长科学地应对。

从生理上说，孩子的身体会出现某些"性征"，例如，男孩出现遗精、脸上长出胡须，女孩月经来潮、乳房开始发育等。同时，进入青春期的孩子会在心理上会对异性产生好感和冲动，这就是所谓的"情窦初开"。

进入青春期的孩子，面对自己日益变化的、快速成熟的身体和难以理解的"性"发育，如果没人告诉孩子身体出现这些状况的原因和应对方法，孩子可能就会通过不恰当的途径去了解摸索，甚至冒险，最后引发不好的结果，如过早发生性行为、早孕、堕胎等，甚至是性犯罪。

从情感上说，伴随着性激素即性荷尔蒙的大量释放，孩子会对异性产生好奇、神秘的感觉和喜欢、欣赏、爱恋等冲动。如果处理不好与异性间的关系，孩子就不能适当地把握异性之间交往的分寸，由此可能导致行为失控、情感挫折乃至心理危机。

此外，随着学习压力的增大及社会环境的日渐复杂，孩子还要不断接受新的任务、新的挑战。这也需要家长及时引导孩子，帮助孩子答疑解惑，防止孩子陷入对生活与生命的困顿之中，影响孩子对生命的正确认识。

《你好，青春期孩子：从两性教育到生命教育》中的一部分课程，针对的就是孩子青春期成长过程中的生理、心理和情感状况，旨在让家长认识到性健康教育和情感教育的重要性，消除以往对孩子的某些误解，引导孩子学会处理自己的情感和两性关系问题，拥有成熟的爱和被爱的能力，丰富自己精彩的人生。

此课程还涉及简单的生命教育话题，旨在引导孩子初步认识生命的价值和意义，懂得尊重、珍爱和珍惜自己与他人的生命。

家长要更新教育观念

处于青春期的孩子，身体和心理都会经历一系列的巨变，困惑和迷茫也会随之产生。如果家长不能及时向孩子解释青春期与儿童期有哪些不同、男孩与女孩有哪些差异，以及他将会面临哪些社交与情感考验等，孩子就可能出现各种各样的问题。

家长与青春期孩子相处时，首先要注意调整自己与孩子之间的关系，要从过去的完全"大于"调整到"大于加等于"。"大于"，就是家长需要引领孩子，做孩子的榜样，担负起家长的责任；"等于"，就是把孩子当成独立的个体，尊重孩子，鼓励孩子表达自己的观点，倾听孩子的意见，与孩子做朋友，以平等的态度与孩子互动式、参与式地探讨一些问题。尤其是在下面三个问题上，家长不可随意给孩子"贴标签""戴帽子"。

第一顶帽子："叛逆"

孩子到了十几岁之后，很多家长发现，孩子不再像以前那样"听话"了，于是就会给孩子扣上一顶"大帽子"——叛逆。

其实，这时孩子的生理和心理都进入了快速发育期。在生理方面，身体内荷尔蒙的大量释放，打破了以往的平衡，让孩子感到不适；在心理方面，他们觉得自己"长大"了，渴望被理解、被尊重，渴望独立，但又不知道如何表达内心的需求，因而心烦意乱，情绪变化无常。如果此时父母提出一些让他们不愿意接受的观点，他们就可能与父母产生争执。于是，父母觉得孩子"叛逆"，孩子认为父母不理解自己。

在这方面，父母必须理解这个阶段孩子的身心变化给他们带来的强烈冲击。成长过程中孩子有提出合理需求的权利，在不违反原则、不引发危险的情况下，父母可以试着给孩子一些自由的空间和表达的机会。孩子走向成熟和独立的过程，就像儿时学走路那样。开始时你拉着他、领着他走，但走着走着，他会在还不能完全独立行走时，就想摆脱大人的帮助。这时，你就要给他一个相对安全的空间，让他尝试自己走，哪怕会摔跟头，你也得放手。只有这样，他才能更快地学会走路。

青春期孩子的"叛逆"表现与学走路是一样的。他还不成熟，却想像成年人那样自主行事，想要自己做选择、做决定。这实际上是孩子成长的必经过程，具有积极的意义，不是某些家长认为的坏事。你应该承认孩子在长大，并且正在走向独立，有些事要让他自己去尝试、去经历、去体验，甚至去试错、摔跟头。这些经历和体验有助于孩子成长、独立并培养出勇敢、果断和奋斗的精神。

第二顶帽子："早恋"

如今很多进入青春期甚至适婚期的男女，不善于也不敢于跟异性交往。从他们的成长过程看，可能在中小学阶段缺少充分的异性交往经历，或曾被父母扣上过"早恋"的帽子。有些家长担心"情窦初开"的孩子在与异性的交往中发生"出格"行为，因此严加防范，甚至明令禁止孩子与异性同学之间正当交往。

孩子在成长过程中，不但需要同性朋友，也需要异性朋友，他们会在与异性交往的过程中学会了解异性、认识自己，学会与异性建立友谊。如果家长因为害怕孩子"早恋"，就阻止孩子与异性同学交往，其实是对孩子成长的干涉和妨碍，后果可能是当孩子到了该谈恋爱的年纪，反而会退缩，因为他没有与异性正常交往的经验，不知道怎样处理与异性朋友、恋人之间的关系。今天社会上的单身群体越来越庞大，恐婚族、不婚族也越来越多，这与他们年少时的经历不无关系。

因此，家长不要一看到孩子跟异性同学交往，就给孩子扣上"早恋"的帽子；相反，家长还应该积极鼓励、引导并提供机会，让孩子坦然、从容地与异性同学正常交往，收获美好的情谊。

第三顶帽子："心理问题"

绝大多数孩子的成长过程都会伴随着各种烦恼。例如，对体貌变化的困惑，对情感问题的迷茫，学习压力的无处释放，等等。这些烦恼大多不是什么"心理问题"，不过是情绪上的短暂"阴霾"，需要阳光去驱散。

然而，有些家长一看到孩子表现出某种"不正常"的言行，就认为孩子有"心理问题"，甚至任由精神科医生给孩子开具药物服用。一旦药不对症，孩子便很难回归正常状态。所以，建议家长不要轻易把未成年的孩子交给"心理医生"。

总之，想让孩子健康成长，家长就要不断更新自己的教育观念，科学地看待孩子成长过程中遇到的"新问题"。我们常说，家庭是孩子的第一所学校，家长是孩子的第一任老师，从对孩子青春期的教育与引领责任方面来说，更是如此。有专家提出"青春期教育应当成为中小学生家庭教育的标配"，因为家长可以在顾及孩子的敏感性和保护孩子的隐私性的前提下，帮助孩子对自身的生理、情感发展进行正确解读。只有这样，家长才能引领孩子顺利地度过他成年之前的这个关键阶段。

鼓励孩子的正常交往

一般来说，到了小学高年级阶段，男孩、女孩在与异性同学交往时会开始出现一些特别的表现。例如，有的孩子收到异性同学发来的一条微信时，往往会有异样的表情，说不清是欣喜、迷茫，还是疑惑；还有的孩子在接到异性同学打来的电话时，表现出兴奋、羞涩或者一副神秘兮兮的样子。

看到孩子的这些表现，有的父母心里就开始犯嘀咕了：孩子怎么这样反常？该不是早恋了吧？会出问题吗？等等。

其实，这些都是孩子"情窦初开"的自然表现。一个健康的、身心发育正常的男孩或女孩，一定会对异性世界表现出特别的兴趣。家长不但不应该把这种现象看作不好的事情去围追堵截，反而应该对孩子与异性的交往多一些积极的鼓励与引导，让孩子有机会了解异性、认识自己，为之后迈入恋爱择偶的季节打下良好的基础。

一般来说，青春期的异性交往有许多重要功能和积极意义。

释缓性冲动与情感压力

孩子在成长过程中会面临各种困扰：一方面，他们觉得自己应该听父母的话，把注意力放在学习上，不应该过多关注异性；但另一方面，受性激素的驱使，他们又会不由自主地把目光放在异性身上，渴望接近异性。这种矛盾心理会让孩子很焦虑，产生一定的精神压力。

有些家长不理解：男孩跟男孩玩，女孩跟女孩玩不也挺开心吗？为什么偏偏喜欢与异性同学往来？

要知道，青春期男孩的体内会分泌大量雄激素，女孩的体内也会释放大量雌激素，这时的男孩与女孩，就像阴阳两个磁极，放在一起肯定会相互吸引，发生"磁场反应"，产生某种令人兴奋与舒爽的能量，我们就叫它"情愫"吧。这种能量虽然看不见，但真实存在，并且悄然地滋养着少男少女的情感世界，让他们忽而感到愉悦、放松，忽而又感到烦恼、忧愁。这种感觉在同性交往或亲子相处中一般不会产生。

可以说，哪个孩子能够有机会坦然、从容地与异性交往，哪个孩子就更阳光、更活泼、更健康，内心的压力也更容易得到疏解。

排解青春期烦恼，促进心理健康

由于第二性征的发育，男女有别的体貌、体型等都会给孩子带来压力。有一位初中班主任跟我说，他的班里有个女孩，上课经常拿出镜子来照自己。这说明她可能对自己的外貌感到不满意，这就是一种烦恼，心理学上叫"体象障碍"。还有的男孩觉得自己长得不够魁梧，不够帅气，不够吸引女孩注意，从而感到烦恼。

另外，学业、考试、班级排名的压力，个别老师对某些同学的偏爱，与同学或朋友之间的矛盾，家庭关系的不和谐等都会成为孩子烦恼的源泉。烦恼中的孩子就像掉进一个泥潭，痛苦、挣扎，希望有一根救命绳索能帮助他爬出泥潭。

谁能充当这根救命绳索呢？

首先就是父母。如果父母能走进孩子的心扉，经常安慰、开导孩子，就能帮助孩子消除大部分烦恼。遗憾的是，很多父母没能与孩子建立良好的沟通习惯与和谐的亲子关系，无法打开孩子的心扉，每天除了关心孩子的课堂表现、作业、考试之外，什么都不关心。这就让孩子的烦恼无处倾诉，负面情绪也得不到及时疏解。

庆幸的是，孩子身边还有可倾诉的同龄人，其中也许就有在乎他的异性同伴。他们往往会比老师和家长更快速地发现身边的同伴今天不开心了，或是出于理解、关心，或是出于同情，主动走进同伴的内心，说几句安抚或鼓励的话。这种异性之间的磁场反应所产生的能量可以温暖孩子的内心，减轻孩子的烦恼，救助困境中的孩子。

促进自尊心、自信心的成长

孩子在成长过程中，不但身体在快速发育，自尊心和自信心也在快速建立。他们会越来越在意周围的人，尤其是异性同学对自己的看法和评价。如果有心仪的异性表现出对自己的关注，他就会特别注意自己的言谈举止，以期给对方留下美好的印象，甚至还会因此努力做出巨大的改变。

有位高二班主任给我讲过一个故事：他的班里原来有个男生特别优秀，与一位女生一起从普通中学保送到重点高中的重点班。起初，两个孩子都是班里的优等生，但到高一下学期，男生的成绩忽然迅速滑坡，到高二上学期末，由于他的考试分数太低，把全班总分数都拉下来了。同学们都抱怨他，老师也找他谈话，他都无动于衷。

寒假返校那天，正赶上西方的情人节。男生送了一张贺卡给一起被保送来的女生，还在卡片背面认真写了一句话："很想和你做朋友，但愿你不拒绝。"女孩不知道该怎样回复他，便回家请教了妈妈。幸运的是，女孩的妈妈是一位大学心理老师，她听女儿讲了男生的情况，又看了女儿递过来的那张卡片，对女儿说："你们不是一起被保送的好学生吗？如今他落后了，你是学习委员，不觉得有责任帮人家一把吗？我看那两句话没什么毛病，不正是在向你求助吗？"

女孩听了母亲的解释，第二天就勇敢地回赠了男生一张贺卡，同样用心地在背面写了几句话："我愿意成为你的朋友，我将和你一起努力，希望你能够赶上班级的步伐。我相信你一定会再现初中时代的那份辉煌，加油吧！"

男孩收到女孩回赠的贺卡，内心非常感动。他随即给女孩写了一封长长的信，倾诉自己的困难和痛苦。原来，在高一下学期，他的父母离婚了，他跟着妈妈生活。由于经济拮据，他不得不利用课余时间四处打零工，其间不但耽误了学习，还遭受了很多白眼，这让他很受伤，学习成绩也一落千丈。正是这位女孩对他的接纳和鼓励，才让他重新燃起奋斗的勇气。他在信的末尾这样表示："是的，我成了班级最差的一员，对不起老师和同学们。但是请你相信，从下学期开始，为了你，我要成为班级里最优秀的男生！"女孩把这封信也给她的妈妈看了。她的妈妈这样说道："男女生的友情互助原本可以是这样的。几句鼓励的话语，竟然可以给掉队的同伴带来如此的感动和努力的决心！"

所以，千万不要低估异性同伴之间的情谊，它有时比父母的关爱更能帮助和拯救处于困境中的孩子。

孩子在情窦初开时，有情感方面的需求再正常不过了。少男少女之间的友情、承诺、鼓励和帮助，大大促进着彼此的成长，对他们未来求索爱情、成就婚姻都有着非常深远的意义。认识到这一点，家长也许可以安心放下手中那顶"早恋"的帽子了吧？

更顺利地度过"第二次断乳期"

如果你稍微留意一下就会发现，进入青春期后，女孩与爸爸的关系会变得很微妙：在爸爸面前，她会羞涩地躲避，怕爸爸发现她的"秘密"；同时她会对爸爸产生一种异样的亲近感，渴望更多温暖的父爱。此时的女孩，作为一个阴性磁场，与陪伴已久的爸爸的阳性磁场悄然发生着本能的"磁场反应"，生成的能量会滋润女孩的心性。

从这个意义上来说，如果青春期的女孩缺少父爱的温暖，就可能缺少某种能量滋养。不难发现，在单亲妈妈身边成长的女孩，往往更容易投入一个成熟的、能给予她安全感的男性的怀抱。这种情况多半不算恋爱，更像是在寻找一位"替代父亲"。

儿子与妈妈之间也是如此。但这种状态不会一直持续，当他们从父母身上获得一定的安全感并开始追求独立后，就会把兴趣转向同龄异性，寻找获得能量滋养的新机会。如果孩子长久地把异性家长作为自己的眷恋对象，久而久之，就会形成心理学上的恋父情结、恋母情结，导致性心理发育的滞后或扭曲。这样的孩子在成年后，可能难以走入同辈异性群体，从而在恋爱、择偶过程中遇到障碍。因为他们潜意识中存留着对异性长辈的情感，很难接纳与他们年龄相近的异性。

要知道，青春期的少男少女，在不久的将来都要去恋爱、择偶、建立婚姻关系。他们谈婚论嫁的知识、智慧、能力、技巧，需要学习和训练。从这个角度来说，少男少女的交往并不应该叫"早恋"，而应该叫"早练"，即必要的恋前准备、婚前训练。这是少男少女的需求，也是他们的权利。家长对此的恰当理解和支持态度至关重要。

引领孩子度过情感懵懂期

人们常说，家庭为青春的生命插上翅膀，父母为放飞的孩子保驾护航。这句话值得父母认真领悟和实践。

通常来说，孩子在升入初二后，就到了情窦初开的阶段，也叫"青春旺盛期"。在这个时期，孩子需要了解青春期情感发育的奥秘，知晓如何迈上情感之旅。家长有必要与孩子讨论异性友情，让他们懂得：异性之间，无论是愉悦身心的交往、有助于摆脱青春烦恼的交往，还是有利于促进自尊心与自信心成长的交往，都可能建立某种程度的青春友谊。这种友谊是开放的、无须保密的。孩子不需要为此遮遮掩掩，家长也不必太过担忧。

那么，如果孩子与异性朋友的关系从友情发展到爱情，家长又该如何应对呢？

这时，家长就得勇敢地与孩子谈论关于"爱情"的话题了。一方面，家长至少要让孩子明白，爱情需要个人的成熟、情感的专一以及一些必要的素养。当你对一个人说"我爱你"时，就意味着你决心要保护、珍惜、不伤害也不允许别人伤害你爱的人；这还意味着一种初心，那就是让自己变得更优秀，值得对方爱恋，同时希望对方变得更优秀，让彼此都坚守住这份爱。当孩子有了这种认知、信念和觉悟时，爱情于他们就不是一般情感了，它会成为促进相爱双方积极上进和健康成长的一种特殊力量。如果你的孩子有了这样的爱情，难道不值得祝福吗？

另一方面，家长还必须提醒孩子，"我爱你"不在于口头，而在于行动。那些一边说着"我爱你"一边逃学、旷课甚至过早尝试性行为的"爱情"，根本就不是爱情，而是伤害，更是对爱情的践踏。只有建立在互相保护、互相珍惜、彼此激励、共同成长基础上的爱，才可以称之为真爱。爱情不仅是一种美好的愿景和感受，更是一种需要付出艰辛和承担责任的决心与行动。这样的爱情，即使没有进行到底，何尝不是人生路上一笔宝贵的心理财富？

帮助孩子走出失恋的阴影

大部分人的初恋难有结果。有些人在初恋中投入的情感太多，一旦恋爱对象突然撤离，就可能产生强烈的负面情绪，如愤怒、仇恨，甚至是想要毁灭对方；一旦这种情绪转向自己，又可能发生自毁的悲剧。

每个人都有求索爱情的可能和需求，但也有可能遭遇失恋。如果你的孩子是被分手的一方，并因此陷入深深的痛苦之中，这时家庭的温暖和父母的安抚就特别重要。父母可以用自己的经历告诉孩子，古今中外，"有情人难成眷属"的故事屡见不鲜，初恋的对象没能成为终身伴侣的情况也经常发生。一方或双方觉得不适合而分手，这不是谁的过错，也谈不上失败。适时放手，反而给予了彼此重新选择的机会。但是失恋后的沮丧心情难以避免。这时，亲朋好友的劝慰能有效地帮助失恋者摆脱痛苦。如果孩子长久地深陷痛不欲生的泥潭，就需要专业心理治疗师的帮助了。父母、亲人、朋友应当密切关注身边的失恋者，尽一切努力帮助他们早日走出失恋的阴霾。

性健康教育对孩子很重要

我曾经在加州大学洛杉矶分校做访问学者，其间住在一户美国人家里。有一天，我从学校回到住所，看到他们家餐桌上摆了个大蛋糕，上面插着一支蜡烛，他们家的女儿穿着漂亮的衣服，来宾们也在举杯庆贺。我好奇地凑到小姑娘的母亲身边，悄声问："你女儿不是上个月刚过完生日吗？怎么又过生日啦？"母亲带着骄傲的神情小声道："我女儿昨晚月经初潮，从今天开始就是少女啦！"

我没想到，这件事对他们来说竟如此重要。原来，那家人把女孩踏上青春之旅当成其生命中一个重要的里程碑，甚至还特意庆祝一番。

不管是女孩还是男孩，当他们迈入青春的门槛时，择机举办一个隆重的仪式，并对他们进行性健康、性安全教育，确实是很重要、很值得的一件事。女孩月经初潮，男孩开始遗精，标志着他们已向成人之路迈进。妈妈应该与女儿进行"闺密"之间的交谈，说说女人那些事；爸爸应该和儿子进行"男子汉"之间的对话，聊聊男人那些事。青春期少男少女，必须先从父母那里知晓生命孕育和诞生的奥秘，明白与异性同学接触和交往的礼貌分寸和安全底线，才能在与异性相处时做到知情选择、适可而止。

在这方面，我有四点建议分享给家长。

选好进行性教育的时机和方式

举个例子，一位妈妈在一天早晨在叫 11 岁的儿子起床时，发现儿子在床单上遗精了。这位妈妈不但没有借此对慌乱中的儿子进行正确的解释和安抚，反而说了一句："真不要脸，这么小就想讨老婆啦？"儿子站在床边羞愧得无地自容。之后，他开始失眠，总担心又梦遗，上课也无精打采，甚至还故意逃避女老师的课。

妈妈发现后，就带儿子去医院检查。精神科专家认为，这个孩子患上了轻度青春型精神分裂症，原因就是妈妈那番羞辱的话语对他产生了强烈的精神刺激，让他留下了挥之不去的心理阴影。

面对孩子青春期的生理变化和心理感受，父母该怎样应对真的是一门学问。要想正确引领孩子度过青春期，父母就需要学习相关知识。只有父母学习了青春期的知识，更新了自己的观念，并与孩子建立起朋友式的关系，坦诚地与孩子谈论青春期的问题，孩子才会与父母拉近距离，心悦诚服地接受父母的建议与忠告。

指导孩子把握性表达方式与行为界限

人们习惯于把性行为跟性关系混为一谈，在性科学的讨论中，两者并不是一回事。孩子进入青春期后，会不由自主地关注身边的异性同学和异性老师，或出现性幻想，或对某个异性产生暗恋、单相思等情感萌动，这些都是这个阶段的正常现象。在接下来的发育阶段，孩子可能表现出一些具体的行为，如与异性打电话、发微信、写情书、送生日卡等，表达自己对异性的关心、爱慕等情感，或者约异性同学一起上学、放学、参观展览、看电影、逛商场、逛公园等，选择的地点多是公共场所，家长不必过度担忧，更不应该阻止。

在与性有关的行为中，值得讨论的是男女之间的拥抱、接吻等边缘性行为。这类行为可能与爱情有关，也可能与爱情毫无关系。比如有位小学班主任就曾跟我说，他班里有个小男生，放学时与一位女生一起回家，在胡同里拐弯时男生一时冲动，亲了女生一口，然后扭头跑掉了。第二天女生向班主任告状，班主任并未做出过度反应，只是劝慰女生不必记恨，并私下批评了男生，让他尽快向女生道歉，并保证下不为例。因为班主任明白，这种行为与爱情无关，只是一种性的欲望和冲动，无须做出过多反应。

家长应当从小向孩子说明：每个人都有保护自己身体的权利，未经自己的允许别人不得触碰，同时，我们也不应该擅自触碰别人的身体。

至于恋人之间的拥抱亲吻，是顺理成章的事情，家长无须过多焦虑。但也需要让孩子明白，边缘性行为与性行为只有一步之遥，如果没有采取安全措施，女孩可能会意外怀孕。青春期的男孩女孩一般都未做好结婚生育的准备，意外怀孕无疑会给双方都带来难以承担的后果。

青春期的孩子在有身体接触、产生一定刺激性的情况下，可能会控制不住一时的性冲动，发生下一步"险情"。面对这类情况，家长该怎样引导孩子，从而避免"险情"的发生呢？

这里用一个案例为家长解答这个问题。

有一位很优秀的男老师，和同学们分享过他青春期的一件往事。他上高中时，喜欢上了班里一位女生，觉得女生对他也有好感。有一天，女生邀请他去参加她的生日派对。他故意提前去了女生家，趁其他同学还未到来，两人就坐在女生的卧室里聊天，身体靠得很近。他很快觉得自己心跳在加速，竟不由自主地把手搭在了女生的腰上。他说，当时很想搂住女生，亲她一口，让女生知道自己对她的爱慕。但就在这时，女生突然站了起来，对他说："等一会儿，我去给你倒杯水哈！"女生慌忙跑去了客厅。女生的父亲在隔壁听到杯子碰撞的声响，就出来跟他打招呼了。男生瞬间冷静了下来，并且感到有些羞愧。

那位男老师说，他之后非常感谢女生的机智，使他避免了一次鲁莽和尴尬，保护了他的自尊，也维护了他们之间的友谊。

这件事对家长的启发是：要告诉孩子，在异性身边出现本能的冲动不是过错，但当自己或对方发生冲动时，为避免意外，要勇于与对方拉开距离，改变一下场景，本能的冲动便会自然平息。

不赞成未成年人发生性关系

不管是学校还是家庭，在孩子未满 18 周岁时，都应该明确表示不赞成孩子与他人发生性关系。这不仅因为孩子的思想还不成熟，更因为孩子尚无能力承担由此带来的各种后果。

不过，很多家长苦于不知该如何向孩子坦言此事。这里我分享三个建议。

第一，鼓励孩子多参加有异性在场的群体活动。通过异性间公开的交往和活动，如跳舞、唱歌、比赛等，放松神经，缓解因性发育带来的压力和冲动。

第二，可以暗示孩子通过适当自慰的方式释放性能量。对青春期的孩子来说，适当而卫生的自慰不但无损健康，还能让他们获得一定程度的性愉悦。

第三，引导孩子把注意力放在一些富有创造性或他感兴趣的事情上，缓解荷尔蒙带来的困扰。

给孩子适当讲解避孕知识

我们当然希望青春期的孩子能保护好自己，不过早发生性行为，但如今，少男少女未能把持住界限而发生意外的情况并不少见。

面对现实的风险，家长还得让孩子了解一些关于避孕和紧急避孕的知识，如安全套的使用方法、紧急避孕的措施等。性安全和性健康知识的传授要把握适时、适度、适当的原则。

适时，是看孩子到了什么年纪，处于什么样的发育状况。如果孩子已经进入青春期，女孩有了月经，男孩也出现了性征，这时就要给孩子讲一讲性激素的奥秘和生理卫生知识了。

适度，是讲到什么程度，可以根据孩子的发育状况和言谈举止来把握。

适当，是用什么样的方式讲。可以根据孩子的性格、亲子之间常用的沟通方式等选择口头表达，或是通过线上聊天等方式向孩子传递知识和信息。

对于孩子的性教育问题，家长在任何时候都不能掩耳盗铃，也不要抱有侥幸心理，觉得孩子还小，什么都不懂，或是以后学校会教的。家长要主动承担起青春期性教育的责任，防患于未然。如果等到孩子出了问题再去慌忙处理，那就是亡羊补牢了。

与孩子共同解读生命价值

伴随青春期的到来，性的困顿与生命的困顿可能成为孩子的双重压力。关于帮助孩子解除性的困顿，前面已谈得不少了。而生命困顿，是又一个复杂且重要的问题。现实生活中，青年人践踏生命、轻贱生命甚至毁灭生命的行为屡有发生，其中既包括对自己生命的漠视，也包括对他人生命的践踏。因此，生命教育作为青春期教育的有机组成部分，在家庭教育和学校教育中都不可缺失。

解析生命的二维四重价值

从哲学上来说，生命具有两个维度四重价值。

两个维度：一是物质肉体的存在维度，二是社会与人际生命的维度。

在这两个维度的基础上，接着解析生命的四重价值。

第一重价值：物质价值。也就是我们看得见的肉体生命价值。

第二重价值：血缘亲缘价值。生命不单是属于个人的，还是父精母血造就的血缘、亲缘关系，因此一个人是有传承的使命、义务和责任的。

第三重价值：社会人际价值。一个人从出生到长大，不仅需要父母的养育和奉献，还需要各种社会资源的供给和投入，如老师的教导、同学的帮助、朋友的陪伴等。这些社会资源凝聚在个人的生命中，成为宝贵的财富，任何人都没有摧毁的权利，同时还有义务感恩和回报。

第四重价值：精神价值。这是指一个人一生中所经历的人和事，以及对社会、对他人所做出的贡献，会永久存留在时代的记录中，不会因个体生命的损毁而消逝。

由此可以看出，生命是你的，但也不完全是你的，它有着丰富的内涵和宝贵的价值。因此，教育孩子尊重生命、珍惜生命、呵护生命，是家长义不容辞的责任，并且越早进行越好。

在认识生命价值的基础上，家长应该帮助孩子理解生活、生命的不同需求，懂得健康与完满人生的要义。

人们往往把生活与生命、人生混为一谈，其实这三个词含义各不相同。

生活即是当下的片段经历和感受，是现在进行时；生命却是一个连贯的长流，包含过去、现在和未来；而人生，是生活加生命的完整过程。

常有人混淆生活与生命的分量，把生活不能承受之重当成了生命不能承受之重，不相信生命的阳光终会驱散眼前的阴霾，甚至急于以结束生命的方式来应对生活的挫折。这就是对生命的误解和轻贱。

我举过一个例子：某大学的一位新生，家里经济条件不好，以前为了让他好好读书，父母省吃俭用，每天变着花样为他做可口的饭菜，让他的身体获得足够的营养，能够专心备考。他也很争气，考上了一所好大学。但上大学之后，他觉得大学食堂的饭菜远不如父母做得可口，就给父母打电话抱怨，说自己每天吃不好，学习压力又大，非常痛苦。父母心疼孩子，决定到他上学的城市租房子每天给他做饭吃。但是，父母还没来得及把这个决定告诉他，他就因为饭菜不合口、学业负担重等问题，选择了跳楼自杀。当父母千里迢迢地赶到学校时，孩子却已经不在人世。

这是一件非常令人痛心的事。同时提醒家长，成功的生命教育才能帮助孩子勇敢地面对生活中的挫折坎坷，努力克服生活中的艰难困苦，要让孩子通过不断追求生命中的长远幸福而完满自己的人生。

如今，在物质主义、享乐主义价值观的影响下，越来越多的孩子沉溺于追求当下的快乐，比如玩游戏上瘾，甚至有人还去尝试毒品、赌博，以此追求短暂的刺激与快感，结果毁掉了生命长久的幸福。

孩子进入青春期后，如果对生活与生命缺乏基本认知，也可能只追求当下的快感而不顾生命的长远幸福，选择今朝有酒今朝醉的生活，轻率地对待两性关系，到头来不仅葬送了自己的生命幸福，也造成了别人的痛苦。

生命哲学家郑晓江教授曾经把生命比喻成一棵树。他说，生活就是这棵树上开的花，花开花落几春秋，但是，这棵树不会因为秋天落叶而死亡，来年树上的鲜花会重新绽放。花是生活，树是生命，永远不要因为花败叶落而铲除这棵生命之树，而要继续保护它，珍惜它，期待它来年开出更加鲜艳的花朵，结出更丰硕的果实。

如果孩子懂得了这个道理，就不会走上轻贱生命和毁灭生命的迷途，也就能真正收获有价值、有意义的人生。

4

第四章

幸福能力，
一生的追求

锻炼孩子一切能力的根源，在于我们希望孩子能度过幸福的一生。幸福不会从天而降，它需要我们有足够的期待与准备，培养幸福感，并且接住它。

　　本章将从品格优势和幸福方法两个方面，帮助孩子形成积极品格这一幸福底色，培养孩子对快乐的感知，用幸福的心态过好未来的生活。

第 1 节　品格优势

彭凯平解读《孩子的品格》

前年秋天的一个深夜，我接到学校老师的电话，他焦急地告诉我，有个学生刚刚企图自杀，幸好被同学及时发现并制止了。我急忙赶到学校，见到了这个学生，想了解他到底遇到了什么事，要走到自杀这一步。这个孩子告诉我，他一直想做个好孩子，听妈妈的话，努力学习，现在终于考上了清华大学，但他并不喜欢妈妈让他选的专业，在学习中越学越苦闷、越失望，最后实在熬不下去，再也不想做自己不喜欢的事了，就想永远摆脱外力强加给他的所谓"理想"。

我听后心里很难过，如果他的父母知道这个原因导致孩子轻生，不知会作何感想，而不久后，我就见到了他的妈妈，这位母亲不但没有认识到自己的问题，反而义正词严地说："教育难道不就是要培养孩子的各项学习技能，考上好大学，找到好工作吗？"她知道我是做积极心理学研究的，更是嗤之以鼻，甚至认为我提倡的积极教育就是让孩子傻乐，将来一事无成。

这件事让我至今记忆犹新，也让我看到了当下教育的问题。有多少孩子，做的都是父母让他们做的事，学的是父母看好的专业，却几乎从没想过自己要的生活是什么样的。在很多家长的教育观念中，不管外界如何变化，学习都是最重要的，至于孩子怎么想、快乐不快乐、性格会怎么样，都不如学习重要。

可是，为什么家长倾尽全力培养起来的孩子，发展却不尽如人意？为什么教育不能让孩子更积极、更快乐、更幸福呢？

随着积极心理学的发展，积极教育逐渐引起了人们的重视。它是将传统教育与积极心理学相结合，强调孩子在学习专业知识的同时，也应该学习提高幸福能力的方法，培养健康、积极的品格，包括情绪力、抗逆力、自控力，以及自信、勇气、善良等一系列与善意、高尚品格相关的要素。从孩子的个人成长及未来发展来说，积极品格往往比学习能力更值得被认真对待，因为这关乎孩子的一生，是孩子一生幸福的底色。

那么，我们要怎样运用积极心理学知识，才能培养出孩子的以上这些品格呢？在《孩子的品格》一书中，我就结合积极心理学知识，运用实用理论与实践方法，从六个方面为家长介绍了培养孩子积极品格的方法。掌握这些方法，既能帮助我们成为积极的父母，又能帮助孩子养成积极的品格，获得幸福的能力，成为真正拥有美好未来的孩子。

情绪力：积极情绪使孩子更幸福

很多人有一个错误的观念，认为情绪是一种自发的、被动的、不可控的主观反应或主观感觉。其实不然。情绪是理智的一种反映，从某种程度上说，情绪和理智是密不可分的。我们以前认为人的大脑左右两个半球分工明显，甚至有人会说某个人"智商高，情商低"，或者"情商高，智商低"。实际上，情商和智商是相辅相成的，情绪也是智力的一种。

既然如此，我们就可以通过自己的主观意识和认知来改变和锻炼情绪力，同时也可以帮助和引导孩子学会管理自己的情绪，成为情绪的掌控者。有研究表明，情绪力发育良好的孩子，主动适应环境变化的能力更强，智力与品质发展也更好，并且能够以更积极的情绪来应对人生中的各种不确定性。

书中跟大家分享了一个"五施"原则，遵循"五施"原则，家长不但能有效地控制自己的消极情绪，还能引导孩子逐渐学会处理自己的负面情绪，激发积极情绪。

"五施"原则，有效激发积极情绪

"言施"原则。言施就是学会表达、沟通和交流。如果你留意一下就会发现，人们在聊到一些社会不公平事件时，会越聊越愤怒；相反，聊一些轻松快乐的话题时，会由衷地笑起来。这是因为人从来不是被动、抽象地理解一些话题和概念的，而是带着身心体验进行的。

在与孩子沟通时，如果我们多用一些积极、乐观、具有正能量的话语，就会激发孩子的积极情绪，并让孩子感到轻松和快乐。哪怕是面对不好的事情，如果我们引导孩子看到积极的一面，也能从一定程度上缓解孩子的消极情绪，让他们的心态变得积极起来。

"身施"原则。身施是指通过触摸、接触自己的身体，让自己产生幸福感。比如，我们手上最敏感的触觉区是手心，不断拍手，碰撞手掌心，就会产生快乐的情绪反应。当孩子情绪不佳时，我们也可以握住孩子的手，抚摸孩子的头，或是拥抱孩子，这些方式都能很好地缓解孩子的情绪，促进积极情绪的产生。

"眼施"原则。眼施是用眼睛来观察生活中的变化，多发现美好的事物。当孩子不开心时，我们可以带孩子到外面看看大自然，欣赏一下周围的美景，这样孩子的情绪就能有所缓解，而在孩子遇到困难和挫折，或是做错事后，我们也要引导孩子多看到事情中积极的方面，这不但能激发孩子的积极情绪，还能让孩子养成乐观、自信的心态。

"颜施"原则。颜施主要是指我们的面部表情，尤其是笑容。如果我们经常跟孩子进行愉快的互动，把自己愉快的情绪和笑容展现给孩子，就能对孩子的情绪发展起到重要的促进作用。

"心施"原则。心施就是用心去感受。很多时候，繁忙的生活让我们疏于培养内心的感受力，导致心灵枯竭，而心施就是用心去感受、去体会世界的美好。培养孩子内心的感受力，对孩子控制消极情绪，启发积极情绪大有帮助。

"五施"原则提醒我们，要激发孩子的积极情绪，让孩子感受到幸福，方法是有很多的。只要我们善于引导孩子去探索和发现生活的美好，多关注积极正面的事物，多培养孩子感受情绪的能力，孩子就能逐渐变得积极、乐观起来。

一般来说，孩子在 5 岁左右就有了自我控制能力，能开始有意识地控制自己的言行。所以，家长应该在孩子 5 岁左右就有意识地对孩子进行情绪教育。但是，很多家长的做法是错误的，比如孩子一哭闹，就立刻对孩子大吼大叫，试图强硬地阻止孩子哭闹，或者干脆冷处理，不理孩子。这些做法都很难培养起孩子正确处理消极情绪的能力。所以，书中除了跟家长分享"五施"原则，帮助孩子建立积极情绪外，还给出了帮助孩子处理消极情绪的有效方法。

"两步走"，引导孩子处理消极情绪

第一步，引导孩子正视自己的情绪。

举个例子，有一次，我的一位亲戚带着她 5 岁的儿子到我家做客，小男孩活泼好动，结果不小心磕到书柜角上，哭了起来。他妈妈见了，立刻大声呵斥孩子，孩子吓得硬是把眼泪憋了回去。我当即制止了亲戚的行为，然后走过去摸着小男孩的头说："刚刚磕疼

了，你很难过是吗？"他点点头。我又说："难过是正常的，如果我磕疼了，也会难过，所以你哭并没有错。"孩子听我这么说，一下子又哭了起来，但不一会儿就又开开心心地去玩了。

孩子与成人一样，也有情绪低落的时候，需要调节和发泄。因此，当孩子出现坏情绪时，我们要理解孩子，让他明白，有情绪是正常的，是可以接受的。只有孩子先从内心正视自己的消极情绪，以后类似情绪再出现时，他才能心平气和地面对。

第二步，教孩子学会正确表达情绪。

孩子年纪小，遇到问题不能正确表达情绪，发怒、哭闹等就是他们最直接的表达方式，但我们不能任由孩子一有消极情绪就通过这些方式表达，要教孩子学会正确的表达方法。比如，孩子发火时，你就告诉他："你感到不高兴时，可以说出来。"

要注意的是，在教孩子表达情绪时，你的情绪一定要是平和的，不要带着比孩子还糟糕的情绪指责他，或用带有倾向性的批评催促他，如"你哭什么？有事就不能说出来吗？""你不说，我怎么知道你怎么了？"等，这些话语只会加重孩子的消极情绪。

自我效能感：自信的孩子更快乐

1977 年，美国著名心理学家阿尔伯特·班杜拉提出：每个人都有对自己完成某个方面的能力的主观评估，这就是我们的自我效能感。换句话说，班杜拉理论的意思就是要相信自己，认定"天生我材必有用"，这对一个人成功完成一件事的帮助是非常大的。它主要通过两条途径来实现：一个是结果预期，即相信自己，认为自己"可以做到"；另一个是效能预期，即认为"我能做到不是因为运气好或环境好，而是因为我有能力"，因此"我要施展自己的能力，为结果做足准备"。

大量的心理学实验表明，自我效能感会直接影响一个人的行为动机。一个人在某方面的自我效能感越强，预测到成功的可能性越大，他就越会努力去尝试，而新活动持续时间也越久，最终效果也会越好。

书中举了一个"戒烟"的例子，结果显示，那些被实验者强化了自我效能的人，戒烟的毅力和自我控制力更强；相反，没有被强化自我效能的人，戒烟效果就很差。由此也可以看出，自我效能感其实就是对自己进行"我能做到"的暗示，以此激发内在潜能，使其在要完成的任务或目标中发挥重要作用。

那么，我们怎样判断孩子的自我效能感高还是低呢？我们可以在不经意间询问孩子一些问题，比如：

- 如果让你去尽力做一件事，你是不是觉得最后一定能完成？

- 即使别人反对，你是不是也有办法得到你想要的东西？

- 对你来说，坚持理想和达成目标是不是一件特别难的事？

- 你能冷静地面对困难，是因为相信自己有处理问题的能力吗？

- 面对一个难题时，你是不是经常能找到几个解决办法？

这些问题听起来很抽象，但孩子是能够理解并做出回答的。通过孩子的回答，你就能了解孩子是不是具有较高的自我效能感。当然，如果你发现孩子的自我效能感偏低也没关系，因为影响一个人自我效能感的因素很多。

影响孩子自我效能感的主要因素

1. 孩子以前的成功或失败经历。如果孩子过去有很多成功经历，那么孩子就会在成功反馈的积累过程中变得自信，自我效能感也更高。不过，即使孩子经历过一些失败，如果他能从周围获得积极正向的反馈，那么他也会将这些失败原因归咎于自己没能正常发挥水平，而不是自己能力不够，这样就算孩子遭遇了失败，他的效能感也不会降低。

2. 替代性经验或榜样的影响。一些成绩中等的孩子，如果经常与学习优秀的孩子仅在"成绩优秀不优秀"这个范畴内做比较，可能就会觉得自己样样不如别人，怎么努力都没用，结果越比越没信心，但如果你能引导他们把这种比较转化为对自己阶段性的客观认识，为自己需要改善的内容提供参照，并与其之后的目标有效连接，这种比较就会成为激励孩子的一种动力，从而激励孩子不断突破自己。这种个人进步也会让孩子获得成功体验，增强自我效能感。

3. 他人的评价。孩子在成长过程中，如果经常受到老师、家长或周围人的关心、欣赏和重视，听到肯定、赞美、鼓励的言辞，同样比较容易获得自我效能感。

4. 合适的情绪唤醒。情绪唤醒是指关注孩子的身体状况和情绪变化，当孩子感到不舒服、情绪不佳时，要及时让孩子休息，尊重孩子身体的节律。因为人在身体不适、情绪不佳时，自信心也会随之降低，自我效能感也会下降。只有当身体状况和精神状况都很好时，孩子才会有更强的自信和动力。

5. 熟悉的环境条件。一旦孩子进入一个陌生或会引发焦虑、恐惧的环境，其自我效能感就会降低，这也是为什么在一些重大考试前，老师会安排学生提前熟悉考点的原因，这样做的目的就是缓解孩子紧张、焦虑的情绪，提升他们的自我效能感。

了解了以上几个影响孩子自我效能感的主要因素，我们就可以在生活中采取科学的方法来提升孩子的自我效能。科学研究发现，那些具有成长型思维的孩子，往往更喜欢积极地应对挑战，能从各种错误中吸取经验，寻求突破，所以他们的自我效能感也更高，对自己、对未来也都充满信心，也更容易获得幸福。这就提醒我们，可以通过培养孩子的成长型思维来提升孩子的自我效能。

培养孩子的成长型思维

关于如何培养孩子的成长型思维，我在这里分享三种方法。

第一，要允许孩子犯错，鼓励孩子从失败中获得成长。错误和失败是孩子绝佳的学习和成长机会，我们不但不应该责备孩子的错误和失败，而且应该理解和允许，并鼓励孩子多多尝试，不断打破思维限制，通过探索去寻找解决问题的有效方法，一步步深入思考，让自己变得强大起来。这样，孩子以后在面对问题和困难时，也会凭借自己强大的自我效能感，更加积极、主动地去思考和解决。

第二，引导孩子对问题合理归因。具有成长型思维的孩子，即使遭遇失败、挫折，也会把它们归因于暂时的、特定的因素，并认为这些挫折、失败都是暂时的。这类孩子会很乐观，也有勇气尝试摆脱困境，解决问题。所以，家长要引导孩子合理地对问题进行归因，告诉孩子"虽然你现在没有做好，但这只是暂时的。通过努力，你一定能够达成目标"，不要让孩子产生"我就是不行"的念头。

第三，学会改变自己的想法和言语。你要告诉孩子，他不需要按照别人的想法和要求生活，他要学会独立思考和行动。如果孩子

的某些想法太消极，或者受到了别人的消极影响，那么思考的结果
也可能是消极的，这时就要鼓励孩子换种思路，想想会不会有其他
不同的结果。也就是说，你要鼓励和引导孩子成为自己的思想和行
动的判断者和指引者。另外，凡是孩子自己思考后产生的想法和行
动，你都要尽量鼓励和支持，而不是急着评价和否定。即使感觉孩
子的想法和行动不合理，也要耐心去引导。

　　家长对孩子的教育，从来都不是简单地灌输书本上的知识，而
是要扩大孩子内心的疆界，扩展孩子的综合认知，激发孩子对世界
的好奇和探索之心，并从中进行自我发现、自我探索和自我实现。
积极心理学的原则就是不断带着爱心去探索和观察孩子，不断培养
孩子的成长型思维。比如，我们对待孩子要用接纳代替评价，用同
理代替鄙视，用爱代替恨；我们要鼓励孩子不要降低自己的道德标
准，不要看不起自己，要善于发现自己的天赋优势等。当孩子养成
这些习惯，以心中的高标准来要求自己时，他们就能真正建立起成
长型思维，获得强大的自我效能感。

自控力：让孩子心理适应力更强

　　对于很多孩子来说，理性地控制自己只是一时的行为，失控才
是经常出现的状况。心理学研究发现，一个童年时自我控制能力强

的孩子，学业成绩会更好，心理适应能力会更强，自尊心会更突出，人际关系也会更和谐。长大后，他们的人生整体幸福感也会更高。所以，培养孩子的自我控制能力对孩子的成长和未来发展至关重要。

然而很多家长发现，孩子很难控制自己的行为、注意力、情绪等。我自己有两个孩子，他们小时候就有学习开小差、注意力不集中、看电视停不下来等情况。从心理学的角度来说，孩子有这些表现都是因为缺乏必要的自我控制能力。自控力强的孩子，往往能将注意力集中在要做的重要事情上，比如读书时能专心致志，看电视时能到了约定时间就关掉，相反，自控力较差的孩子可能就会在学习、做事时状况百出，必须经过家长的引导甚至约束，才能保持专注。

斯坦福大学心理学教授沃尔特·米歇尔为了研究孩子的自控能力，曾针对4~6岁的孩子做了一个"延迟满足实验"。实验结果显示，5岁左右的孩子就已经有了一定的自控能力，可以耐心地度过延迟时间，最终拿到自己想要的东西。所以，从孩子5岁开始，我们就应该有意识地培养和锻炼孩子的自控能力。

不过，锻炼孩子的自控力并不是强迫孩子做什么事或不做什么事，比如有些家长害怕孩子玩手机、玩游戏上瘾，就干脆一次也不让孩子接触手机或游戏，殊不知，我们大人都控制不住要玩手机、玩游戏，怎么能要求孩子完全控制住自己不玩手机、不玩游戏呢？

所以，要培养孩子的自控力，就要帮助孩子养成好习惯，让孩子把对自己有益的事情坚持下来，而不是简单、粗暴地强迫孩子控制自己。这才是提高孩子自控力的有效方法。

用好习惯替代自控力

科学研究发现，习惯对于大脑的作用过程相当于一个由三步组成的回路。

第一步，当我们要做某件事时，我们所坚持的习惯会发生暗示，促使大脑进入某种自动行为模式，并决定采用哪种习惯的模式。

第二步，习惯会让大脑形成惯性思维，这种思维可以是在身体上，也可以是在情绪上。

第三步，习惯带来的"轻松完成"的益处，能让大脑迅速识别并记下这个回路，以备以后使用。

例如，上午最后一节课的下课铃声响起时，学生小明的第一个反应就是冲出教室，奔向食堂，去买他最爱吃的红烧肉。这时，下课铃声就是发出暗示的"导火索"，由此引发的惯性行为就是小明冲出教室、奔向食堂，而得到的益处就是能吃到红烧肉。由于小明每次都这样做，久而久之地便形成了一种不需要思考就能行动的习惯。

我们也可以利用积极心理学的方法，帮助孩子在学习和生活中养成好习惯，具体方法有五点。

第一点，设定小而具体的目标。在给孩子设定目标时，要把目标具体化到可以操作、可以观察和验证、可以形成习惯的行动的程度。比如，可以和孩子说你希望他每天跳绳 300 下，这样孩子会更有目标感，执行时也会不断鼓励自己完成任务。

第二点，帮孩子制订行动计划表。计划表要列出孩子每天什么时间写作业、什么时间看电视、什么时间进行户外活动等。为了强化孩子的主动性，最好让孩子自己写下每天需要完成的任务，然后按照计划表一步步实施，让任务变得切实可行。

第三点，努力帮孩子排除外界干扰。比如，在孩子学习时，你需要关掉电视，把手机调成静音，不让这些干扰孩子，让孩子能够专注于眼前的事。

第四点，找到行动的支持者。孩子做事容易只有三分钟热度，为了让孩子坚持下来，你可以找孩子班上的同学、好朋友、小区中同龄的孩子等，让他们成为孩子行动的支持者，请他们支持和鼓励孩子战胜困难，完成行动计划。

第五点，设定视觉化的奖励模式，加速孩子的习惯养成。比如，你可以在墙上贴一些进度小海报，孩子每完成一个计划，就在上面贴一面小红旗，连续完成一段时间后，就给予孩子一个他期望的奖励，如看一场电影、吃一顿美食等。这种视觉化的奖励模式会极大地强化孩子完成计划的动力和意志力。

在孩子养成一些好习惯后，你会发现，当他再去做一些以前不能专注的事情时，就会在习惯的影响下完成得很好，自控力也有所提高。

　　除了以上方法外，培养孩子做事时的专注能力也能在一定程度上提升孩子的自控力。一个专注力强的孩子，不但在各种情况下都能很好地发挥自己的潜力，把事情做到最好，还能在面对困难时很好地控制自己的情绪，专注于解决当下的问题，更加积极、乐观地面对困难。

提升专注力的"SMART 原则"

　　关于如何提升专注力，我曾介绍过很多方法，这里主要介绍一种帮助孩子专注于目标的"SMART 原则"。

　　"SMART 原则"最早用于企业管理，但在积极教育领域，它对孩子设立目标、提升专注力同样大有帮助。"SMART"由 5 个英文单词的首字母组成，包括具体的（Specific）、可衡量的（Measurable）、可实现的（Attainable）、相关的（Relevant）和有期限的（Time-bound）。

　　具体的。它是指给孩子设立的目标必须具体可行，比如你在帮孩子设立学习目标时，要把大目标拆解成一个个具体的小目标，并且这个小目标得是孩子努力一下就能实现的。当孩子能专注于这些小而具体的目标时，他们的专注力和自控力就会一步步地得到提升。

　　可衡量的。给孩子设立的目标不但要具体可行，还要可以衡量，这样孩子才能知道自己努力后到底有没有达到目标。比如，在期末考试时，让孩子的单科分数提升 5 分；练习跑步时，让孩子一个月后的跑步时间从现在的 30 分钟增加至 1 小时等。

可实现的。为孩子设立的目标不能太高或太低，否则就失去了意义。所以在帮助孩子设立目标时，一定要让孩子思考一下，这个目标他是否真的能够达到。只有孩子坚信自己可以达到某个目标，他在实现目标的过程中才会更加专注、用心，也才能更好地控制自己的情绪，抵御外界的干扰和诱惑。

相关的。孩子的某个目标要与其他目标相关联，否则目标就容易出现偏差。比如，孩子正在准备英语的单元测试，把复习英语课文设立为其中的一个小目标，但在复习过程中，他一直在关注课文内容，没有深入复习课文中的生词和语法，这就是一种目标上的偏差。所以我们要提醒孩子，在完成某个目标时，一定不要忘记将它与其他目标相互关联。如果孩子这样做了，他就一定会专注于目标中的学习内容。

有期限的。目标的完成要有截止日期，也就是孩子要在一个自己设定的时间内完成相应目标。之所以这样做，是因为人都有拖延的习惯，如果不设定时限，孩子就容易拖拉，控制不住自己，导致目标完成滞后。当目标有了时限性后，孩子不但会合理分配自己的时间和精力，还会控制自己不拖拉、不偷懒，专心致志完成当前的目标。

实际上，不同年龄段的孩子，注意力一次性集中的时间也是不同的。一般小学一二年级的孩子，注意力一次性集中的时间大约在

10~20 分钟；三四年级的孩子能坚持 30 分钟左右；到了五六年级后，孩子注意力一次性集中的时间才能增加到 40 分钟以上。我们在培养孩子的自控力和专注力时，强迫孩子一次性集中精力很长时间显然是不现实的。与其每次等着孩子自己失去自控力，走神，倒不如有意识地"帮助"孩子的思维开点儿小差。

比如，在孩子学习或做某件事一段时间后，就可以提醒他暂停一下，思考一些与当前学习或任务无关的事，然后再回到之前的学习或任务中，这时孩子的效率往往比一直坚持做一件事更高。同样，如果你发现孩子在一个问题上冥思苦想很久，仍然找不到解决方法，也可以鼓励他停下来休息一下。

这种方式是有一定科学依据的，很多聪明人为了提升自己的自控力和专注力，会交替地做一些不同的事。比如数学家思考数学问题久了，就会让自己停下来，去听听音乐、锻炼锻炼身体，之后再继续思考之前的数学问题，这时效率就会大大提高。

天赋优势：增强孩子的自我价值感

每个孩子都有自己的天赋优势，但现实情况是，家长总喜欢放大孩子的"不足"，哪怕孩子已经很优秀，一旦做了一件让家长不满意、不喜欢的事，家长就会不断放大孩子的问题。这种教育方

式最直接的影响，就是容易导致孩子产生自卑心理，丧失自我价
值感。

　　曾经就有一位家长跟我交流，说自己的孩子不爱学习，天天去
关注那些艺术、设计等"不务正业"的东西，问我有没有办法让孩
子把心思放在学习上。我就问这位家长："为什么你认为孩子喜欢
艺术、设计就是'不务正业'呢？"他说："小孩子不就应该好好
学习吗？天天搞那些东西浪费时间，以后考不上大学，那些东西能
顶饭吃吗？"

　　其实，孩子的天赋优势不仅指学习好，还包括各种兴趣、技
能、能力、特点等，比如有好奇心、勇于创新、乐观坚毅、真诚善
良等。但是，大部分家长只关注孩子学习成绩好不好、是不是听
话、懂不懂礼貌等，忽略了孩子的个性优势，这就会错失帮助孩子
利用自己的优势走向积极、乐观、坚韧和幸福的良机。

　　为了帮助家长弄清孩子的天赋，帮助孩子发挥自己的优势，书
中结合积极心理学知识将孩子的行为分为四类。你可以针对孩子的
具体表现，对孩子的行为进行分类，再有针对性地帮助孩子发挥优
势，增强自我价值感。

天赋的四种类型

　　第一类，核心优势。这类优势指，孩子在这方面优于他人，相
关领域能让孩子充满激情。比如，有的孩子平衡能力好，走平衡木

比其他孩子强；有的孩子有音乐天赋，很小就能听懂曲调；前文案例中的孩子，就有一定的艺术天赋，可以设计很多美好的东西；还有的孩子很善良，富有同情心。这些都属于孩子的核心优势。

如果孩子在某个方面天赋颇高，并且孩子自己也想在这方面有所发展，那你只需要有针对性地进行培养就可以了。如果孩子的天赋是一些个性天赋，比如同情心、善良、乐观等，你就要鼓励孩子继续保持。

尤其是善良的特性，我在书中专门用一章的内容进行了讲述。从积极心理学角度来说，善良就是孩子未来真正的竞争优势，也是让孩子获得更多幸福感、更多认可和赞许的一种优秀品质。有越来越多的研究证实，那些表现出乐于助人品质的孩子，未来社会成就更高，也更受人尊敬，因为他们能更快速地融入工作环境之中，他们也更具有团队合作精神。在相似的家庭背景、智商水平等条件下，善良的孩子长大后会比其他条件类似的人更容易成功，也更容易获得幸福。

第二类，成长型优势。这些优势是指能让人满怀激情的优势，具体来说，孩子可能在某方面表现优异，但因为发挥这种优势的机会不多，我们发现不了，而一旦孩子有机会发展这种优势，就会大放异彩。

要发展孩子的成长型优势，你就要在平时多观察孩子，多看到孩子表现得比其他人或比他自己以前更好的地方，然后表达对孩子的欣赏之情，强化孩子展示自己才能的动力。

第三类，习得行为。天赋优势源于一个人的内在，习得行为则需要从外界引入。简单来说，习得行为并不是孩子本来就很喜欢或天生擅长的，是需要后天学习和掌握的技能。比如在学习中，孩子有自己喜欢和擅长的科目，也有自己不那么喜欢和擅长的，这就需要通过后天发展习得行为，获得全面发展。

对于习得行为，关键在于家长不断提醒和督促孩子，耐心帮助孩子培养这些新的能力。

第四类，当前劣势。当前劣势就是孩子目前做得不够好的方面，比如某些能力还比较弱、某些科目成绩不理想，或是性格中有某些弱点等。

面对孩子的这些劣势，你要做的不是揪住不放，试图通过打击的方式让孩子奋发起来，这是不科学的。你要引导孩子多看到自己身上好的一面，让孩子以积极乐观的态度面对学习和生活，从而充分发挥优势效应，弥补那些自己不擅长或不完美的地方。同时，你还要耐心引导孩子采取必要的措施改正错误，完善自己，或是利用优势效应，让孩子对那些原本不喜欢的事物产生兴趣，用优势来弥补劣势。

用"补强法则"培养更多优势

家长越擅长从孩子的优势出发，就越容易处理孩子的那些未能充分发挥优势或凸显劣势的问题，孩子也会在此过程中慢慢懂得，自己其实还有很多优势可以发挥，从而增强自信心和做事的动力。

既然如此，我们该怎样帮助孩子发挥优势，或者说该如何帮助孩子培养优势，使他们的优势进一步发展呢？这里提供两种方法。

第一，引导孩子讲"最好的我"的故事。通过让孩子不断演说、表达和介绍自己的优点，帮助孩子找到自身优势，同时对自己产生强烈的肯定和明确的认知。比如，你可以找个固定时间，让所有家庭成员坐在一起分享自己的优势，通过这种方法鼓励孩子展示自己，说出自己的优势故事。

第二，更换场景，帮孩子拓展自己的优势。比如，孩子的想象力、创造力比较丰富，那么在平时玩玩具时，你就可以引导孩子除模仿别人的玩法外，自己尝试创造一些新玩法。如果孩子的动手能力强，你就可以鼓励他除了玩自己的玩具外，还可以通过拆卸和重新拼装玩具，锻炼他的创造力。

通过这些方式，你能帮助孩子把自己现有的优势拓展到不同领域，从而强化他们的天赋优势，弥补自身一些不足的地方。

王者之力：孩子未来幸福的关键能力

最后，我要和大家分享，帮助孩子未来更好地适应社会、获得发展和收获幸福的能力如何培养。很多家长相信，孩子只要能干、有本事，未来就一定能发展得很好，生活得很幸福，但在未来的社会生活中，能被人喜爱才是一个人最重要的生活优势。我们发现，很多年轻人进入社会后，虽然有能力，但经常不被人喜欢，自己也感觉很糟糕，为什么？一个重要原因就在于他们不能理解别人的感情，也不能被别人欣赏，更不愿意跟别人合作，久而久之，他们就很难获得社会的支持、关怀和喜爱，幸福感也越来越低。

另外，随着人工智能的快速发展，未来会有越来越多的职业被人工智能取代。我们的孩子要想在未来生活得更好，就必须具备人工智能无法取代的能力。有哪些能力是人工智能无法取代的呢？

我在研究积极心理学的过程中，一直提倡"ACE+"理论，其中，"A"指的是单词 Aesthetic，即审美感；"C"指的是 Creative，即创造力；"E"指的是 Empathic，即同理心。这三个单词的首字母拼在一起，正好是一个英文单词 ACE，也就是"王牌、王者"的意思。"+"则代表以"ACE"为基础的人类其他品格优势和美德补充，如公正、谦卑、审慎、感恩等。我认为，这些能力和品质，就是未来的人工智能无法取代的，也是孩子获得幸福的关键。

审美感就是能看到别人看不到的东西，领悟别人领悟不到的东西，能欣赏自然、社会和人的真、善、美的能力。具有良好审美感的孩子，通常能对事物抱有强烈的好奇心，能发现和挖掘出自身更多的潜质和兴趣，也更能从这些美好的事物中体会到幸福。

创造力是人们在创造性解决问题过程中所表现出来的一种个性心理特质。具有创造力的孩子，可以运用一切自身所掌握的信息，用创造力思维解决问题。而未来孩子要体现自己的价值，也必须具备人工智能所不擅长的特质，创造力就是其一。

同理心就是能敏锐地感受并影响他人的感情，了解并理解他人的欲望和需求，并能够善待他人的能力。具有这种能力的孩子，不但更善于解决问题，表现出积极的社会行为，还能拥有良好的人际关系，获得他人的好感和信任，为自己的发展提供有效助力，同时也能增强自己的幸福感。

在《孩子的品格》一书中，我多次提到，孩子未来必须具备与他人交往、交流和交换的能力，要培养孩子的这些能力，就要让他们保持积极、阳光、美好、善良的心态，具备乐观、自信、勇敢、坚毅的品格，同时养成对美好事物的感知和体会能力，这些物质将构建孩子一生幸福的底色。这些特质的培养，都需要掌握积极心理学知识和积极教育的方法。幸运的是，积极教育可以在家庭中进行，只要家长掌握一定的积极心理学知识，运用积极教育的方式，就能应对孩子在成长过程中出现的各种问题，培养孩子的积极情绪、自控能力、抗逆能力以及善良的品行等，从而帮助孩子正确面对成长过程中遇到的困难和挫折，以积极、乐观、自信的心态健康长大，收获充满喜悦与幸福的人生。

第 2 节　幸福方法

樊登解读《幸福的方法》

很多人都考虑过幸福的问题，作为家长，我们希望自己幸福，更希望孩子拥有幸福的未来。那么，怎样才能获得幸福呢？哈佛大学教授泰勒·本-沙哈尔就致力于研究这件事，他在哈佛大学开设的幸福课受到学生热捧，每年选修这个课程的学生达到 1600 多人，他们甚至会带着自己的爷爷奶奶、父亲母亲一起去听课。

沙哈尔教授原来是以色列人，他从小练习打壁球，梦想成为以色列壁球冠军。为了达到这个目标，他每天忍饥挨饿，控制体重，他其实特别喜欢吃汉堡，但一直坚持不吃。他当时立下一个志向，等自己得了冠军，就去吃 4 个汉堡。终于，功夫不负有心人，他在 18 岁那年成了以色列壁球冠军，于是他冲到汉堡店，买了 4 个汉堡，摆在自己面前。然而，奇妙的事情发生了，当他看到 4 个大汉堡摆在面前时，突然觉得索然无味，感觉自己即便一下子把它们吃下去也不会有想的那么开心。晚上回到家，他看到放在自己床头的奖杯，突然哭了起来，感觉人生似乎已经到了顶点，不知道接下来该做什么。由此，他突然发现，获得壁球冠军这件事并没有给他带来想象中的幸福。于是，他立志要研究明白人们的幸福感到底是怎么回事，凭借这个信念，他一路读到哈佛大学积极心理学博士，发明了这套积极心理学框架，用《幸福的方法》这本书向全世界昭告了他的研究成果。

幸福的感知力

我们先来比对两组数字。

第一组数字是，经历车祸截肢的人幸福感回到之前水平经历的时长。有一群这样的人，他们是车祸截肢互助俱乐部的成员。他们在一起聊天，给予彼此心灵上的抚慰。心理学家对他们进行研究，统计结果是，平均约一年后，这些人的幸福感回到了跟之前一样的水平。

我采访过中国达人秀冠军刘伟，他十岁的时候放风筝，被高压电击伤，失去了两只胳膊。后来，他尝试过游泳，甚至入选了国家队，有机会代表中国队参加 2008 年的残奥会。然而，残奥会开始前两个月，他浑身出现了大面积紫癜，不得已放弃了游泳事业。之后，他开始练习用脚弹钢琴，一步步成为中国达人秀的冠军，家喻户晓。跟他聊天时，我发现，他没有我们想象得那么敏感，没有什么不能提及的话题。相反，他很开朗，喜欢开玩笑，跟普通的年轻人有相同的爱好。从他的身上就能看出来，人的幸福感在经历创伤后是可以回到之前的水平的，时间上就是大约一年。

第二组数字是，突然中了大奖，比如买彩票中了乐透大奖的1000万美元，变得很富有的人，幸福感回到跟之前一样水平的时长。同样有这样的俱乐部，叫"乐透大奖得主俱乐部"，这些成员都是得过这个奖的人。别人没有这个经历，可能难有同感，所以他们这些人就凑在一起，互相交流。心理学家对他们进行研究，研究结果是，平均一个月后，这些人的幸福感就回到了跟之前一样的水平。

把这两组数字放在一起，心理学家告诉我们的结论就是，幸福与状态无关，幸福是一种能力。你能想象，自己拥有哪种状态就会特别幸福吗？或者说，如果你感觉不幸福，那么你觉得给你什么东西可以让你感觉到幸福呢？比如，给你巨额财富，让你随便使用；给你社会地位，让你受人尊敬；给你健康，让你身体好；给你美貌，让你长得漂亮，人见人爱；给你完美的事业，让你取得成就。拥有这些，你会幸福吗？好像也很难得到确切的答案。换一个问题来思考，为什么有那么多富人会自杀？论身体条件、生活水平，从各方面来说，他们的状态都要优于社会上的绝大部分人，而他们自杀往往是因为丧失了幸福的能力。

那么，什么才是幸福的能力呢？沙哈尔教授告诉我们，幸福的能力是一种对幸福的感知力。回想我们小时候，大多是开心快乐的，比如过年穿新衣服、拿到压岁钱、和兄弟姐妹一起玩，那么如果我们现在组织一个模拟过年聚会，每个人穿上新衣服、把表弟表妹都叫来一起吃饭，每人领取压岁钱，你会觉得很开心吗？为什么现在过年成了一种负担，而小时候那么开心呢？因为我们幸福的能力在减弱。幸福的能力就是对快乐的感知力。所以，幸福的反面并不是不幸，而是麻木，没有感觉。

幸福四象限

幸福既然是一种能力，那么就可以锻炼。像我们的肌肉一样，如果手臂力量不够，可以通过举杠铃来增强，同样，幸福的能力也可以锻炼出来。当你锻炼出幸福的能力时，你才会变得更加幸福。幸福不来自挣了更多的钱，不来自社会地位变得更高，也不来自身体变得更健康，真正的幸福源于你在追求这些东西的同时，还能随时感受到快乐。

沙哈尔教授讲，他的这个观点是受中国的儒家思想的启发。孔子特别喜欢一个叫颜回的学生，他提到颜回时说："一箪食，一瓢饮，在陋巷，人不堪其忧，回也不改其乐，贤哉回也。"意思是说，颜回真好，拿小竹筒装点儿饭吃，拿个破瓢舀水喝，住在简陋的房子里，别人都受不了这种穷困生活的愁苦，但是颜回依然很开心。孔子自己也是如此，他说："饭疏食，饮水，曲肱而枕之，乐亦在其中矣。不义而富且贵，于我如浮云。"意思是，吃粗粮喝冷水，拿胳膊当枕头躺着，也很快乐。后来宋明理学家研究，孔颜之乐到底是什么，两人为何清贫但如此快乐，这成为一个千古的命题。我无法给这个命题一个明确的答案，但我个人的看法是，孔子和颜回本身就具备超强的幸福感知力，从而能够保持幸福的状态，并且是在任何情况下都能保持这样的状态。

孔子最惨的时候"陈蔡绝粮"，没有饭吃，"从者病，莫能兴"，子路就很生气地问孔子，君子会困窘成这样吗？孔子非常淡定，接着弹琴，然后放下琴说"君子固穷，小人穷斯滥矣"，意思是，君子就算是困窘，也依然能够固守该有的操守，而小人一旦困窘，就会无所不用其极。所以，不管是发达还是困窘，对孔子来讲，都改变不了他内心当中淡定从容的喜悦状态。这就是幸福的能力。

至于如何锻炼这种能力，东方的方法会告诉我们多读《论语》，学习孔子，而这种方法往往让人感觉要求太高。西方人的思路就比较直接了，他们会直接总结工具和方法，给人们提供一个路径，帮你学会幸福的方法。

在《幸福的方法》这本书里，沙哈尔教授就给我们提供了一个

"幸福四象限"的工具，包括当下利益和损害，以及未来利益和损害。我们可以将这四个象限理解为，现在幸福、现在不幸、未来幸福、未来不幸。

第一个象限中的人是享乐主义型。这类人认为自己现在幸福但未来会不幸。这就好像吸毒的人，他知道打一针只能获得当下的快感而没有未来，但是他管不住自己，只能"及时行乐"。

第二个象限中的人是虚无主义型。这些人觉得自己现在不幸且未来也会不幸。他们的特点是，人生像走在一个黑暗的隧道当中，永远看不到前方有产生乐趣的可能，他们觉得所有的东西都没什么意思，干什么都提不起劲儿，非常无助。

心理学中有一个概念，叫作"习得性无助"，相关实验证明这一类无助是从生活中学来的。心理学家把两只狗放在笼子里，分别给它们通电，狗感觉到疼痛后，就会叫。其中一只狗的笼子里有一个开关，狗只要扒到开关，电就停止了，也就不再会疼痛；另外一只狗的笼子里没有开关，只能一直被电。就这样，每天通电半个小时，一周后，笼子里有开关的狗学会了一来电就关上开关，没有开关的狗就忍受半小时。训练了一个月之后，把这两只狗放出来，把它们和一只没有受过训练的狗一起放在一张电网上，结果是，未经训练的狗立即跑开了；笼子里有开关的狗发现周围没有围栏，知道这个痛苦是可以避开的，于是也跑开了；笼子里没有开关的狗则留在原地忍受。这个现象就叫作"习得性无助"：你可以摆脱困境，却认为自己不能摆脱。

人类也有这样的状况，比如我们经常听到有人说"我没有方向感，别跟我说东南西北，我完全分不清"，这就是陷入习得性无助的表现，而我们往往不自知。事实上，只要你愿意学习、愿意改变，这些情况都是有机会改善的。如果你自己放弃了，不再努力，就成了虚无主义型的人。当你的朋友陷入这种状态，认为自己现在不幸福、未来也不会幸福的时候，你一定要帮助他们，把习得性无助的概念讲给他们听，这样才能让他们有机会从困境里走出来。

再看第三个象限，忙碌奔波型的人。这些人觉得我现在不幸，但是未来会幸福。很多人都是这样，比如他们会说等我的公司上市了就好了、等我孩子考上大学就好了、等我能买辆车就好了，他们会在自己心里定一个目标，觉得达到这个目标就会感到幸福。然而，忙碌奔波型的人往往很难感觉到幸福，因为人很难在实现一个目标后就停止，反而会更想设定下一个目标，比如买车这件事，到时间了人总要换车，而且总想换个更好的车，需求并不会因为有了一个代步工具而停止。可见，任何期望通过改变外部环境来改变自己幸福状态的想法都是不切实际的。

以我岳父为例，他有一句经典的话，就是"今年是个坎儿"，几乎每年过年的时候我都能听到他这么说，十几年来都是如此。因为他永远都觉得，当下的事情是最重要的、一定要处理的，必须把这个事情解决了才能过好生活。这个世界上有太多忙碌奔波型的人，而这种思维方式，与我们的生活环境和教育理念都有关系。我们要有意识地发现自己的这种状态，提醒自己不要跌入这个思维陷阱。

最后一个象限中的人是感悟幸福型。他们觉得现在幸福、未来也幸福。以我录制讲书为例，比如我在录制过程中特别想吃陕西菜，我肯定不可能立即中止录影去吃饭，但我并不会因为想吃陕西菜没吃到就觉得不幸福，录制讲书本身和想到即将吃到好菜这两件事都使我感到幸福。这两种快乐是不一样的，这就是幸福的能力。

很多人怀念过去，比如怀念青春、怀念大学生活等，但是我们已经回不去了。还有很多人憧憬未来，比如过年放假、外出旅行、退休之后的生活等，这些也无法立即做到。我们能存在的地方就是当下，此时此刻。如果我们感觉不到当下的快乐，总是怀念过去或者憧憬未来，那么这一刻会变得痛苦难耐，最后成为一个不愿想起的过去。仔细想想，有时候我们怀念过去，但当时你真的感到快乐吗？比如我们怀念大学时光，但上大学的时候我们常常焦虑作业、担心考试、羡慕别人有恋人，自己不知如何是好，可能也没有怎么感到快乐，而是在憧憬未来，现在我们却开始怀念那个时候的生活。

人生最困苦的事之一就是，当你失去一个东西的时候才感受到对它的珍惜。沙哈尔教授用幸福四象限告诉我们，要做一个什么样的人才能够幸福，而且是现在幸福、未来也幸福，我们在不断为未来打拼，我们能够感受到的是此刻的快乐。今天我们走在路上，这不值得快乐吗？我们都见过那些失去了行走能力的人，当我们老了，失去了蹦蹦跳跳的能力时，你会不会怀念今天走路的时光呢？今天我们还拥有这些能力，这不值得开心吗？

　　有的人拥有了奔驰，就想要买玛莎拉蒂，这是丧失了幸福能力的表现，他的幸福阈值变得越来越高，外在事物已经刺激不到他了，无法让他感觉到幸福。真正具备幸福能力的人，即使静静地坐在那里、不说话，也依然是幸福的。岁月静好，闲来无事，读上一两本书，就是最快乐的事了。

　　看到这里，你可能想说，有欲望有什么错呢？想赚钱、想有房子和车、想出国旅行，这些欲望当然可以有，但是我们不要被这些欲望折磨。有欲望是好的，但如果得不到就很痛苦，那就是折磨了。我在为未来努力，但同时我在开心地享受这个努力的过程，这才是幸福的方法。每时每刻都能够体会自己身体的存在，能够学会享受当下、活在当下，这就是最重要的人生智慧所在。

幸福的心态

　　如果你想让自己的心态从享乐主义型、虚无主义型、忙碌奔波型变成感悟幸福型，最重要的方法就是，改变思维模式。思维模式有两种，一种叫溺水型心态，一种叫郊游型心态。

　　溺水型心态的人，永远都像是被人压在水池子里，他们有两个特点：一个是有从痛苦中解脱的强烈愿望；另一个是一旦解脱，就会把那种舒适误认成幸福。比如很多人会想：等我憋着一口气，考上大学就好了；等我憋着一口气，考上研究生就好了；等我憋着一口气，找到好工作就好了……他们永无止境地把幸福寄托于未来发生的事。

　　郊游型心态是一种可以同时得到当下与未来幸福的模式，就像我们小时候去春游时的心情。老师刚宣布明天去春游爬山，孩子们就高兴得哇哇叫，都还没有真正去春游，就已经开心得不得了。放学回家、准备零食、集合出发，全都是开心的，即便路上堵车、爬山很累、刮风下雨，也都很开心。这就是我们的人生。

　　我们的人生目标可能是山顶，那个快乐的巅峰，但是在通往山顶的路途中，我们随时都能够享受到其中的快乐。上山是快乐的，下山也是。当你能够感受到每一步的快乐时，你的人生积攒下来的相册就全是快乐的相册，而不是痛苦的回忆。这就是幸福的方法。

　　中国人经常讲"祝您洪福齐天"或者"祝您享两天清福"，洪福齐天可能意味着生意好，努力干事业；享清福就是海边吹吹风，没人找你，或者在家里边待着，没有任何烦心事。痛苦从哪里来呢，往往就是当你挣钱打拼时总惦记着海风，而享受海风时又放不下手里的工作。如果不能解决这个纠结的问题，幸福的能力就无法调高，幸福的奥秘就在这里。